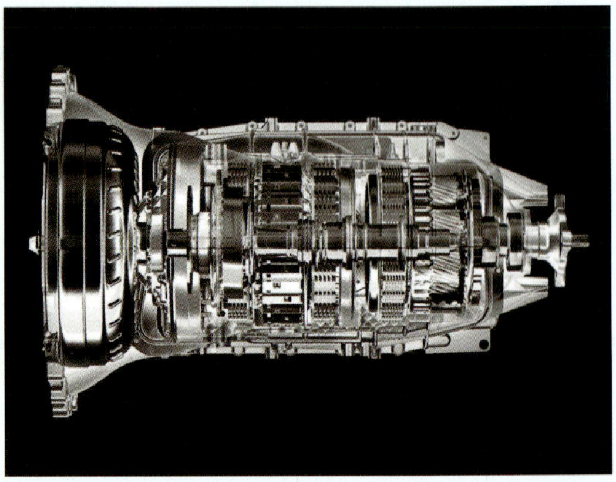

Trockene Doppelkupplung
Dry double clutch

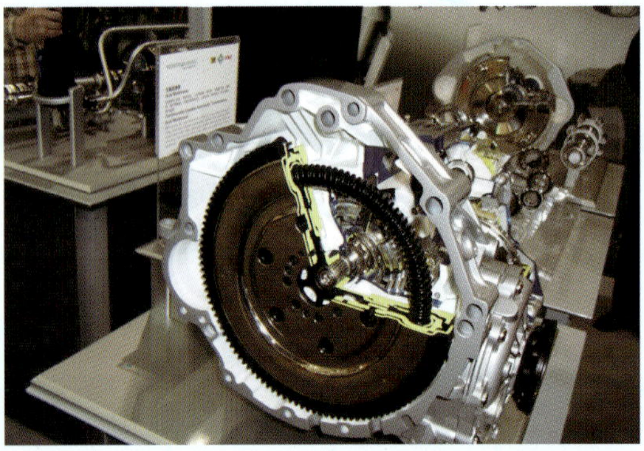

21世纪全国高等院校汽车类创新型应用人才培养规划教材

车辆自动变速器构造原理与设计方法

田晋跃　主　编
于　英　副主编

北京大学出版社
PEKING UNIVERSITY PRESS

内容简介

自动变速器在汽车中是仅次于发动机的主要关键部件，是机-电-液一体化的典型产品。本书对目前汽车上出现的各种形式的自动变速器的结构及工作原理进行了全面介绍，并论述了自动变速器的设计方法。

本书主要内容包括液力变矩器的组成、工作原理、结构特点以及设计方法；齿轮变速器的结构、工作原理和设计方法；无级自动变速器和电控机械式自动变速器的结构原理和控制系统；自动变速器的使用和维修注意事项等。全书内容深入浅出，图文并茂，结合实际，并注意引导读者进行深入学习。书中附有多个实例，可供读者在学习和实践中参考。

本书可供高等院校车辆工程专业的学生学习参考，也可供汽车自动变速器维修和运用人员及其他相关行业从业人员参考。

图书在版编目(CIP)数据

车辆自动变速器构造原理与设计方法/田晋跃主编. —北京：北京大学出版社，2009.8
(21世纪全国高等院校汽车类创新型应用人才培养规划教材)
ISBN 978-7-301-15609-4

Ⅰ. 车… Ⅱ. 田… Ⅲ. ①汽车—自动变速装置—理论—高等学校—教材②汽车—自动变速装置—设计—高等学校—教材 Ⅳ. U463.212

中国版本图书馆CIP数据核字(2009)第131667号

书　　名：车辆自动变速器构造原理与设计方法
著作责任者：田晋跃　主编
责 任 编 辑：童君鑫
标 准 书 号：ISBN 978-7-301-15609-4/TH·0149
出 版 者：北京大学出版社
地　　址：北京市海淀区成府路205号　100871
网　　址：http://www.pup.cn　http://www.pup6.com
电　　话：邮购部62752015　发行部62750672　编辑部62750667　出版部62754962
电 子 邮 箱：pup_6@163.com
印 刷 者：北京世知印务有限公司
发 行 者：北京大学出版社
经 销 者：新华书店
787毫米×1092毫米　16开本　17.25印张　彩插2　404千字
2009年8月第1版　2013年7月第2次印刷
定　　价：30.00元

前　言

本书是为满足我国高等院校车辆工程、汽车运用工程等专业本科生和研究生专业学习及从事汽车维修、设计等行业从业人员的需求而编写出版的。

自动变速器在汽车中是仅次于发动机的主要关键部件，是机-电-液一体化的典型产品。自动变速器系统除包括传感器、计算机、执行器外，还包括汽车上复杂的机械运动、液压与液力传动。由于各高校的学生学习汽车构造和汽车设计课程时，偏重机械变速器的学习，包括机械变速器的作用、组成、工作原理，课程实习课也以演示参考为主，不能将自动变速器与机械设计中的机、电、液控制技术有机联系起来。

随着汽车自动变速器的普遍应用，有关自动变速器的技术书籍也如雨后春笋般呈现在广大读者面前，为读者提供了广泛的选择余地。本书力求不雷同于诸多同类型书籍，结合理论教学，并从实际运用这一角度出发，加入了大量的工程实例，结合编者多年来在自动变速器上实践和教学上的经验和体会，以期能帮助读者掌握和运用自动变速器的基本理论和方法。

本书共分 12 章。第 1 章对目前轿车上出现的各种形式的变速器作了全面介绍，探讨了轿车变速器的发展趋势。第 2 章介绍了各种自动变速器的优缺点及其使用范围。第 3 章讲述了液力变矩器的结构，工作原理及与发动机的匹配。第 4 章介绍了液力变矩器的设计方法。第 5 章介绍了自动变速器的行星齿轮机构，重点讲述了辛普森式、拉维奈尔赫式和平行轴式自动变速器。第 6 章介绍了自动变速器执行机构的基本作用、组成及单向离合器的结构设计。第 7 章介绍了自动变速器的电子控制装置及液压控制阀的相关结构与工作原理。第 8 章介绍了无级自动变速器的组成、工作原理及控制方法等。第 9 章介绍了电控机械式自动变速器的组成、工作原理及控制方法等。第 10 章介绍了液力传动油的相关特性、分类、典型规格及选用。第 11 章介绍了自动变速器的使用及注意事项。第 12 章介绍了自动变速器常见故障及维修。

本书的编写特点如下：

(1) 为体现本课程实践性和应用性较强的特点，书中提供 20 多个案例供学习者分析、研读，同时给出教学目标、教学要求、关键术语等相关内容，加深和巩固所学知识，提供形式多样的思考与练习题，以便学习者巩固、运用自动变速器的相关知识。因此，本书内容体系不同于以往的同类教材。

(2) 紧密结合本课程教学基本要求，全书内容完整系统、重点突出，所用资料力求更新、更准确地解读问题。本书在注重自动变速器理论知识的同时，将实例内容结合在一起，强调知识的应用性，具有较强的针对性。

本书编者近年来一直从事汽车自动变速器实用技术的研究，书中部分内容是国内已有出版物中所未涉及的。希望本书的出版能推动汽车自动变速器的发展，并对广大读者有所帮助。

本书由田晋跃负责全书结构的设计、草拟写作提纲、组织编写工作和最后统稿定稿。

各章具体分工如下：第 1～8 章由田晋跃编写，第 9～12 章由于英编写。

在本书写作过程中，研究生金重亮、杨艳庆、常凌燕、王伟伟、彭学磊、龚晨俊、王先锋、李跃、王刚、赵琨等为本书绘制插图，组织编写习题及案例等，编者在此表示致谢。

在本书写作过程中，参考了部分的文献资料，在此，谨向这些文献的作者表示深深的谢意。

书中提出的观点、方法有的是编者个人的看法，不足之处在所难免，希望读者给予谅解和宽容，敬请批评指正。

编　者

2009 年 6 月

目　录

第1章 绪论

教学目标

通过本章的学习，掌握汽车变速器的基础知识，了解车辆自动变速器的发展、控制技术以及车辆自动变速器的发展趋势。

教学要求

知识要点	能力要求	相关知识
汽车的传动方式	了解汽车的传动方式	机械式、液力机械式、静压式、电力式传动
汽车变速器控制技术	了解各种汽车变速器控制技术	经典控制理论、现代控制理论、鲁棒控制理论

导入案例

汽车为什么需要变速器？

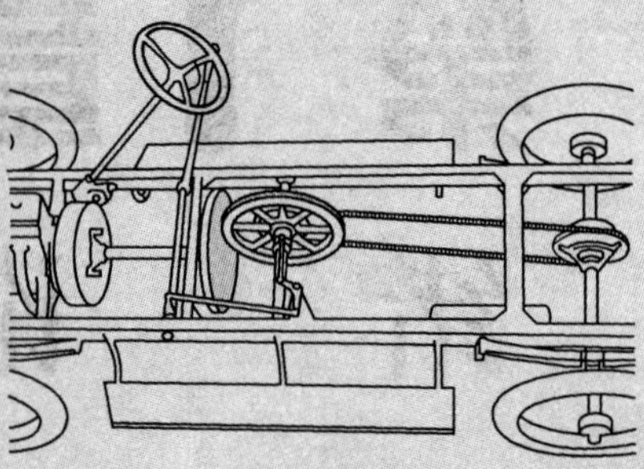

图 1.1　早期车辆变速方式的结构示意图

汽车之所以需要变速器，是因为发动机的工作特性，或者说是由发动机的缺点决定的。

汽车加速时，是最需要扭力的时刻，尤其是静止情况下的加速。但是发动机在怠速时又偏偏最缺乏扭力，如果没有变速器，别说加速，汽车就算正常行驶恐怕也十分的困难。

图 1.1 为早期车辆变速方式的结构示意图。

问题：

试分析图 1.1 中车辆的变速方式。

近几十年来，随着科学技术的不断进步，特别是计算机技术、通信技术、电子技术和智能控制技术等领域的发展，汽车电子控制技术日臻完善，驾驶与操作环境等亦更加符合人体工学原理，具有良好的平顺性，人们可以在舒适的环境中完成工作或旅途行程；新技术、新材料、新能源的应用，大大地提高了汽车的动力性、燃油经济性、操纵稳定性和制动性等综合性能，推动汽车工业迅速发展。

1.1　汽车的传动方式

汽车的传动是指将发动机发出的动力传递给轮胎而驱动车辆行走，并确保车辆在行进或作业过程中具有良好的动力性、经济性和舒适性。目前汽车的动力装置多采用活塞式内燃发动机，虽然能源转换方便、结构尺寸较小，且具有转速高、转矩小以及转矩和转速变化范围小等特性，但汽车的使用则是要求牵引力和车速能有相当大的变化范围。为解决这一矛盾，在传动系中设置了变速器，它的功用是：①改变传动比，扩大驱动轮转矩、转速的变化范围，使发动机在有利的工况下工作；②在发动机旋转方向不变的前提下，使汽车能实现前进、倒退行驶；③利用空挡，中断动力传递。

汽车的传动方式按结构和传动介质分，有机械传动、液力机械传动、静压传动、电力传动等。

1. 机械传动

图 1.2 所示为机械传动中的一种形式，机械传动使用的历史最长，早期车辆普遍采用此种方式传动，其主要优点是结构简单、制造容易、工作可靠、成本低、重量轻和维修容易等。而其主要缺点是：①采用人力换挡，换挡时动力传输要中断，当行驶于交通复杂的情况下换挡频繁，驾驶员容易引起紧张、劳累；

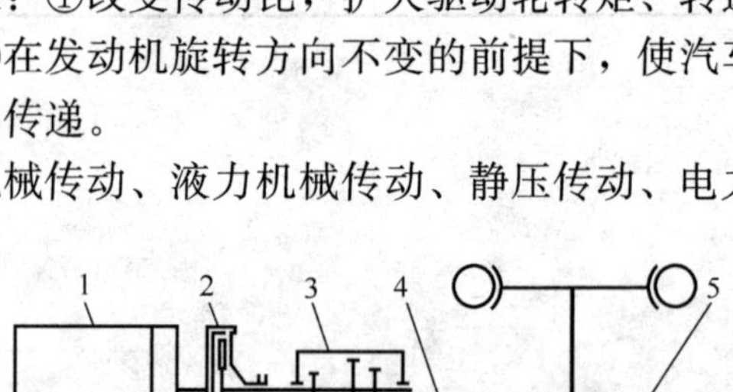

图 1.2　机械式传动系统

1—发动机；2—主离合器；3—变速器；4—传动轴；5—驱动桥

②传动系统受到附加冲击力、动态负荷大，使得发动机及传动系统零件的使用寿命缩短；③行驶阻力的变化直接改变发动机的状况，为了充分利用发动机的功率，而使变速器结构复杂；④每次换挡要使主离合器分离、接合一次，在接合过程中主离合器片都要经历一个滑磨过程。对于换挡频繁的车辆，缩短了主离合器片的使用寿命和更换周期，增加了维修时间，从而降低了使用效率。

2. 液力机械传动

图1.3所示为液力机械传动的一种形式，液力机械传动是液力传动和机械传动的组合。液力传动装置有液力偶合器（fluid couplings）和液力变矩器(torque converters)两种，液力偶合器只能传递力矩，而不能改变力矩的大小，在汽车传动中没有应用；液力变矩器则除了具有液力偶合器全部功能外，还能实现无级变速，但是，液力变矩器的输出力矩与输入力矩的比值变化范围还不足以满足使用需求，通常需与机械变速器组合成液力机械传动装置(变速器)应用于汽车传动。

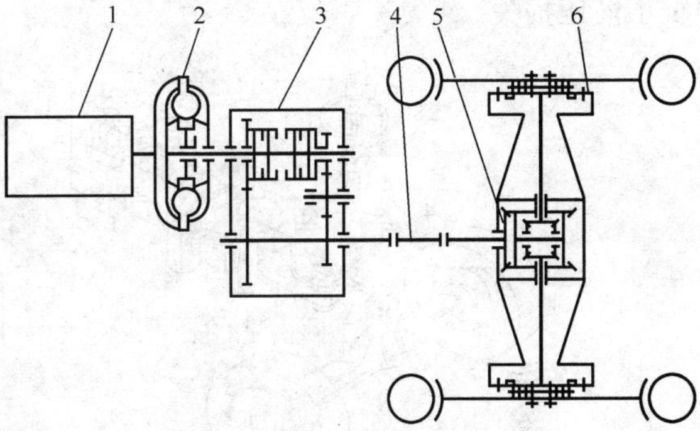

图1.3　液力机械式传动系统

1—发动机；2—液力变矩器；3—机械变速器；
4—传动轴；5—驱动桥；6—轮辋

(1) 液力机械传动的主要优点为：①能在一定范围内根据行驶阻力的变化，自动进行无级变速，因此能防止发动机过载熄火，提高发动机的能量利用率，减少了换挡频率；②液力变矩器利用液体作为传递动力的介质，输出轴和输入轴之间没有刚性的机械联结，大大降低了发动机及传动系统零件的冲击负荷，提高零件的使用寿命；③液力变矩器具有一定的变速能力，因此对于相同的变速范围，可以减少变速器的挡位数，简化变速器结构；④液力变矩器具有自动无级变速的能力，因而起步平稳，并可得到较低的行驶速度，增加了车辆行驶能力；⑤液力变矩器采用液体介质传递动力，且液力变矩器冷却系统中的油泵、滤油器、冷却器等液压组件同时兼用换挡机械变速器液压操纵系统等特点，为自动换挡或动力换挡提供了条件，故其变速器大多采用动力换挡或自动控制换挡。

(2) 与机械传动方式相比，液力机械传动的主要缺点为：成本高、传动效率低、零件制造的技术要求也比较高。

液力机械传动通常由液力变矩器与机械变速器等组成。其结构形式有串联式和并联式。并联式常见为将液力变矩器与二自由度行星齿轮机构并联，然后再与机械变速器串联。在并联部分中，发动机功率的一部分经液力变矩器传递，其余部分经行星齿轮机构传递，因而兼有两种传动的优点，这种以并联方式组成的液力机械传动即为液力机械分流传动。

汽车上采用的液力机械分流传动，可以分为外分流式、内分流式和复合分流式。

3. 静压传动

图1.4所示为静压传动中的一种形式，所谓静压传动，是透过液体传动介质的静压力能来传动的，即是用液压泵和液压马达连接的回路。此种传动方式早在20世纪初期就被

提出，但一直没有被广泛应用，主要是成本、可靠性和性能方面的问题，随着液压技术不断进步，对于静压传动又开始重新探讨，近十年来，特别是在欧洲，在一些工程车辆上，静压传动已逐步取代液力机械传动，原因是与液力机械式传动相比可以减小变速器的挡位数，且在液压制动时有动力回收的效果，使发动机具有较好的燃油经济性。静压传动与液力传动一样，为了提高整个传动系统的效率，近年来，发展了静压传动与机械传动相结合的静压-机械分流传动，这种传动既保留了液压传动无级变速的优点，又具有接近机械传动高效率的特点，其中的液压组件只传输部分功率，另一部分功率由机械部分传输，从而减少了液压损失。

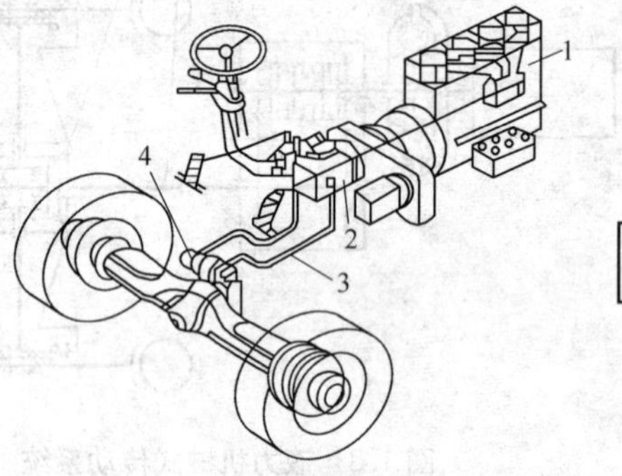

(a) 布置图

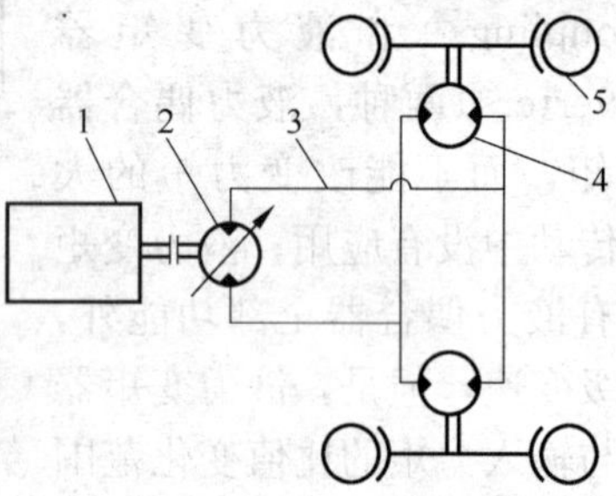

(b) 系统原理图

图 1.4　静压式传动系统

1—发动机；2—液压泵；3—液压管路；4—液压马达；5—车轮

静压传动系统主要缺点是：与液力机械传动相比，增加了结构上和控制调节方面的复杂性，成本高。目前该传动方式已应用于专用车辆、施工作业机械上。

4. 电力传动

图 1.5 为电力传动中的一种形式，电力传动在组成上与静压传动有些类似，即由发动机驱动发电机，由电动机驱动车轮。可以只用一个电动机与传动轴或驱动轴相连，也可在每个驱动轴上各装一个电动机，但由于电动机转速一般较高，转矩较小，因此需要装一个轮边减速器。

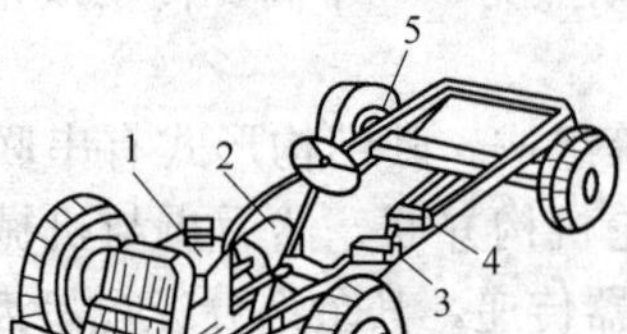

(a)

(b)

图 1.5　电力式传动系统

1—发动机；2—发电机；3—整流器；4—逆变器；5—电动机；6—电池

(1) 电力传动的主要优点是动力装置和车轮易于布置与维修；可实现无级变速，操纵方便，在整个速度变化范围内都可充分利用发动机功率；不用变速器，易实现自动化；与静压传动相比，传动效率高。

(2) 电力传动的主要缺点是价格高，能容量小(动力装置输出的功率与装置自身重量的比值称为能容量)。

1.2　汽车变速器

按传动比变化方式，汽车变速器可分为有级式、无级式和综合式三种。

1. 有级式变速器

有级式变速器应用最广泛。它采用齿轮传动，具有若干个定值传动比，按所用轮系形式不同，有轴线固定式变速器(普通变速器)和轴线旋转式变速器(行星齿轮变速器)两种。在汽车变速器中最初普遍采用的是有级式机械变速器，它使用的历史最长。有级式机械变速器具有效率高、结构简单、制造容易、工作可靠、维修容易和成本低等优点，但存在以下缺点。

1) 为适应汽车行驶中多变的状况，必须经常换挡

在行驶中频频换挡，既要踩离合器踏板还要扳动换挡手柄，驾驶员操作频繁、劳动强度大、易于疲劳，而且容易分散驾驶员的注意力，影响行驶安全。

2) 车辆的动力性和经济性差

由于换挡时刻掌握不好使发动机不能经常在最佳状况下工作，换挡时切断发动机动力会产生换挡冲击，有级式机械变速器挡位有限，不能满足多变的工作状况，因而发动机的功率不能充分利用。

3) 车辆的行驶性能差

当在泥沼、沙地或转弯上坡等路面行车时，若驾驶员技术不够熟练或操作不慎，常会因换挡动作不当或时间不对造成车轮打滑或发动机熄火而无法行驶或重新起动发动机。

4) 车辆的行驶平顺性和机件寿命低

换挡时，由于进入啮合齿轮轴的线速度不一致，在强制啮合中，齿轮会受到冲击，在车辆起步或换挡时，往往会出现不同程度的冲击或颠簸，一方面使乘坐者感到不适，影响了车辆的行驶平顺性，另一方面，使发动机及传动系零件的寿命缩短。

2. 无级式变速器

无级式变速器的传动比在一定数值范围内可有无限多级变化，常见的有电力式、液力式和机械式三种。电力式无级变速器的变速传动组件为直流串激电动机，除在无轨电车上应用外，在汽车传动系中也正在探讨当中。液力式无级变速器的传动组件是液力变矩器，但由于其变速范围有限而无法独立应用。机械式无级变速器是利用直径可变的传动轮来实现无级变速。

3. 综合式变速器

综合式变速器是指由液力变矩器和齿轮式有级变速器组成的液力机械式变速器，其传动比可在最大值与最小值之间的几个间断的范围内作无级变化，目前应用较多。

按操纵方式不同，汽车变速器又可分为手动变速器、自动变速器、半自动变速器三种。

1）手动变速器

靠驾驶员直接操纵换挡手柄换挡，为汽车最初普遍采用。

2）自动变速器

传动比选择和换挡是自动进行的，所谓“自动”是指变速器每个挡位的变换，是根据汽车换挡控制参数来控制换挡系统的执行元件自行完成的，驾驶员只需操纵节气门踏板（又称加速踏板）以控制车速。

3）半自动变速器

半自动变速器有两种形式：一种是常用的几个挡位自动操纵，其余挡位则由驾驶员操纵；另一种是预选式，即驾驶员预先用按钮选定挡位，在踩下离合器踏板或松开节气门踏板时，接通一个电磁装置或液压装置来进行换挡。

阅读材料1-1

自动变速器技术的发展

目前汽车所使用的自动变速器大致可分为三类：一类是由液力变矩器、行星齿轮机构及电液控制系统组成的液力自动变速器；一类是由传统固定轴式变速器和干式离合器以及相应的电-液控制系统组成的电控机械式自动变速器；另一类是无级自动变速器。

1. 液力自动变速器

液力自动变速器(Automatic Transmission，AT)的基本形式是液力变矩器与动力换挡的旋转轴式机械变速器串联。

液力自动变速器已成为当今世界车辆自动变速的主导产品，但它也存在着效率较低、结构复杂、成本高等缺点。根据我国现有国情，不利于低档轿车的普及和应用。

2. 电控机械式自动变速器

电控机械式自动变速器是一种由普通齿轮式机械变速器组成的有级式机械自动变速器(AMT)。AMT 的发展大概分为三个阶段。

起步阶段：这一阶段属于半自动变速器发展与成熟阶段，如瑞典 Scania 的 CAG 系统、Daimler Benz 的 EPS 系统、美国 Eaton 的 SAMT 系统所采用的都是半自动变速器，其实质是辅助换挡系统，换挡时刻由驾驶员决定，微机系统主要完成换挡的功能。

发展阶段：其标志是 1984 年日本五十铃公司投放到市场的 NAVI-5 电控机械式自动变速器。在此阶段，研究的重点是自动离合器、换挡控制与换挡策略。日本的 Nissan、瑞典的 Scania 及 Volvo、美国的 Ford、Eaton、意大利的 FIAT、德国的 ZF、法国的 Ranault 均开展此方面的研究。

在日本采用转矩反馈控制后，换挡同步控制已日臻完善，但是离合器起步控制和换挡操纵规律仍是困扰 AMT 发展的难点，易造成自动离合器磨损和坡道、弯道意外换挡等不良现象。

智能控制形成和发展阶段：由于离合器的起步与自动换挡操纵规律都受环境因素、人的驾驶意图、车辆客观运行状态的影响，日本的ISUZU、Nissan等开始采用模糊推理的智能方法进行此方面的研究，包括模糊换挡策略和离合器结合速度的模糊控制。瑞典SKF公司采用X-by-Wire线传操控系统。使用这种电子控制技术，使得汽车的操控系统能够通过电子方式而不是传统的机械方式进行控制。

机械式自动变速器是在普通固定轴式齿轮变速器的基础上，把选挡、换挡、离合器操纵及发动机节气门操纵由控制器完成，实现自动变速。基本控制思想是：根据汽车运行状况、路面情况和驾驶员的意图，依据事先制定的换挡规律、离合器接合规律及发动机节气门变化规律，对变速器进行最佳挡位判断、离合器动作控制及发动机节气门动作控制，实现发动机、离合器及变速器的联合操纵。

由于机械式自动变速器是非动力换挡，变速器输出转矩与转速变化比较大，易造成冲击比较大，以及换挡期间动力中断等缺点，必须对其进行改进，因此提出了扭矩辅助型机械自动变速器和双离合器式机械自动变速器(DCT)。前者通过辅助齿轮机构来实现，后者使变速器相邻挡位的扭矩传递，分别受控于两个独立的离合器，这样可以实现动力不中断换挡。

采用现代电子技术改造传统手动变速器而得到的机械式自动变速器既有液力机械传动自动变速器的优点，又保留了齿轮式机械变速器传动效率高、价廉、易于制造的优点，因而在中低档轿车、大客车重型货车上得到广泛的应用。

3. 无级变速器

带式无级变速器(CVT)利用由许多薄钢片穿成的钢环，使其与两个锥轮的槽在不同的半径上“咬合”来改变速比，以达到无级变速的性能。它克服了前面两种自动变速器固有的齿轮传动比不连续和零件数量过多的缺点，具有传动比连续、传递动力平稳、操纵方便等特点，实现了无级变速。

由于CVT是摩擦传动，导致效率低，所使用的传动链制造技术难、加工精度要求较高，使用的材料质要求更高，维修更困难。

阅读材料1-2

AT自动变速器技术

液力传动装置自20世纪初问世至今已近百年，最初用于船舶，后来人们认识到液力传动装置的优点，在车辆上开始应用。最初研制的液力传动车辆是第一次世界大战之后，到20世纪30年代，英国、美国已将液力传动应用于公共汽车，第二次世界大战期间，许多军用车辆和专用汽车也开始采用液力传动装置，目前，液力机械传动装置已广泛应用于各种类型的汽车，如小轿车、小型客车、公共汽车、军用车辆、重型矿山车辆和工程机械等。

在20世纪40年代初，美国成功地研制出两挡的液力机械变速器。1948年，美国通用汽车公司率先将命名为Dynaflow的自动变速器应用于别克(Buick)小轿车上并大量生产。40年代末至70年代初，开始出现根据车速及节气门踏板位置进行自动换挡的液力机械自动变速器，使汽车液力机械传动装置进入了一个新的发展阶段。

随着Dynaflow变速器的发展，美国的汽车工业进入普遍采用自动变速器的阶段，在此同时，德国及其他欧洲国家生产的汽车也相继采用自动变速器。由于液力机械自动变速器具有一系列优越性，几乎在轮式及履带式车辆上，都广泛地应用，自动变速器生产也飞速地发展，60年代后期至70年代初期，在美国生产的小轿车上，自动变速器逐渐取代了手动机械换挡变速器。50年代末，日本从西方引进并研制自动变速器，很快投入生产，其发展之势更趋迅猛。近20年来，美国、英国、法国、意大利、德国、日本等国家，已形成一批自动变速器的专业化生产公司或专业厂，如美国的Allison、英国的Borg-Warner、德国的ZF、意大利的FIAT和日本的丰田等。

表1-1 汽车自动变速器发展过程

时间/年	变 速 器
1904	美国的Sturvent兄弟发明了自动变速器
1934	雷奥(Reo)研制自动换挡变速器(Self-Shifter)
1937	Buick和Oldsmobile汽车的自动安全变速器
1938	通用(GMC)首次使用液力自动变速器
1950	福特(Ford)装有液力变速为器的3速自动变速器
1958	沃尔沃(Volvo)胶带式无级自动变速器
1961	奔驰(Benz)装有液力偶合器的4速自动变速器
1965	前驱横置行星齿轮4带自动变速器
1969	法国雷诺(R16TA)开发电子控制变速点的自动变速器
1974	大众(Voldswagen)梯亚柯塞3速自动变速器
1977	带有超速挡的电子控制4速自动变速器
1978	克莱斯勒(Chrysler)带有闭锁离合器的自动变速器
1979	本田(Honda)平行轴3速自动变速器
1981	通用(GMC)闭锁离合器电子控制的自动变速器
1981	通用(GMC)双列行星轮4速自动变速器
1982	日产(Nissan)全挡位锁止机构的自动变速器
1983	通用(GMC)带电子控制黏滞阻尼减振器锁止机构的自动变速器
1985	五十铃(Isuzu)NAVI-5电控机械式自动变速器
1987	福特(Ford)金属带无级自动变速器
1990	丰田、日产模糊逻辑电子控制综合传动系统控制

（续）

时间/年	变 速 器
1992	宝马(BMW)四挡和五挡自动变速器的自适应控制系统
1995	三菱(Mitsubishi)新型四挡自动变速器
1995	丰田(Toyota)带有闭锁与滑差离合器的自动变速器
1996	丰田(Toyota)GAN总线自动变速器
1998	大众(Volkswagen)双离合器式自动变速器
1999	三菱(Mitsubishi)新型五挡自动变速器

液力机械自动变速器的使用率逐年增加，70年代，西欧及美国的全部商用汽车中已有80%以上使用液力机械自动变速器，80年代，美国已将液力机械自动变速器作为轿车的标准配备。1983年美国通用汽车公司生产的汽车装配液力机械变速器已达94%，日本生产的小型客轿车中，1976年有11%装配液力机械自动变速器而且不断地增长，1985年上升至49%。大客车装配液力机械自动变速器，在美国基本上是100%，西欧为95%。工程机械车辆，在美国是70%，西欧为30%左右。

近十年来，随着电子技术和计算机技术的迅速发展，计算机控制的液力机械自动变速器已普遍推广，它使液力机械自动变速器按照最低油耗、最佳换挡理论进行自动换挡，使汽车液力机械自动变速器性能达到综合优良化。

1.3 汽车自动变速器控制技术

自动变速器之所以得以迅速发展和应用，与自动控制技术的发展是密不可分的，而自动变速器控制技术主要是反馈控制理论的应用。

反馈控制理论的研究与发展可分为经典控制理论、现代控制理论和鲁棒控制理论三个发展阶段。

1. 经典控制理论

在20世纪50年代末形成体系的经典控制理论是基于频率概念来进行控制系统的分析和设计的，主要有零极点分析法、奈魁斯特(Nyquist)稳定性判据以及劳斯(Roth)和赫尔维茨(Hurwitz)稳定性判据、频率响应法、根轨迹法、超前-滞后补偿法等，特别是PID(Proportion Integration Differentiation)控制原理被广泛地应用到工业控制领域。早期的AMT控制技术主要采用PID控制。

在经典控制理论的发展阶段，尽管经典控制理论和技术也被广泛地应用于解决更复杂的控制问题，但仍存在着很大的局限性，经典控制理论主要用于线性时不变的单输入单输出反馈控制系统，只采用外部描述方法来讨论控制系统的输入与输出关系，控制系统的设计方法基本上是一种试凑法，不能提供最优控制的方法与手段。

2. 现代控制理论

20世纪60～80年代，为现代控制理论的发展阶段，是基于时域概念在经典控制理论的基础上发展起来的，它以状态空间方法为主，研究控制系统状态的运动规律，并实现最优化控制。主要有状态空间模型以及能控性和能观测性分析方法、自适应控制方法、LQR(Linear Quadratic Regulator)和LQG(Linear Quadratic Gaussian)最优控制方法、卡尔曼(Kalman)滤波器方法、极点配置方法和基于状态观测器的反馈控制方法等，其中最有代表性的控制方法是自适应控制方法和LQG方法。

现代控制理论克服了经典控制理论的很多局限性，解决了某些非线性和时变系统的控制问题，适用于多输入多输出反馈控制系统，可以实现最优控制规律，在处理不确定性的研究进展主要有以下两方面：

(1) LQG控制方法在外界扰动可以表示为白噪声或经过滤波后的噪声模型时，能够获得非常理想的设计结果，在很多实际控制工程中得到了相当成功的应用。

(2) 把经典控制理论中的频率响应法应用于多输入多输出控制系统的设计中，形成了多输入多输出控制系统的频率设计法。

然而，上述的控制系统设计方法还不能很好地处理模型不确定性和扰动不确定性问题。因为在建立AMT控制系统模型时，就有很多不确定性问题，如结构不确定性——即模型的结构是已知的，但模型参数的值是不确定的，如测量误差、元器件老化或动作点变化和线性近似等。就LQG方法而言，由于实际扰动信号并不都是能用白噪声或经过滤波后的噪声模型来表示，而且考虑的是控制对象的精确模型，采用的线性二次型性能指标实际上是一个二次型范数，所以不利于研究不确定性。因此尽管在反馈控制系统设计中能很好地把握快速性与低成本之间的折中处理，但是这种折中处理是很有限的，并且对模型不确定性的鲁棒性很差。所以这对于要求控制精度非常高的液力变矩器闭锁与滑差控制是不合适的。

3. 鲁棒控制理论

20世纪80年代以来，把经典控制理论的频率方法与现代控制理论状态空间法相结合，导致了反馈控制理论的飞跃发展，进入到鲁棒控制理论的发展阶段。鲁棒控制理论基于使用状态空间模型的频率设计方法为主要特征，提出了从根本上解决控制对象模型不确定性和外界扰动不确定性问题的有效方法，不仅能够用于单输入单输出反馈控制系统的鲁棒性分析，而且可以成功地应用到多输入多输出的场合，能够设计出性能更优、鲁棒性更好的反馈控制系统。

反映在自动变速器上，尤其是在带闭锁与滑差的TC+AMT的自动变速器控制上，由于滑差控制系统要求非常精确，如果系统鲁棒性较差，即克服外界干扰能力差，系统会出现不稳定现象，导致较大的冲击，严重影响汽车的乘坐舒适性。

所谓鲁棒性是指反馈控制系统在某一类特定的不确定性条件下具有使稳定性、渐进调节和动态特性保持不变的特性，即这一反馈控制系统具有承受这一类不确定性影响的能力。

鲁棒控制理论发展的最突出标志是H_∞控制和结构奇异值μ方法。H_∞控制具有如下几个特点：

(1) 确立了系统地在频域内进行回路成形的技术和手段，充分地克服了经典控制理论和现代控制理论各自的不足，使经典频域概念与现代的状态空间方法融合在一起；

(2) 可以把控制系统设计问题转换成H_∞控制问题，它更加接近实际情况，并满足实际需要；

(3) 给出了鲁棒控制系统的方法，可以通过求解两个黎卡提(Riccati)方程来获得H_∞控制器，充分地考虑了系统不确定性带来的影响，不仅能保证控制系统的鲁棒性，而且能优化一些性能指标；

（4）它是在频域内的最优控制理论，但 H_∞ 控制器的参数设计比最优调节器更加直接。由系统固有性质所决定的不确定性，在频域上往往表现为具有特定的结构。

H_∞ 控制对于处理非结构不确定性是精确的和全面的，但对处理不确定性则尚存在着设计上的保守性。利用结构奇异值 μ 作为控制系统设计上的度量，可以克服设计上的保守性，使控制系统设计更具普遍性，能够把鲁棒稳定性和鲁棒性能结构结合起来考虑，从而设计出性能和鲁棒性都满足较高要求的控制系统。

由此可见，把 H_∞ 控制方法和结构奇异值 μ 方法综合应用在液力变矩器闭锁与滑差控制系统上是非常合适的。

分析专栏1-1

自动变速器在车辆下坡时，采用先进智能控制策略可以实现不同的换挡方式，如图1.6、图1.7所示。

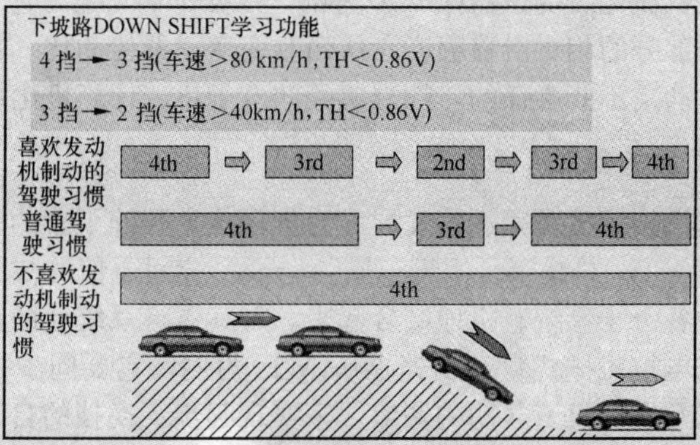

图 1.6　车辆在下坡时采用的不同控制方案

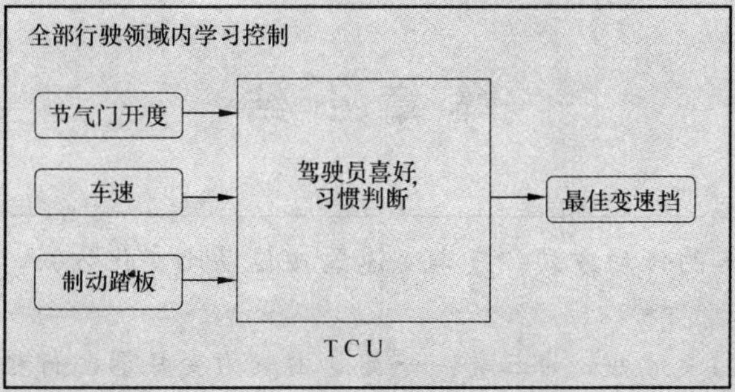

图 1.7　自动控制框图

1.4　车辆自动变速器的发展趋势

虽然车辆自动变速种类很多，各种不同的自动变速之间既相互融合渗透，又有各自的发展过程，但是它们在发展趋势上却有相似之处。总体上来说各种不同的自动变速有以下趋势。

1. 有级自动变速器(如液力自动变速器、电控机械式自动变速器)的挡位有增多的趋势

在汽车早期发展的历史中，人们就已经认识到在发动机与传动系统之间实现无级变速调节才能使汽车达到理想的行驶工况，对于有级变速器，只有增加其挡位，使其在性能上接近无级变速的理想状态。目前，已经有液力变矩器＋6 挡位的产品化液力自动变速器出现。但是，从成本、制造的可行性等方面考虑，过多的挡位反而会使这种自动变速器的性能/价格比下降。所以，在目前的设计、制造技术水平下，液力变矩器＋5/6 挡位的液力自动变速器是比较适合的。

2. 自动变速器控制单元的电子化、计算机化，使自动变速器的自动化、智能化程度有不断提高的趋势

自动变速器控制单元经历过人工手动、机械自动、全液压自动、电控-液动等阶段。自动变速理论的不断发展完善，在车辆整体综合性能不断提高的同时，促使自动变速器的自动化、智能化。以机械无级变速器(CVT)为例，根据车辆工况，它需要随时调整液压系统压力，控制带轮两部分的相对滑移程度，从而改变变速器传动比。在这种情况下，人工手动以及机械式的自动是不能胜任的，控制单元的电子化、计算机化是十分必要的。

3. 传动系统与发动机甚至与整车有一体化、系统化的趋势

信息产业和计算机技术突飞猛进的发展，为车辆技术开辟了新的发展空间。在车辆技术领域里先后涌现出 CAN 总线等可用于车辆各个子系统间通信的技术和标准。通过现场总线技术，将汽车的各个子系统有机地结合起来，对其进行系统化的控制，可以提高汽车的整体综合性能。以电控机械式自动变速器(AMT)为例，它要同步控制离合器的分离与结合、选换挡操作以及发动机节气门的调节，来实现起步、换挡的自动操纵。这就需要通过 CAN 总线或其他通信方式，在控制单元与发动机、离合器、变速器之间建立起可靠实时的信息通信，由控制单元对它们进行同步控制。

本 章 小 结

本章介绍了汽车的传动方式。汽车变速器按传动比变化方式，可分为有级式、无级式和综合式三种。

汽车自动变速器大致可分为三类：一类是由液力变矩器、行星齿轮机构及电液控制系统组成的液力自动变速器；一类是由传统固定轴式变速器和干式离合器以及相应的电一液控制系统组成的电控机械式自动变速器；另一类是无级自动变速器。汽车自动变速器的发展经过了起步阶段、电控机械式自动变速器发展阶段、机械无级变速器这三个阶段。

同时本章简单介绍了汽车自动变速器控制技术，论述了经典控制理论过渡到了现代控制理论和鲁棒控制理论的演变过程。

【关键术语】

汽车传动方式　自动变速器　发展趋势

综合练习

一、填空题

1. 汽车的传动方式按结构和传动介质分为__________、__________、__________。

2. 汽车上采用的液力机械分流传动，可以分为__________、__________、__________。

3. 按传动比变化方式，汽车变速器可分为__________、__________、__________。

二、简答题

1. 简述自动变速器技术的发展。

2. 简述液力自动变速器的主要优点。

第 2 章 自动变速器

教学目标

通过本章的学习，要求读者能够了解什么是自动变速器，掌握自动变速器的分类和构造，熟悉常用自动变速器的基本知识。读者通过学习掌握自动变速器的基本原理及应用。

教学要求

知识要点	能力要求	相关知识
变速器的优缺点	了解其优缺点，便于研究自动变速器时能把握住侧重点	分析自动变速器的特点，了解优缺点
自动变速器的类型	熟悉按不同分类方式得到的自动变速器的基本原理	总体分为半自动变速器和全自动变速器，然后细分为 6 种不同类型
自动变速器的使用	能够正确操纵自动变速器的手柄，以便正确操作自动变速器	熟练掌握变速器控制开关、不同工况下变速器的使用方法
常用的自动变速器	熟练掌握常用自动变速器的原理和特点，重点掌握液力变速器的组成和原理	分别理解和掌握液力变矩器，齿轮变速器，油补偿冷却系统，自动变速器油，控制系统

导入案例

车辆自动变速器的选用

图 2.1 所示为德国 UNIMOG 越野车辆，该车可以根据需要选配机械(手动)变速器和自动变速器。

变速器有两种基本类型，即机械变速器和自动变速器。机械变速器由一系列齿轮和轴组装而成，如图 2.2 所示，以便把发动机的动力传递到驱动桥，并由驾驶员手动改变齿轮传动比。自动变速器使用一个变矩器和一个行星齿轮机构，如图 2.3 所示，可以自动改变齿轮传动比。

图 2.1 德国 UNIMOG 越野车辆

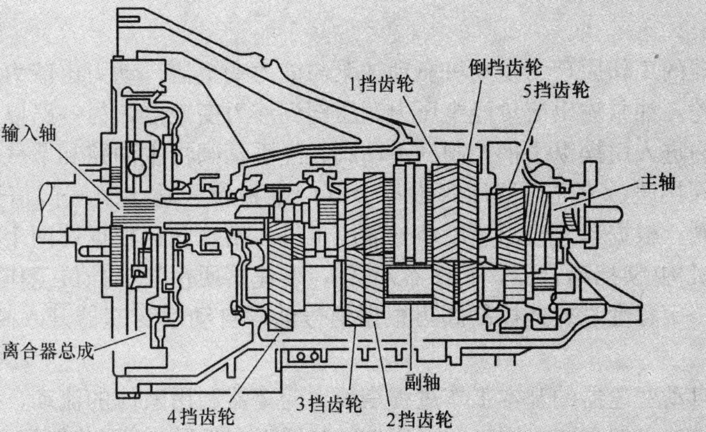

图 2.2 机械变速器结构示意图

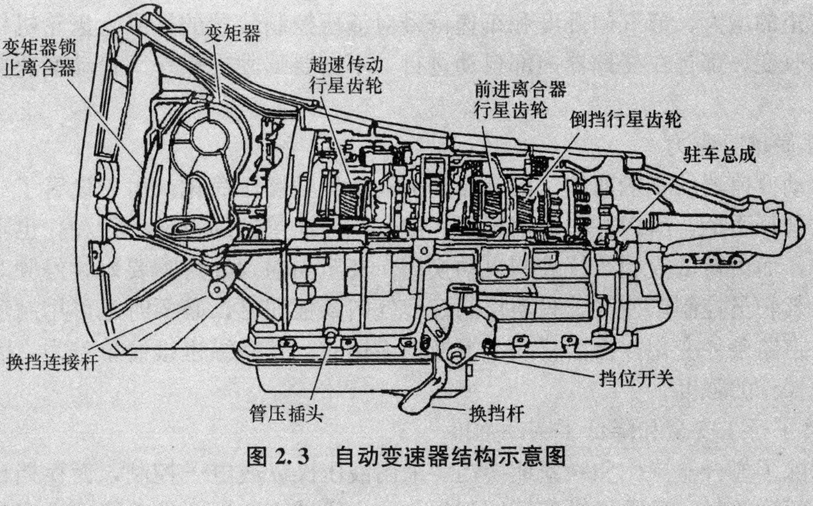

图 2.3 自动变速器结构示意图

问题：

同样一个车辆，选配不同形式的变速器，应该注意什么问题？其性能能否一致？

车辆传动的操纵即车辆的换挡，通常可分为非动力换挡和动力换挡。非动力换挡指具有主离合器的车辆，驾驶员根据车辆行驶条件的变化随时变更挡位的同时，操纵主离合器的切断与结合，在换挡的瞬间，车辆传动的动力中断。要求驾驶员对离合器踏板、节气门踏板及换挡手柄等三个操纵件的操作动作，具有准确协调的配合，能够根据路面交通情况及发动机工作状况准确而及时地进行换挡，以确保汽车具有良好的动力性和经济性；传统的手动变速器尽管因采用机械传动，传动效率高、工作可靠、结构简单，但是由于存在瞬间功率中断使得动态负荷大，易使零件过早磨损，特别是机械变速器因换挡频繁、动作多、劳动强度大，因而会分散驾驶员的注意力，增加了行车中的不安全因素，而且由于换挡时刻掌握不好使发动机不能经常保持在最佳状况下工作；此外，由于换挡时需中断发动机动力造成速度损失，高挡换低挡时为达到同步换挡常需要在切断动力后踩节气门踏板使变速器输入轴转速提高等，这些情况都将使车辆的动力性和经济性下降。

2.1 自动变速器的特点

自动变速器的工作原理为发动机驱动油泵与液力变矩器，动力由液力变矩器经变速齿轮箱传到驱动轮，油泵输出流量经主压力调压阀到液力变矩器，另一路以主压力调压阀调节的主油路压力进入由操纵手柄控制的手动阀，经手动阀将主油路和节气门调压阀、手动阀及速度调压阀接通，节气门调压阀根据节气门踏板位置输出节气门信号油压进入换挡阀、速度调压阀，根据车速输出速度信号油压也进入换挡阀；根据这两个信号油压，换挡阀使换挡执行机构(换挡离合器，制动器)动作，变速器便在某一挡位工作，当节气门开度和车速变化到一定程度，换挡控制阀再根据信号油压自动使变速器升入高挡或降入低挡，如图 2.4 所示。

液力机械自动变速器的基本工作过程是液力变矩器利用液体的流动，把来自发动机的扭矩增大后传递给齿轮系统，同时，液压控制装置根据驾驶需要(节气门开度、车速等)来操纵齿轮系统，使其获得相应的传动比和旋转方向，执行升挡、降挡、前进、倒退。上述过程中，转矩的增大、节气门开度和车速信号对液压控制装置的操纵、齿轮机构传动比和旋转方向的改变，都是在变速器内部自动进行，不需要驾驶员操作。自动变速器具有如下特点。

1) 操作简单且省力

采用自动变速器的车辆取消了离合器踏板，使驾驶操作简化。由于设置了一个自动换挡区范围的选择手柄，所以在一般情况下，即使在交通繁忙的街道上行驶，也不需更换任何操作动作，而由自动控制系统控制自动换挡。甚至当遇到红灯需要短暂停驶时，也可不移动手柄。驾驶员控制车速时，只需控制好节气门踏板即可，必要时也可用制动踏板予以配合，如果道路条件变化，需要移动一下换挡手柄时，其操纵也很简单省力。因此大大降低了驾驶员操作的强度。

2) 提高了行车安全和降低了劳动强度

由于消除了离合器操作和频繁地换挡，采用液压操纵或电子控制，使换挡自动化，在变换换挡手柄位置时，只需操纵液压控制阀，这比机械变速器要简单轻便得多；而且，在汽车行驶过程中，由自动控制系统控制自动换挡，使驾驶操作更简单、省力，减轻了驾驶

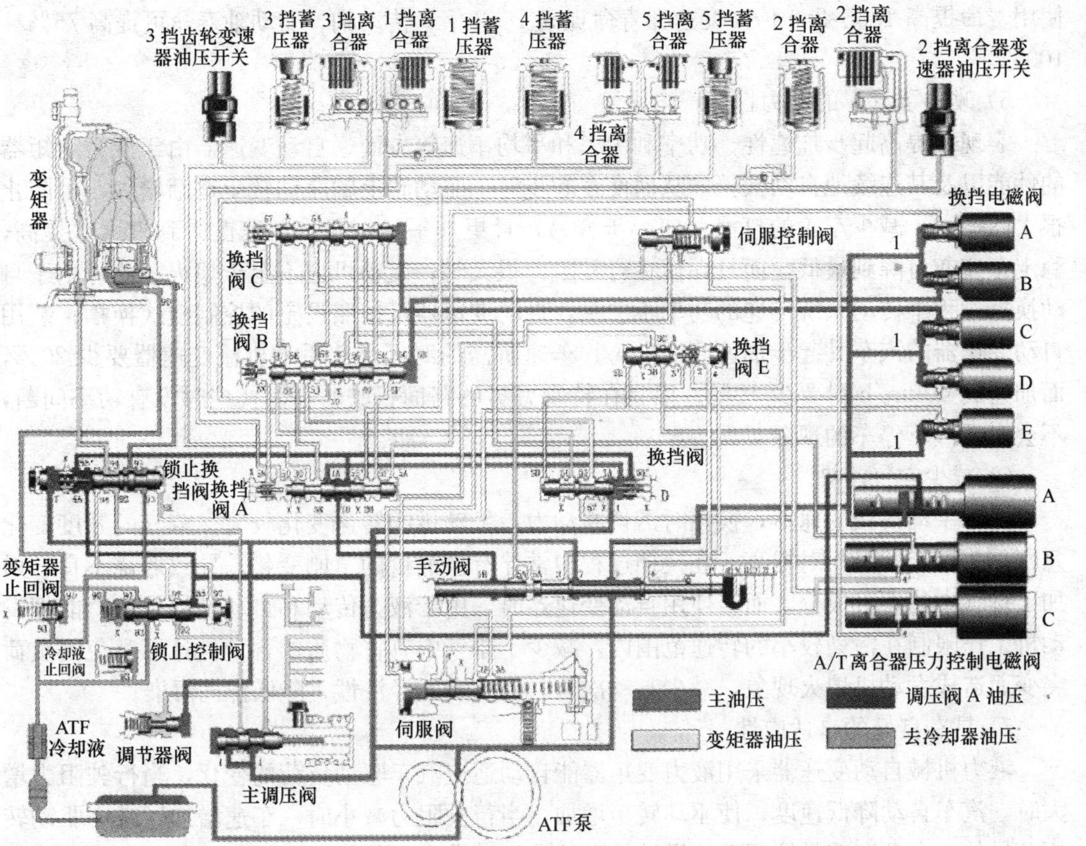

图2.4 自动变速器控制原理图

员的负担，可以把注意力集中于观察道路和交通情况，掌握好行进方向和车速，因此可以大幅提高行车安全性，并且能自动适应行驶阻力的变化，在一定范围内实现无级变速，提高了汽车的动力性和平均车速。

3）提高了乘坐舒适性

车辆的乘坐舒适性取决于许多因素，例如汽车的悬架系统、发动机的振动与噪声、以及换挡过程的平稳性等，由于使用自动变速器的汽车起步、加速更加平稳，且能把发动机的转速控制在一定范围内，避免急剧的变化，有利于减少发动机的振动和噪声，能吸收和减轻换挡过程中的振动与冲击，因此自动变速器通过专门的控制系统，可以得到很平稳的换挡过程和减少换挡次数，可以提高汽车行驶的平稳性，有效地改善乘坐舒适性。

4）延长了机件的使用寿命

由于自动变速器大多数采用液力传动，发动机与传动系由液体工作介质作“软”性连接，能缓冲接合冲击，对振动能起一定的吸收、衰减和缓冲的作用。液力组件可消除和吸收传动装置的动态负荷，而且由于自动换挡减少了换挡时产生的冲击与振动，因此可使传动零部件的使用寿命延长2～3倍。据统计，在恶劣的行驶条件下，装配自动变速器的汽车，其传动轴上的最大扭矩振幅相当于机械变速器的20%～40%，原地起步时的转矩峰值相当于机械变速器的50%～70%，因此这不但改善了乘坐的舒适性，也可使发动机的使用寿命提高1.5～2.0倍，变速器寿命提高1～2倍，传动轴、驱动轴寿命可提高75%～100%。

5）改善了汽车的动力性能

表现在提高起步加速性、功率利用率和平均车速等方面，自动变速器由于液力变矩器的性能以及其连续地自动换挡，从而使在起步时，驱动轮上的驱动转矩逐渐增加，可防止很大的振动，减少车轮的打滑，使起步容易，且更加平稳，起步加速性得到极大地提高，稳定车速亦可降到最低，而且即使在行驶阻力很大时，发动机也不至于熄火；此外由于自动换挡过程中传动系统传递的功率不中断，自动变速器可按照设定的控制模式换挡；装用自动变速器的汽车其起步加速到20km/h车速所需的时间，比手动机械变速器要少20%，而加速到40km/h时要少10%；而且在特别恶劣的路面行驶时，因换挡时没有功率间断，不会出现汽车停车的现象。

6）减少空气污染

由于手动换挡变速器，换挡时需切断动力，发动机的转速变化较大，节气门开度变化急剧，非稳定状况相对提高，在换挡过程中常伴有供油量的急剧变化，导致燃烧不良，增加了排气中的有害成分。而当使用自动变速器时，由于液力传动和自动换挡技术，能把发动机工作限制在污染较小的转速范围内，减少了排气中有害物质的含量，且可避免因负荷突变而造成发动机熄火现象，减少起动次数，提高燃油经济性，降低排气污染。

7）具有良好的自适应性

液力机械自动变速器采用液力变矩器能自动适应汽车驱动负荷的变化，当行驶阻力增大时，汽车自动降低速度，使驱动转矩增加，当行驶阻力减小时，车速增加，减小驱动转矩；另外，自动变速是按照系统设计的最佳使用要求来进行的，以使汽车获得最佳的动力性和燃料经济性，消除了驾驶员对换挡的依赖。因此，液力机械自动变速器一方面能在一定范围内实现无级变速，大大减少了行驶过程中的换挡次数，另一方面随时都处于最佳挡位行驶，提高了汽车的动力性、燃料经济性和行驶平稳性。

8）结构复杂

自动变速器精密度高的零件多、制造精度要求较高也较困难、成本高，相对应的其故障分析和维修等方面要求较高。

9）传动效率较低

对液力变矩器而言，最高效率一般只有82%～88%，而机械齿轮传动的效率可达95%～97%，由于传动效率低，使汽车的燃油经济性有所降低。

但这个缺点是相对的，由于延长了发动机和传动系的使用寿命，提高了汽车使用率、减少了维修成本、提高了发动机功率的平均利用率、提高了平均车速，虽然燃油经济性有所降低，却提高了汽车整体使用经济性；此外，采用带锁止离合器的液力变矩器，在一定行驶条件下，锁止离合器结合，使液力变矩器失去作用，输入轴与输出轴变为直接传动，传动效率可接近100%，这时液力机械自动变速器的传动效率与机械变速器的传动效率相近，也可使燃料消耗减少。

尽管长期以来，人们认为自动变速器存在着结构复杂、制造精度高、造价昂贵、传动效率低等缺点，但总体来说其优点才是最重要的，且随着科技进步，这些缺点都已逐步得到改善，所以近十几年来国内外采用自动变速器的车辆日益增多。

2.2 自动变速器的类型

依照汽车行驶中换挡操作的自动化程度，自动变速器可分为半自动变速器和全自动变速器。在车辆起步过程或部分挡位可以自动换挡，而不能在全部挡位自动换挡的变速器，称为半自动变速器；能随着车辆工况的变化，而在全部挡位范围内自动改变其传速比的变速器，称为全自动变速器。

不同车型所装用的自动变速器在形式、结构上往往有很大的差异，因此自动变速器有多种分类方式。

1. 按汽车驱动方式分类

按汽车驱动方式，可分为后驱动自动变速器和前驱动自动变速器两种。这两种自动变速器在结构的布置上有很大的不同，后驱动自动变速器的液力变矩器和齿轮变速器的输入轴及输出轴在同一纵向平面内或平行的平面内，因此轴向尺寸较大；阀体总成多布置在齿轮变速器下方的油底壳内(图 2.5)；前驱动自动变速器除了具有与后驱动自动变速器相同的组成部分外，自动变速器与驱动桥组合成一体。前驱动汽车发动机有纵置和横置两种，纵置发动机的前驱动自动变速器的结构和布置与后驱动自动变速器基本相同，只是在后端增加了一个驱动桥，横置发动机的前驱动自动变速器由于汽车横向尺寸的限制，要求有较小的轴向尺寸，因此通常将输入轴和输出轴设计成两个轴线的方式(图 2.6)，液力变矩器和齿轮变速器输入轴布置在上方，输出轴则布置在下方，这样的布置减少了变速器总体的轴向尺寸，但增加了变速器的高度，因此常将阀体总成布置在变速器的侧面或上方，以确保汽车有足够的最小离地高度。

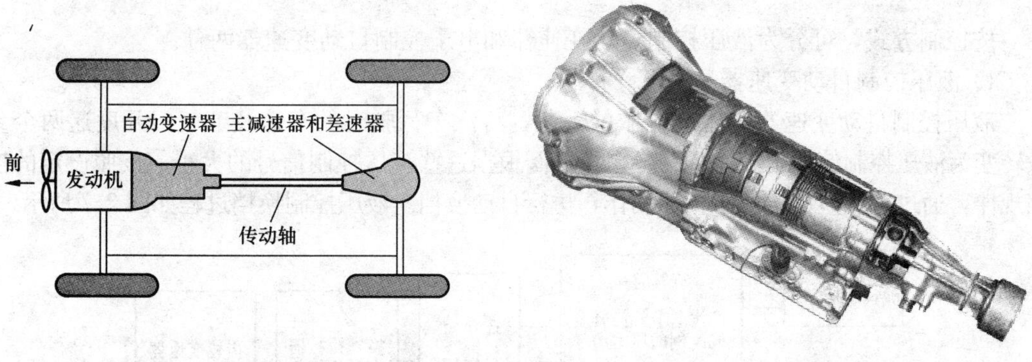

(a) 布置图　(b) 实体图

图 2.5 后轮驱动自动变速器总成

2. 按自动变速器前进挡的挡位数分类

按自动变速器前进挡的挡位数，可分为两个前进挡、三个前进挡、四个前进挡三种。早期的自动变速器通常为两个前进挡或三个前进挡，这两种自动变速器都没有超速挡，其中最高挡为直接传动挡。新型轿车装用的自动变速器基本上都是四个前进挡，即设有超速挡，这种设计虽然使自动变速器的构造更加复杂，但由于设有超速挡，因而改善了汽车的

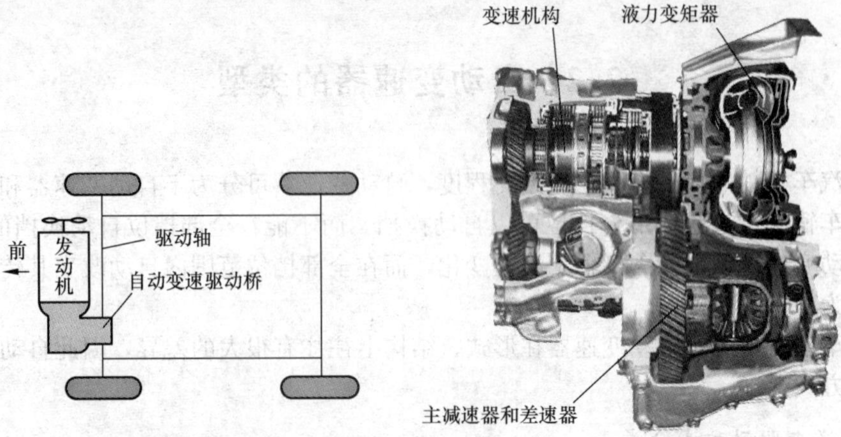

(a) 布置图　　　　(b) 实体图

图 2.6　前轮驱动自动变速器总成

燃油经济性。

3. 按液力变矩器的类型分类

轿车自动变速器基本上都是采用结构简单的单级三元件综合式液力变矩器，这种液力变矩器又分为有锁止离合器和无锁止离合器两种，早期的液力变矩器没有锁止离合器，在任何工况下都是以液力的方式传递发动机动力，因此传动效率较低；新型轿车自动变速器大都采用带锁止离合器的液力变矩器，在汽车达到一定车速时，控制系统使锁止离合器接合，液力变矩器的输入部分和输出部分连成一体，发动机动力以机械传递的方式直接传入齿轮变速器，从而提高了传动效率，降低了汽车的燃油消耗量。

4. 按控制方式分类

按控制方式，可分为液压控制自动变速器和电子控制自动变速器两种。

1）液压控制自动变速器

液压控制自动变速器是通过机械的手段，将汽车行驶时的车速及节气门开度这两个参数转变为液压控制信号；阀体中的各个控制阀根据这些液压控制信号的大小，按照设定的换挡规律，通过控制换挡执行机构的动作，执行自动换挡。液压控制换挡过程如图 2.7 所示。

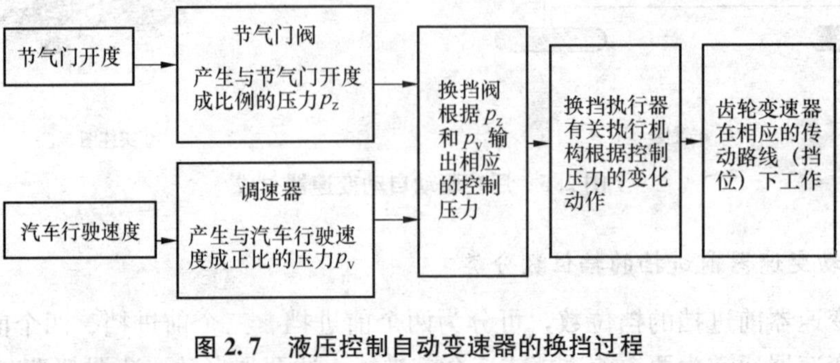

图 2.7　液压控制自动变速器的换挡过程

2）电子控制自动变速器

电子控制自动变速器是通过各种传感器，将发动机转速、节气门开度、车速、发动机水温、自动变速器液压油温度等参数转变为电气信号，输入计算机，计算机根据这些电气信号，按照设定的换挡规律，控制换挡电磁阀、油压电磁阀等将电子控制信号转变为液压控制信号，阀体中的各个控制阀根据这些液压控制信号，控制换挡执行机构的动作，从而执行自动换挡。电子控制换挡过程如图 2.8 所示。

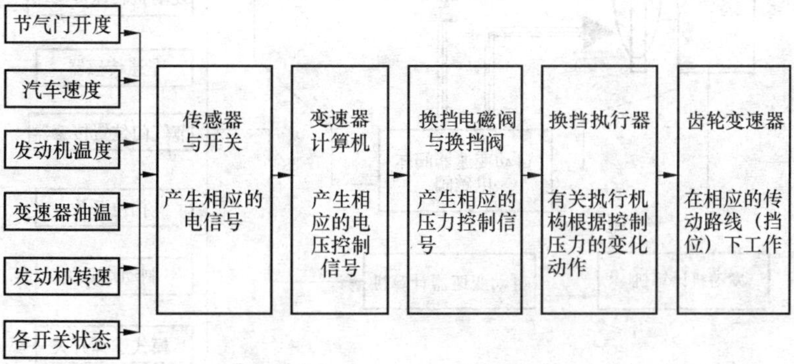

图 2.8　电子控制自动变速器的换挡过程

电子控制自动变速器的基本组成主要由液力传动装置、辅助变速装置和自动变速控制系统组成，如图 2.9 所示。

图 2.9　电子控制自动变速器的组成

(1) 液力传动装置。汽车液力传动装置有液力偶合器和液力变矩器之分，现代自动变速器液力传动装置都采用液力变矩器。变矩器安装于发动机飞轮上，可在一定范围内实现增矩减速和无级变速。

(2) 辅助变速装置。辅助变速装置有行星齿轮式和平行轴齿轮式两种结构形式，目前普遍采用行星齿轮式变速器。行星齿轮式变速器包括行星齿轮变速机构和换挡执行机构两部分，其作用是进一步增矩减速，通过变换挡位实现不同的传动比，以提高汽车的适应能力。现在的汽车自动变速器一般为三个或四个前进挡，一个倒挡。齿轮变速器与液力变矩器相配合，就形成了更大范围内的变速。

(3) 自动变速控制系统。电子控制自动变速器的自动变速控制系统与纯液力控制自动变速控制系统的不同在于：液力控制自动变速器通过节气门阀和调速器将自动变速器控制信号(节气门开度和车速)转变为相对应的控制压力来控制换挡阀的动作，实现自动变速；而电子控制式自动变速器则是通过节气门传感器和车速传感器将节气门开度和车速转变为电信号，输入到计算机，计算机根据这两个信号及其他有关的信号确定换挡时机，输出换挡电信号，控制换挡电磁阀动作，在通过换挡阀和换挡执行机构实现自动换挡。

电子控制自动变速器的换挡执行机构与液压控制自动变速器的相似，也是液压机构。其动力来源是自动变速器油泵。

电子控制自动变速器的控制过程如图 2.10 所示。

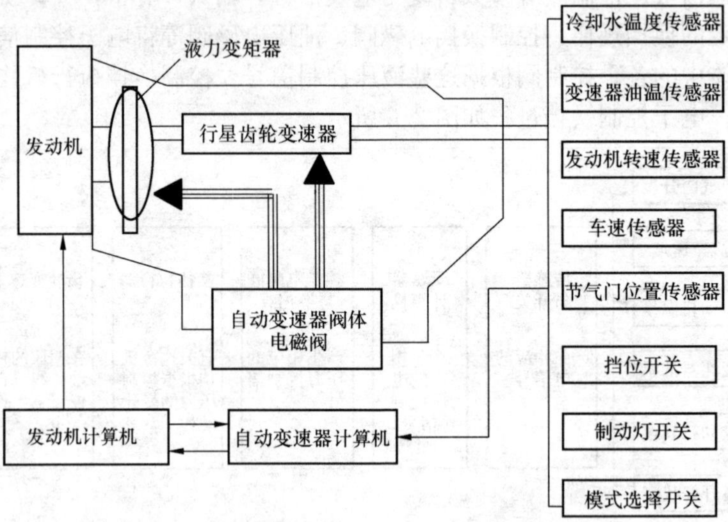

图 2.10　电子控制自动变速器的控制过程

5. 按齿轮变速器的类型分类

按齿轮变速器的类型，可分为定轴齿轮式和行星齿轮式。定轴齿轮式自动变速器体积较大，只有少数几种车型使用(如本田 ACCORD 轿车)；行星齿轮式自动变速器结构紧凑，能获得较大的传动比，为绝大多数轿车所采用。其中行星齿轮式自动变速器主要有以下几种。

1) 辛普森式行星齿轮自动变速器

辛普森式行星齿轮自动变速器是出现最早、应用最广的一种自动变速器，广泛应用在欧、美、亚各大汽车公司生产的汽车上，其总体结构如图 2.11 所示。

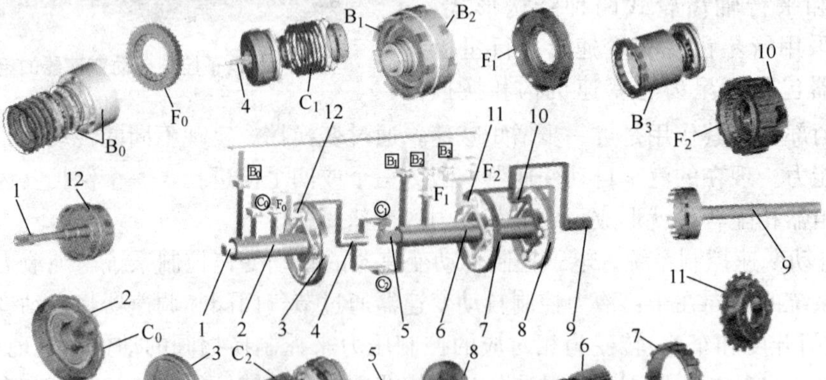

图 2.11　辛普森式行星齿轮自动变速器示意图

1—前传动轴；2—前太阳轮；3—前齿圈；4—中传动轴；5—中排传动轴；6—中太阳轮；7—中齿圈；8—后齿圈；9—输出轴；10—齿圈太阳轮组件；11—中行星架；12—前行星架；B_0，B_1，B_2 和 B_3—制动器；C_0，C_1 和 C_2—离合器；F_0，F_1 和 F_2—前向离合器这种自动变速器的特点是在内齿圈与太阳轮之间只有一级行星齿轮，该种结构被称为辛普森行星齿轮机构。从图 2.11 可见，此行星齿轮机构是几个行星齿轮均布在太阳轮与内齿圈间，而且几个单级行星齿轮公用一个行星架，行星齿轮分别装在行星架的行星齿轮轴上，行星齿轮在行星架上可以自转，也可以一同随行星架绕太阳轮公转。行星轮在传动中不影响传动比，只起转矩传动作用。

阅读材料2-1

以图 2.12 所示辛普森式 3 挡行星齿轮变速器为例，说明辛普森式行星齿轮自动变速器的换挡原理。

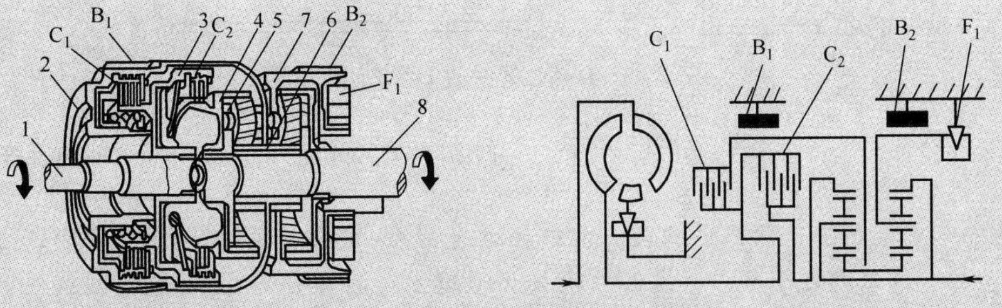

(a) 齿轮变速器的结构　　(b) 变速器换挡执行机构的布置

图 2.12　辛普森式 3 挡行星齿轮变速器

1—输入轴；2—倒挡及高挡离合器鼓；3—前进离合器鼓和倒挡及高挡离合器鼓；4—前进离合器鼓和前内齿圈；5—前行星架；6—前后太阳轮组件；7—后行星架和低挡及倒挡制动器鼓；8—输出轴；C_1—倒挡及高挡离合器；C_2—前进挡离合器；B_1—2 挡制动器；B_2—低挡及倒挡制动器；F_1—低挡单向离合器

当自动变速器操纵手柄置于 D、R、S(或 2)、L(或 1)各位置时，变速器换挡执行机构各元件的状态见表 2-1。

表 2-1　辛普森式 3 挡行星齿轮变速器各挡位换挡执行元件的状态

变速器操纵手柄位置	变速器挡位	换挡执行元件状态				
		C_1	C_2	B_1	B_2	F_1
D	1		○			○
	2		○	○		
	3	○	○			
R	倒挡	○			○	
S、L(2、1)	1 挡		○		○	
	2 挡		○	○		

注：○——表示结合、制动和锁止。

1. 自动变速器操纵手柄在 D 位

自动变速器操纵手柄在 D 位时，其控制系统将根据车速、节气门开度及其他信号自动改变前进挡位。

(1) 1 挡时的变速器工作状况。前进离合器 C_2 接合，输入轴与前内齿圈连接，单向离合器处于自锁状态，因此后排行星架被固定。这时前后排行星齿轮都传递动力。其传动路线如图 2.13 所示。

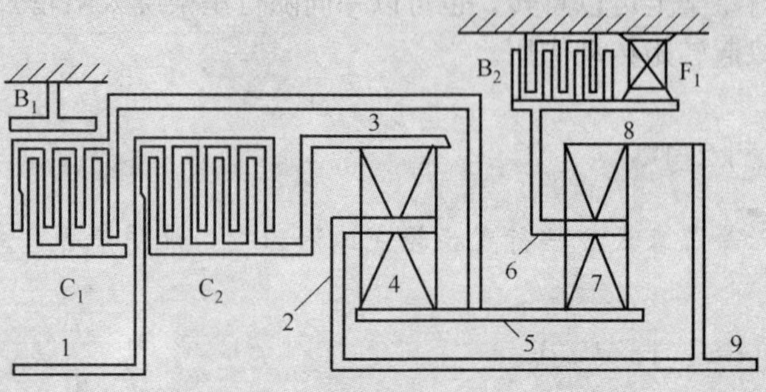

图 2.13　D 挡位置时的 1 挡传动路线

1—输入轴；2—前行星架；3—前齿圈；4—前行星轮；5—太阳轮组件；6—后行星架；7—后行星轮；8—后齿圈；9—输出轴；B_1 和 B_2—制动器；C_1 和 C_2—离合器；F_1—单向离合器

(2) 2 挡时的变速器工作状况。前进挡离合器 C_2 接合，同时 2 挡制动器 B_1 制动，行星齿轮变速器就处于 2 挡。这时输入轴仍通过前进挡离合器 C_2 连接前排齿轮，而 2 挡制动器 B_1 将前后行星齿轮排的太阳轮组制动，前排行星齿轮传递动力，而后排行星齿轮处于空转状态。2 挡的传动路线如图 2.14 所示。

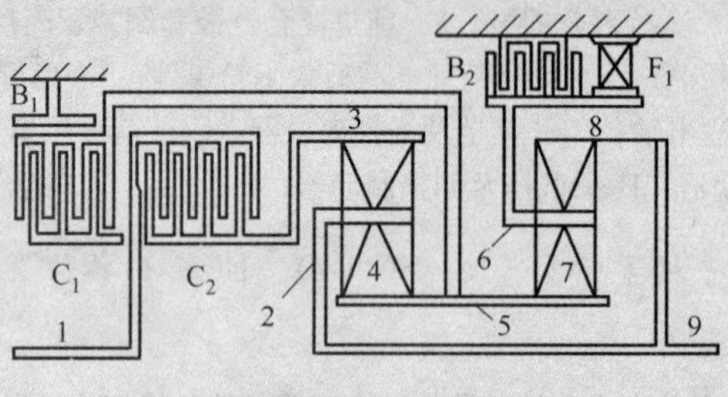

图 2.14　D 位时的 2 挡传动路线

1—输入轴；2—前行星架；3—前齿圈；4—前行星轮；5—太阳轮组件；6—后行星架；7—后行星轮；8—后齿圈；9—输出轴；B_1 和 B_2—制动器；C_1 和 C_2—离合器；F_1—单向离合器

(3) 3 挡时的变速器工作情况。前进挡离合器 C_2 和倒挡及高挡离合器 C_1 同时接合，这时，输入轴同时与前内齿圈和太阳轮组连接。行星齿轮中的两个构件被连接在一起，使前行星齿轮成为一整体而一起旋转，输入轴的动力通过前排行星齿轮传动给输出轴。3 挡的传动比为 1，即为直接挡。其传动路线如图 2.15 所示。

2. 自动变速器操纵手柄在 R 位

自动变速器操纵手柄拨到倒挡时，倒挡及直接挡离合器 C_1 接合，使输入轴与前后排太阳轮组连接，同时低挡及倒挡制动器 B_2 制动，将后行星架固定。输入轴的动力通过离合器 C_1 传递给前后太阳轮组，再经后行星齿轮、内齿圈传递给输出轴，如图 2.16 所示。这时的太阳轮转动方向与输入轴相同，后排行星轮转动方向与太阳轮相反，而后排齿轮转动方向则与行星轮相同，因此输入轴与输出轴逆向转动，实现了倒挡传动。

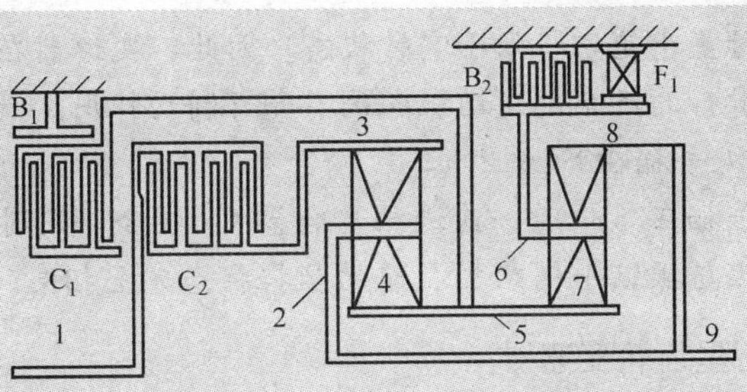

图 2.15　D 位时的 3 挡传动路线

1—输入轴；2—前行星架；3—前齿圈；4—前行星轮；5—太阳轮组件；6—后行星架；7—后行星轮；8—后齿圈；9—输出轴；B_1 和 B_2—制动器；C_1 和 C_2—离合器；F_1—单向离合器

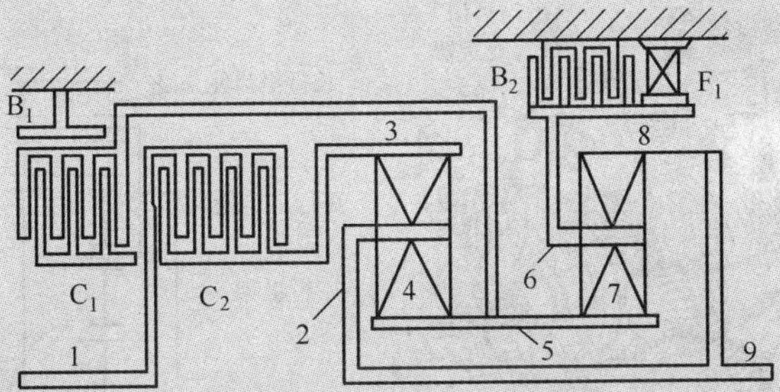

图 2.16　倒挡位时的传动路线

1—输入轴；2—前行星架；3—前齿圈；4—前行星轮；5—太阳轮组件；6—后行星架；7—后行星轮；8—后齿圈；9—输出轴；B_1 和 B_2—制动器；C_1 和 C_2—离合器；F_1—单向离合器

3. 自动变速器操纵手柄在 L(或 1)位

自动变速器操纵手柄在 L 位时，前进挡离合器 C_2 接合，输入轴与前内齿圈连接，低挡及倒挡制动器 B_2 制动，将后排行星架固定，如图 2.17 所示。因此这时的动力传递路线和传动比与自动变速器操纵手柄在 D 位时的 1 挡完全相同。自动变速器操纵手柄在 L 位与 D 位时的 1 不同之处是：L 位时后行星架的固定是通过制动器制动实现，后行星架的被固定状态不会因其受力方向发生改变而释放。因此，汽车行驶中当司机松开节气门踏板，发动机的转速迅速下降时，行星齿轮变速器会逆向传递动力，滑行的汽车会受到发动机的制动作用。而 D 位时的 1 挡由于后行星架的固定式通过单向离合器实现的，当变速器输出轴的转速高于输入轴的转速时，单向离合器 F_1 锁止作用消失，后行星架

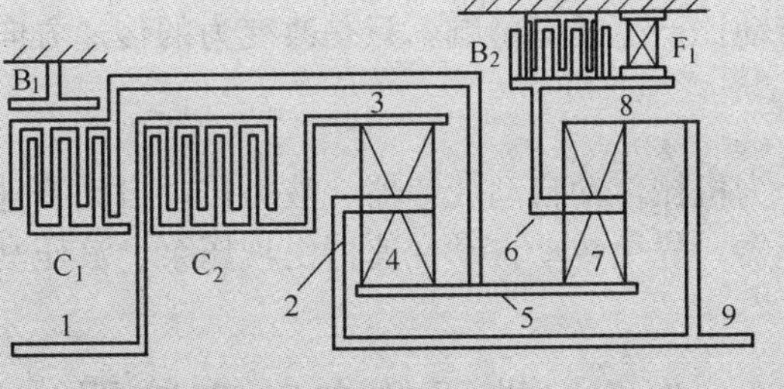

图 2.17　L 位时的传动路线

1—输入轴；2—前行星架；3—前齿圈；4—前行星轮；5—太阳轮组件；6—后行星架；7—后行星轮；8—后齿圈；9—输出轴；B_1 和 B_2—制动器；C_1 和 C_2—离合器；F_1—单向离合器

将自由转动，前后排行星齿轮都将处于空转状态。因此，变速器在D位时的1挡状态不会逆向传递动力，对滑行的汽车的发动机也就不会有制动作用。

4. 自动变速器操纵手柄在S(或2)位

自动变速器操纵手柄在S位时，前进挡离合器C_2接合，同时2挡制动器制动，其动力传递路线与传动比与操纵手柄在D位时的2挡状态完全相同。

2) 拉维奈尔赫式行星齿轮变速器

拉维奈尔赫式行星齿轮变速器是除了辛普森式行星齿轮变速器之外应用较广的一种变速器。如捷达轿车装备的096型自动变速器就是拉维奈尔赫式的，096型自动变速器结构如图2.18所示。

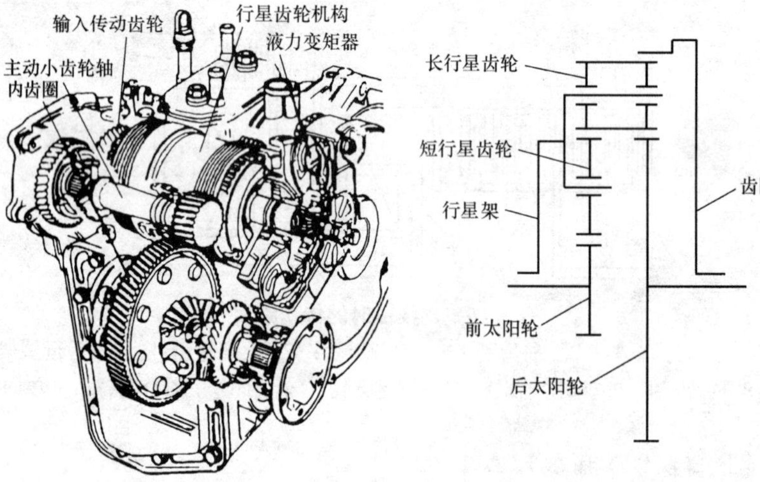

(a) 结构图　　(b) 原理示意图

图2.18　拉维奈尔赫式行星齿轮自动变速器示意图

这种形式的自动变速器的特点是在行星齿轮机构中有两个太阳轮，在太阳轮与齿轮间有两级行星齿轮，两级行星齿轮分别与各自的太阳轮相啮合，两级行星齿轮公用一个行星架。该种结构被称为拉维奈尔赫式行星齿轮机构。从图2.18可知，这种行星齿轮机构是在太阳轮与内齿圈间有两级行星齿轮，故这种结构有两个太阳轮、两个行星齿轮、一个行星架，组成了两个行星排，前后两个行星排公用一个内齿圈，共用一个长行星齿轮，短行星齿轮与其中一个小太阳轮啮合，并与长行星轮在行星齿轮机构组合传递动力，它不参与速比的计算，即不对传动比产生任何影响，只是改变力的传递方向。

6. 按传动方式分类

按传动方式，可分为机械传动自动变速器、液力传动自动变速器、静压传动自动变速器、电力传动自动变速器。静压传动自动变速器由液压泵、液压马达及控制系统所组成。

2.3　常用的自动变速器

自动变速器技术是人们一直追求的目标，经历了相当长的发展过程，现在汽车上常用的自动变速器有以下几种类型。

1. 液力传动自动变速器

液力传动是以液体动能传动能量的叶片传动机械。液力自动变速器由三大部分组成：液力变矩器、油泵、自动变速器本体。液力变矩器具有无级连续变速和变矩的能力，对外部负荷有良好的自动调节和适应性能，从根本上简化了操纵。它既具有离合器的功能，又使发动机与传动系之间实现“柔性”连接和传动，因而将发动机和底盘这两大振动源分隔，减轻了车辆的振动，提高了车辆乘坐舒适性，使车辆起步平稳，加速均匀、柔和。

液力传动虽然具有上述优点，但若采用单纯液压传动，也存在以下问题：

(1) 传动效率较低，高效率范围不大。

(2) 变矩范围有限，不足以完全适应行驶中各种工况的变化。

(3) 难以实现倒挡。因此，一般不采用单纯的液力传动，而是采用液力传动与机械传动相结合，使其缺陷得到了一定弥补，才能得到广泛应用。

目前，广泛应用的液力自动变速器是液力变矩器与机械传动部件共同构成的一个不可分割的整体。它在原有液力变矩器的基础上，利用液力传动、机械传动和功率分流原理，改变和改善变矩器的特性，使之能与多种发动机进行理想的匹配，使各种车辆获得良好的动力性能和燃油经济性，液力自动变速器综合了液力传动技术、液压控制技术、机械传动技术和电子控制技术，成为现代汽车普遍采用的一种自动变速器(AT)。

2. 静压传动自动变速器

静压传动与液力传动同属液体传动范畴，主要区别是静压传动利用工作腔的容积变化来工作，液压组件主要是液压泵与液压马达，液压泵将发动机输出功率转变为工作油压并由控制组件将其输入液压马达，液压马达驱动车辆；系统工作油压的大小取决于负荷，车辆速度的变化取决于液压油的流量。

静压传动的主要特点是：①变速范围大且平稳。即可在大范围内连续地前进，倒车行驶时，能平稳地进行无级变速，性能接近理想特性；②可利用增加液流循环阻力的方法进行动力制动；③具有液体传动吸振与降低冲击的能力；④液压组件间用管路连接，便于合理安排总体布置。

因此，近年来在车辆上，特别是工程建筑机械上得到广泛应用，如推土机、装载机。但是它的效率低于纯机械传动、液压组件制造精度要求高、成本高、大功率的液压组件制造更为困难，因此静压传动多与行星齿轮并联构成静压机械无级传动，静压只是传递总功率的一部分，总效率也提高，并降低了制造大功率液压元件的成本，从而使它应用在特种车辆、军用车辆、履带式车辆及飞机牵引车上。

3. 电力传动自动变速器

电力传动与液压车轮马达相似，它取消了机械传动中的传统机构，而以电流输送至电动机来驱动汽车，其基本传动形式是由柴油机带动发电机，然后用发电机发出的电能驱动装在车轮中的电动机，车轮和电动机(包括减速装置)组成一体，故称为“电动能”。

(1) 电力传动的优点为：①可按汽车行驶动力需求，以最经济的转速运行，得到恒定功率特性；②可无级变速，起步及变速平稳；③易于实现制动，提高了行驶安全性；④动力装置和车轮之间无刚性联结，便于总体布置及维修。

(2) 主要缺点为：①价格高，它的价格比液压机械传动还高20%左右；②体积大，并且消耗大量金属；目前在大型工程建筑机械上应用，已成为发展趋势。

另外，随着汽车保有量的迅速增加，汽车排气对大气的污染越来越受到人们的重视，人们迫切希望研制和开发无污染汽车。各国汽车公司大力研制一种以新型蓄电池、燃料电池为能源的电动汽车，它不用石油燃料、无污染、能量转换率高，目前已研制出纯电动汽车、电动与内燃机混合汽车，并且已开始投入市场。如果能解决蓄电池的体积、储电量和充电速度等方面的问题，电动汽车将被广泛用于轿车、大客车和货车上，这将是汽车工业的一个大飞跃。

4. 有级式机械自动变速器

定轴式齿轮变速器是执行有级排挡的传动机械，以其效率高、成本低、生产技术成熟的特点而获得广泛应用，但这种变速器存在着换挡频繁、劳动强度大、动力中断、以及驾驶员水平对车辆行驶性能有较大影响等缺陷，随着电子技术的发展和微型计算机控制技术的应用，现已研制出以机械式手动起步，而换挡自动控制的有级机械自动变速器；1983年日本五十铃公司最先开发出电子控制全机械式有级自动变速器NAVI5，装于ASKA轿车，以60km/h行驶时，比液力机械自动变速器车省油10%～30%，受到了普遍的欢迎；此后，美国、欧洲一些国家的汽车公司也相继开始这方面的研究与开发。

有级式机械自动变速器的基本理论是：驾驶员通过节气门踏板和选挡器(包括排挡范围、换挡时机、巡航控制等)，各种传感器随时检测车辆工况，微型计算机接收并处理信号输出指令，通过电动和液压分别对节气门开度、离合器接合及换挡三者进行控制，以执行最佳匹配，从而获得最佳的行驶性能、平稳起步性能和迅速换挡的能力。

有级式机械自动变速器具有自动变速的优点，又保留了齿轮式机械变速器传动效率高、价廉、容易制造的长处，但与液力自动变速器相比，自动换挡控制的难度较高而且控制精度的要求也很高。

5. 电子控制无级自动变速器

省油、降低排气污染、操纵简便、行驶舒适的无级变速器(Continuously Variable Transmission，CVT)一直是人们追求的目标，早期通过控制双锥体改变接触半径获得传动比连续变化的方法，因接触部分挤压应力太高而难于实用化。目前中小轿车上使用的电子控制无级变速器，以金属三角带进行传动。这种金属三角带是荷兰VDT公司的专利，它利用10层厚0.2mm的铝合金薄铜带串上约280片三角形的钢片制成，这种金属三角带可承受很大的拉力和侧向压力，钢带装在工作半径可变的带轮上，靠液压改变带轮的半径来改变速比，如图2.19所示。无级变速器的最大优点是可以实现全程无级变速，电子控制机构可以使无级变速器在各种工作状态下保持最佳的传动比和平滑的换挡，使汽车具有良好的牵引性能，驱动力与车速曲线呈平稳圆滑下降。

图2.19　无级变速器带轮传动变速结构示意图

无级变速器由电子控制部分、液压控制部分、液力变矩器和机械无级变速器等组成。机械无级变速器结构如图 2.20 所示，主要由金属三角带、可变槽宽带轮、一组行星齿轮机构、一组前进多片离合器、一组倒挡多片制动器等组成，主动带轮和从动带轮的槽宽由液压油缸来控制改变，从而改变了三角带与带轮的接触位置获得可变的传动比，执行变速。

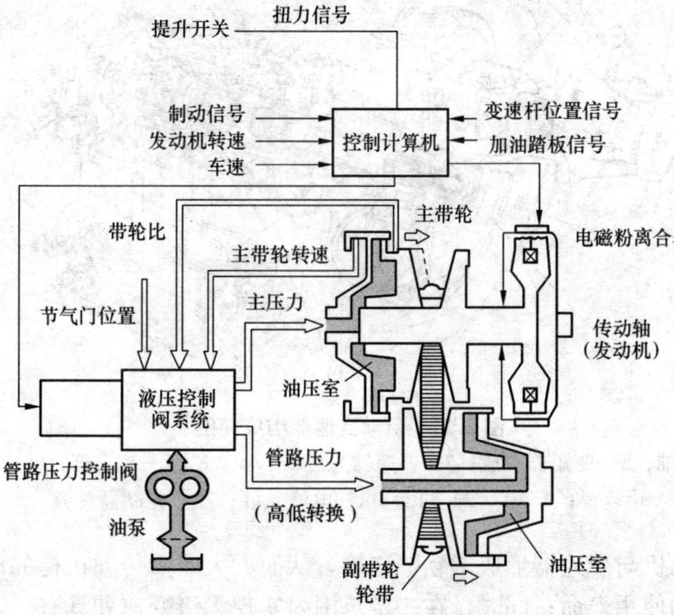

图 2.20 无级变速器控制原理图

如果说从手动变速器到液力自动变速器是一次飞跃，那么从液力自动变速器到电子控制无级变速器可以称为第二次飞跃。由于无级变速器的出现使汽车的动力性、经济性和操纵性发生了一个质的飞跃，近年来，无级变速器已被美国福特(Ford)公司和意大利菲亚特(FIAT)公司用于中小排气量的轿车上，英国 Borg - Warner 公司、德国 ZF 公司和日本富士重工等也都大量生产，并将 ECVT 作为改善汽车质量的主要方向。

在以上五种类型中，液力自动变速器是目前最广泛采用的，尤其是电子控制的液力机械自动变速器普遍应用于现代轿车上。近年来，电子控制无级式自动变速器在世界性汽车展览会上越来越受到广大汽车制造商的青睐，并开始大量用于商用中小型轿车上。

2.4 液力自动变速器的组成

一般人们所说的自动变速器都是指液力自动变速器，液力自动变速器主要由液力变矩器、齿轮变速器、油补偿冷却系统、自动变速器油、控制系统等组成。由于结构的原因，有些也把最终传动装置作为变速器的一部分，如图 2.21 所示。

1. 液力变矩器

液力变矩器是液力自动变速器的重要部件，它的前端与发动机驱动板(起动齿圈)相连接，位于自动变速器的最前端，输出部件与齿轮变速器的输入轴相连。其作用与采用手动变速器的汽车中的离合器相似，它利用液力传动的原理，将发动机的动力传给自动变速器

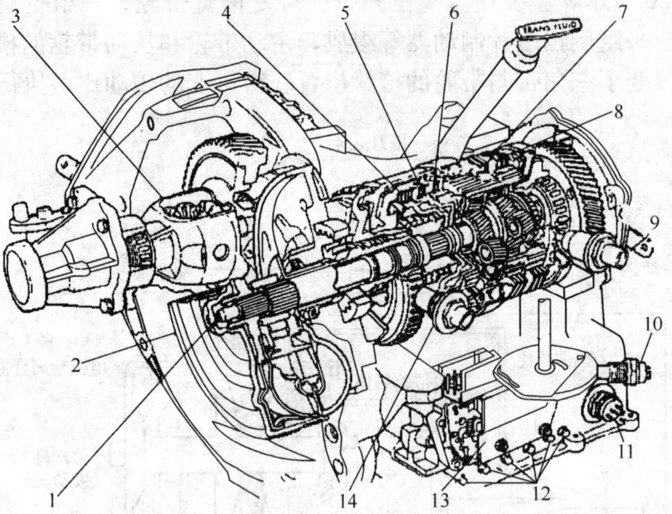

图 2.21　自动变速器组成简图

1—输入轴；2—变矩器总成；3—差速器总成；4，5，6，7—离合器；8—行星齿轮装置；9，10，11，12，14—电液元件；13—控制器总成

的输入轴，使发动机与变速器形成“软”连接，从而大大减少传动机构的动态负荷，延长发动机和变速器的使用寿命；同时，在一定范围内实现无级变速和具有一定的减速增矩的功能，它将发动机转矩增大后传给齿轮机构。

2. 齿轮变速器

齿轮变速器是自动变速器的主要组成部分，它包括齿轮变速机构和换挡执行机构(液压控制装置)；换挡执行机构可以使齿轮变速机构处于不同的挡位，以执行不同的传动比；大部分自动变速器的齿轮变速机构有 3～4 个前进挡和 1 个倒挡，有些大型车辆可以由 5～6 个前进挡。这些挡位与液力变矩器相配合，可获得较大的变速范围，满足驾驶员的要求，如图 2.22 所示。

3. 油补偿冷却系统

它是由补偿系统与冷却系统两部分组成。补偿系统为液力变矩器、控制系统及换挡执行机构的工作提供一定压力的液压油。冷却系统保证工作油在合适的温度范围内，从液力变矩器出来的自动变速器油需经冷却后再回至油底壳。

4. 自动变速器油

自动变速器油充满自动变速器内腔，传递液力变矩器的转矩，控制液压控制装置和齿轮系统中执行组件的动作，同时在自动变速器和散热系统之间循环流动，执行润滑、清洁、冷却的作用。

5. 控制系统

该系统有液压式和电子式两种，液压式控制系统包括由许多控制阀组成的阀体总成以及液压管路，电子式控制系统除了阀体及液压管路之外，还包括计算机、传感器、作动器

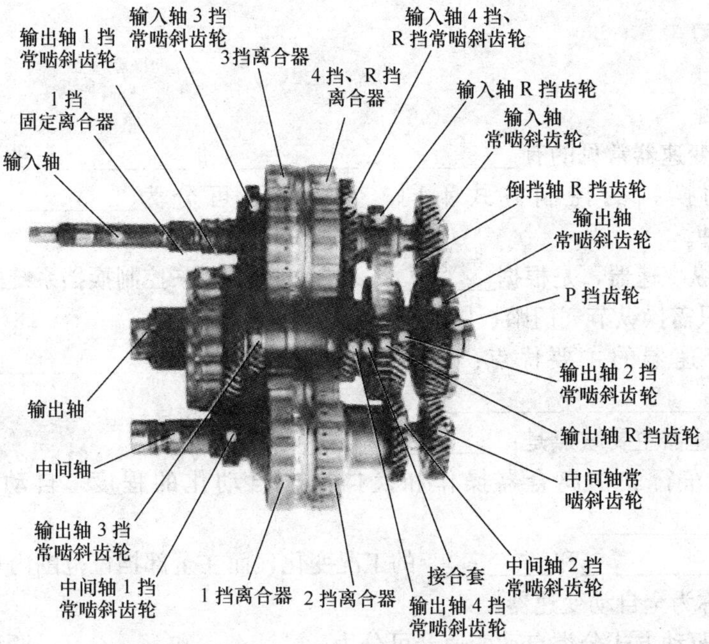

图2.22 齿轮传动装置示意图

及控制电路等；阀体总成通常安装在齿轮变速器下方的油底壳内；驾驶员透过自动变速器的操纵手柄改变阀体内手动阀的位置，控制系统再根据手动阀的位置及节气门开度、车速、控制开关的状态等因素，利用液压自动控制原理或电子自动控制原理，依一定的程控齿轮变速器中的换挡执行机构，执行自动换挡。

本章小结

本章主要讲述了自动变速器的特点、类型、使用方法以及常见的几种自动变速器。

自动变速器的特点主要是其优缺点，所以要想了解自动变速器的特点首先要了解其优缺点。其优点主要是操作简单，提高安全性，降低劳动强度，延长机器的使用寿命，减少污染等；缺点是结构复杂，传动效率低。

自动变速器的类型主要是按照不同的方式分类的，本章主要介绍了按驱动方式，前进挡的挡位数，液力变矩器的类型，控制方式，齿轮变速器的类型和传动方式分类的不同变速器。

常见的几种自动变速器主要有液力传动自动变速器，静压传动，电力传动，有级式机械自动变速器和电子控制无级自动变速器等。

【关键术语】

自动变速器　分类　结构组成

综合练习

一、填空题

1. 无级式变速器常见的有__________、__________和__________三种。

2. 按自动换挡的控制方式不同，变速器又可分为__________、__________、__________三种。

3. 自动操纵变速器，是根据__________和__________来控制换挡系统的动作元件而完成的，驾驶员只需操纵节气门踏板以控制车速。

4. 自动变速器的主要优点：__________、__________、__________、__________、__________、__________、__________。

5. 自动变速器主要缺点是：__________、__________。

6. 依照汽车行驶中离合器操作和换挡操作自动化的程度，自动变速器可分为__________和__________。

7. 能随着__________和__________的工况变化，而在全部挡位范围内自动改变其转速比的变速器，称为全自动变速器。

8. 按汽车驱动方式分类自动变速器可分为__________和__________两种。

9. 液压控制自动变速器是通过机械的手段，将汽车行驶时的车速及节气门开度这两个参数转变为__________信号。

10. 目前中小轿车上使用的电子控制无级变速器，皆以__________进行传动，简称为ECVT。

11. 自动变速器主要由__________、齿轮变速器、油冷却系统、__________、__________等几个部分组成。

12. 齿轮变速器包括__________和__________。

二、简答题

自动变速器是否可发挥车辆行驶动力性、经济性及可操控性，简述之。

第3章

液力变矩器

教学目标

通过本章的学习，了解液力偶合器与液力变矩器的结构及其原理；掌握几种常见的液力变矩器的结构形式。另外本章还介绍了液力变矩器的特性参数和特性曲线；液力变矩器与发动机的匹配问题是一个难点也是重点，本章从液力变矩器与发动机共同工作范围的确定，共同工作的输入、输出特性等方面进行了相应的研究。读者应好好掌握与理解上述内容。

教学要求

知识要点	能力要求	相关知识
液力偶合器的结构与原理	了解液力偶合器的基本知识	液力偶合器的组成； 液力偶合器的工作原理
液力变矩器结构与工作原理	掌握常见的液力变矩器的结构形式。了解液力变矩器和液力偶合器之间的区别	综合式液力变矩器的分类
液力变矩器的特性	了解液力变矩器在各种不同工况时的特性参数	液力变矩器在各种不同工况时的特性曲线
液力变矩器与发动机的匹配	了解液力变矩器与发动机共同工作的匹配原则； 掌握液力变矩器与发动机共同工作的输出特性和动力性计算； 掌握液力变矩器与动力发动机匹配	液力变矩器与发动机共同工作范围的确定； 液力变矩器与发动机共同工作的输入特性

导入案例

对三元件单级两相综合式液力变矩器，其稳态数学模型为

$$\begin{cases} M_p=\dfrac{N_e^2}{\lambda} \\ M_t=R_T T_p \\ \lambda=f(R_S) \\ K=f(R_S) \\ i=\dfrac{n_B}{n_T} \end{cases} \tag{3-1}$$

式中，M_p、M_t——泵轮与涡轮力矩；

N_e——发动机转速；

λ——容量特性系数；

K、i——泵轮与涡轮之间的力矩比与转速比；

n_B、n_T——泵轮与涡轮转速。

K 与 R_T 为 R_S 的函数，由试验数据拟合而成。

液力变矩器在车辆传动系的位置如图 3.1 所示。

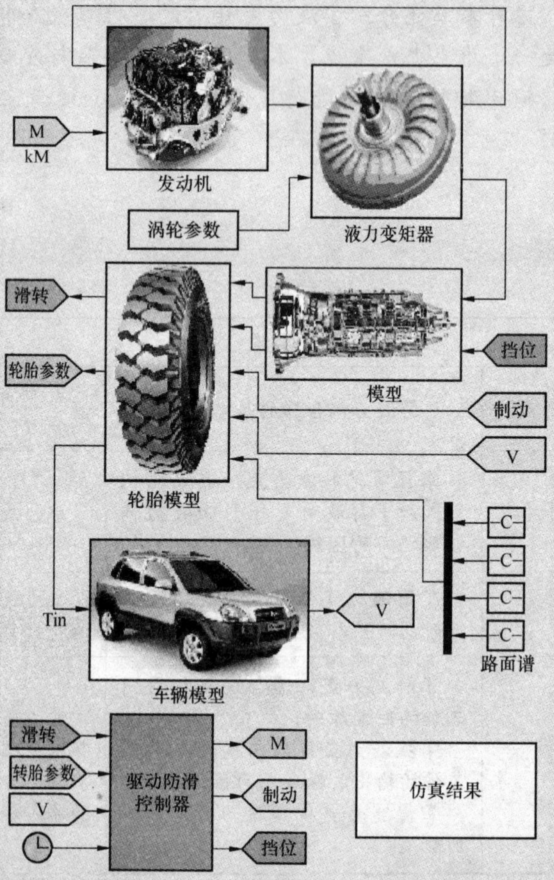

图 3.1 具有液力变矩器的车辆传动系示意图

问题：

1. 车辆传动系中，安装液力变矩器是否会出现变速器换挡冲击？

2. 针对液力传动的模型，分析选择变矩器应考虑的参数。

液力变矩器是自动变速器的核心组成部分之一，其作用是利用液体循环流动过程中动能的变化传递动力。

3.1 液力偶合器

液力变矩器是利用液体循环流动过程中动能的变化传递动力的，为了便于理解液力变矩器的结构和工作原理，必须首先介绍液力偶合器。

1. 液力偶合器的组成

液力传动的发展初期，将液力偶合器应用在汽车上。液力偶合器安装在汽车发动机与机械变速器之间，即主离合器的位置上。其主要零件示意如图 3.2(a)所示，结构简图如图 3.2(b)所示。

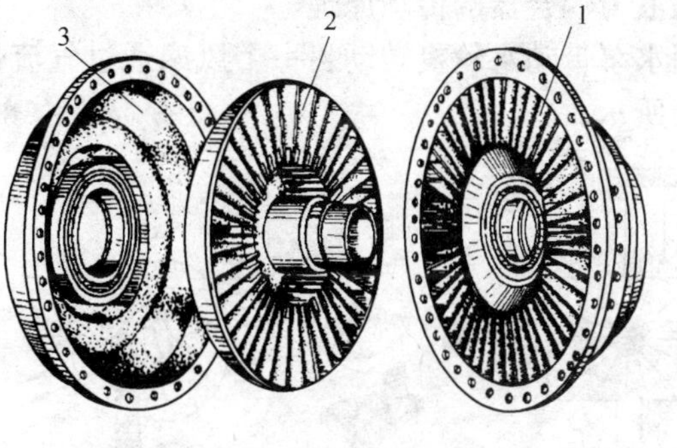

(a) 主要零件示意图

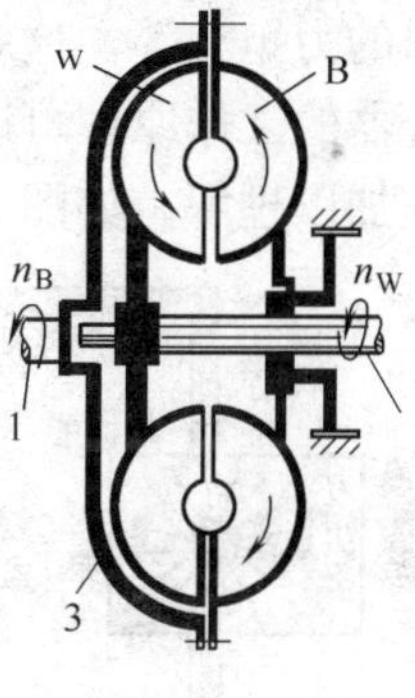

(b) 结构简图

图 3.2 液力偶合器元件与结构示意图

1—泵轮；2—涡轮；3—外壳

液力偶合器是一种液力传动装置，若忽略机械损失，输出力矩与输入力矩相等。液力偶合器主要由外壳、泵轮、涡轮三个部分组成，壳体与输入轴相连；泵轮与壳体刚性连接在一起，随输入轴一同旋转，是液力偶合器的主动部分，涡轮和输出轴连接在一起，是液力偶合器的从动部分，泵轮和涡轮是两个具有相同内外径的叶轮(统称为工作轮)，相对安装且互不接触，为能量转换和动力传输的基本组件，其形状如图 3.2 所示。叶轮内部有许多径向叶片，在各叶片之间充满工作油液，两轮装合后相对端面之间有 3～4mm 的间隙。它们的内腔共同构成圆形或椭圆形的环状空腔，其轴线断面一般为圆形，此环状空腔称为循环圆，该剖面是位于通过包含泵轮、涡轮轴所作的截面，也称轴截面。

2. 液力偶合器的工作原理

液力偶合器内充满了工作油，当输入轴旋转时，带动液力偶合器的壳体和泵轮一同转动，泵轮叶片内的工作油在泵轮的带动下一同旋转；液体绕泵轮轴线作圆周运动，同时又在离心力作用下从叶片的内缘向外流动，此时外缘的压力较高，而内缘的压力较低，其压力差取决于泵轮的半径和转速，这时涡轮暂时仍处于静止状态，其外缘与中心的压力相同，涡轮外缘的压力低于泵轮外缘的压力，而涡轮中心的压力则高于泵轮的中心压力，由于两个工作轮封闭在一个壳体内，所以这时被甩到外缘的工作油，就冲到涡轮的外缘，使涡轮在工作油冲击力的作用下旋转；冲向涡轮叶片的工作油沿涡轮叶片向内缘流动，又返回到泵轮的内缘，被泵轮再次甩向外缘，工作油就这样从泵轮流向涡轮，又从涡轮返回泵轮而形成一轮循环；在循环过程中，输入轴供给泵轮旋转力矩，泵轮使原来静止的工作油获得动能，冲击涡轮时，将工作油的一部分动能传递给涡轮，使涡轮带动从动轴旋转，因此涡轮承担着将工作油大部分动能转换成机械能的任务。

在液力偶合器泵轮和涡轮叶片内循环流动的工作油，从泵轮叶片内缘流向外缘的过程中，泵轮对其作功，其速度和动能逐渐增大；而在从涡轮叶片外缘流向内缘的过程中，工作油对涡轮作功，其速度和动能逐渐减小。因此液力偶合器的传动原理是：输入轴输入的动能通过泵轮传给工作油，工作油在循环流动的过程中又将动能传给涡轮输出，由于在液力偶合器内只有泵轮和涡轮两个工作轮，工作油在循环流动的过程中，除了与泵轮和涡轮之间的作用力之外，没有受到其他任何附加的外力，根据作用力与反作用力相等的原理，工作油作用在涡轮上的力矩应等于泵轮作用在工作油上的力矩，即输入轴传给泵轮的力矩与涡轮上输出的力矩相等，这就是液力偶合器的传动原理。

液力偶合器的工作原理可以用水泵带动水轮机转动、一个风扇通过气流带动另一个风扇转动的原理加以理解，如图 3.3 所示。

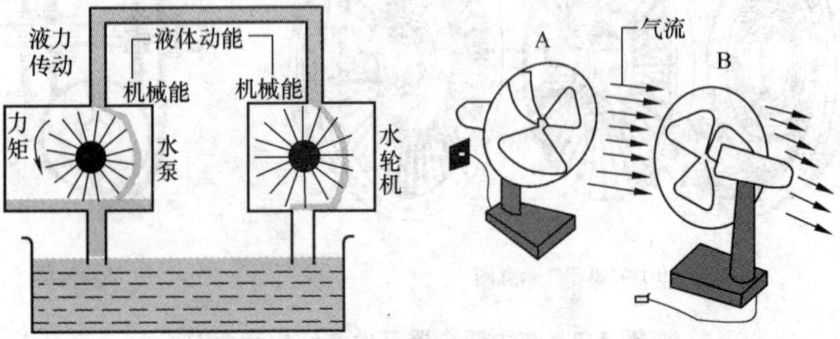

图 3.3 液力偶合器工作原理

泵轮内的工作油，除了沿循环圆作环流外，还要绕泵轮轴线作圆周运动，故工作油之流动方式(绝对运动)是以上两者的合成，运动方向是斜对着涡轮冲击涡轮的叶片，然后顺着涡轮的叶片再流回泵轮，此时，液压油的路线是一个螺旋环。涡轮旋转后，由于涡轮内的离心力对液体环流的阻碍作用，因而使工作油的绝对运动方向也要有所改变，此时，螺旋线拉长如图 3.4 所示，涡轮的转速愈高，液压油的螺旋形路线拉得愈长，当涡轮和泵轮转速相同时，两个工作轮的离心力相等，工作油沿环圆的流动停止，工作油随工作轮绕轴线作圆周运动，这时的液力偶合

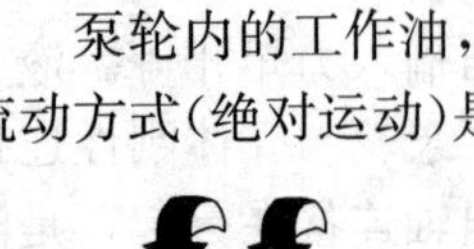

(a) 两种旋转运动

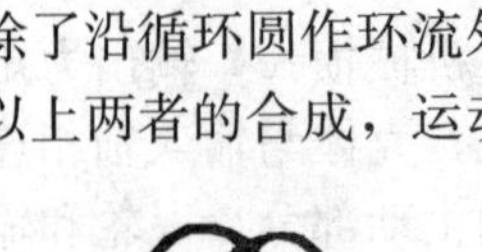

(b) 两种旋转运动合成

图 3.4 液力偶合器内液压油运动方式

器便不再有传递动力的作用。

因此，为了使液压油能够传递动力，必须使液压油在泵轮和涡轮之间造成环流运动，为了能形成环流动，两个工作轮之间必须存在转速差，转速差愈大，工作轮之间的压力差愈大，工作油所传递的力矩也愈大，当然工作油所能传递给涡轮的最大力矩只能等于泵轮从输入轴获得的力矩。

由液力偶合器工作原理可知，液体在循环流动过程中，没有受到任何其他附加外力，故输入轴作用于泵轮上的力矩与涡轮所获得并传给从动轴的力矩相等，即液力偶合器只传递力矩，而不改变力矩的大小，这是目前液力偶合器在汽车上不再应用的原因。从以上叙述可知以下两个方面的内容。

1）工作油在液力偶合器中同时具有两种旋转运动

其一，是随同工作轮一起，作绕工作轮轴的圆周运动(牵连运动)；其二，是经泵轮到涡轮，又从涡轮返回泵轮，反复循环，工作油沿工作腔循环圆作环流运动——轴面循环圆运动(即相对运动)，如图3.4(a)所示。故工作油的绝对运动是两种旋转运动的合成，运动方向是斜对着涡轮冲击涡轮叶片(工作油质点的绝对运动)，这样工作油质点的流线是一条首尾相接的环形螺旋线，如图3.4(b)所示。

2）工作油沿循环圆作环流运动是液力偶合器能够正常传递动力的必要条件

为了能形成沿循环圆的环流运动，泵轮和涡轮之间必须存在转速差，转速差愈大，泵轮外缘处与涡轮外缘处能量差亦愈大，工作油传递的动力也愈大，若泵轮与涡轮两者转速相等，泵轮处与涡轮外缘处的能量差消失，循环圆内工作油的循环流即停止，液力偶合器就不再有传递动力的作用。

3.2 液力变矩器的结构与工作原理

1. 液力变矩器的构造

液力变矩器(torque converters)的构造与液力偶合器基本相似，主要区别是在泵轮和涡轮之间加装了一个固定的工作油导向工作轮——导轮(stator)，并与泵轮和涡轮保持一定的轴向间隙，通过导轮座固定于变速器壳体，为了使工作油有良好循环以确保液力变矩器的性能，各工作轮都采用了弯曲成一定形状的叶片。图3.5是液力变矩器的构造简图，主要由可旋转的泵轮B和涡轮T，以及固定不动的导轮D三个组件组成。这些组件的形状如图3.5所示，各工作轮用铝合金精密制造，或用钢板冲压焊接而成，泵轮与液力变矩器壳连成一体，用螺栓固定在发动机曲轴后端的凸缘或飞轮上，壳体做成两半，装配后焊成一体(有的用螺栓连接)，涡轮通过从动轴与变速器的其他部件相连，导轮则通过导轮座与变速器的壳体相连，所有工作轮在装配后，形成断面为循环圆的环状体。

液力变矩器的作用表现在如下几个方面：

(1) 使发动机产生的转矩成倍增长；

(2) 起到自动离合器的作用，传送(或不传送) 发动机转矩至变速器；

(3) 缓冲发动机及传动的扭转振动；

(4) 起到飞轮的作用，使发动机转动平稳；

(5) 驱动液压控制系统的油泵。

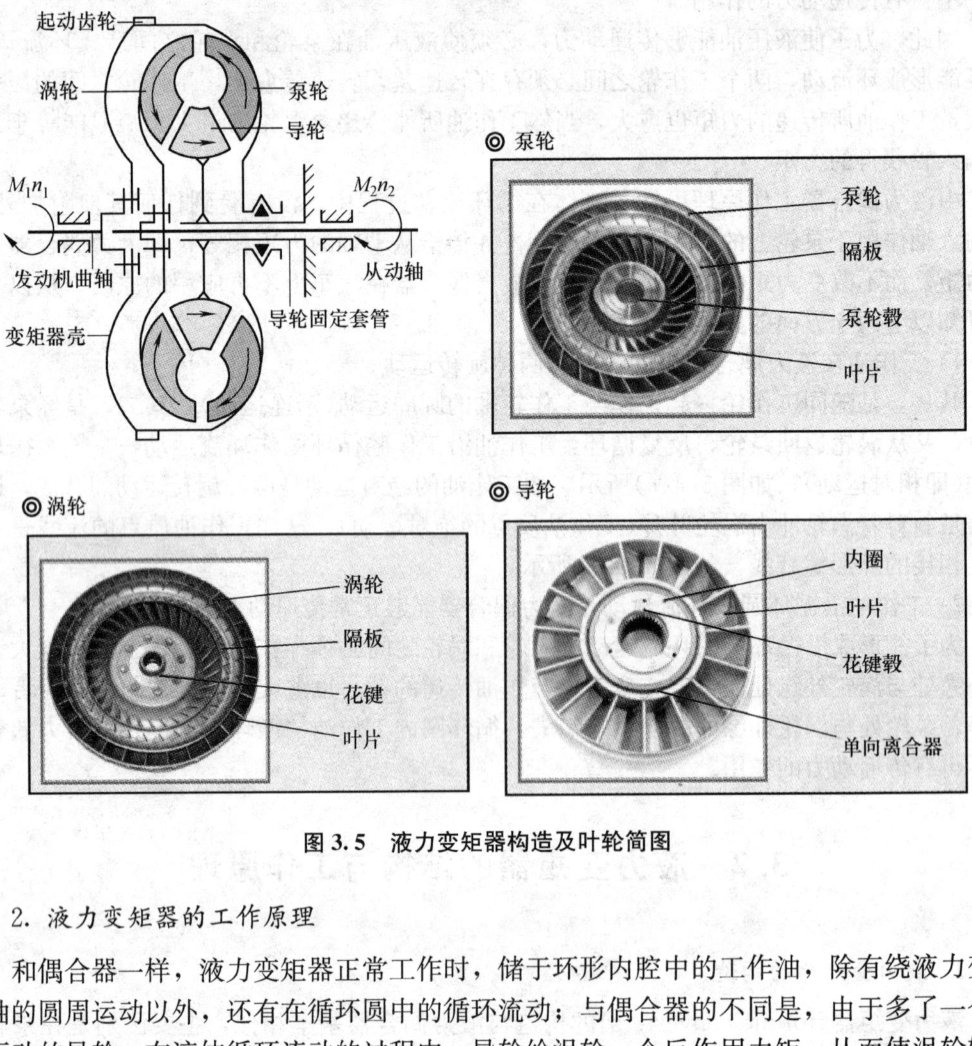

图 3.5　液力变矩器构造及叶轮简图

2. 液力变矩器的工作原理

和偶合器一样，液力变矩器正常工作时，储于环形内腔中的工作油，除有绕液力变矩器轴的圆周运动以外，还有在循环圆中的循环流动；与偶合器的不同是，由于多了一个固定不动的导轮，在液体循环流动的过程中，导轮给涡轮一个反作用力矩，从而使涡轮输出力矩不同于泵轮输入力矩，因而具有“变矩”的功能。液力变矩器不仅传递力矩，且能在泵轮力矩不变的情况下，随着涡轮的转速不同而改变涡轮输出的力矩。发动机运转时带动液力变矩器的壳体和泵轮一同旋转，泵轮内的工作油在离心力的作用下，由泵轮叶片外缘冲向涡轮，并沿涡轮叶片流向导轮，再经导轮叶片流回泵轮叶片内缘，形成循环的工作油，导轮的作用是改变涡轮上的输出力矩，由于从涡轮叶片下缘流向定叶轮的工作油仍有相当大的冲击力，只要将泵轮、涡轮和导轮的叶片设计成一定的形状和角度，就可以利用上述冲击力来提高涡轮的输出力矩。

1) 液力变矩器的组成

液力变矩器由泵轮(主动轮)、涡轮(被动轮)和导轮等三个工作轮组成，如图 3.6 所示。它们是转换能量、传递动力和变矩必不可少的基本组件。

泵轮：使发动机的机械能转换为液体能量。

涡轮：将液体能量转换为涡轮轴上机械能。

导轮：通过改变工作油的方向而起变矩作用。

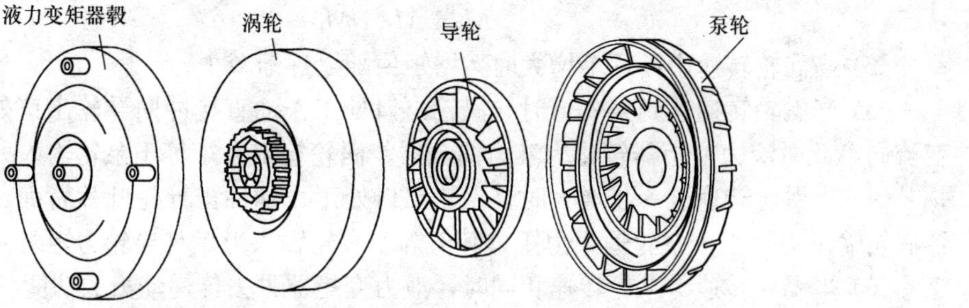

图 3.6 液力变矩器的主要工作组件

2）液力变矩器的运动

与液力偶合器一样，液力变矩器中液体同时绕工作轮轴线作旋转运动和沿循环圆的轴面循环旋转运动，轴面循环按先经泵轮，后经涡轮和导轮，最后又回到泵轮的顺序，进行反复循环，如图 3.7 所示。液力变矩器的工作原理如图 3.8 所示。

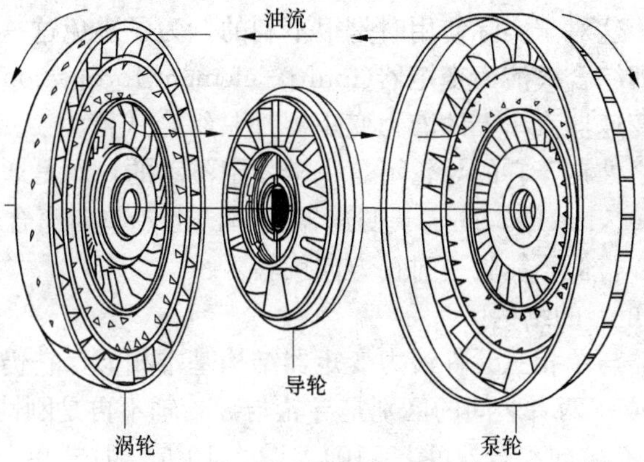

图 3.7 液力变矩器内部的涡流

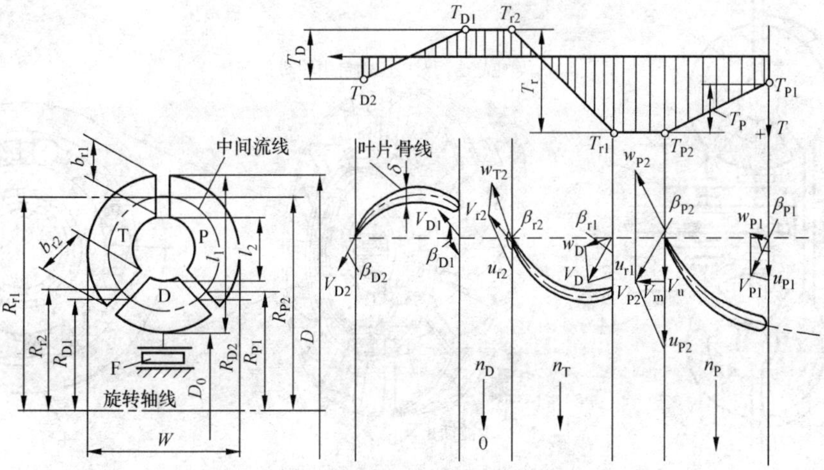

图 3.8 液力变矩器工作原理图

3）液力变矩器的效率随涡轮的转速而变化

(1) 当涡轮转速为零时，增矩值最大，涡轮输出力矩 M_T 等于泵轮输入力矩 M_B 与导轮反作用力矩 M_D 之和。即

$$M_B+M_T+M_D=0 \tag{3-2}$$

(2) 当涡轮转速由零逐渐增大时，增矩值随之逐渐减少。

(3) 当涡轮转速达到某一值时，涡轮出口处工作油直接冲向导轮出口处，工作油不改变流向，此时液力变矩器转化为液力偶合器，涡轮输出力矩等于泵轮输入力矩。

(4) 当涡轮转速进一步增大时，涡轮出口处工作油冲击导轮叶片背面，此时液力变矩器涡轮输出力矩小于泵轮输入力矩，其值等于泵轮输入力矩与导轮力矩之差。

(5) 当涡轮转速与泵轮转速相同时，液力变矩器失去传递动力的功能。

3. 综合式液力变矩器

目前液力变矩器的结构形式很多，这一方面反映了它在结构方面的进步与发展，另一方面也反映了不同车辆在使用液力变矩器时，对它不同的性能要求。

上面所介绍的液力变矩器，是普通型液力变矩器(单相三元件液力变矩器)。它只在一中等转速比范围内具有较高效率，但汽车经常需要在高传动比情况下行驶，此时，液力变矩器的效率反而下降，这对于实际使用时是很不利的，为了避免这一缺陷，汽车上通常采用两相液力变矩器，即综合式液力变矩器(multi - element torque converters)。

目前使用在自动变速器汽车上的液力变矩器都是综合式液力变矩器(图 3.9)。它和上述液力变矩器的不同之处在于它的导轮不是完全固定不动的，而是通过单向(超越)离合器(one - way overrunning clutch)，固定于变速器壳体的上，单向离合器使导轮可以顺时针方向旋转(从输入端看)，但不能朝逆时针方向旋转。

1) 综合式液力变矩器的结构

综合式液力变矩器与单相三元件液力变矩器结构基本相似，它仍由泵轮 B、涡轮 T 和导轮 D 三个工作轮组成；两者之间的区别是导轮与导轮轴不再是刚性连接为一体，而是在导轮与导轮轴之间装有单向离合器(图 3.10)。图 3.10 是滚柱式单向离合器的结构，外座

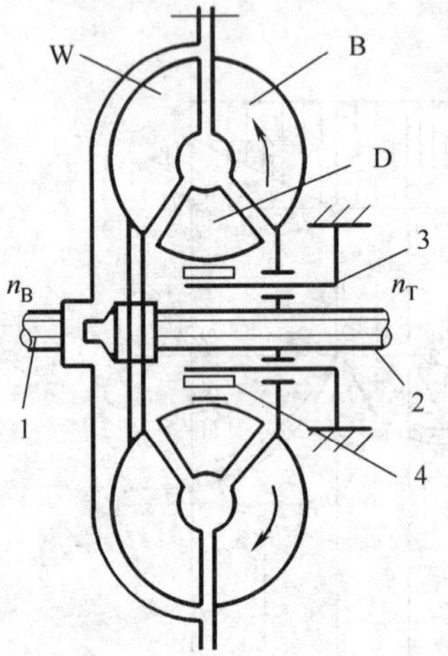

图 3.9　综合式液力变矩器

B—泵轮；T—涡轮；D—导轮；1—输入轴；2—输出轴；3—导轮轴；4—单向离合器

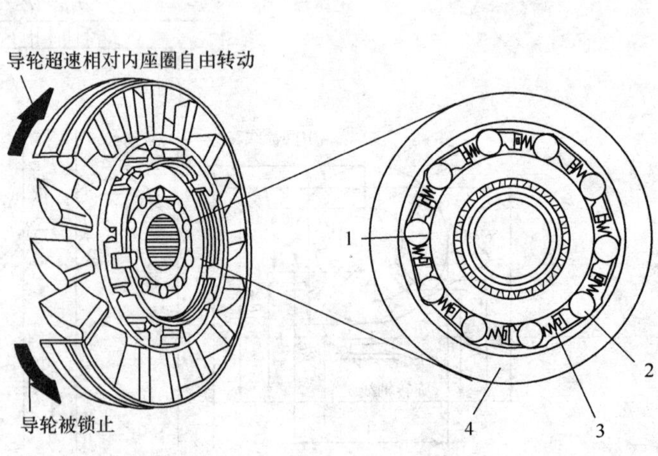

图 3.10　滚柱式单向离合器

1—内座圈；2—滚柱；3—弹簧；4—外座圈

圈与导轮连为一体，内座圈与导轮轴刚性连接，若工作油冲击导轮叶片正面，使外座圈按顺时针方向转动，滚柱将卡死在内、外圈之间的楔形槽内，形成楔紧状态，使内外圈接合；由于导轮轴是固定不动的，故导轮锁定而固定不动；若工作油冲击导轮叶片的背面，使外座圈按逆时针方向转动，滚柱便有向楔形槽宽阔部分移动趋势，使它与内、外圈表面接触之压力很小，不能楔紧而处于分离状态，于是外圈(或导轮)可以朝逆时针方向自由地转动，由此可见，单向离合器对导轮有单向锁定作用。

(1) 典型三元件综合液力变矩器结构。典型轿车用三元件综合式液力变矩器如图 3.11 所示，它由泵轮、涡轮和导轮组成。

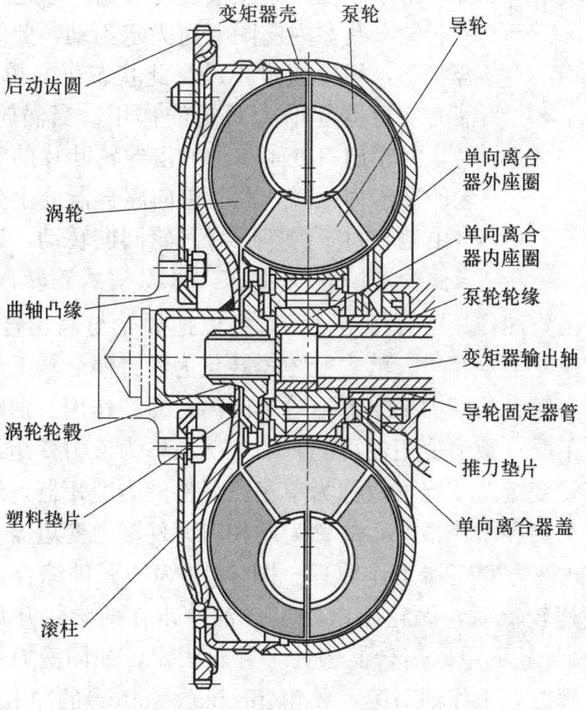

图 3.11　典型轿车用三元件综合式液力变矩器

液力变矩器壳体由前后两半焊接而成，壳体前端连接着装有起动齿圈的飞轮，并用螺钉固定在曲轴后端凸缘上，为了在维修拆装后保持液力变矩器与曲轴原有的相对位置，以免破坏动平衡，螺钉在圆周上的分布是不均匀的，只有其位置正确，才能装上。

泵轮焊在泵轮壳上，涡轮叶片与涡轮壳体铆接，以半月花键与液力变矩器输出轴相连，泵轮及涡轮的叶片和壳体均为钢板冲压件，叶片和内环采用点焊连接，与外壳采用铜焊连接，导轮用铝合金铸造，并与单向离合器的外座圈固定连接。

液力变矩器单向离合器作用是只允许导轮单向旋转，不允许其逆转。其构造可用图 3.11 来说明，它由外座圈、内座圈、滚柱及弹簧组成，导轮用铆钉铆在外座圈上，内座圈与固定套管用半月花键连接，因而内座圈是固定不动的，外座圈的内表面有若干个偏心的圆弧面，滚柱经常被弹簧压向外座圈之间滚道比较狭窄的一端，而将内外两座圈楔紧。

(2) 四元件综合式液力变矩器结构。某些起动变矩系数大的液力变矩器，若采用上述三元件综合式液力变矩器，则在由最高效率的工作情况到偶合器开始工作的区段上效率显著下

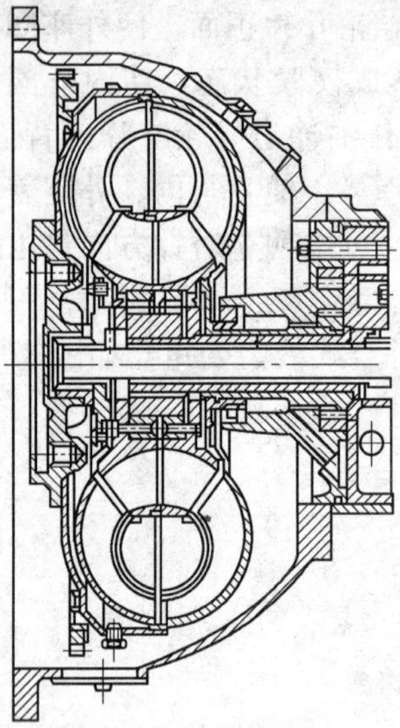

图 3.12 四元件综合式液力变矩器

降，为避免这个缺点，可将导轮分割成两个，分别装在各自的自由轮上，而形成四元件综合式液力变矩器，如图 3.12 所示。

2）综合式液力变矩器工作原理

(1) 三元件综合式液力变矩器工作原理。单相三元件液力变矩器中的导轮由于单向离合器的作用，只能沿一个方向转动。

当涡轮转速较低、与泵轮转速差较大时，从涡轮出口处流出的工作油冲击导轮叶片正面，迫使导轮顺时针方向旋转，由于滚柱楔紧在滚道的窄端，导轮便和自由轮之外座圈一起被卡紧在内座圈上而固定不动，此时单向离合器处于结合状态，导轮锁定不动，此状态仍与单相液力变矩器相同，液力变矩器起增大力矩的作用；当涡轮转速升高到一定值时，涡轮出口处工作油冲击导轮叶片的背面，即工作油对导轮的冲击力反向，此时单向离合器处于分离状态，于是导轮自由地相对于内座圈与涡轮同向转动，这时液力变矩器就转入偶合器的工况工作，可以朝涡轮转向相同的方向自由转动，在此状态导轮对工作油作用的力矩等于 0，可以把导轮与涡轮合成一个整体来看待，故涡轮力矩基本上与泵轮力矩相等，液力变矩器转化为液力偶合器工作状态。

由上述分析可知，综合式液力变矩器通过单向离合器的作用有两种工作情况，即液力变矩器工况和偶合器工况；液力变矩器可能有的工况数称为液力变矩器的相数，在前面所述的液力变矩器只有“变矩”工况，故称为单相三元件液力变矩器，综合式液力变矩器具有“变矩”和“偶合”两种工作情况，故称为两相三元件液力变矩器。

(2) 四元件综合式液力变矩器工作原理。图 3.13 为四元件综合式液力变矩器工作原理的简图。当涡轮转速较低时，涡轮出口处工作油冲击在两导轮叶片的凹面上，方向如图 3.13 所示。此时两导轮的单向离合器锁住，导轮固定，如同液力变矩器工况工作；当涡轮转速增加到一定程度，工作油对第一导轮(primary stator)的冲击力反向，第一导轮便

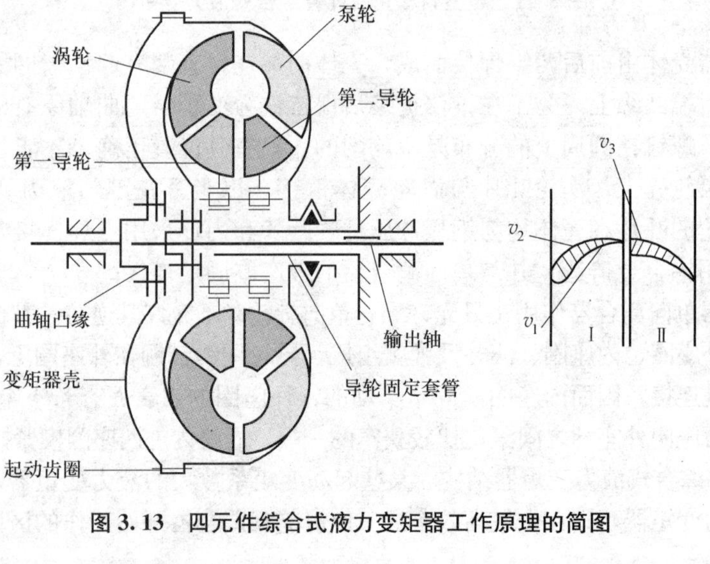

图 3.13 四元件综合式液力变矩器工作原理的简图

因单向离合器松脱而与涡轮同向旋转，此时只有第二导轮(secondary stator)仍起变矩作用；当涡轮转速继续升高到接近泵轮转速时，第二导轮也受到工作油的反向冲击力而与涡轮及第一导轮同向转动，于是液力变矩器全部转入偶合器工况。

4. 带锁止离合器综合式液力变矩器

液力变矩器是用工作油来传动力的，由于液力变矩器的涡轮与泵轮之间存在转速差和工作油的内部摩擦亦会造成一定的能量损失，因此传动效率较低。传动效率低是液力变矩器的一个主要缺点，因此，采用液力变矩器的汽车在正常行驶时的燃料经济性较差，为了充分利用发动机功率，提高汽车在高传动比工况下的传动效率，减少燃油消耗，提高汽车燃油经济性，需要进一步提高液力变矩器的效率，特别是提高高转速比时的效率。为此目的，在综合式液力变矩器的内部增设一锁止离合器(torque converter clutch)，即带锁止离合器的综合式液力变矩器(hydraulically locking torque converters)，简称锁止综合式液力变矩器。

1) 带锁止离合器综合式液力变矩器的结构

现代轿车自动变速器采用带锁止离合器综合式液力变矩器，其结构如图 3.14 所示。它是在综合式液力变矩器的基础上增加一个由工作油操纵的锁止离合器，锁止离合器通常采用湿式、片式摩擦离合器。锁止离合器的主动部分即为液力变矩器泵轮壳体，与输入轴相连，被动部分是一个可作轴向移动的压盘，它通过花键套与涡轮输出轴相连。压盘背面(图中右侧)的工作油与液力变矩器泵轮，涡轮中的工作油相通，保持一定的油压(该压力称为液力变矩器压力)；压盘左侧(压盘与液力变矩器泵轮壳体之间)的工作油通过液力变矩器输出轴中间的控制油道与控制阀总成上的锁止控制阀相通，锁止控制阀由自动变速器计算机通过锁止电磁阀来控制，锁止离合器的接合和分离即由此专门的控制机构来控制。

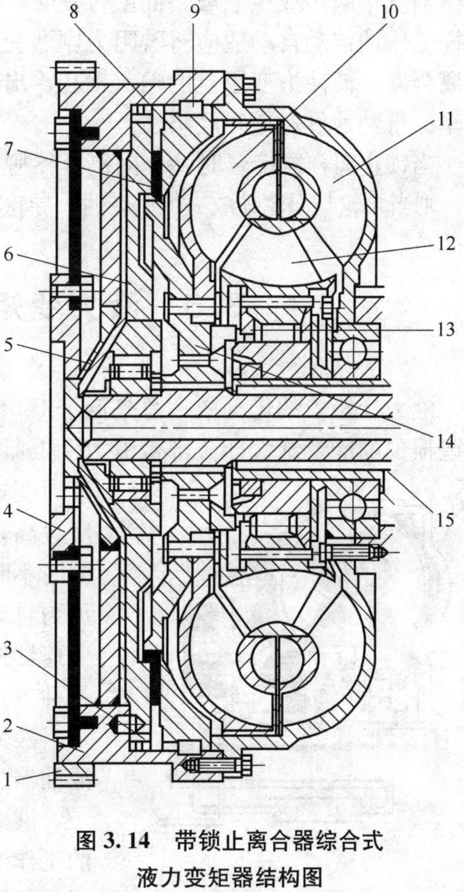

图 3.14 带锁止离合器综合式液力变矩器结构图

1—起动齿圈；2—锁止离合器操纵油缸；3—导向销；4—曲轴凸缘盘；5—油道；6—压盘；7—离合器从动盘；8—传力盘；9—键；10—涡轮；11—泵轮；12—导轮；13—自由轮机构；14—涡轮轮壳；15—输出轴

2) 带锁定离合器的综合式液力变矩器工作原理

当锁止离合器处于分离状态时，与综合式液力变矩器一样，仍具有变矩和偶合两种工作情况；当锁止离合器处于接合状态时，此时发动机功率经输入轴、液力变矩器壳体和锁止离合器直接传至涡轮输出轴，液力变矩器不起作用，这种工况称为锁止工况。在此工况时，泵轮与涡轮被连接为一体，失去液力传递动力的功能，所有动力皆由锁止离合器传递，如图 3.15 所示。

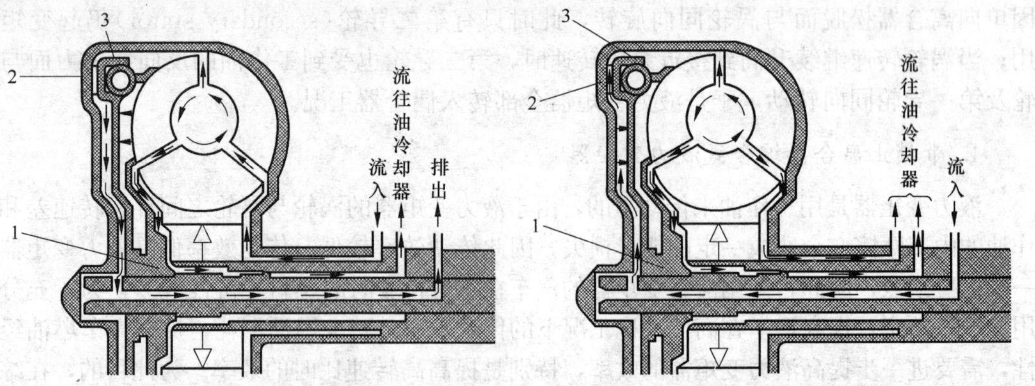

(a) 锁止工况　　　　(b) 变矩、偶合工况

图 3.15　带锁定离合器综合式液力变矩器动力传递路线图

1—涡轮连接；2—泵轮连接；3—结合压盘

当汽车起步或在上坡路面上行驶时，锁止离合器分离，使液力变矩器起作用，以充分发挥工作油传动自动适应行驶阻力剧烈变化的优点；当汽车在良好道路上行驶时，接合锁止离合器，使液力变矩器的输入轴和输出轴成为刚性连接，即转为直接机械传动，提高了汽车的行驶速度和燃料经济性。

当锁止离合器接合时，单向离合器脱开，导轮在工作油中自由旋转，若取消单向离合器，则当泵轮与涡轮锁成一体旋转时，导轮将仍处于固定状态，导致工作损失加大，效率下降。

3.3　液力变矩器的补偿冷却系统

液力变矩器的传动效率总是低于100%，即在传递动力的过程中总有一定的能量损失。这些损失的能量绝大部分都被液力变矩器中的工作油以内部摩擦的形式转化为热量，并使液力变矩器中的工作油的油温升高。为了防止工作油温度过高，必须将受热后的工作油送至冷却器进行冷却，同时不断地向液力变矩器输入冷却后的工作油。该系统可与自动变速器控制系统分开而自成一体，也有与自动变速器控制系统合而为一的。对于小功率车辆多采用后一种方式。

图 3.16　变矩器补偿及冷却系统

1—进油；2—回油；3—输出轴；4—导轮固定套；5—液力变矩器轴套；6—液力变矩器泵轮壳；7—冷却器

液力变矩器的补偿及冷却系统主要由油泵、控制阀、滤油器、冷却器等组成。

液力变矩器中的工作油是由油泵提供，从油泵输出的工作油有一部分经过液力变矩器轴套与导轮固定套之间的间隙进入液力变矩器内，受热后的工作油经过导轮固定套与液力变矩器输出轴之间的间隙或中空的液力变矩器输出轴流出液力变矩器，经油管进入安装在发动机散热器附近或散热器内的工作油冷却器，经冷却后流回自动变速器的油底壳，如图3.16所示。

液力变矩器的各工作轮在一个密闭腔内工作，腔内充满工作油，它既是工作介质，又是各部件的润滑油和冷却剂。当液力变矩器工作时，泵轮高速转动，循环圆内工作油质点在沿工作轮叶片流动时受离心力的作用，叶片上各点处工作油压力均不相同；在泵轮叶片出口处压力最大，而在泵轮进口处的叶片背面压力最低。在工作油加压过程中，若该处压力下降于该温度下工作油的饱和蒸汽压时，液体便开始蒸发，析出气泡，这一现象称为汽蚀现象。当液体中的气泡随工作油运动到压力较高的区域时，气泡在周围工作油的冲击下迅速破裂，又凝结成液态，使体积骤然缩小，出现真空；于是周围的工作油质点即以极高的速度填补这些空间；在此瞬间，工作油质点相互强烈碰击，产生噪声，同时形成很高的局部压力、温度，致使叶片表面的金属颗粒被击破剥落，因此，汽蚀现象将影响液力变矩器正常工作，使其效率下降，并伴有噪声，故工作腔内必须保持足够的压力。

在液力变矩器中，为了避免汽蚀及高温而造成的不良后果，需要采用补偿冷却系统，将工作油以一定的压力输送到液力变矩器中，使其循环圆内保持一定的补偿压力，其值视液力变矩器而异，通常在0.25～0.7MPa范围内，而且随工作情况不同而变化，补偿冷却系统的另一个作用是不断地将工作油从液力变矩器中引出，送到冷却器或变速器的油底壳进行冷却。

由油泵输出具有一定压力的补偿油通过固定套管与泵轮壳之间的环状空腔，从导轮与泵轮之间的缝隙进入，由涡轮与导轮之间流出，经固定套管与液力变矩器输出轴之间的环状空腔通往冷却器，使工作油得到冷却。由于补偿压力的存在，工作轮上受到的轴向力较大；因此，在导轮端部装有有色金属推力垫片，在涡轮与壳体之间装有耐磨的塑料垫片。

工作油泵通常安装在液力变矩器的后部，由变矩器泵轮的轴套驱动，在发动机运转时，不论汽车是否行驶，油泵都在运转，为自动变速器中的液力变矩器、换挡执行机构、液压控制阀等部分提供所需的一定压力的工作油，以确保其正常工作，常见的自动变速器油泵有4种类型：内啮合齿轮泵、摆线转子泵、叶片泵及变量泵。

1. 内啮合齿轮泵

内啮合齿轮泵是自动变速器中应用最多的一种油泵，各种丰田汽车自动变速器都采用这种油泵，它具有结构紧凑、尺寸小、重量轻、自吸能力强、流量波动小、噪声低等特点。内啮合齿轮泵主要由小齿轮、内齿轮、月牙形隔板、泵壳、泵盖等组成(图3.17)，小齿轮为主动齿轮，内齿轮为从动齿轮，两者均为渐开线齿轮，两个齿轮间存在一个偏心矩；月牙形隔板的作用是将小齿轮和内齿轮之间的工作腔分隔为吸油腔和压油腔，使彼此不通；泵壳上有进油口和出油口。

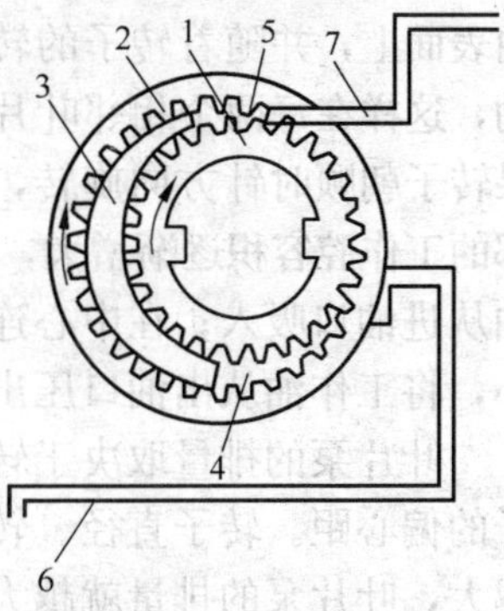

图3.17 内啮合齿轮泵

1—小齿轮；2—内齿轮；3—月牙形隔板；4—洗油腔；5—压油腔；6—进油道；7—出油道

发动机运转时，液力变换器壳体后端的轴套带动小齿轮和内齿轮一起朝顺时针方向旋转。此时，在吸油腔，由于小齿轮和内齿轮不断退出啮合，容积不断增加，以致形成局部真空，将工作油从进油口吸入，且随着齿轮的旋转，齿间的工作油被带到压油腔。在压油腔，由于小齿轮和内齿轮不断进入啮合，容积不断减少，将工作油从出油口排出，这就是内啮合齿轮泵的泵油过程。

2. 摆线转子泵

摆线转子泵是一种特殊齿形的内啮合齿轮泵。它具有结

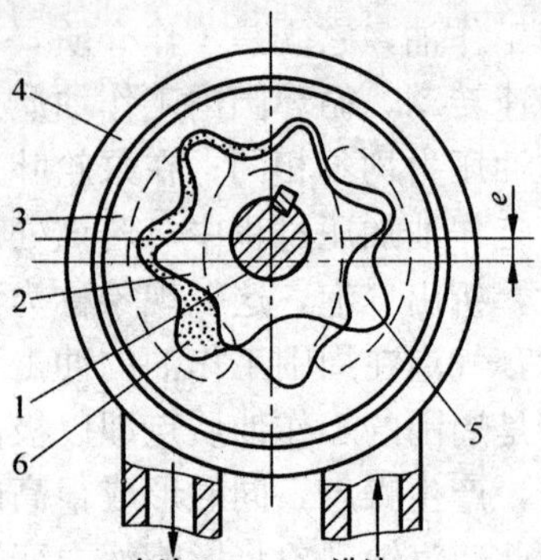

图 3.18　摆线转子泵

1—驱动轴；2—内转子；3—外转子；4—泵壳；5—进油腔；6—出油腔；e—偏心距

构简单、尺寸紧凑、噪声小、运转平稳、高转速性能良好等优点；其缺点是流量脉动大、加工精度要求高。马自达轿车的自动变速器就是采用这种油泵。

摆线转子泵由一对内啮合的转子及泵壳、泵盖等组成(图 3.18)。内转子为外齿轮，其齿廓曲线是外摆线，外转子为内齿轮，齿廓曲线是圆弧曲线；内外转子的旋转中心不同，两者之间有偏心距 e，一般内转子的齿数可以为4、6、8、10 等，而外转子比内转子多 1 个齿，内转子的齿数越多，出油脉动就越小，通常自动变速器上所用的摆线转子泵的内转子都是 10 齿。

发动机运转时，带动油泵内外转子朝相同的方向旋转，内转子为主动，外转子的转速比内转子每圈慢 1 个齿。内转子的齿廓和外转子的齿廓是一对共轭曲线，它能确保在油泵运转时，不论内外转子转到什么位置，各齿均处于啮合状态，即内转子每个齿的齿廓曲线上总有一点和外转子的齿廓曲线相接触，从而在内转子、外转子之间形成与内转子齿数相同个数的工作腔。这些工作腔的容积随着转子的旋转而不断变化，当转子朝顺时针方向旋转时，内转子、外转子中心线右侧的各个工作腔的容积由小变大，以致形成局部真空，将工作油从进油口吸入；在内转子、外转子中心线的左侧的各个工作腔的容积由大变小，将工作油从出油口排出，这就是摆线转子泵的泵油过程。摆线转子泵的排量取决于内转子的齿数、齿形、齿宽及内外转子的偏心距，齿数愈多，齿形、齿宽及偏心距愈大，排量就愈大。

3. 叶片泵

叶片泵由定子、转子、叶片及泵壳、泵盖等组成(图 3.19)。它具有运转平稳、噪声小、泵油流量均匀、容积效率高等优点；但它结构复杂，对液压油的污染比较敏感。转子由液力变矩器泵轮的轴套带动，绕其中心旋转；定子是固定不动的，转子与定子不同心，二者之间有一定的偏心距。

当转子旋转时，叶片在离心力或叶片底部的工作油压力的作用下向外张开，紧靠在定子内表面上，并随着转子的转动，在转子叶片槽内作往复运动，这样在每两个相邻叶片之间便形成密封的工作腔；如果转子朝顺时针方向旋转，在转子与定子中心连线的右半部的工作腔容积逐渐增大，以致产生一定的真空，将工作油从进油口吸入；在中心连线左半部的工作腔容积逐渐减小，将工作油从出油口压出，这就是叶片泵的泵油过程。

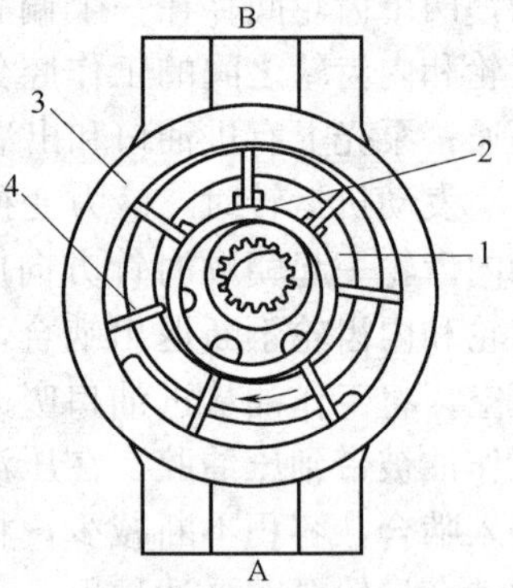

图 3.19　叶片泵

1—转子；2—定位环；3—定子；4—叶片；A—进油口；B—出油口

叶片泵的排量取决于转子直径、转子宽度及转子与定子的偏心距。转子直径、转子宽度及转子与定子的偏心距越大，叶片泵的排量就越大。

4. 变量泵

上述 3 种油泵的排量都是固定不变的，称为定量泵。为确保自动变速器的正常工作，油泵的排量应足够大，以便在发动机怠速运转的低速工作情况下也能为自动变速器各部分提供足够大的流量和压力的工作油，定量泵的泵油量是随转速的增大而成正比地增加的。当发动机在中高速运转时，油泵的泵油量将大大超过自动变速器的实际需要，此时油泵泵出的大部分工作油将通过油压调节阀返回油底壳。由于油泵油量愈大，其运转阻力也愈大，因此这种定量泵在高转速时，过多的泵油量使阻力增大，从而增加了发动机的负荷和油耗，造成了一定的动力损失。

为了减少油泵在高速运转时由于泵油量过多而引起的动力损失，目前用于汽车自动变速器的叶片泵大部分都设计成了排量可变的形式(称为变量泵或可变排量式叶片泵)。采用这种油泵车型有福特、马自达、大宇等轿车。这种叶片泵的定子不是固定在泵壳上，而是可以绕一个销轴作一定的摆动，以改变定子与转子的偏心距(图 3.20)，从而改变油泵的排量。在油泵运转时，定子的位置由定子侧面控制腔内来自油压调节阀的回馈油压来控制。当油泵转速较低时，泵油量较小，油压调节阀将回油油路关小，使回馈压力下降，定子在回位弹簧的作用下绕销轴向顺时针方向摆动一个角度，加大了定子与转子的偏心距，油泵的排量随之增大；当油泵转速增高时，泵油量增大，出油压力随之上升，推动油压调节阀将回油油路开大，使控制腔内的回馈油压上升。定子在回馈油压的推动下绕销轴朝逆时针方向摆动，定子与转子的偏心距减小，油泵的排量也随之减小，从而下降了油泵的泵油量，直到出油压力下降到原来的数值。

图 3.21 为定量泵和变量泵的泵油量曲线图。由图中可知，定量泵的泵油量和发动机转速成正比，并随发动机转速的增加而不断增加；变量泵的泵油量在发动机转速超过某一数值后就不再增加，保持在一个能满足油路压力的水平上，从而减少了油泵在高转速时的运转阻力，提高了汽车的燃油经济性。

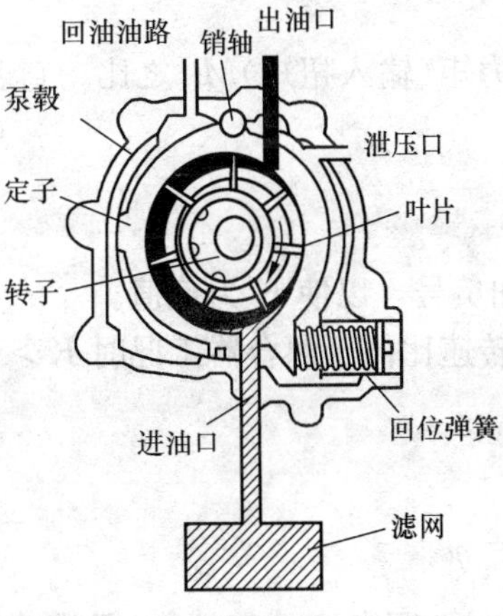

图 3.20 变量泵

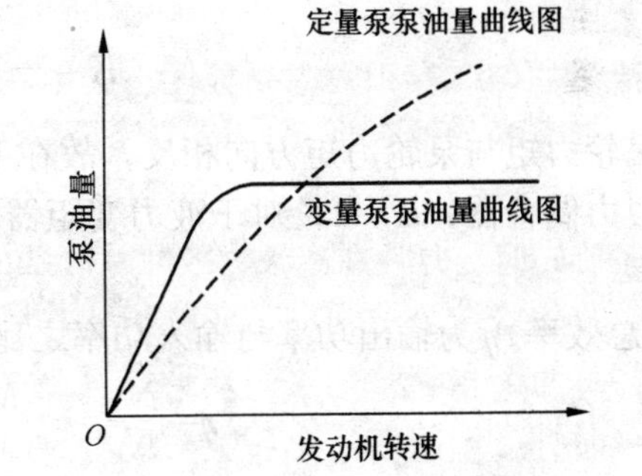

图 3.21 定量泵和变量泵的泵油量曲线图

3.4 液力变矩器的特性

液力变矩器的特性可用特性参数或特性曲线来评定，如图 3.22 所示。

1. 特性参数

1) 转速比 i

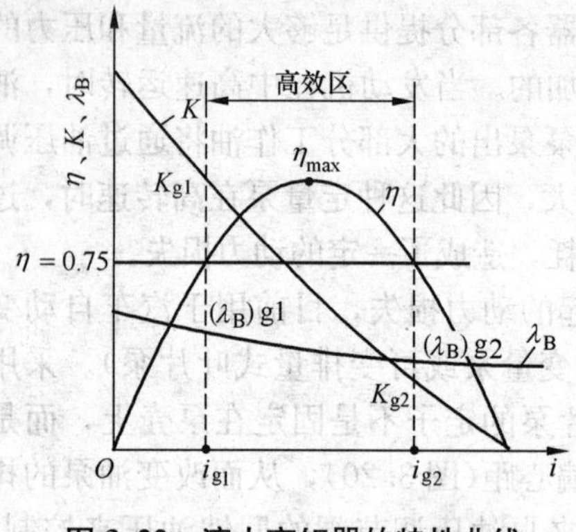

图 3.22　液力变矩器的特性曲线

转速比为涡轮(输出)转速 n_T 与泵轮(输入)转速 n_B 之比。用它来表示液力变矩器的工况：

$$i=\frac{n_T}{n_B} \tag{3-3}$$

涡轮转速为零的工况，即 $i=0$ 的工况，称为零速工况，以 i_0 表示。液力变矩器的起动性能以零速工况的性能来评价。

2) 泵轮扭矩系数 λ_B

根据相似理论，一系列几何相似的液力变矩器在相似工况(转速比 i 相同)下所传递的力矩的值，与液体重度的一次方、转速的平方和循环圆直径的五次方成正比：

$$M_B=\gamma\lambda_B n_B^2 D^5 \quad (\text{N}\cdot\text{m}) \tag{3-4}$$

$$\lambda_B=\frac{M_B}{\gamma n_B^2 D^5} \quad (\text{min}^2/\text{m}\cdot\text{r}^2) \tag{3-5}$$

式中，M_B——泵轮力矩，N · m；

λ_B——泵轮容量系数；

D——循环圆直径，mm。

对于几何相似的液力变矩器，在相同的工况下，λ_B 值相等(实际上由于尺寸，转速的差别略有不同)。λ_B 值一般由试验确定。它标志着液力元件传递力矩的能力。

3) 变矩系数 K

变矩系数 K 为涡轮力矩(载荷扭矩)M_T 与泵轮力矩(输入扭矩)M_B 之比。它表示液力元件改变泵轮力矩的能力。其计算公式为

$$K=-\frac{M_T}{M_B} \tag{3-6}$$

由于涡轮力矩与泵轮力矩方向相反，故在上式加负号，以使 K 为正值。

对于液力偶合器，$K=1$；对于液力变矩器，在转速比低于偶合器工况时 $K>1$。

4) 效率

效率(总效率)η 为输出功率与输入功率之比，即

$$\eta=\frac{N_T}{N_B}=-\frac{M_T n_T}{M_B n_B}=\eta i \tag{3-7}$$

液力元件的功率损失为各种机械损失(轴承、密封、圆盘摩擦等损失)及液力损失(液力摩擦损失、流道的转弯、扩散、收缩等局部损失及来流方向与叶片头部骨线方向不一致时的冲击损失)。液力损失占的比例较大，在偏离计算工况时尤甚。

除上述诸特性参数外，由于液力变矩器的特殊性，还用到下列特性参数。

5) 最高效率 η_{max}

液力变矩器的效率在计算工况附近具有最高值，此效率以 η_{max} 表示。它在一定程度上反映了液力变矩器经济性的优劣。

6) 高效范围 G_η

高效区是指效率高于某一规定值的工作范围。用高效范围 G_η 来评价此范围的宽窄。

其计算公式为

$$G_{\eta}=\frac{i_{g2}}{i_{g1}} \tag{3-8}$$

例如，$G_{0.75}=2.2$ 表示效率高于 0.75 的工作范围为 2.2。高效范围也是评价液力变矩器的经济性指标之一。

7）透穿数 T

$$T=\frac{\lambda_{B0}}{\lambda_{Bi}} \tag{3-9}$$

式中，λ_{B0}——零速工况的 λ_B 值；

λ_{Bi}——视不同使用部门而采用偶合器工况的 λ_{Bh} 或最高效率工况的 $\lambda_{B\eta}$ 值。

透穿数标志着涡轮力矩的变化对泵轮力矩的影响程度。若 λ_B 不随工况而变化，称为具有不可透穿性(图 3.23)。实际上 λ_B 不可能绝对不变动，一般认为当 $T=0.9\sim1.1$ 时称为具有不透穿性。λ_B 随 i 的增大而减小，且 $T>1.1$，则称具有正透穿性。λ_B 随 i 的增大而增大，且于 $T<0.9$，则称具有负透穿性。

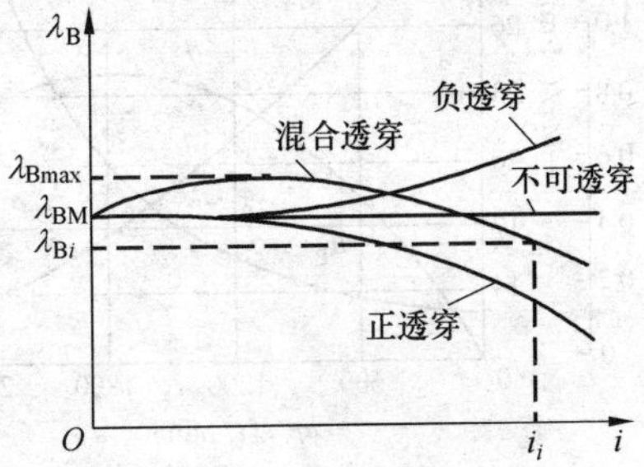

图 3.23 液力变矩器的透穿性

此外，某些液力变矩器具有混合透穿性。即 λ_B 在 i 低时具有负(正)透穿性，当 i 等于某一数值时，λ_B 具有极值 λ_{Bm}，i 大于此值后又具有正(负)透穿性。混合透穿性可用下式分段表示：

$$T_1=\frac{\lambda_{B0}}{\lambda_{Bm}} \tag{3-10}$$

$$T_2=\frac{\lambda_{B0}}{\lambda_{Bi}} \tag{3-11}$$

式中，λ_{Bm}——$\lambda_{B\,max}$ 或 $\lambda_{B\,min}$。

2. 特性曲线

从特性曲线可以全面了解液力变矩器在各种不同工况时的性能。经常用到的有外特性曲线和原始特性曲线，有时还用到全特性曲线。

1）液力变矩器的外特性曲线

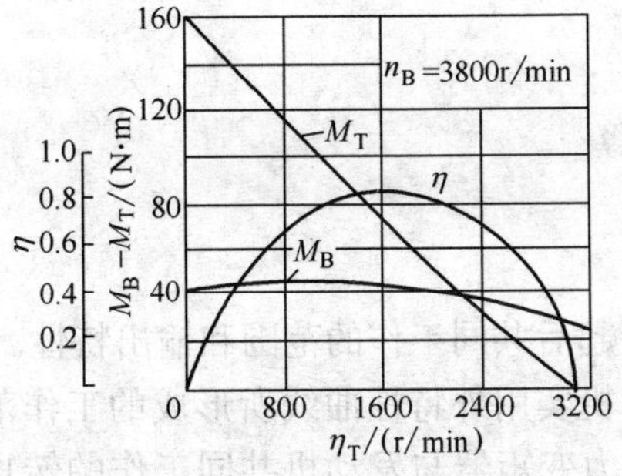

图 3.24 (定转速试验)液力变矩器的外特性曲线

外特性曲线表示液力元件的转矩、效率与输出转速的关系，一般由试验得出。通常是在试验时，保持 n_B 为定值，测定 $M_T=f(n_T)$ 及 $M_B=f(n_T)$，然后用式(3-7)计算得 $\eta=f(n_T)$。最后绘成曲线，如图 3.24 所示。

试验时若转速稍有偏离，可按在满足相似条件下将力矩换算成同一转速下的数值：

$$M_B=M_{BS}\left(\frac{n_B}{n_{BS}}\right)^2 \tag{3-12}$$

$$M_T=M_{TS}\left(\frac{n_B}{n_{BS}}\right)^2 \tag{3-13}$$

式中，M_{BS}、M_{TS}——转速在 n_{BS}时测得的泵轮、涡轮力矩值；

M_B、M_T——换算到转速在 n_B 的相应力矩值。

液力变矩器的外特性曲线，通常还用另一种表示方法：在试验时保持 M_B 为定值，测定 $M_T=f(n_T)$及 $n_B=f(n_T)$，然后用式(3-7)计算的 $\eta=f(n_T)$，最后绘成曲线如图 3.25 所示。

2）液力变矩器的原始特性曲线

原始特性曲线是以$\lambda_B=f(i)$、$\eta=f(i)$、$K=f(i)$的形式来表示的特性曲线，它是在外特性曲线基础上，用式(3-3)～式(3-6)计算而绘制的，如图 3.26 所示。

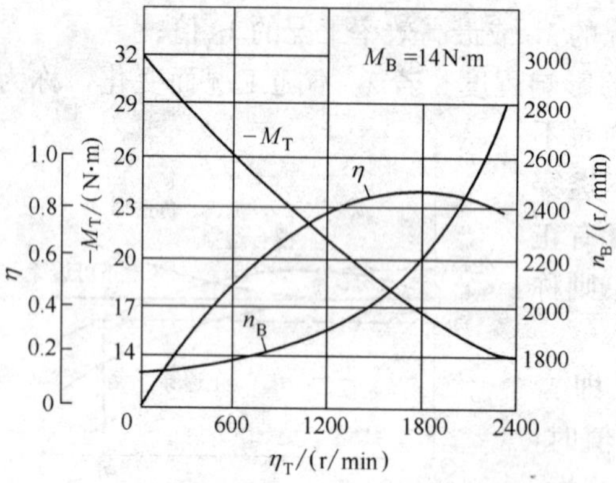

图 3.25　(定力矩试验)液力变矩器的外特性曲线

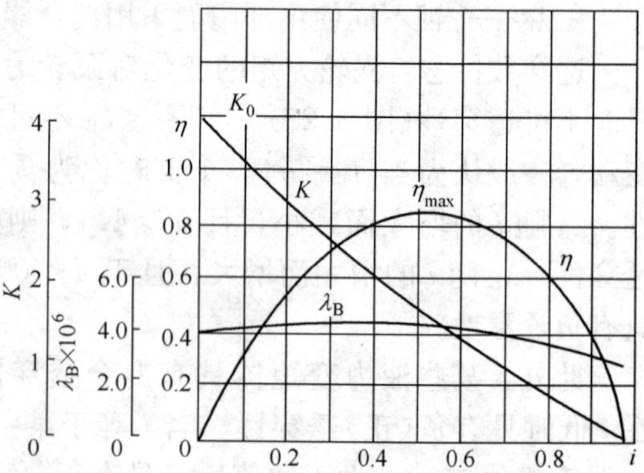

图 3.26　液力变矩器的原始特性曲线

上述外特性与原始特性是一般牵引工况的特性曲线，位于直角坐标的第Ⅰ象限内。在某些工作机上由于载荷的特点工作区域超出第Ⅰ象限，此时的特性曲线称全特性曲线。全特性曲线表示的是反传工况、制动工况特性。

3.5　液力变矩器与整车的匹配

车辆动力性能和经济性能的好坏，很大程度上决定于液力变矩器与发动机共同工作的性能。只有做到两者间的合理匹配，才能使液力变矩器、机械传动部分和操纵部分相互协调，将发动机的特性优良地转换为工作机的特性。因此，在选用液力变矩器时，匹配是个重要问题。

3.5.1　液力变矩器与发动机的共同工作和动力性能计算

1. *液力变矩器与发动机的共同工作*

液力变矩器和发动机的共同工作是指两者连接在一起后共同工作的范围和输出特性。

共同工作范围是由液力变矩器输入特性曲线与发动机实用外特性曲线所形成的工作范围。在该范围内每一点都表示在一定的转速比 i 时，液力变矩器与发动机共同工作的转矩和转速。共同工作范围的确定通常有两种方法，一是作图法，一是计算法。作图法可按下列步骤进行，计算法可根据作图法的步骤编写程序由计算机求解，这里仅介绍作图法。

1）共同工作范围的确定

(1) 作发动机的实用外特性。实用外特性是指发动机输入到液力变矩器泵轮轴上的转矩和功率外特性，可按下式进行换算：

$$M_d = M_{dn} - \sum M_f$$
$$N_d = N_{dn} - \sum N_f$$

式中，M_d、N_d——发动机实际输入到液力变矩器泵轮轴上的扭矩和功率；

M_{dn}、N_{dn}——发动机的标定转矩和功率；

$\sum M_f$ 和 $\sum N_f$——消耗在液力变矩器泵轮轴前的转矩和功率，如发动机附件，整机辅助机构和工作机消耗的转矩和功率。

发动机附件：制造厂给出的内燃机外特性是台架试验特性，但是台架试验时所带附件和使用时往往不同。附件消耗的转矩 M_f 对于、重型汽车、在缺乏资料的情况下，可大致按下式扣除：

$$M_f = \frac{716.2 \times (6 \sim 10)\% N_{dn} n_{df}^2}{n_{df}^3} \quad (\mathrm{N \cdot m}) \qquad (3-14)$$

式中，N_{dn}——内燃机的标定功率，它根据机器的使用要求有不同的选择，如汽车以15分钟功率为标定功率PS；

n_{dn}——内燃机的标定转速，r/min；

n_{df}——内燃机附件的转速，r/min。

整机辅助机构：包括液力传动装置的补偿及动力换挡泵，车辆的转向泵，自卸汽车的举升泵等。

转向泵和举升泵只扣除空转损耗功率补偿及动力换挡泵按实际消耗扣除。

工作机构：如工程机械中装载机的工作装置用泵，功率消耗很大，一般占柴油机标定功率的30%～50%。对于这类机器，应对整机作大量试验，方能确定合理的扣除量。

柴油机的实用外特性曲线如图3.27(b)所示。

(2) 作液力变矩器的输入特性。液力变矩器的输入特性是指在不同转速比 i 时，泵轮转矩 M_B 与其转速 n_B 之间的关系 $M_B = f(n_B)$。对于确定的转速比 i，λ_B 为常数。因此在任一转速比下，由公式 $M_B = \gamma \lambda_B n_B^2 D^5$ 可知，$M_B = f(n_B)$ 的关系曲线是一条通过坐标原点的抛物线(图3.27(b)中的 M_B)。

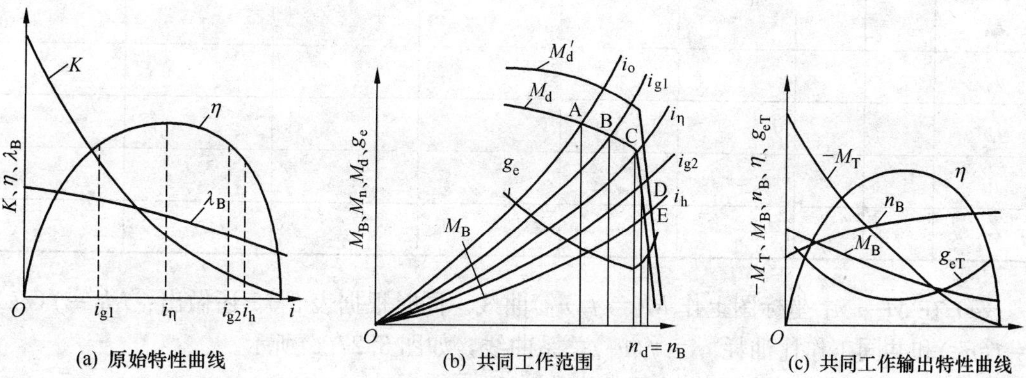

图3.27 液力变矩器与柴油机的共同工作

(3) 绘制共同工作范围。

① 给出不同的转速比，在原始特性上查得相应的力矩 M_B。在实际计算中，一般给定下列工况转速比：i_o、i_{g1}、i_η、i_{g2}、和 i_h 对混合透穿的液力变矩器，还应给出最大转矩系数工况的转速比 $i_{\lambda B\max}$；对综合式液力变矩器还应给出偶合器工况区最高效率的转速比 $i_{h\eta}$。

② 以不同的泵轮转速 n_B 计算泵轮力矩：$M_B=\gamma\lambda_B n_B^2 D^5$。

(4) 在发动机实用外特性图上，以相同的比例作各工况的特性曲线 $M_B=f(n_B)$。它与发动机实用外特性曲线的交点即共同工作点，如图 3.27(b)中的 A、B、C、D 和 E 点。曲线 OABCDEO 所包含的范围即共同工作范围。

若发动机是内燃机，在共同工作范围图上还应作出该内燃机的油耗曲线(给出全负荷的油耗曲线)，如图 3.27(b)中的 g_e 曲线，以评价共同工作的经济性。

2) 共同工作的输出特性

共同工作的输出特性是指液力变矩器与发动机共同工作时，液力变矩器涡轮轴的扭矩 M_T 与其转速 n_T 间的关系，即 $M_T=f(n_T)$。作输出特性的目的是为了对整机进行动力性能计算。

绘制共同工作的输出特性曲线的方法如下：

(1) 在共同工作范围图上，根据共同工作点，查出所选转速比下液力变矩器和发动机共同工作的转矩 M_B 和转速 n_B。如发动机为内燃机还应查出相应的比油耗 g_e。

(2) 在液力变矩器特性曲线上，查出对应于所选转速比的变矩系数 K 和效率 η，如图 3.27(a)所示。

(3) 按表 3-1 计算各项。

表 3-1　工作输出特性计算表

项目 速比 i	K	η	n_B /(r/min)	M_B /N·m	g_e /(g/kW·h)	计算值 $n_T=in_B$ /(r/min)	 $M_T=K\cdot M_B$ /N·m	 $g_{eT}=g_e/\eta$ g/kW·h
0								
$i_{\lambda B\max}$								
i_{g1}								
i_η								
i_{g2}								
i_h								
…								

(4) 在 M_T-n_T 坐标图上作 $M_T=f(n_T)$曲线。同时根据表 3-1 还做出：$M_B=f(n_B)$，$\eta=f(n_T)$和共同工作比油耗 $g_e=f(n_T)$关系曲线，如图 3.27(c)所示。

3) 有效直径 D 对共同工作范围的影响

从工程机械的使用工况出发，液力变矩器有效直径 D 的确定应满足变矩器能在最高效

率 η^* 工况下传递发动机的最大有效功率 P_e 的要求，这种与最高效率 η^* 相对应的使用工况 i^*，称为最佳工况。液力变矩器有效直径 D 过大或者过小，都会使发动机的功率不能充分被利用，并偏离最佳工况而降低效率，由式(3-14)可知：

$$D=\sqrt[3]{\frac{M_B}{\lambda_B \rho g n_B^2}} \tag{3-15}$$

根据变矩器的结构特点，泵轮力矩 t_B 等于发动机转矩 t_q，泵轮转速 n_B 等于发动机转速 n_E；按照相似理论，可以获得最佳工况 i^* 对应的 λ_B^*，这样便可以确定变矩器的有效直径 D，即

$$D=\frac{1}{\sqrt[5]{\lambda_B^* \rho g}}\sqrt[5]{\frac{M_N}{(n_{eN})^2}} \tag{3-16}$$

式中，t_{qeN}——与发动机最大有效功率 P 相对应的有效转矩；

n_{eN}——发动机最大有效功率的转速。

由图 3.27(b)可知，为柴油机与液力变矩器的共同工作区域，所以就柴油机而言，通过对 D 的选择可以改变柴油机与液力变矩器的共同工作区域，增大 D 可以使得共同工作区域向低转速区移动。这样对 $i=0$ 的失速工况而言，如图 3.28 所示，可以获得的最大转矩就会增大。动力系统克服最大工作阻力的能力得到加强，可以提高整车的短期超载能力。

3) 液力变矩器与发动机共同工作范围的分析

液力变矩器 $\lambda_B=f(i)$ 曲线的变化规律不同，输入特性不同，与发动机共同工作范围也不相同。液力变矩器的透穿性对共同工作范围的影响如图 3.29 所示。

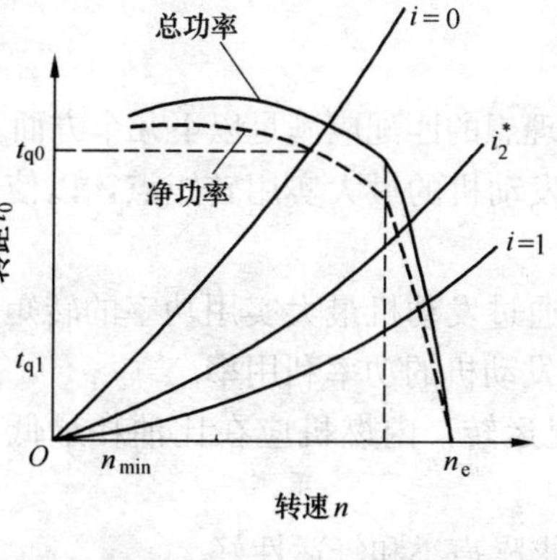

图 3.28 有效直径 D 对共同工作性能的影响

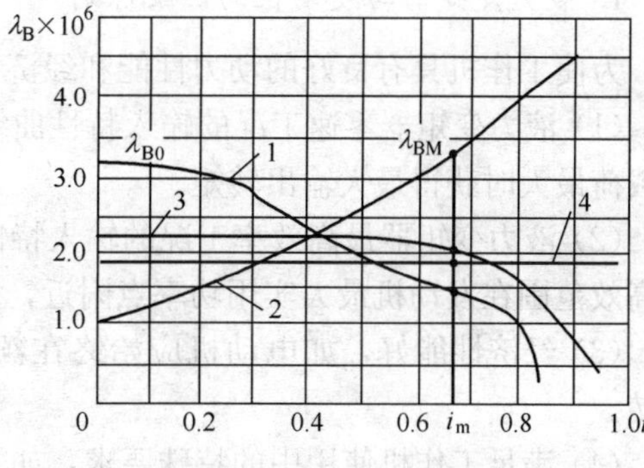

图 3.29 具有各种透穿性能的液力变矩器

由图 3.27 可知，在循环圆有效直径一定时，$\lambda_B=f(i)$ 曲线就决定了输入特性的形状和分布规律。由于共同工作范围就是输入特性中相应于 $\lambda_{B\max}$ 和 $\lambda_{B\min}$ 两条曲线间所包括的发动机的工作范围，所以在共同工作的输出特性图上(见图 3.29)可以看到，正透穿性液力变矩器可获得更宽的高效范围和大的起动转矩；不透穿的液力变矩器可以获得最大的输出功率；负透穿液力变矩器的上述指标均差；混合透穿液力变矩器取决于 λ_{B0} 和 $\lambda_{B\max}$ 所占转速比范围的大小和负透穿数的大小；可调式液力变矩器则可通过改变叶片的开度来得到载荷要求的输出特性。

总之，正确地选择 $\lambda_B = f(i)$ 特性，对于满足工作机器对转矩、功率、速度和经济性能的要求是非常重要的。

2. 动力性能计算

装有液力传动和装有机械传动的工作机的动力性能计算相似，只是前者在计算中将发动机外特性换成了共同工作输出特性。例如，装有液力传动车辆的理论牵引力 P 和速度可由下式确定：

$$P = \frac{M_T i_b i_z i_1 \eta_b \eta_z \eta_1}{r_g} \quad (\text{N}) \tag{3-17}$$

$$V = 0.377 \frac{n_t r_g}{i_b i_z i_1} \quad (\text{km/h}) \tag{3-18}$$

式中，i_b、η_b——液力传动变速器某挡输入轴与输出轴的转速比和效率；

i_z、η_z——中间传动输入轴与输出轴的转速比和效率；

i_1、η_1——终传动输入轴与输出轴的转速比和效率；

r_g——车轮滚动半径，m。

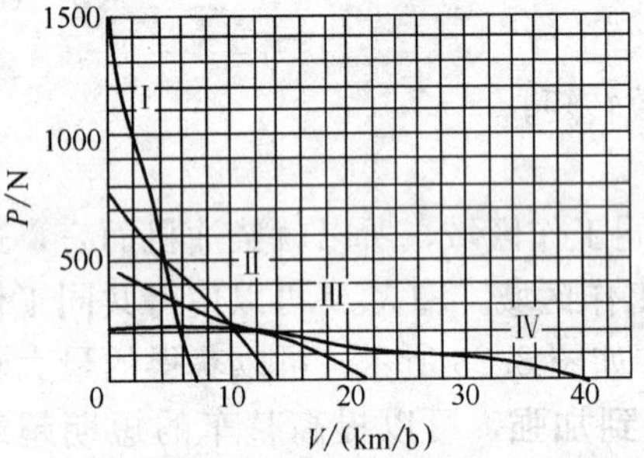

图 3.30 牵引车的牵引特性

Ⅳ为第 1 至第 4 各挡的特性曲线

图 3.30 是装有四挡液力机械变速器的空港牵引车的牵引特性。

3.5.2 液力变矩器与发动机匹配

1. 液力变矩器与发动机的匹配原则

为使工作机具有良好的动力性能和经济性能，理想的匹配应满足以下几个方面。

(1) 液力变矩器零速工况的输入特性曲线通过发动机的最大实用转矩点，以使工作机在载荷最大时获得最大输出转矩。

(2) 液力变矩器最高效率工况的输入特性曲线通过发动机最大实用功率的转矩点，同时高效范围在发动机最大实用功率点附近，以提高发动机的功率利用率。

(3) 经济性能好，如电动机应始终在额定工况运转，内燃机应在比油耗最低的区域运转。

(4) 满足工作机使用中的特殊要求，如轿车要求噪声小和舒适性好。

实际上，同时满足以上四点是不可能的，因为它们之间互相矛盾和相互制约，所以液力变矩器与发动机的匹配，应根据工作机器的具体要求和特点，综合各方面的情况，分清主次进行研究分析。

液力变矩器与发动机匹配方案的确定，一般是给出几个方案同时进行动力性能计算，通过对动力性能和经济性能的全面分析比较，最后选取一种最好的方案。

目前，确定液力变矩器与内燃机最合理的匹配应从机器最高生产率和最佳经济性来考虑。在工作范围内，平均输出功率最大和平均燃料消耗最小是最合理的匹配。用功率输出系数 φ_N 和燃料消耗系数 φ_{ge} 来评价。其计算公式为

$$\varphi_N = \frac{N_{TP}}{N_{dn}} \tag{3-19}$$

$$\varphi_{ge} = \frac{g_{eTP}}{g_{en}} \tag{3-20}$$

式中，N_{TP}——涡轮轴平均输出功率，kW；

N_{dn}——内燃机标定功率，kW；

g_{eTP}——共同工作的平均比油耗；

g_{en}——内燃机标定工况的比油耗。

N_{dn}和g_{en}可在内燃机外特性图上查得。N_{TP}和g_{eTP}与涡轮转速n_T有关，亦即与载荷的变化情况有关。

$$N_{TP} = \int_{n_{T\min}}^{n_{T\max}} f(n_T) N_T(n_T) \mathrm{d}n_T \tag{3-21}$$

$$g_{eTP} = \int_{n_{T\min}}^{n_{T\max}} f(n_T) g_{eT}(n_T) \mathrm{d}n_T \tag{3-22}$$

式中，$n_{T\max}$和$n_{T\min}$——涡轮转速的最大值和最小值。

$f(n_T)$——机器在使用过程中，转速的分布规律。如当按均匀分布时，根据概率论$f(n_T)=\dfrac{1}{n_{T\max}-n_{T\min}}$；常态分布时$f(n_T)=\dfrac{1}{\sigma\sqrt{2\pi}}e^{-\frac{n_T-n_{TP}}{2\sigma^2}}$，$\sigma$为方均根偏差，$n_{TP}$为$n_T$的平均值。

$N_T(n_T)$——为共同工作输出特性上，涡轮轴输出功率N_T，与转速n_T的函数关系。

$g_{eT}(n_T)$——共同工作输出特性上，比油耗g_{eT}与转速n_T的函数关系。

N_{TP}和$g_{eT}(n_T)$可以从共同工作的输出特性上求得，$f(n_T)$与负荷特性和使用情况有关。如果测得机器的载荷谱，经过分析统计，求得$f(n_T)$即可求得φ_N和φ_{ge}、φ_N和φ_{ge}也往往相互矛盾，只能选择既保证动力性能又兼顾经济性能的折中方案。

2. 实现匹配方案的方法

1）发动机和液力变矩器都已给定

由式$M_B=\gamma\lambda_B n_B^2 D^5$可知，改变$\lambda_B$都可使输入特性的位置移动。

(1) 改变n_B。在发动机和液力变矩器中间加一增速或减速装置。液力变矩器经中间装置吸收的发动机的转矩M_d为

$$M_d = \frac{\lambda_B}{i_z^3 \eta}\gamma n_d^2 D^5 \tag{3-23}$$

式中，n_d——发动机的转速，r/min。

如图3.31所示，中间装置是增速器，即$i_z<1$时，共同工作范围左移；中间装置是减速器，即$i_z>1$时，共同工作范围右移。

(2) 改变λ_B。选用具有不同λ_B的变矩器，可改变共同工作范围。如采取设计叶片形状，泵轮叶片可旋转、导轮叶片可旋转、双导轮或双涡轮等措施，不仅改变λ_B同时也会改变其他性能参数如K_0、J、η等。λ_B增大时共同工作范围向低转速区移动。

2）发动机给定和液力变矩器形式的确定

由式$M_B=\gamma\lambda_B n_B^2 D^5$可知，增大$D$，共同工作范围左移，减小$D$，右移，如图3.32所示。

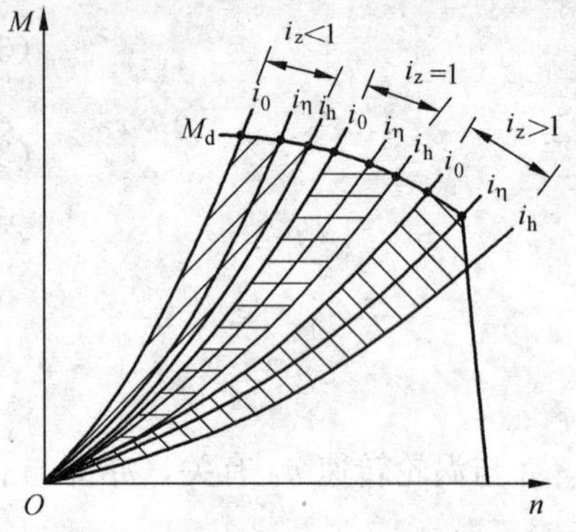

图 3.31　中间装置转速比对共同工作范围的影响

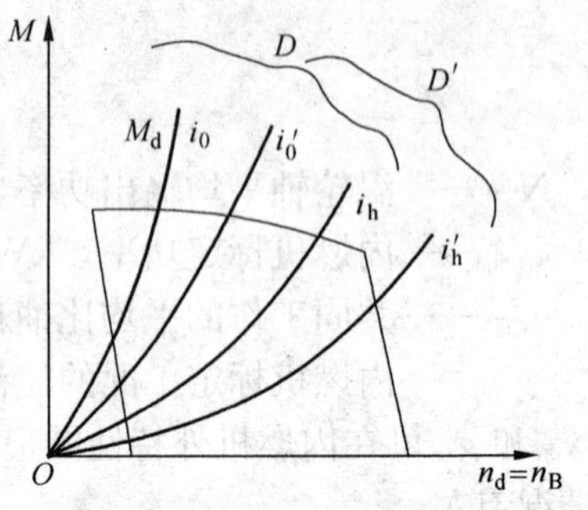

图 3.32　循环圆有效直径对共同工作范围的影响

3. 液力传动变速器排挡数和转速比的确定原则

在单液力元件的液力传动装置中，液力变矩器后边一般都装有一个多挡机械变速器。这种液力传动装置也称为液力机械变速器。为了使机器具有良好的动力性能和经济性能，不但需要液力变矩器和动力发动机匹配，而且还必须正确地确定机械变速器的排挡数和转速比。

确定液力变速器排挡数和转速比的原则除和机械传动中机械变速器一样外，还要保证各挡下液力变矩器长期运转在高效范围。

液力传动变速器各挡转速比通常按公比为 q 的几何级数考虑。理论上，其公式为

$$q=\frac{i_{bn}}{i_{b(n+1)}}=\frac{K_{g1}M_{Bg1}}{K_{g2}M_{Bg2}}=\frac{i_{g1}n_{Bg1}}{i_{g2}n_{Bg2}} \tag{3-24}$$

式中，i_{bn} 和 $i_{b(n+1)}$——第 n 挡和第 $n+1$ 挡的转速比；

M_{Bg1} 和 n_{Bg1}——液力变矩器在 i_{g1} 工况与内燃机共同工作的转矩和转速；

M_{Bg2} 和 n_{Bg2}——液力变矩器在 i_{g2} 工况与内燃机共同工作的转矩和转速。

在要求的牵引力范围内的最少挡数 n 为

$$n=\lg\frac{p_{max}}{p_{min}}/\lg q \tag{3-25}$$

式中，p_{max}——1 挡在液力变矩器 i_{g1} 工况的牵引力；

p_{min}——最高挡在液力变矩器 i_{g2} 工况的牵引力。

由式(3-24)和式(3-25)可见，液力机械变速器的挡数和各挡速比公比 q 的确定，与内燃机特性、液力变矩器特性和液力变矩器与内燃机的匹配有关。反之，液力传动变速器的转速比划分也影响着各挡实际的应用的工作范围。挡数和转速比选取不当，共同工作的输出特性就得不到发挥。

液力机械变速器的排挡数和转速比的确定和液力变矩器与内燃机的匹配是互相影响的，它们的计算往往需交叉反复进行。

阅读案例3-1

发动机与液力变矩器共同工作特性的分析

1. 共同工作输入特性

发动机与液力变矩器共同工作输入特性是指不同的液力变矩器转速比 i 时，发动机

与液力变矩器共同工作的转矩和转速的变化特性，是研究共同工作输出特性的基础。它是由发动机特性和液力变矩器的特性共同作用决定的。在确定发动机和液力变矩器的共同工作区域和共同工作点后就可以得到共同工作时的输入特性。

共同工作区域的确定，主要采用如下方法。

对于已知试验数据的发动机，其使用外特性的数学模型可以看作发动机转速的一元函数，用最小二乘法拟合获得，表示为

$$M_e = \sum_{i=0}^{k} A_i n_e^i \quad (i=0, 1, \cdots, k) \tag{3-26}$$

式中，M_e——发动机的转矩，N·m；

n_e——发动机转速，r/min；

A_i——多项式中的系数；

k——多项式阶数。

发动机万有特性可以看作为发动机转速和发动机转矩的一元函数，用曲面拟合法获得，表示为

$$g_e = \sum_{i=0}^{S}\sum_{j=0}^{i} A\left[\frac{1}{2}(i+1)(i+2)-i-1+j\right]M_e^j n_e^{i-j} \tag{3-27}$$

式中，g_e——发动机的燃油消耗率，g/(kW·h)；

n_e——发动机转速，r/min；

M_e——发动机转矩，N·m；

A_i——模型中的系数；

S——模型中的阶数。

液力变矩器施加于发动机的负荷性能完全由泵轮的转矩变化特性决定，即

$$M_B = \rho g \lambda_B n_B^2 D^5 \tag{3-28}$$

式中，M_B——泵轮的转矩，N·m；

ρ——液力变矩器工作油的密度，kg/m^3；

g——重力加速度，m/s^2；

D——液力变矩器有效工作直径，m；

λ_B——液力变矩器泵轮转矩系数，min^2/(m·r^2)；

n_B——液力变矩器泵轮转速，r/min。

根据液力变矩器的原始特性 $\lambda_B=f(i)$，则液力变矩器的负荷特性可表示为

$$M_B = \rho g f(i) n_B^2 D^5 \tag{3-29}$$

对于特定的液力变矩器，ρ，g，D 均为常数；在工况一定的条件下，$\lambda_B=f(i)$为常数，故液力变矩器泵轮负荷特性抛物线方程可表示为

$$M_B = C_i n_B^2 \tag{3-30}$$

发动机与液力变矩器共同工作时，由式(3-30)所得的液力变矩器泵轮负荷抛物线族必与式(3-26)所代表的发动机使用外特性有一系列的交点。这些交点即为发动机使用外特性上发动机与液力变矩器的共同工作稳定点，如图3.33所示。

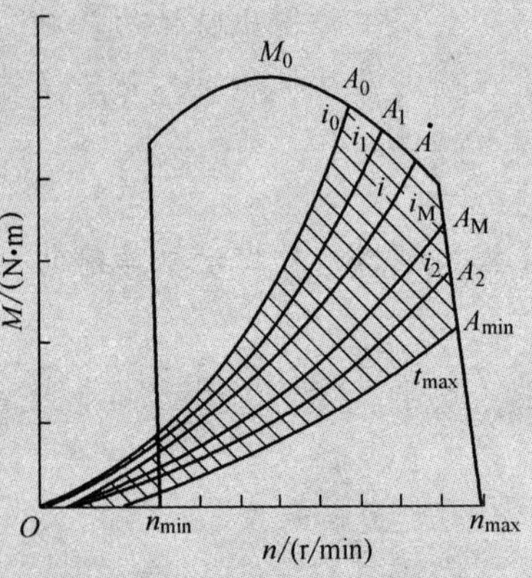

图 3.33　发动机与液力变矩器共同工作时输入特性曲线

2. 共同工作输出特性的确定

共同工作输出特性是指共同工作时，涡轮输出转矩 M_T，输出功率 P_T，小时燃料消耗量 G_T、比油耗 g_T 和发动机转速 n_e 与涡轮转速 n_T 之间的关系，由输入特性和原始特性决定。在得到共同工作输入特性后，根据下列公式和原始特性，即可计算出输出特性。计算公式为

$$M_T = KM_B$$

$$n_T = in_B$$

$$P_T = \eta P_B = Ki\frac{M_B n_B}{9549} \tag{3-31}$$

$$g_T = \frac{G_T}{P_T} = \frac{g_e}{\eta} = \frac{g_e}{Ki}$$

式中，η——液力变矩器效率。

阅读案例3-2

重型汽车液力变矩器与动力发动机匹配示例

重型汽车中综合式液力变矩器(可带闭锁离合器)与柴油机的匹配，如图 3.34 所示。

重型汽车多采用 $K_o = 2.5 \sim 3.5$，$1 < T < 1.3$ 和高效范围 $G_{0.75} = 1.7 \sim 2$ 的综合式液力变矩器。具体匹配时可按下式考虑：

$$n_{Bh} = (0.85 \sim 0.9) n_{dn} (r/min)$$

式中，n_{dn}——偶合器工况时共同工作点的转速。

这样匹配，既可使高效范围位于柴油机比油耗较小的区域，又能在偶合器工况区或在闭锁工况区较好地发挥柴油机功率，柴油机功率利用较合理。

同时，在低转速比时可获得较大输出扭矩。

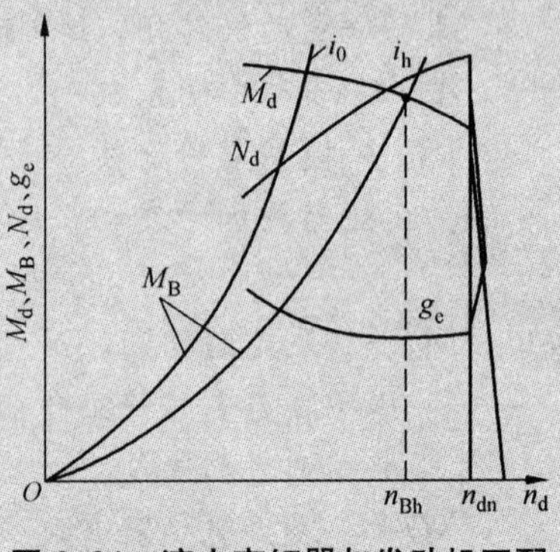

图 3.34　液力变矩器与发动机匹配

本 章 小 结

通过对液力变矩器相关知识的介绍，首先读者应该掌握液力变矩器的结构与工作原理，了解几种常见的液力变矩器的结构形式；其次在了解液力变矩器的结构的基础上应对其特性有一定的理解：液力变矩器的特性可用特性参数或特性曲线来评定。

本章的重点与难点就是液力变矩器与发动机的匹配，通过本节的学习建议读者掌握液力变矩器与发动机共同工作的输入、输出特性，以及清楚影响液力变矩器与发动机共同工作的各种因素，掌握其匹配的原则等。

【关键术语】

液力偶合器　液力变矩器　外特性　发动机共同工作特性　匹配

综合练习

一、填空题

1. 液力偶合器是一种液压传动装置，输出力矩与输入力矩__________。

2. 液力偶合器主要由__________、__________、__________三部分组成。

3. 由发动机曲轴通过液力偶合器输入轴驱动的叶轮成为__________，另一个与输出轴连接一起的叶轮称为__________。

4. 为了使液压油能够传递动力，必须使液压油在泵轮和涡轮之间造成__________。

5. 为了能形成环流动，两个工作轮之间必须存在__________，转速差愈大，工作轮之间的压力差愈__________，液压油所传递的力矩也愈__________。

6. __________只具传递力矩的作用，而不具改变力矩大小的作用。

7. 液压油在液力偶合器中同时具有两种旋转运动__________、__________。

8. 液力变矩器的构造与液力偶合器基本相似，主要区别是在泵轮和涡轮之间加装了一个固定的__________。

9. 液压油加压过程中，若该处压力下降低于该温度下工作液压油的饱和蒸汽压时，液体便开始气化蒸发，析出气泡，这一现象称为__________。

10. 常见的自动变速器油泵有四种类型：__________、__________、__________及__________。

11. 油泵的理论泵油量等于油泵的__________与油泵__________的乘积。

12. 摆线转子泵的排量取决于内转子的__________、__________、__________及内外转子的偏心距。

13. 叶片泵的排量取决于转子直径、转子宽度及转子与定子的__________。

二、简答题

1. 车辆液力传动的特点。如何匹配特性？

2. 如何提高液力变矩器的工作效率？

三、计算题

1. 泵轮转速为2300r/min，涡轮转速为2000r/min。求转速比及滑差率。

2. 变矩器特性曲线如图3.35所示。写出K_o、i^*和最大效率η。

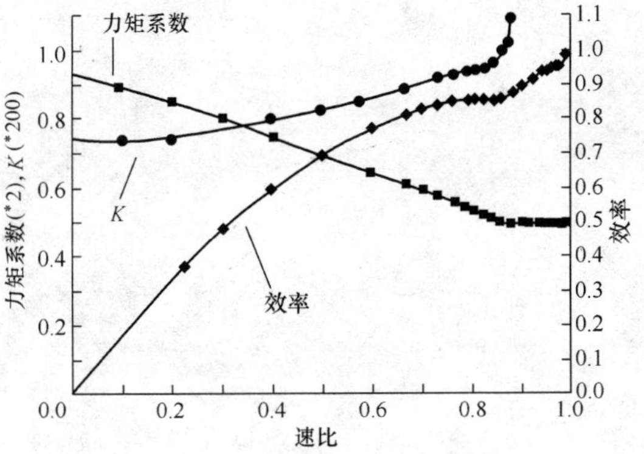

图3.35　变矩器特性曲线

3. 通过计算完成下表。

项目 / 速比 i	K	η	n_B /(r/min)	M_B /N·m	g_e /(g/kW·h)	计算值		
						$n_T = i_{nB}$ /(r/min)	$M_T = k \cdot m$ /N·m	$g_{eT} = g_e/\eta$ /(g/kW·h)
0	3.2	0	500	242.45	—			
$i_{\lambda B\max}$	2.5	0.5	730	240.50	0.6			
i_{g1}	1.8	0.56	1000	176.58	0.45			
i_η	1.1	0.66	1420	147.15	0.4			
i_{g2}	0.75	0.78	1820	100.56	0.26			
i_h	0	0	2000	10	0.2			

4. 已知油泵排量 13.5ml/r，发动机最高转速为 5000r/min，怠速 700r/min，计算两工况下油泵的理论流量。

第4章

液力变矩器设计

教学目标

通过本章的学习，要求读者能够了解液力传动的基本知识和液力变矩器设计的常用方法，掌握液力变矩器的优化设计和变矩器参数对性能的影响等相关知识，同时要求进一步掌握循环圆和叶片的设计方法及其相关计算。

教学要求

知识要点	能力要求	相关知识
液力传动的基本知识	了解液力传动的基本知识，掌握液力变矩器设计的基本理论	液流连续性原理；伯努利方程；动量方程和动量矩方程；流体在工作轮中的运动及速度三角形
液力变矩器的设计方法	了解液力变矩器常用的设计方法及其各自的特点	相似设计法；经验设计法；理论设计法
液力变矩器的优化设计	掌握液力变矩器优化设计的方法和原理	目标函数和设计变量；约束条件
液力变矩器参数对性能的影响	掌握液力变矩器参数对性能的影响，便于能够尽快而准确地获得性能和参数的最佳组合	内部参数对性能的影响；几何尺寸对性能的影响；叶片角对性能的影响
循环圆的设计	掌握循环圆形状的选择，其相关部件的设计方法和相关计算	循环圆形状的选择；工作轮在循环圆中的排列位置；循环圆尺寸的确定
叶片的设计	了解叶片设计的相关原则； 掌握双纽线设计方法及叶片加厚的数学模型	叶片设计的原则；双纽线设计方法；叶片加厚的数学模型

导入案例

液力变矩器流场的理论分析

建立液力变矩器内流场分析的CFD模型，分析液力变矩器的内流场，计算泵轮、涡轮和导轮流道内的速度、压力场分布。

由于液力变矩器几何构造以及流动状况的复杂性，直接进行分析的难度较大。因此需要进行一些必要的假设，合理的假设和简化如下：

(1) 相对于每个旋转参考坐标系，流道内的流场处于稳定状态。因此流场参数相对于时间独立。

(2) 从一个流道到另外一个流道的流动是周期出现的(圆周对称)。因此只有一个叶片包含在液力变矩器每个叶轮的模型里面。

(3) 流体有着定常的物理属性(密度和黏度)而且是不可压的；仿真过程中没有热传递，流体是常温的。

(4) 液力变矩器中不存在气化现象；在液力变矩器内部不存在泄露现象。

(5) 冷却液小于总质量流率的0.2%可以忽略；锁止离合器附近的流场不包括在CFD模型中；忽略了一些小的几何结构的细节；模型中的所有表面是光滑的。

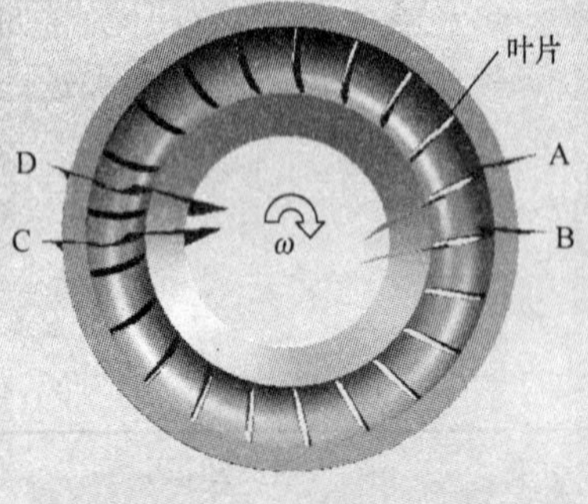

图4.1 计算区域的选取

将对整个液力变矩器的流场模拟简化为单个流道的计算模型，对于单流道计算模型，有两种不同的流道划分方法，如图4.1所示。

第一种方法采用在有叶片区域直接选取叶片间流道，无叶片区则从叶片前后缘相应延伸并保持边界的周期对称，由此构成的计算区域即图4.1中面A、B之间的部分，如图4.2所示。

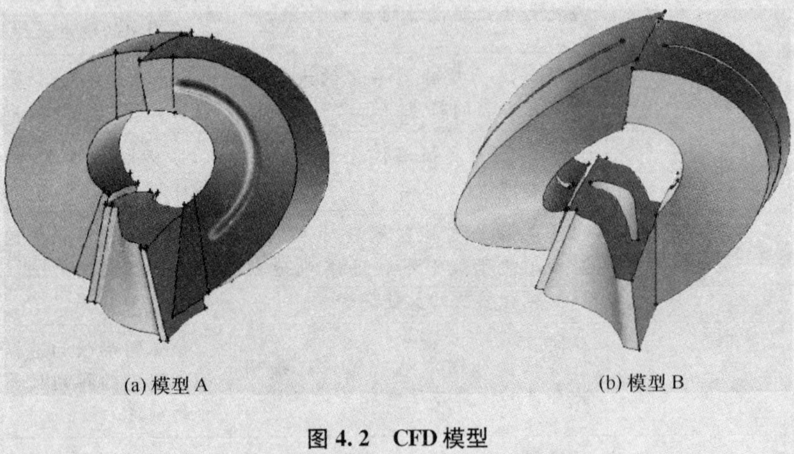

(a) 模型A　　(b) 模型B

图4.2 CFD模型

第二种在接近相邻叶片间中间位置处分割流道，由两个周期对称的面切割而成的流道空间将叶片区域完整地包含在内，如图4.1中面C、D之间的部分，如图4.2所示。

从流道模型来看，模型B由于流道内叶片的存在，使得内部区域变得复杂，采用结构化网格较为困难。如果采用映射法，进行分区划分，也可以把模型B划分为结构化网格，但是采用映射法对变矩器流道复杂的模型适应性差，所以得不断的手工调整，在结构的关键部位，还要做适当的人工干预。因此划分网格的成本太高，采用非结构化的网格对模型B进行网格划分。

对于模型A，边界条件的选取为：流道切割面分成三个面，叶片面定义为无滑移的壁面条件，叶片两端的面都定义为周期面；内外环定义为无滑移的壁面条件；在每个叶轮的入口和出口采用质量流量入口和压力出口，这样做的目的是保证质量流量守恒。每个叶轮的出口和下游的入口面采用混合面技术加以处理，解决了不同旋转坐标系交界面的处理问题。

对于模型B，边界条件的选取为：叶片及内外环采用无滑移的壁面条件；流道的切割面是入口界面，采用的是周期性边界条件；在每个叶轮的入口和出口采用质量流量入口和压力出口。

流场的计算是通过不断迭代求解整个流场空间离散单元的巨大线性方程组来实现的。因此除了数值模拟方法选取之外还必须有一个合适的收敛准则。从数值有效和物理有意义两个方面考虑，建立收敛准则如下：

(1) 计算结束前控制方程的残差比降低三个数量级以上，并且相对稳定。

(2) 各叶轮的上下游流道的质量流量差值不超过3%。

(3) 各叶轮的力矩之和近似为零，力矩不平衡不超过3%。

取该液力变矩器的设计速比0.5作为典型工况进行分析，首先分析泵轮的内流场。由于该型液力变矩器在泵轮入口和出口处均有导边，如图4.3所示，使得泵轮叶片的压力面和吸力面是不等的，采用模型A的时候为了生成流道的方便而忽略了这一细节。

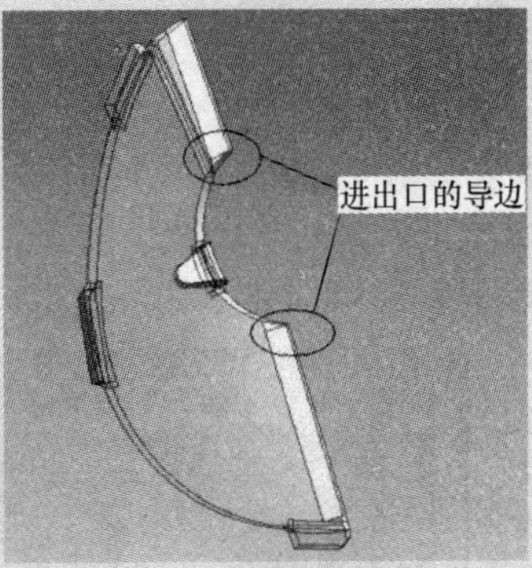

图4.3 叶片三维模型

对于模型B，由于入口导边的存在可以减少入口冲击损失，从而改善泵轮流道的流动情况，图4.4为两种模型的泵轮不同弦面(垂直于叶片的截面，从入口到出口方向，入口处为0，出口处的值为1)处的速度场分布情况，图4.4(a)图为入口0.1弦面处采用模型A计算得到的结果，图4.4(b)为入口0.1弦面处采用模型B计算得到的结果，图4.4(c)图和图4.4(d)图为0.95弦面(位于无叶片区域)两种模型计算得到的速度场分布情况。

从图4.4(a)图可以看到由于有叶片导边的作用，入口冲击损失变小，所以在吸力面的速度幅值较高，而且从内环到外环方向的速度梯度也较小；在出口段的无叶片区域，由于出口导边的作用，曲率突然增大，会造成黏性流体的边界层分离现象，出现较弱的射流尾流现象，如图4.4(d)所示，而图4.4(c)中这一现象并不明显。综上分析，泵轮吸力面的导边可以减少泵轮流道的液力损失，从而提高泵轮传递的力矩，也即提高了泵轮的能容系数。

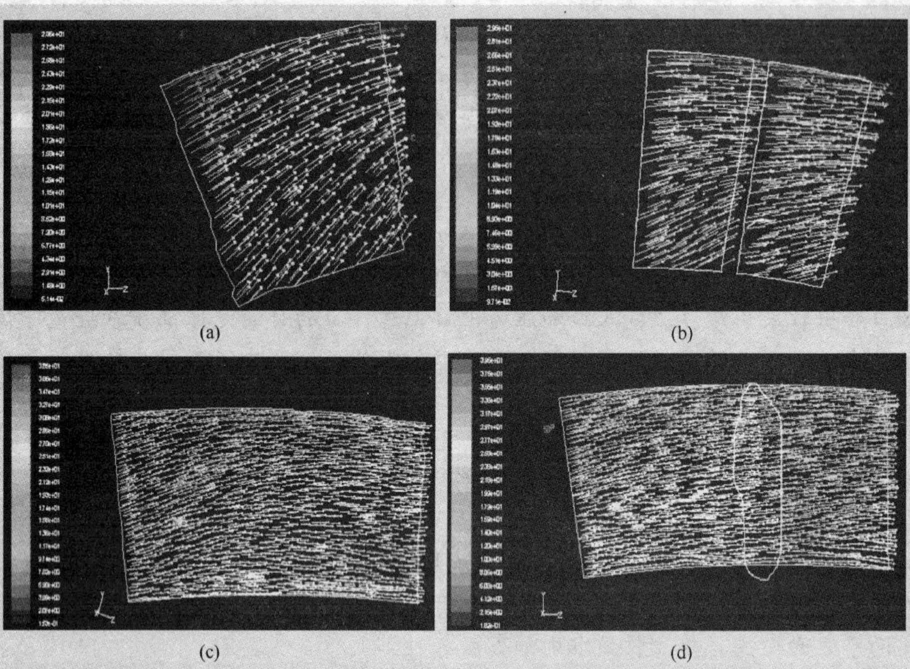

图 4.4　泵轮弦面的速度场

涡轮的叶片是有厚度的，当泵轮的工作液体冲击到叶片的端面的时候会出现回流，造成液力损失，如图 4.5(b)所示，而采用模型 A 作为计算模型，由于忽略了叶片厚度，使得这一部分的液力损失被忽略掉了，如图 4.5(a)所示，因此使得计算得到的涡轮效率偏高。图 4.5(c)和图 4.5(d)为分别采用模型 A 和模型 B 作为计算模型时的涡轮叶片压

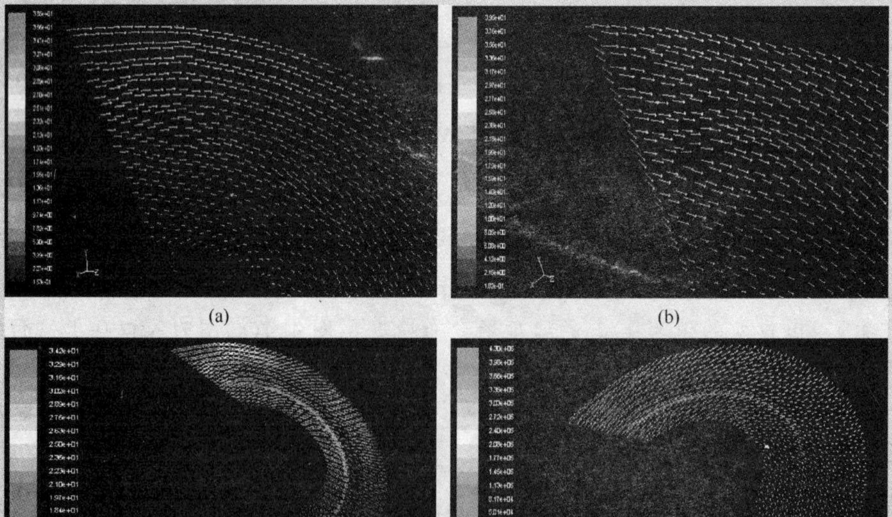

图 4.5　涡轮叶片的速度场和压力场

力面的速度场和压力场，可以看到涡轮叶片上的压槽对流道内的流场分布影响不大，压槽主要起加强肋的作用，用来提高叶片的强度。

导轮改变了液流的切向速度方向，增加了工作介质的对旋转轴的动量矩。图 4.6 为采用两种不同计算模型得到的导轮翼面(平行于内环、外环面的截面)的速度场，可以看到有两个低速区域，一个是在导轮入口段，这是由于导轮不动，从涡轮出来的液流冲击在导轮的压力面，建立了较高的压力，是一种典型的高压低速区域，使得流道的进口段对整个液力循环起阻滞作用；另一个低速区域是在导轮吸力面靠近出口面附件，这是由于粘性绕流引起的低速低压尾流。

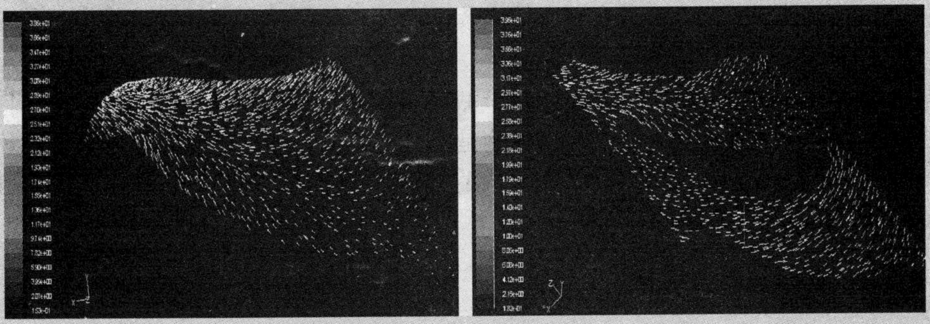

图 4.6 导轮翼面的速度场

问题：

1. 为什么要研究变矩器腔内的流场？其与变矩器内的哪些参数有关？
2. 目前研究流体数值计算的实用软件有哪些？

车辆液力传动是通过工作轮叶片的相互作用，引起机械能与液体能的相互转换来传递动力，通过液体动量矩的变化来改变转矩的传动元件，具有无级连续改变速度与转矩的能力，对外部负荷有良好的自动调节和适应性能，能使车辆平稳起步，加速迅速、均匀、柔和，用液体来传递动力进一步降低了尖峰载荷和扭转振动，延长了动力传动系统的使用寿命，提高了乘坐舒适性和车辆平均行驶速度以及安全性和通过性。

4.1 液力传动基本知识

在工程上感兴趣的是整个流体在空间某特定点或特定区域内的平均运动情况。此外，流动液体的状态还与温度、黏度参数有关，为了简化条件便于分析起见，一般都在等温的条件下讨论液体的流动情况，因而可把黏度看作是常量，密度只与压力有关。

1. 理想液体和恒定流动

液体是有黏性的，而且黏性要在液体流动时才会表现出来，因此研究液体流动时必须考虑黏性的影响。由于液体中的黏性阻力是一个非常复杂的问题，所以开始分析时可以假设液体没有黏性，然后再考虑黏性的作用并通过实验验证的办法对理想结论进行补充或修正。利用这种办法同样可以处理液体的可压缩性的问题。一般把既无黏性也无可压缩性的假想液体称为理想液体，而把事实上既有黏性又有可压缩性的液体称为实际液体。

液体流动时，如液体中任何点处的压力、速度和密度都不随时间变化，就称为液体作恒定流动(定常流动或非时变流动)；反之如压力、速度或密度中有一个随时间变化时，就称为非恒定流动(非定常流动或时变流动)。研究液压系统静态性能时，可认为液体作恒定流动，研究其动态性能时则必须按非恒定流动来考虑。

2. 液流连续性原理

当理想液体在管道中稳定流动时，根据物质不变定律，液体在流道内既不能增多，也不能减少，因此在单位时间内流过流道内每一横截面的液体质量一定是相等的。这就是液流的连续性原理。如图 4.7 所示，液体在不等截面中的流动，设截面 1 和截面 2 的面积各为 A_1 和 A_2，在这两个截面中液体平均流速分别为 v_1 和 v_2，同时理想液体是不可压缩的，即在两个截面处液体的密度都是 ρ，根据液流的连续性原理，流经两截面 1 和截面 2 的液体质量应当相等，即

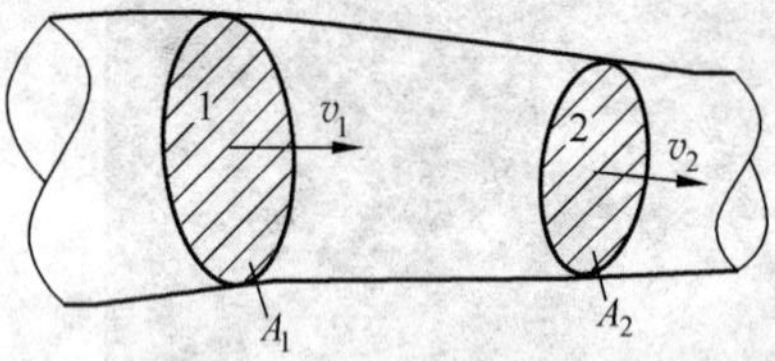

图 4.7 液流连续简图

$$\rho v_1 A_1 = \rho v_2 A_2 = \rho v A = \text{常量} \tag{4-1}$$

式 (4-1)称为液流的连续方程式。

将式(4-1)除以 ρ 则得

$$v_1 A_1 = v_2 A_2 = vA = \text{常量} \tag{4-2}$$

或

$$\frac{v_1}{v_2} = \frac{A_2}{A_1} \tag{4-3}$$

式(4-2)说明，通过管内不同截面的液流速度与其截面积的大小成反比，即流道细的地方流速大，流道粗的地方流速小。

式(4-1)中流速 v 和截面积 A 的乘积表示单位时间内流经流道液体的容积称为流量。一般流量用 Q 表示，即

$$Q = vA \tag{4-4}$$

流量 Q 的单位常用“L/min”表示，在式(4-5)代入常用单位后，可得流量 Q 的计算公式为

$$Q = \frac{vA}{10} \tag{4-5}$$

式中，v——液体的流速，m/min；

A——液流通过的面积，cm^2。

式(4-5)常用来计算管道或油缸中的流速，亦可用来计算所需的面积、流量。

3. 伯努利方程

在液压传动系统中是利用有压力的流体来传递能量的，如图 4.8 所示。

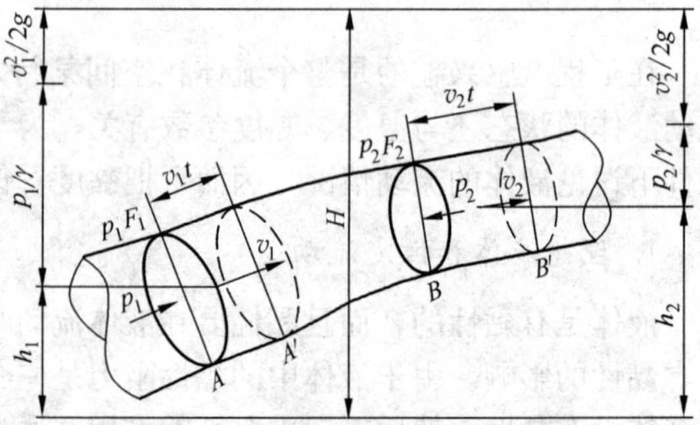

图 4.8 伯努利方程示意图

图 4.8 为液体流经流道的一部分，流道各处的截面大小和高低都不相同。设流道内有一段理想液体作稳定流动，在

短时间 t 内，从 AB 流动到 $A'B'$。因为移动的距离短，在从 A 到 A' 及从 B 到 B' 这两小段的距离范围内，截面积、压力以及流速和高度等都可以看成是不变的。设在 AA' 处和 BB' 处的截面积分别为 F_1，F_2，压力分别为 p_1，p_2，流速则分别 v_1，v_2，高度分别为 h_1，h_2，如图 4.8 所示。AB 段液体前后都受有作用力，当它运动时，后面的作用力 P_1 把它推向前进，同时又要克服前面液体的作用力 P_2；P_1 和 P_2 分别为

$$P_1=p_1F_1;\quad P_2=p_2F_2 \tag{4-6}$$

当 AB 段液体从 AB 运动到 $A'B'$ 时，P_1 和 P_2 对它所作的总功 A 为

$$A=P_1v_1t-P_2v_2t=p_1F_1v_1t-p_2F_2v_2t \tag{4-7}$$

根据液流的连续性原理，可得

$$F_1v_1=F_2v_2 \tag{4-8}$$

或

$$F_1v_1t=F_2v_2t=V \tag{4-9}$$

式中，V——AA' 或 BB' 小段液体的容积。

将式(4-9)代入式(4-7)得

$$A=p_1V-p_2V \tag{4-10}$$

另一方面，当 AB 段液体流到 $A'B'$ 时，因为是稳定流动。$A'B$ 这段液体的所有运动参数(压力和流速等)都不发生变化，因此这段液体所具有的能量也不会有增减。有变化的仅是 AA' 这小段液体移到了 BB'，它的位置高度和流速都改变了，因此势能(由位置高度决定的能量)和动能(由流速决定的能量)都有了变化。设这两小段的机械能(包括势能和动能)分别为 A_1 和 A_2，则

$$A_1=\frac{1}{2}mv_1^2+mgh_1$$

$$A_2=\frac{1}{2}mv_2^2+mgh_2$$

式中，m——AA' 段或 BB' 段液体的质量。

增加的机械能为

$$A_2-A_1=\frac{1}{2}mv_2^2+mgh_2-\left(\frac{1}{2}mv_1^2+mgh_1\right) \tag{4-11}$$

因为假设在管道内流动的是理想液体，流动时没有摩擦力，因而也就没有能量损耗。所以管道内 AB 段液体流动到 $A'B'$ 后所增加的机械能应当等于外力对它所做的功，即

$$A=A_2-A_1 \tag{4-12}$$

将式(4-11)和式(4-12)代入式(4-13)得

$$p_1V-p_2V=\frac{1}{2}mv_2^2+mgh_2-\frac{1}{2}mv_1^2-mgh_1$$

或

$$p_1V+\frac{1}{2}mv_1^2+mgh_1=p_2V+\frac{1}{2}mv_2^2+mgh_2 \tag{4-13}$$

因为 F_1 和 F_2 这两个截面是任意取的，式(4-13)所表示的关系适用于流道内任意两个截面，式(4-13)也可写成

$$pV+\frac{1}{2}mv^2+mgh=\text{常量} \tag{4-14}$$

式(4-13)和式(4-14)是对重力为 mg 的液体而言的，如果对单位重力来说，则在该两式的各项中应除以 mg，即

$$\frac{p_1}{\gamma}+\frac{v_1^2}{2g}+h_1=\frac{p_2}{\gamma}+\frac{v_2^2}{2g}+h_2 \tag{4-15}$$

或

$$\frac{p}{\gamma}+\frac{v^2}{2g}+h=常量 \tag{4-16}$$

式中，γ——液体的重度，$\gamma=\frac{mg}{V}$。

式(4－15)和式(4－16)称为伯努利方程式，它表明理想流体在流道内作稳定流动时运动要素之间的关系。

在式(4－16)中，p/γ 为液体的比压能(即单位重力液体所具有的压力能)，$\frac{v^2}{2g}$为比动能；h 为比势能。因此伯努利方程式的物理意义说明：在密封流道内作稳定流动的理想液体具有三种形式的能量，即压力能、动能和势能，它们之间可以互相转化，并且液体在管道内任意一处这三种能量的总和是一定的。这就是伯努利定律，也可称为理想液体作稳定流动时的能量守恒定律。

上面是对理想液体进行分析的，但实际液体是有黏性和可压缩的，在它运动时由于摩擦要损耗一部分能量，如果这部分能量损耗用 h_δ 表示，式(4－16)可写为

$$\frac{p_1}{\gamma}+\frac{v_1^2}{2g}+h_1=\frac{p_2}{\gamma}+\frac{v_2^2}{2g}+h_2+h_\delta \tag{4-17}$$

由于实际中液体在管道通流截面上速度分布不均匀，在用平均流速代替实际流速时存在误差，故引入修正系数，实际液体的伯努利方程表示为

$$\frac{p_1}{\gamma}+\frac{v_1^2}{2g}+z_1=\frac{p_2}{\gamma}+\frac{v_2^2}{2g}+z_2+h_\delta \tag{4-18}$$

式中，α_1，α_2——速度截面 1、截面 2 处的动能修正系数。层流时 $\alpha=2$，湍流时 $\alpha=1$。

式(4－18)为实际液体的伯努利方程式。

4. 动量方程和动量矩方程

有压流体流经某一管段的动量方程和动量矩方程为

$$F=\sum F_i=\frac{\mathrm{d}K_{1-2}}{\mathrm{d}t} \tag{4-19}$$

式中，F——作用在这一管段中流体上所有外力之和，包括管壁对流体的作用力、两端面处过流断面上的压力及该管段流体的重力；

K_{1-2}——1、2 断面间流体的动量，它们都是向量。若以标量形式表示，应将这些向量向各坐标平面投影，有

$$\begin{aligned}\sum(F_i)_x&=\gamma q(v_{2x}-v_{1x})\\ \sum(F_i)_y&=\gamma q(v_{2y}-v_{1y})\\ \sum(F_i)_z&=\gamma q(v_{2z}-v_{1z})\end{aligned} \tag{4-20}$$

式(4－19)，式(4－20)为动量定理的表达形式。

若将 F 对某一轴取矩，动量定理就变为动量矩定理。如图 4.9 所示，若对 y 轴取矩，则

$$M_y=\gamma q(v_2R_2-v_1R_1) \tag{4-21}$$

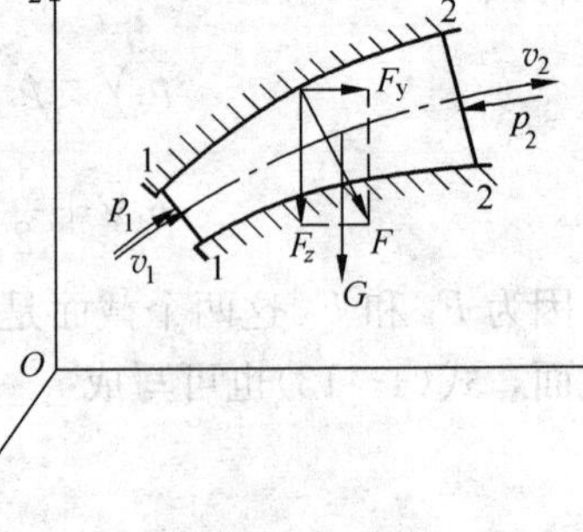

图 4.9　作用于流体上的力及流体的动量变化

式中，R_2、R_1——v_1、v_2 到 y 轴的垂直距离；

v_2R_2、v_1R_1——v_1 和 v_2 对 y 轴的速度矩。

显然，对不同的轴，其速度矩的值也是不相同。

5. 流体在工作轮中的运动及速度三角形

因液力传动元件的流道主要由各种工作轮组成，因此与其他叶片式流体机械一样，它们都有着相同的流动形式和特点。

1）流体在旋转工作轮中的运动

流体在以角速度为ϖ的工作轮中的运动，是一种复合运动，它符合速度的平行四边形法则，即

$$v=u+w \tag{4-22}$$

式中，v——以地球为参照系所观察到的流体运动速度，称为绝对速度，m/s；

u——以泵轴中心线为坐标轴线，随泵轴一起转动坐标系中各点的速度，称为牵连速度，m/s；

w——从旋转坐标中观察到的流体运动速度，称为相对速度，m/s。

对叶轮来说，液体从中心部位连续地通过叶轮而流出。每两个相邻叶片及叶轮的前后盖板组成了流道，从相对坐标系中观察到的液体流动，其能量平衡方程(又称其相对运动伯努利方程)形式为

$$z_1+\frac{p_1}{\gamma}+\frac{w_1^2}{2g}-\frac{u_1^2}{2g}=z_2+\frac{p_2}{\gamma}+\frac{w_2^2}{2g}-\frac{u_2^2}{2g}+h_{1-2} \tag{4-23}$$

其角标1、2为进入工作轮前断面1上的点和流出工作轮后断面2上的点，而且流体是从1点流到2点。

对于旋转流体，从相对静止的角度看(即假设把叶轮的进出口封闭起来)，当旋转角速度较大时，可以忽略掉重力的影响，其出口处的压强则为

$$p_2=\frac{\gamma}{2}\omega^2(R_2^2-R_1^2)+p_1 \tag{4-24}$$

对相对运动的伯努利方程，忽略掉重力的影响，方程变为

$$\frac{p_1}{\gamma}+\frac{w_1^2}{2g}-\frac{u_1^2}{2g}=\frac{p_2}{\gamma}+\frac{w_2^2}{2g}-\frac{u_2^2}{2g}+h_{1-2} \tag{4-25}$$

即

$$\frac{p_2-p_1}{\gamma}=\frac{u_2^2-u_1^2}{2g}-\frac{w_2^2-w_1^2}{2g}+h_{1-2} \tag{4-26}$$

由上式可见，牵连速度 u 及相对速度 w 的变化引起工作轮中流体压力能的变化，故该两项速度能头又称为势场能。

人们从地面上观察到的是流体流经工作轮时的绝对速度，由于工作轮中有能量传递，对泵轮来说，原动机的能量通过泵轮叶片，传给了流体，故其能量平衡方程形式为

$$z_1+\frac{p_1}{\gamma}+\frac{v_1^2}{2g}+H_L=z_2+\frac{p_2}{\gamma}+\frac{v_2^2}{2g}+h_{1-2} \tag{4-27}$$

式中，H_L——泵轮使流经泵轮后单位重流体所增加的能头值，m。

2）一元束理论及工作轮中的速度三角形

在叶片式流体机械设计中，普遍采用一元束流理论。所谓一元束流理论是指流动参数只与沿流线的曲线坐标系中的一个坐标参数有关，按一元束流理论，对工作轮中的流动作

以下假设：

(1) 工作轮叶片无限多、无限薄。由此流体在工作轮中的流动呈轴对称，而且叶轮中流体的相对速度 w 的方向与叶片曲线的切线方向相同。

(2) 同一过流断面上的轴面速度 v_m 相等。

(3) 叶轮出口处的流动情况与进口处的流动情况无关。

(4) 叶轮流道中的流动情况可用平均流线上的流体的运动参数来描述。所谓平均流线是指工作轮中一条假想的流线在该流线上流体流动的动力学效果与整个叶轮中流动的所有流体产生的动力学效果相同，一般认为这一流线所在的流面将工作轮各处的过流断面均分。

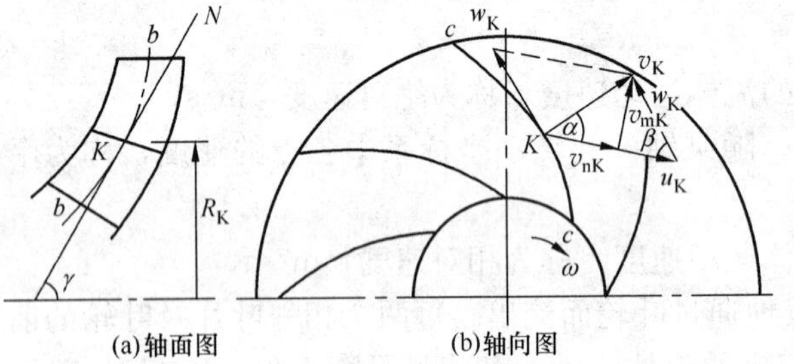

图 4.10　叶轮中流体运动的速度三角形

在工作轮中平均流线上任意一点 K 上流体的运动速度可用速度三角形表示，如图 4.10 所示。

图 4.10(a)为工作轮的轴面图，即用过轴心线的平面与工作轮相削切所得到的旋转视图；图 4.10(b)为轴向图，即在工作输入口边沿轴的方向所见到的工作轮的视图。为见到工作轮中叶片的形状，轴向图一般是将工作轮的盖板去掉后的视图。图 4.10 中 c—c 为平均流线，K 为平均流线上的一点。必须说明的是，速度三角形所在的平面是过 K 点与平均流线相切的平面 N 上。N 平面与轴线的交角为 γ，轴向图 4.10(b)中的速度三角形按投影关系并不反映实际情况。但为简单起见，我们一般将 N 平面上的速度三角形画在轴向图中。从图中可见，绝对速度在轴面图中 N 平面上的投影称为轴面速度 v_m，因 N 平面是巧流线相切的平面，它必须垂直过 K 点的过流断面，因此轴面速度才有 $v_m=\dfrac{q}{A}$的表达形式。

若以角标 0、1、2、3 表示流体流经工作轮进出口的位置。在叶片进口处，以“0”表示流体质点刚要进入叶轮叶片尚未进入；“1”表示流体质点刚刚流入叶片区，在工作轮出口处；“2”表示流体质点刚要流出叶片区但尚未流出时的位置；“3”则表示刚刚流出叶片区，根据这一角标的定义，则有 $R_0=R_1$、$R_2=R_3$。但 0、3 为无叶片区，而 1、2 则为叶片区，所以有 $u_0=u_1$、$u_2=u_3$，但 0 处流体的绝对速度 v_0 则取决于来流前的速度，而一进入叶片区即到达 1 点以后，由于受到叶片的作用，就拥有相对速度 w_1，而 w_1 则取决于叶片形状即叶片安放角。在叶轮出口处，其速度为 v_2，流出叶片后的速度为 v_3，由于流入无叶片区，其速度的方向并不改变，即 v_2 与此的方向相同。其数值大小则因实际叶片具有一定的厚度，过流断面面积要有些变化。因此从叶轮流出后，其轴面速度就要有些变化，即 $V_{m2}\exists v_{m3}$。若按一元束流理论的假设，忽略叶片厚度即叶片无限薄，则有 $v_{m2}=v_{m3}$；$v_2=v_3$。

有关叶片安放角，按国家标准 GB/T 3858《液力传动术语》规定是指叶片骨线沿液流方向切线与圆周速度反方向的夹角，以“β”表示、而液流角 β_y 也同样以反向角来定义，在一元束流理论的假设下，叶片角等于液流角，即 $\beta=\beta_y$。

4.2 液力变矩器设计方法

根据原始资料、设计要求和达到目标的不同，设计方法可分为三种。

(1) 相似设计法。以某种性能比较理想的液力变矩器作为设计基型，循环圆形状、工作轮布置，叶形等均依其为据。用相似理论确定几何参数。此法亦称为基型设计法，其性能提高受所选基型限制，因而应用中有局限性。

(2) 经验设计法。以统计资料中所归纳出的规律、图表为基础，运用自身的设计经验进行综合分析，从而确定变矩器的结构与参数。此法对已有变矩器进行改进设计方便，而对全新设计的性能预测的精度不高，由于主要依据数据与图表，所以不适于优化设计优选参数，亦不便于用计算机进行分析研究。

(3) 理论设计法。依据的理论有一元理论、二元理论和三元理论。但因变矩器循环圆中流道内的流动远较一般叶片机械的流动复杂，所以多元流动及附面层理论研究虽取得一定进展，离应用到设计上还有一段距离。

4.2.1 相似设计法概述

液力变矩器设计在此主要指变矩器循环圆设计、叶片设计以及一些关键部件的设计。

相似设计法的理论基础是相似原理。根据传递功率的不同，按相似原理计算出液力变矩器的有效直径，根据样机进行放大或缩小。

要使放大或缩小后的液力变矩器与样机变矩器具有相同的性能，必须保证两液力变矩器中的液体流态和受力情况相似，即符号力学相似原则。

根据相似理论，对于任何一组动力相似的液力变矩器，其原始特性相同，故可以利用相似理论进行两个方面的工作。

1. 检测预订性能

对于大型的新设计的液力变矩器，可以利用模型试验来检测其预定的性能。由于大尺寸大功率的液力传动装置进行全负荷试验比较困难，因此可以采用基准型样品的试验来确定其预定性能。

2. 放大和缩小尺寸

选取一个比较成熟的性能优良的液力变矩器样机，用相似理论来放大和缩小尺寸，制造出符合使用要求的新变矩器。这是目前液力变矩器设计和研制中常用的方法。

具体步骤如下：

(1) 根据车辆或机械对液力变矩器提出的使用要求，利用样机的原始特性，确定新液力变矩器的有效直径 D_S。

(2) 根据 D_S 与样机的有效直径 D_M，求出几何相似的线形比例常数 $C=\dfrac{D_M}{D_S}$。

(3) 将样机液力变矩器的工作轮过流部分的几何尺寸，按照比值 $D_M/D_S=C$ 进行放大或缩小，并使叶片系统的叶片角保持不变。

这样就可以设计出与样机性能基本相同的新液力变矩器。但必须指出，由于这样的设计过程在新机和样机之间还不能达到完全相似，因此对应点上的各种作用力都是成比例的，动力学相似原则不可能得到完全满足。因此，通常是根据具体的流动性质，找出影响流动规律的主要作用力，使这些主要作用力符合力学相似原则，而次要的作用力则忽略不计。

在液力元件的流场中，考虑的主要作用力为惯性力和黏性力。如果在两个流场中两种流动的雷诺数相同，说明在这两种流动中惯性力和黏性力所占的比例相同，即这两个流场符合动力相似原则。虽然新机和样机之间的性能存在一定的差别，但根据实践经验和相似理论制造出的新变矩器，其泵轮转速在不低于样机的40%的条件下，其性能与样机的偏差大致仅为2%～3%的范围内。

4.2.2 传统设计方法主要步骤

在实际的设计过程中三种方法是综合应用的。它主要分为两个环节：一是基于束流理论的参数设计；二是在试制产品试验结果的基础上根据经验规律进行改进。要达到最终设计目标，试验改进环节往往占据了很大的比重。为使问题简化，本章以介绍一元理论为主，但这也带来确定各种修正值和损失系数的近似性，故需反复设计、试验与修正后才能完成。其主要步骤为如下四个方面。

1. 循环圆设计

首先，根据制造和掌握设计资料的情况来选择循环圆形状，循环圆按其外环形状主要分为圆形、扁形、蛋形等。在单级三元件液力变矩器中应用较多的是由三段圆弧构成的近似圆形。其次，根据车辆动力性能以及安装尺寸的要求，计算并确定变矩器的有效直径。然后，确定循环圆的基本尺寸并绘出内环形状，其主要原则是保证循环流动的过流面积处相等。近年来，随着自动变速器多挡化的趋势，变矩器循环圆逐渐向扁平化发展。

2. 叶片角度设计

叶片角度设计的主要依据是经验数据和束流理论。一般程序是首先根据经验规律确定某一角度，如根据起动转矩比确定泵轮出口角，然后按照设计工况下冲击损失最小的条件利用速度三角形确定其他叶片角度。束流理论用于对变矩器外特性进行预测并由此修正角度，在传统设计方法中，束流理论是最主要的理论基础，但是束流理论除了预测精度低的缺点之外，还存在一个重大缺陷，即无法考虑叶片形状的影响。

3. 叶型设计

传统的叶型设计很大程度上依赖于设计者的经验，尽管有等动量矩分配这一理论，但在某些情况下，等动量矩分配法生成的叶型严重扭曲，明显不合理，因此设计者还需要根据经验进行修正。此外，双纽线设计法和畸形三角形法在叶型设计中也有应用，但这些设计方法均不能直接生成空间三维模型。

根据设计图纸加工试制产品，进行外特性试验。

4. 改进设计

将试制产品的性能与设计目标对比，并根据经验规律对变矩器的各参数进行改进。改进设计后再次加工试制产品进行试验，如此重复设计—试制—试验—改进过程，直至符合设计目标。

传统设计方法中，试验和改进环节消耗了大量的成本和时间，几乎占据了整个设计开发过程的80%以上。由此可见，传统设计方法不仅费时、费力、费财，而且由于众多环节需要经验确定，使得设计具有很大的不确定性。

4.2.3 理论设计方法类型

从赶超世界先进水平，独立设计创新型高性能液力变矩器角度看，掌握第三种设计方法即理论设计法更为重要。这种理论分为两大类型。

1. 相对参数法

它是根据计算工况设计法的改进，因该方法对非计算工况性能不能预测，故而也不能控制。这实际上是一点设计法，显然不能令人满意，已很少采用。故仅对其建立液力变矩器性能(k_0、η^*、T^*等，对综合变矩器还有i_M与η_{max})与主要结构参数之间(如工作轮半径、叶片角)的计算过程做简单介绍。

相对参数法是考虑到计算工况、起动工况以及偶合器工况的要求，综合权衡下列各点性能后确定结构参数。

(1) 计算工况的最高效率η^*和速比i^*。

(2) 计算工况的泵轮转矩系数λ_B^*。

(3) 起动工况的起动变矩系数k_0和转矩系数λ_{B0}。

(4) 对单级综合式变矩器，要附加考核转入偶合器工况的速比i_M和偶合器工况的最高效率η_{max}。

(5) 高效范围尽可能大，一般$d_p=i_{p2}/i_{p1}>2$。对综合式液力变矩器，$i_{p2}=0.95\sim0.97$，故希望i_{p2}较低。

2. 优化设计法

相对参数法从控制一点的设计发展到多点设计，这是很大的进步。但是理论公式冗长、繁杂，且结构参数、性能相互影响与制约，加之分析比较时人的主观因素影响也较大，故难于找到最佳组合，其结果只是相对选优。优化设计法则不然，只要细化所建立的精确数学模型，选择的目标函数正确，约束条件合理，便可方便而迅速地获得保证最好性能的最佳几何参数的组合。

上述两种方法都把确定工作轮几何参数和变矩器特性计算有机地联系起来，避免了有些方法将两阶段截然分开，如特性不符又要返回修改几何参数的不必要的反复。

4.3 液力变矩器的优化设计

4.3.1 目标函数与设计变量

应根据液力变矩器与外部相匹配的技术要求、车辆的使用特点及变矩器的工艺条件来决定目标函数和设计变量。可以将一个或多个性能指标作为目标函数，现有下述几种(因本节所计算的为内特性即液力特性，故在特性参数的下标加“y”，以示与外特性区别)：

(1) 计算工况 i^* 对应的效率 η_y^*；

(2) 高效区宽度 d_p；

(3) 高效区内效率曲线 η_{iy} 与高效效率 η_{py} 包围的面积 s，$s=\int_{i_{1p}}^{i_{2p}}(\eta_{iy}-\eta_{py})d_i$；式中，$\eta_{py}$ 对汽车取 0.80，对工程机械取 0.75；

(4) 计算工况 i^* 对应的能容系数 λ_{By}^*；

(5) 起动变矩系数 k_{0y}。

上述五种均为单目标函数，第四种优化可获得相同使用条件下最紧凑的液力变矩器，小尺寸有利于汽车的总体布置，前置前驱动的轿车就很需要这种变矩器。第五种优化是着眼于改善车辆的动力性，尤其是起步、加速、爬坡等性能，其出发点往往是为了简化机械变速器结构与自动换挡控制系统。采用较多的还是第一、第二与第三种，其直接效果是提高经济性，由于经济性的提高，同时也改善了动力性。第一种是寻求最高效率值的最佳几何参数，对于经常工作于计算工况的车辆是合适的，如轿车。第二种拓宽高效区的办法，显然也是为了提高燃料经济性，不过它适用于使用工况比较分散的车辆，如越野车、货车。前苏联用优化高效区可增大液力变矩器平均效率的 18%，装于货车的试验表明，可节油 8%～12%。但这往往以降低最高效效率为代价，故其效率均呈“扁平”形状。第三种方法是第二种方法的改进，它不盲目追求拓宽高效区，而着重增加效率曲线 $\eta_y=f(i)$ 在高效区 $i_{p1}\sim i_{p2}$ 内的面积，即意味着高效区内平均效率增大，车辆经济性提高；此外，它不限制高效区宽度，也不限制计算工况效率，可改善计算工况及其附近的效率。它兼备第一种方法的长处，其结果使效率曲线在高效区出现“饱满”形状。

阅读案例4-1

美国克莱斯勒轿车装用的 Powerflite 液力变矩器，1953 年以前是单级三元件两相综合式；为了扩大高效本范围，1953 年改为双导轮四元件三相综合式；可是经过一个阶段的实践，1956 年又改回到三元件综合式变矩器，其原因除了结构简单、工艺性好以外，最根本的在于，对于高级轿车来说，高速比使用率高，保证最高效率的提高比拓宽高效区更有意义，所以就应用第一种方法来优化。

拓宽高效区的四元件单级三相变矩器在军车与货车上仍采用，这也是由使用工况所决定的。

运输车辆在行驶中，由于外界负荷变化复杂，速比分配规律 $f(i)$ 或 $f(\eta_T)$ 极不规则，所以优化的结果仅仅只是变矩器本身，并不能保证车辆获得最佳性能。因此，具体问题必须具体分析，本节所进行优化的结果，最后还要经过发动机与液力变矩器共同工作匹配的检验，才能判定其是否为最佳几何参数。

上述单目标函数并不是过去的一点设计法，对其他工况的要求，处理方法有两种：一种是列为目标因数，使问题变为多目标函数，这也能达到优化，只不过更复杂而已；另一种是将应保证的次要性能参数，如 K_{0y}、λ_{By}^*、及透穿性系数 T_y 等定为约束条件，应保证的主要性能列为目标函数。这两种途径都可得到优化结果，但因后者简单而广泛应用，故推荐用方法1或3为目标函效。显然，问题的关键是建立效率曲线 η_i 的数学模型。

影响效率的几何参数是很多的，但最常用的是叶片进、出口角与半径，则设计变量 X 为

$$X=\begin{pmatrix}\beta_{B1}\\ \beta_{B2}\\ \vdots\\ \beta_{D2}\\ \vdots\\ r_{B1}\\ r_{B2}\\ \vdots\\ r_{D2}\end{pmatrix}=\begin{pmatrix}X_1\\ X_2\\ \vdots\\ \\ \\ \\ \\ \\ X_n\end{pmatrix}=[X_1 X_2\cdots\ X_n]^T \tag{4-28}$$

4.3.2 约束条件

目标函数取决于设计变量，但实际问题中，变量的取值范围是有限制的，这就是约束条件。在本命题中有显约束和隐约束两种。

1. 显约束

显约束是对设计变量的直接限制。

(1) 叶片角 β_n。工作轮的进、出口六个角度受铸造或制造工艺上的限制，即

$$20°\leqslant\beta_n\leqslant160° \tag{4-29}$$

(2) 导轮出口相对半径 r_{D2}。由相对参数法所列公式计算与试验表明，r_{D2} 增大将引起 K_{0y} 增大，而透穿性系数 T 和相对流量 q_0/q^* 减小，最高效率 η_y^* 实际上不变，这对液力变矩器特性和其变化规律实际上影响并不大，考虑到结构的限制，r_{D2} 不能很大，应为

$$0.45\leqslant r_{D2}\leqslant0.75 \tag{4-30}$$

(3) 涡轮出口相对半径 r_{T2}。r_{T2} 增大引起的 K_{0y} 增大与 T 和 q_0/q^* 减小的影响与 r_{D2} 相同，但它还使 η_y^* 下降，所以尽管 r_{T2} 值可在很宽的范围内变化，对向心涡轮来说，考虑到结构上的对称性，仍取

$$0.45\leqslant r_{T2}\leqslant0.75 \tag{4-31}$$

2. 隐约束

隐约束是对设计变量的间接限制。

(1) K_{0y}。为保证汽车能克服较大坡度并加速迅速，应满足对起动变矩比 K_0 的要求，即 K_0 应大于设计值。对 K_{0y} 的限制，即为对设计变量的间接限制。

(2) λ_{By}^*。它对变矩器的负荷特性与其他性能均有影响。λ_{By}^* 增大将使液力变矩器能容量增大，T 和 q_0/q^* 增大，但也引起 η_y^* 和 K_{0y} 减小，故对 λ_{By}^* 的限制要适当。当有设计要求值时，应使 λ_B^* 大于给定值，如无具体数值，应遵循下式：

$$0.06\leqslant\lambda_{By}^*\leqslant0.4 \tag{4-32}$$

(3) T_y^* 或 T。它是隐约束，故应满足设计中提出的 T_y 或 T 值要求；如无特殊限制，对向心式涡轮，其范围为

$$1.15 \leqslant T \leqslant 2.3 \tag{4-33}$$

(4) i^*。它是变矩器的重要计算参数，对其内、外特性均有很大影响。在相同的计算工况流量系数 q^* 条件下，当 $i^* > 0.4$ 时，随 i^* 增大，η_y^*、T_y 和 q_0/q^* 均增大，但引起 K_{0y}下降，故 i^* 的增大应有限度。反之，当 $i^* < 0.4$ 时，液流流道形状恶化，液力损失增加，使液力变矩器所有性能都变坏。因此，对于向心式涡轮变矩器，其限制为

$$0.4 \leqslant i^* \leqslant 0.9 \tag{4-34}$$

综上可见，正确的约束条件不仅可对于多目标函数优化中的次要目标函数，给予其适当的最优化值估计，将其转化为约束处理，从而将多目标函数优化，变成单目标函数处理，得出整个设计可以接受的相对最优解；而且由约束条件规定的可行域，大大缩小了对变量盲目搜索的范围，以最快的运算速度获得最优解。

4.4 液力变矩器参数对性能的影响

液力变矩器主要性能与参数之间的关系是复杂的、相互制约的，设计者往往会顾此失彼。为了尽快而准确地获得性能与参数的最佳组合，从定性与定量上分析其影响是极其重要的。

4.4.1 内部参数 q^* 对性能的影响

工作轮转矩 T 取决于流量和速度矩的变化，即 $T=\rho Q\Delta v_n R$。对传递一定转矩的工作轮来说，若 Q 减少，则 $\Delta v_n R$ 增大，必然使进、出口角差增大，叶片将更加弯曲。在其他参数保持不变的情况下，q^* 减小 0.1 时，涡轮叶片进、出口角度差增大 18°左右，导轮叶片进、出口角角度增大 13°左右。

如果泵轮转速与叶片角固定，若流量减少，则工作轮进口处的轴面分速度 v_m 减小，圆周分速度 v_u 也降低为 v_u'，从而使工作轮转矩下降。同时，进口处的冲击损失速度$\Delta v_n' = v_u - v_u'$，也就相当于产生一个冲角；而出口后绝对速度 v 的变化，又改变了下一个工作轮的进口条件，故由于流量的变化，对各工作轮叶片进口束流方向和出口流动情况均有影响。

最后选择 q^* 还要考虑 q^* 与相对面积 s 的最佳比例 $m^*=q^*/s$。在同一 q^* 时，s 增大，将引起 η_y^*、K_{0y}和 q_0/q^* 增大，这是因为 m^* 下降，使通流损失减少之故。可是过大的 s 易引起脱流，反使损失增加，所以一般 s 在 0.6～1.0 范围内为宜，对于综合式变矩器，为 $0.5 \leqslant s \leqslant 0.75$。据此可知，$q^*/s$ 的最佳比例是：$m^*=q^*/s=0.17\sim0.35$。

q^* 对特性影响大，为了合理初选 q^* 与 i^*，绘制空间综合性能特性图（图 4.11），则可方便地确定设计参数。

4.4.2 几何参数对性能的影响

几何尺寸在这里指各工作轮进、出口半径，相对面积 s 和循环圆形状，进、出口半径对转矩，流量和流速的影响，从相应的公式均有直接反应。涡轮进、出口半径位置变化，对流量特性有重大影响。

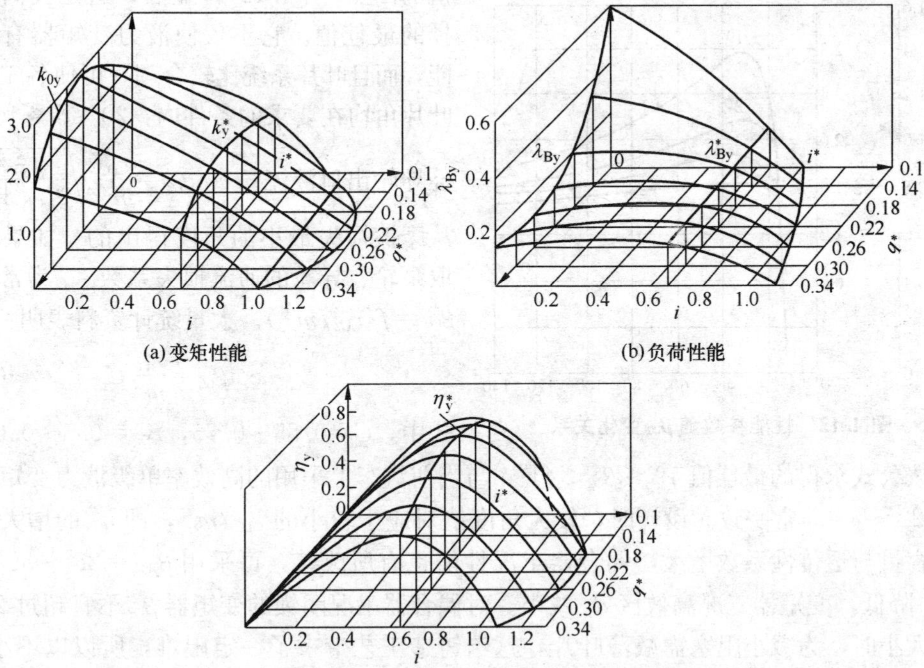

(a) 变矩性能　　(b) 负荷性能　　(c) 效率性能

图 4.11　液力变矩器空间综合性能特性

泵轮的出口半径应尽可能大，进口半径应尽可能小，这样不仅使工作轮获得较大的转矩，还可以提高泵轮的工作能力，减小泵轮进口处的相对速度，降低叶道扩散度，提高泵轮效率。实际上，出口半径受变矩器有效直径 D 所限，而进口半径也不能无限减小，要考虑泵轮轴的强度。

对于综合式变矩器，还要考虑单向轮的布置，且应取 r_{B1} 与泵轮出口相对半径 r_{D2} 相等。

因主要研究向心涡轮，故常取 $r_{D1}\approx r_{T2}$，$r_{D2}\approx r_{B1}$。对综合式变矩器，又取 $r_{D1}=r_{D2}$，上述参数的最后确定，除了要考虑上述结构因素外，还应考虑循环圆形状。

4.4.3　叶片角对性能的影响

这里讨论的是计算工况时，在各工作轮进口无冲击的条件下，各进、出口角对性能的影响，以期从众多的无冲击入口解中，获得各工作轮最佳的进、出口角参数。

1. 导轮出口角 β_{D2}

如前所述，为了计算简单，往往选择导轮出口角为初始条件。这一初始值应如何选择？

β_{D2} 直接影响到泵轮进口处的速度环量。当其他条件不变时，β_{D2} 影响泵轮转矩和进口冲击损失，从而影响 λ_{By}。但与改变 β_{T1}、β_{T2}、β_{D1} 等参数相比，对性能的影响有所不同。因它是静止叶栅，而位于其后的泵轮又是恒速运转，故增大或减小 β_{D2} 对 i^* 的移动不会有明显影响，且 $\eta_y^*=f(\beta_{D2})K_{0y}=f(\beta_{D2})$、$T_y=f(\beta_{D2})$ 和 $q_0/q^*=f(\beta_{D2})$ 曲线有对应于同一 β_{D2}

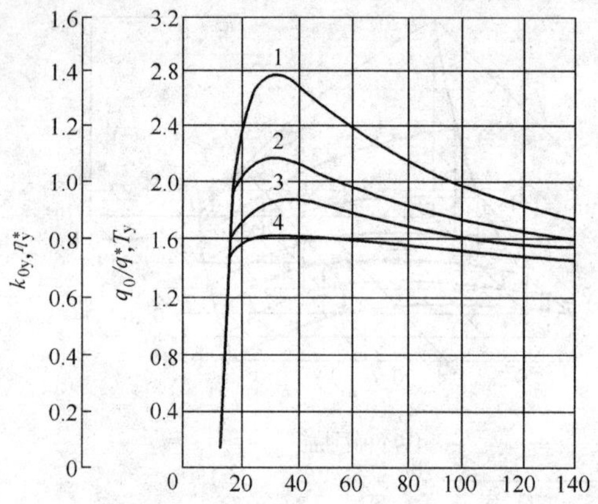

图 4.12　性能参数随 β_{D2} 变化关系

值的凸点(图 4.12)，显然，这是我们希望选择的最佳值。它不仅使液力变矩器有好的性能，而且叶片系统比较合理，可使各工作轮的叶片角均在要求的条件内：$20°\leqslant\beta\leqslant160°$。最佳导轮出口液流角 $\cot\beta_{D2}=\frac{r_{D1}}{m^*}\sqrt{\frac{\xi_{mCB}}{\xi_{mCB}+\xi_{mCD}}}$ 是从摩擦损失最小的角度得出的。如果计算中取泵轮、导轮的通流损失系数 ξ_{mC} 为常数，则 $\beta_{D2}=f(r_{D2}/m^*)$。大量统计资料表明：

$$\cot\beta_{D2}=\frac{r_{D2}}{m^*}C \tag{4-35}$$

式中，$C=0.55\sim0.75$，$r_{D2}=0.5\sim0.65$。

按公式求得的最佳值 $19°\leqslant\beta_{D2}\leqslant41°$，与当前汽车上采用的高效率单级液力变矩器的推荐值 22°～40°非常一致。设计时，较大角度值对应于较小的 r_{D2}/m^*，即 q^* 的增大，有利于能容量与透传性系数增大，偶合器工况性能也有所改善，可采用 $\beta_{yD2}=25°\sim35°$，但引起 η_y^* 降低，变矩器工况高效区 d_p 减小。对偶合器工况闭锁的变矩器 β_{D2} 不宜超过 28°。叶片角太小时，为减小阻塞需减薄叶片，这给铸造工艺带来了一定困难，所以以不小于 22°为宜。为了扩大综合式变矩器的高效范围，是否需用双导轮，视 K_0 而定，$K_0\geqslant3$ 时用，$K_0\leqslant2.4$ 时不用。

2. 泵轮出口角 β_{B2}

β_{B2} 对变矩器性能，特别是负荷性能有重要影响，故有设计方法也以 β_{B2} 为初始参数。由泵轮转矩公式可知，随着 β_{B2} 减小，传递转矩增大，λ_{By} 也随之增加，透穿性提高。反之，λ_{By} 下降，透穿性减小，并由正透穿向非透穿甚至负透穿性过渡。随 β_{B2} 增加，泵轮转矩减小，所以低速比范围内变矩系数 K，特别是 K_0 增大。但是 β_{B2} 增加，涡轮入口无冲击条件也变了，泵轮出口 $v_{u2B}<v_{u2B}^*$，若要出现新的 i^*，只有降低涡轮转速 η_T^*，所以 i^* 就向低速比时降低。β_{B2} 对 i^* 的影响比其他角度显著。对低速性能要求高的，宜取 $\beta_{B2}=105°\sim135°$；而对高速性能要求高的选 80°～90°。

3. 涡轮出口角 β_{T2}

各工作轮叶片的进、出口角，应保证完成所要求的性能转换。进、出口角差越大，能量转换能力越强。涡轮的性质决定它的角差大于泵轮和导轮，其叶片的弯曲度大，以获得大的涡轮转矩，但 i^* 也随之向低速比范围移动。汽车用的涡轮 β_{T2} 最佳值在 148°～154°范围内。当 $\beta_{T2}<148°$时，使流道出口处过流截面增加，$m^*=q^*/s$ 增大，λ_{By} 增加，但摩擦损失增加，所以叶片不能过分弯曲。为保持高的 η_y，而又获得大的 K_{0y}，就应采用双级或三级变矩器或内分流、复合分流液力机械传动。在内燃机上，还用起动变矩器与运转变矩器来协调这一矛盾。

综上分析，将汽车用向心涡轮液力变矩器参数对性能的影响，归纳于表 4-1，供设计计算时选择参数用。用相对参数法或优化设计法所求得的参数，也都在其范围之中，故表 4-1 也是对设计结果的校核。

表 4-1 向心涡轮液力变矩器参数对性能的影响和选择范围

	性能参数					现有变矩器	选择推荐值
	K_{0y}	η_y^*	T_y	λ_{By}	偶合器工况 η_{max}	参数范围	
i^* 增大	减小	增大	增大	—	增大	0.5～0.9	i^* 较小时 q^* 应大些
λ_{By}^* 增大	减小	增大	增大	增大	增大	0.06～0.4	取 0.08～0.2 较大 λ_B^* 对应较大的 r_{T2} 和 q^*
S 增大	增大	增大	影响小	增大	稍有增大	0.6～1.7	取 0.6～1.0 较大的 s，对应较大的 r_{T2}、λ_B^* 和 q^*
r_{D2} 增大	增大	不显	减小	减小	减小	0.5～0.7	≤0.65
r_{T2} 增大	增大	降低	减少	—	减少	0.5～0.65	0.5～0.65
β_{D2} 增大	减小	减小	增大	增大	—	20～40℃	要低速性能好，高速闭锁，选 22～28℃；高速性能好，转偶合器，选 25～35℃
β_{B2}	增大	不显	减小	减小	减小	80～135℃	低速性能好，选 105～135℃，高速性能好选 80～90℃
β_{T2}	减小	增大	—	减小	—	148～154℃	
φ_y	减小	不显	不显	—	减小	—	
ξ_{mc}	减小	减小	不显	—	减小	—	

4.5 循环圆设计

4.5.1 液力变矩器循环圆定义

过液力变矩器轴心线作截面，在截面上与液体相接的界线形成的形状，称为循环圆。

由于对轴线对称，一般仅画出轴线上的一半，如图 4.13 所示。

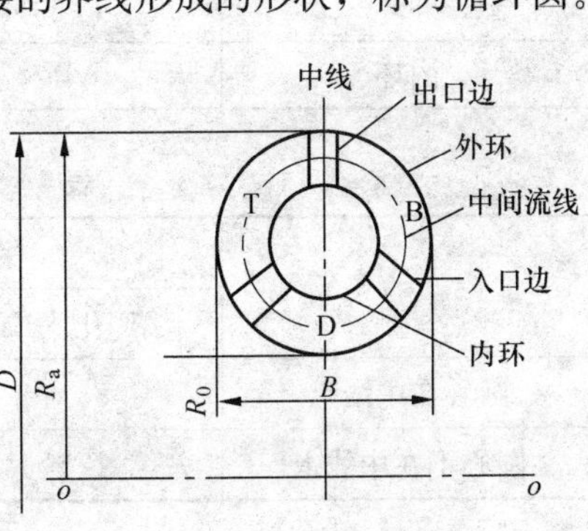

图 4.13 液力变矩器循环圆

循环圆实际是工作液体在各工作轮内循环流动时流道的轴面形状，工作液体循环流动是一个封闭的轨迹，因而起名为循环圆。

循环圆是由外环、内环、工作轮的入口边和出口边组成的。外环是循环流体的外围，内环是循环流体的内圈，入口边和出口边是各工作轮内叶片的入口边和出口边的轴面投影。此外，在循环圆上，还表示出中间流线(或称设计流线)。中间流线在液力变矩器内是无形存在的，设计时要用到的。中间流线可以根据外环于中间流线的过流面积，和中间流线与内环的过流面积相等的原则求出。

循环圆的最大直径，称为液力变矩器的有效直径 D。它是液力变短器的特性尺寸。最大半径为 R_a，循环圆外环的最小直径为 d_0，最小半径为 R_0。循环圆宽度为 B。各工作轮叶片入口和出口在中间流线上的半径为 R_{n1}、R_{n2}。

4.5.2 循环圆形状设计

液力变矩器循环圆形状的设计，一般分两步进行。第一步设计出内环、外环和中间流线的形状，第二步确定各工作轮的位置及入口半径和出口半径。

在进行液力变矩器设计时，一般根据结构要求，提出循环圆最大直径 D 和最小直径 d_0，其形状有圆形(包括扁圆形)、半蛋形、蛋形、长方形等。在运输车辆、工程车辆上，应用得最普遍的是圆形。

液力变矩器循环圆的设计，常常根据样机进行仿形设计，或根据经验来设计，即没有一定之规。这里将通过对现有液力变矩器的循环圆形状(主要是圆形的)进行分析，以得到一定规律。

阅读案例4-2

对国内、外各公司、厂家生产的18种运输车辆和工程车辆应用的液力变矩器的循环圆(圆形)进行分析的结果，得到下列一些有趣的结论：

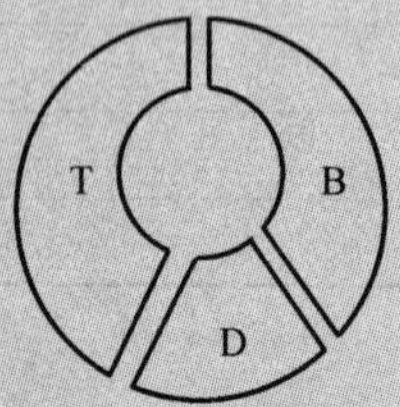

图 4.14 单级变矩器工作轮位置

(1) 循环圆形状对其中线(图 4.14)是对称的。

(2) 循环圆的外环和内环一般是一段、二段或三段圆弧组成的。其统计比例，见表 4-2。

(3) 循环圆由1～3段圆弧组成，其第一、三段圆弧圆心位置绝大多数在中线上，见表 4-3。也有少数不在中线上，而在中线之两侧，主要目的是使循环圆的形状更扁一些，如美国 Allision 公司的产品均是如此。第二圆弧段的圆心，都不在中线上。

表 4-2 圆形循环圆不同组成比例

循环圆形状	一圆弧	二圆弧	三圆弧
外环	39%	11%	50%
内环	17%	11%	72%

表 4-3 圆形循环圆圆弧中心位置

	外环		内环	
	第一段圆弧	第三段圆弧	第一段圆弧	第三段圆弧
圆心在中线上	83%	83%	83%	83%
圆心不在中线上	17%	17%	17%	17%

(4) 循环圆的宽度 B 随 d_0/D 的增大而减小，接近直线关系。对于一般的液力变矩器来说，$d_0/D=0.28\sim0.48$，相应的 $B/R_0=0.72\sim0.57$。其近似公式为

$$B/R_0=0.9143\sim0.7143d_0/D$$

循环圆比较扁的，其要 B/R_0 大于利用上述计算得到的值。

(5) 外环第一段圆弧(要接近循环圆最大直径 D 处)半径 r_1/R_0 在 0.28～0.36 范围

内，并随 d_0/D 增大而减小。其近似关系为

$$r_1/R_0=0.46\sim0.3663d_0/D$$

(6) 外环第三段圆弧半径(接近循环圆最小直径 d_0) r_3/R_0 在 0.256～0.4 范围内，其近似计算公式为

$$r_3/R_0=0.401\sim0.12d_0/D$$

(7) 循环圆各处的过流截面积近似相等，其比面积 $F/Fd_0/D$ (其中过流截面积面积 $F=2\pi R_ib_i$，R_i 为中间流线上某点半径，b_i 为垂直中间流线的流道半径，$F_D=\frac{\pi D^2}{4}$，在 0.166～0.27 之间，大部分在 0.22～0.23 之间)。

4.5.3 工作轮在循环圆中的排列位置

由于在循环圆中的排列位置的不同，变矩器有下列几种形式的工作轮。

1. 径流式

这种工作轮从轴面图(即沿变矩器旋转轴心线的截面)看，液流沿着叶片半径方向流动。若液流从小半径向大半径方向流动，称为离心式工作轮；反之，称为向心式工作轮。径流式工作轮均为单曲叶片。

2. 轴流式

这种工作轮从轴面图看，液流在叶片流道内轴向流动。

3. 混流式

这种工作轮从轴面图看，液流在工作轮流道内既有轴向流动又有径向流动，它的叶片均为扭曲叶片。

圆形循环圆变矩器在多数情况下，采用混流式工作轮；长方形循环圆变矩器除了泵轮之外，其余工作轮多采用径流式或轴流式工作轮。

工作轮在循环圆中位置的改变，对变矩器性能有一定的影响。如图 4.14 所示，单级变矩器是按泵轮→涡轮→导轮的顺序排列。双级变矩器是按泵轮→第Ⅰ级涡轮→第Ⅰ导轮→第Ⅱ级涡轮→第Ⅱ导轮的顺序排列，如图 4.15 所示。目前常用的汽车和工程机械用变矩器大多数按照泵轮→涡轮→导轮的顺序排列。

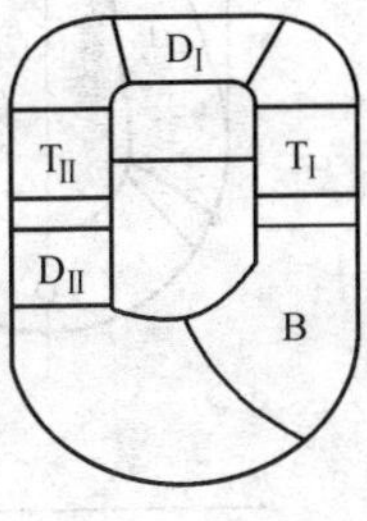

图 4.15 双级变矩器工作轮位置

4.5.4 循环圆尺寸的确定

1. 变矩器有效直径确定

设扣除发动机各辅助设备所消耗功率后由发动机传给变矩器泵轮轴的功率为 P_e，发动机轴与变矩器泵轮轴直接相连，则有 $n_e=n_B$，传给变矩器泵轮轴的转矩为

$$T_B=\frac{P_B}{\omega_B}=T_e=\frac{P_e}{\omega_e}=\frac{30P_e}{\pi n_e} \tag{4-36}$$

而变矩器泵轮的转矩为

$$T_B=\lambda_B \rho g n_B^2 D^5 \tag{4-37}$$

由此可得变矩器的有效直径 D 为

$$D=\frac{1}{\sqrt[5]{\lambda_B \rho g}}\sqrt[5]{\frac{T_e}{n_e^2}} \tag{4-38}$$

或

$$D=\frac{1}{\sqrt[5]{\lambda_B \rho g}}\sqrt[5]{x_e} \tag{4-39}$$

如图 4.16 所示，循环圆形状的相对参数有以下几种：

(1) 直径比 m。直径比 $m=D_0/D$ 为循环圆内径，D 为有效直径。对一般失速变矩比 K_0 要求不高的变矩器，$m=1/3$；而对失速变矩比 K_0 要求高的变矩器，m 的取值范围为 0.4～0.45。m 的选取要考虑变矩器结构布置等因素，因 m 太小对单向离合器及多层轴套的布置带来困难。当 m 选定后，循环圆内径也就确定下来了，这时要确定过流断面面积，即确定循环圆的形状。统计资料表明，圆形循环圆最佳过流面积约为变矩器有效直径总面积的 23%。

(2) 循环圆形状系数 a。循环圆形状系数 $a=L_1/L_2$，如图 4.17 所示。L_1 为循环圆内环的径向长度，L_2 为循环圆外环的径向长度。a 减少显然会使流道过流断面的面积增大，循环圆内的流量也就相应的增大，从而使泵轮转矩系数增大。一般 a 的取值范围为 $a=$ 0.43～0.55。

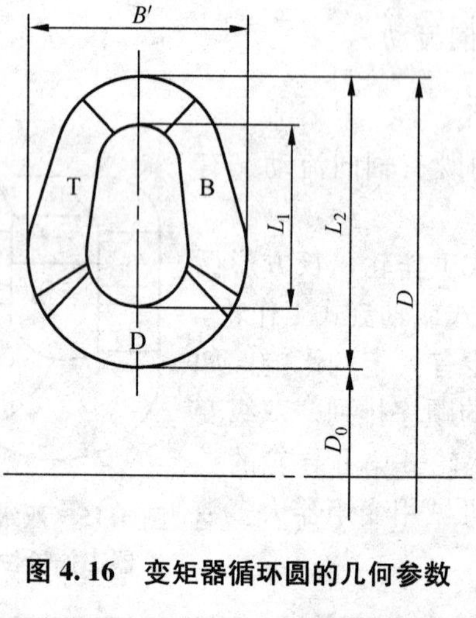

图 4.16　变矩器循环圆的几何参数

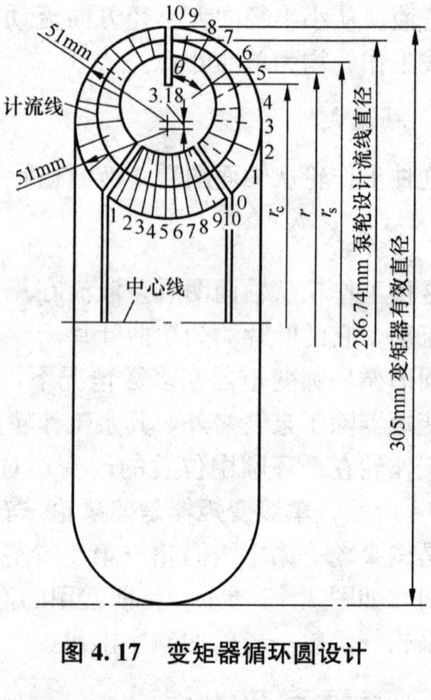

图 4.17　变矩器循环圆设计

(3) 循环圆宽度比 b。循环圆宽度比 $b=B'/D$。式中 B 为循环圆的轴向宽度，D 为有效直径。一般 的取值范围为 $b=0.2$～0.4。

2. *确定循环圆形状尺寸*

现以有效直径为 305mm 的参考变矩器为例进行讨论。如图 4.17 所示，为了缩短轴向尺寸，半径为 51mm 的外环具有 3.18mm 径向中心距。

已知外环后，开始确定内环、设计流线。确定内环、设计流线的原则是使液流速度沿流道均匀变化。为此假定在同一过流断面上各点的轴面流速 v_m 相等，各相邻流线所形成的过流面积相等。根据最佳过流面积为循环圆面积的23%的原则，对于有效直径为305mm的变矩器，其最佳过流面积为0.016774m²。

设定一些元线，参照图4.13，在任意元线上的过流面积F可按下列正截头圆锥体旋转面公式计算：

$$F=\frac{\pi}{\cos\theta}(r_s^2-r_c^2) \tag{4-40}$$

式中，θ——元线相对垂线的夹角，所有无线均垂直于设计流线；

r_s——任一元线与外环交点上的半径；

r_c——同一元线与内环交点上的半径；

r——同一元线与设计流线交点上的半径。

首先，选定一些任意的元线，并算出内环和设计流线的初步轮廓。半径r_s和角θ可从图中量出，而r_c和r则可相应地按下式计算

$$r_c=\left(r_s^2-\frac{F\cos\theta}{\pi}\right)^{\frac{1}{2}} \tag{4-41}$$

$$r=\left(r_s^2-\frac{F\cos\theta}{2\pi}\right)^{\frac{1}{2}} \tag{4-42}$$

算得的半径与相应元线之交点的轨迹就是内环。依照这一过程，可选出一些更接近于垂直设计流线的新的元线，并重复上述计算，直到内环变成由外环与设计过流面积所确定的光滑曲线为止。

为了确定最后一条元线的位置，必须先确定导轮的进口边和出口边。经验表明，导轮叶片的轴向长度一般以取循环圆直径d(图4.18)之半为最佳。对于参考变矩器，在导轮轴面内，可设计流线之弦长约为51mm。为了最大限度地利用循环圆，在相邻叶轮的叶片之间可采用最小间隙。而且，在根据力涡流理论设计叶片时，为了减低涡旋的影响，也需要采用最小间隙。实践中，通常的间隙为2～2.5mm。

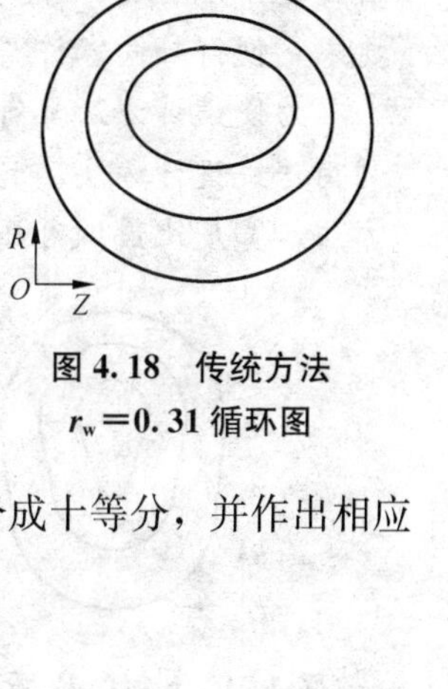

图4.18 传统方法 $r_w=0.31$循环图

在确定叶片的进口边和出口边后，可对每个叶轮将设计流线分成十等分，并作出相应的元线，使每条元线都严格地垂直于设计流线。

圆形循环圆和扁圆形循环圆还可采用三圆弧循环圆设计方法。

阅读案例4-3

变宽度循环圆设计方法

变矩器外廓尺寸由外环尺寸决定，而设计流线又可以决定外环位置，因此调整变矩器轴向尺寸也就是调整设计流线形状。

处处相切的曲线只有直线和圆弧，因此为减少流动损失，设计流线应由圆弧和直线拼接而成，且交点为公切点。在设计流线等分若干点，以该点Y对应直径d即可找到对应内、外环点，而后根据W_{lim}调整设计流线，使外环宽度满足其要求。

传统设计方法不可调整宽度的原因是经验公式对设计的过约束，在这里的设计中减少经验公式的使用。设计控制参数为最大直径D_{max}、最小直径D_{min}和容许宽度W_{lim}，设

计流线由两端圆弧及中间衔接的直线组成。圆弧圆心同样位于对称轴上，理由同上。

第一圆弧的半径和径向坐标由 D_{max} 和 W_{lim} 确定，初始给定其径向坐标 $Y_1=D_{max}/2$。对称轴上侧设流线由公式 $R_{out\_0}=D_{max}/2$，$R_{min\_0}=D_{max\_0}\sqrt{1-f}$，$R_{eff\_0}=\sqrt{(R_{max\_0}^2+R_{min\_0}^2)/2}$ 给定，半径由公式 $Y_1=R_{eff\_0}-R_1$，$Y_2=D_{min/2}+R_2$ 给定。按一定步长搜索适当 Y_1，使得外环宽度满足 W_{lim}，并记录对应圆弧转角 θ_1。即当第一圆弧扫过该角度时达到最大宽度 W_{lim}。

同理第二圆弧最大宽度所扫过角度为 θ_2，其径向半径和半径初始值为

$$Y_2=\frac{R_1+\cos\theta_1 Y_1+Y_{eff\_\pi}}{1+\cos\theta_1} \quad R_2=R_1+\cos\theta_1(Y_1-Y_2)$$

式中，Y_{eff_π} 为下侧轴线设计流线径向半径，由下列公式给出

$$Y_{in\_\pi}=\sqrt{Y_{out\_\pi}^2+fY_{out\_0}^2},\quad Y_{eff\_\pi}=\sqrt{(Y_{out\_\pi}^2+Y_{in\_\pi}^2)/2}$$

式中上侧外环流线径向半径为 $Y_{out\_0}=D_{max}/2$，下侧外环流线径向半径为 $Y_{out\_\pi}=D_{min}/2$，下标的 0 和 π 为自上而下所扫过角度。

但设计第一圆弧扫过角度不可直接取此角度，因为三圆弧各圆弧转角之和为 π，而对两段圆弧衔以直线的循环圆，其直线段并不扫略角度，两端圆弧扫略角度之和为 π。由公式 $Y\cdot \mathrm{d}=\mathrm{const}$ 可知，随着公切圆径向尺寸降低，半径不断增加，θ_1 处后第二圆弧所扫过角度对应外环宽度会大于 W_{lim}。因此调整 θ_2 使得上、下圆弧最大宽度均满足 W_{lim} 要求，使得轴向容许宽度不仅有一个极值点，充分利用空间，增加传动功率密度。

为使设计方法具有可比性，取同样最大尺寸 D_{max} 和径向尺寸比 r_H 进行循环圆设计。利用传统设计方法，其宽度比为定值 0.31，如图 4.18 所示。而采用变宽度循环圆设计方法，宽度比最低可压缩到 0.20 左右。

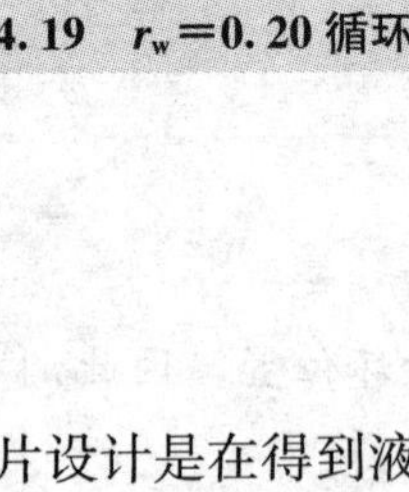

图 4.19　$r_w=0.20$ 循环圆

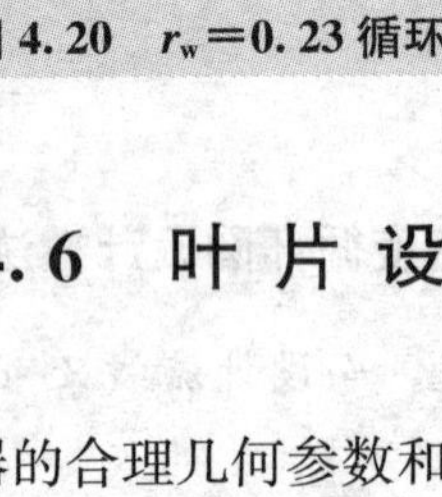

图 4.20　$r_w=0.23$ 循环圆

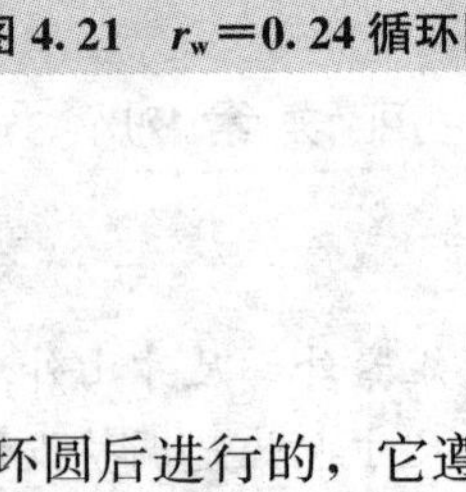

图 4.21　$r_w=0.24$ 循环圆

4.6　叶片设计

叶片设计是在得到液力变矩器的合理几何参数和确定了循环圆后进行的，它遵循的原则是：

(1) 应使流道过流面积平缓地变化，以减小液流损失，提高变矩器效率。

(2) 满足加工的工艺性、制模的可行性，以提高生产率和降低成本。

可见叶型设计的好坏直接影响到液力变矩器性能。过去绘制叶型的传统方法——保角变换法是以手工作图为基础的，很大程度靠人的经验，其手续烦琐，费时费力，精度也

低。现在用双纽线叶型设计方法，较少依赖人的经验，基本上可以一次绘制就获得成功，故本章重点介绍此法。

1. 双纽线特性

如图 4.22 所示，其双纽线方程为

$$x^2+y^2=a^2\ \frac{x^2-y^2}{x^2+y^2} \tag{4-43}$$

式中，a——常数。

双纽线对 x、y 轴及原点对称，故只需研究第1象限。曲线在原点的斜率为1，极值 B 点的斜率为0，A 点斜率为∞，双纽线曲率半径为

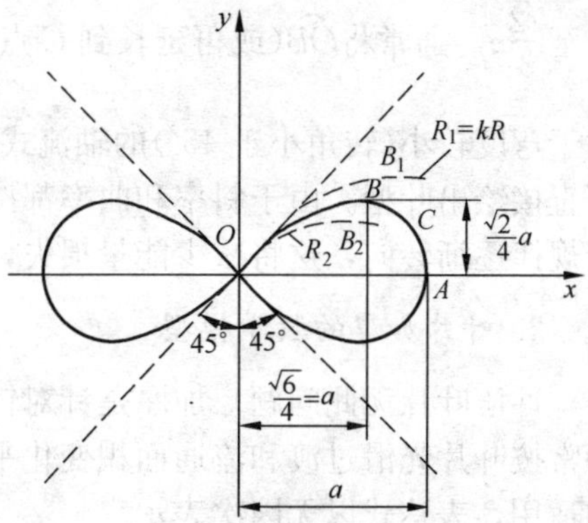

图 4.22 双纽线

$$R=\frac{a^2}{3\sqrt{x^2+y^2}} \tag{4-44}$$

数值计算方法可以证明：双纽线切线的斜率的变化率是按一定规律渐变的，其绝对值的最大值一般小于畸形三角法采用抛物线构成的叶型的斜率的变化率。

由式(4-43)可得

$$F(x,\ y)=(x^2+y^2)^2-a^2(x^2-y^2)=0 \tag{4-45}$$

则切线斜率为

$$y'_x=-F'_z/F'_y=\frac{a^2x-2x^3-2xy^2}{xy^2+4y^3+2a^2y} \tag{4-46}$$

切线与 x 轴夹角为

$$\beta=\arctan y'_x \tag{4-47}$$

切线斜率的变化率为

$$y''_{xx}=-F'_z/F'_y=\frac{a^2x-2x^3-2xy^2}{xy^2+4y^3+2a^2y} \tag{4-48}$$

为了形象地看出双纽线叶型切线斜率与抛物线叶型切线斜率变化率的不同，取一实际涡轮叶片参数进行了计算，结果如图 4.23 所示。可见双纽线比抛物线叶型得到更平滑的流道，从而大大减小液流的冲击，这对提高变矩器效率有益。

根据图 4.24 中特点可知，从 O 点 B 点，曲线斜率的变化角度为45°，斜率半径 R 由0

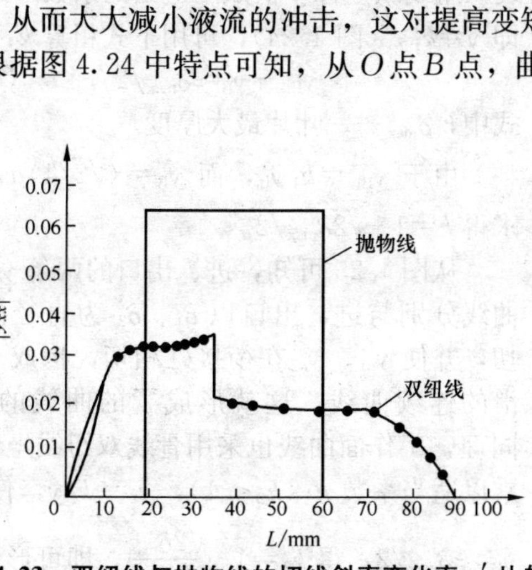

图 4.23 双纽线与抛物线的切线斜率变化率 y'_{xx} 比较

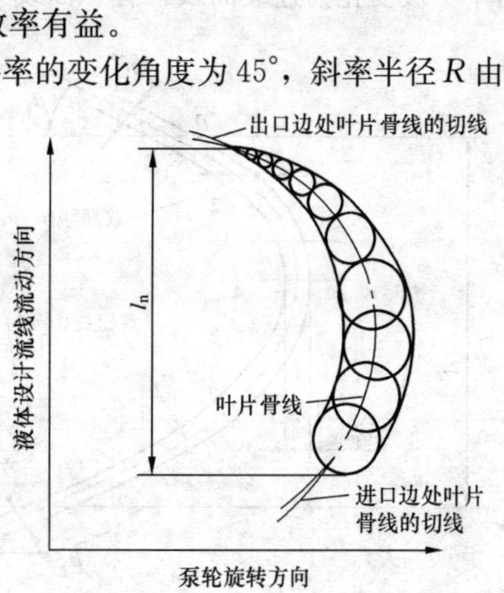

图 4.24 叶片骨线与加厚示意图

变至$\frac{\sqrt{2}}{3}a$。通常将$\widehat{OB}$(或再延长到C点，即$\widehat{OC}$)这一段曲线定为绘制向心涡轮叶型的基础，对于弯度较小(转角小于45°)的轴流式平面叶型，仅需利用$\widehat{OC}$段进行适当的作图处理，便可直接绘出叶型。由于斜率和曲率都按一定规律连续地渐变，所以，就能使工作液体按一定规律逐渐转向，这将减少能量损失，从而达到提高效率的目的。

2. 叶片加厚的数学模型

冲压叶片无此问题，加厚是针对铸造叶片而言。叶片骨架与加厚示意如图4.24所示。通常按叶片光滑过渡和流通面积变化平缓的原则，应用统计法得到的规律来确定，为了普遍适用，表达式以无因次表示。

泵轮叶片厚度计算公式为

$$\bar{\delta}_B = a_1 + a_2\bar{l} + a_3\bar{l}^2 + a_4\bar{l}^3 \tag{4-49}$$

式中，$\bar{\delta}_B$——叶片中间流线由进口至l某点处的厚度，$\bar{\delta}_B=\delta/l_n$；

$\bar{l}$——流线展开长度，$\bar{l}=l/l_n$；

a_1、a_2、a_3、a_4——拟合系数，其参数值为：$a_1=0.00577$，$a_2=0.19153$，$a_3=-0.23513$，$a_4=0.05393$。

导轮特点是叶片短，主要为了便于制造，即

$$\bar{\delta}_D = \bar{l}/(c_1 + c_2\bar{l} + c_3 l^{-2}) \tag{4-50}$$

式中，$\bar{\delta}_D$——导轮叶片中间流线的厚度；

c_1、c_2、c_3——拟合系数，$c_1=0.329$，$c_2=3.232$，$c_3=25.859$。

向心涡轮叶片的较大，因此必须采用两段双纽线构成骨线，叶片进口后的前半段用图4.13中由O至B方向的曲线，而对叶片出口前的后半部分，则取由B向O方向的曲线，其条件是两段双纽线衔接处相切，并分别与进、出口角的斜线相切。前后两段双纽线的a值一段不相等，进口段a_1常取小于出口段a_2。如果需要调整进、出口边的相对位置，可调整a_1、a_2值，从而获得叶型的骨线。

因叶片背面处于压力低，流速高的状态，易产生脱流或涡流，应保证叶片背面弧线的曲率平缓变化为连续曲线，背弧曲线采用骨线双纽线纵坐标y值赋予适当的系数$k(k>1)$，即$y=k_1$，(图4.24)，可用下式粗算k：

$$y_{B1} - y_B \approx \delta_{max}/2 \tag{4-51}$$

式中，δ_{max}——叶片最大厚度。

由于$y_{B1}=k_1 y_B$，而$y_B=(\sqrt{2}/4)a$，则可求得$k=1+\sqrt{2}\delta_{max}/2$。

从图4.25可知，进、出口的两条y_{a1}、y_{a2}曲线分别与进、出口以δ_1、δ_2为直径的圆相切，并使y_{a1}、y_{a2}在衔接处相切，构成一条光滑的连续曲线，这就形成了的曲线的背弧。同理，工作面曲线也采用骨线双纽线坐标y值乘以适当系数$k_2(k_2<1)$，$y_2=k_2 y$，使$y_B-y_{B2}\approx\delta_{max}/2$，得$k_2=1-\frac{\sqrt{2}\delta_{max}}{2}$，即可形成叶片

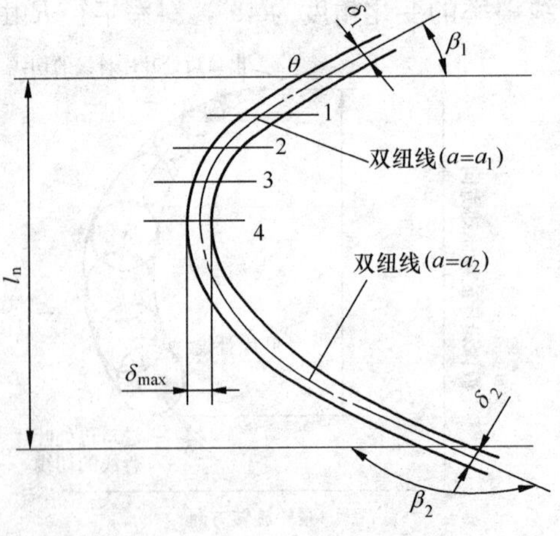

图4.25 双纽线叶片展开图形

工作面的弧线，这就完成了叶片加厚，此法减少了对统计数据和经验数据的依赖，只要适当选取 k 值，即可一次绘形得到平滑的流道，且易于提高叶片精度。

阅读案例4-4

叶片三维模型的建立

这里给出运用环量分配法利用 MATLAB 编写程序做出的三维模型的案例。

建模的步骤如下：

(1) 按照环量分配法的原理，编写 MATLAB 计算程序，计算各流线三维坐标值。

(2) 把三维坐标值导入 Unigraphics NX2 软件，利用样条曲线 spline 来生成流线。

(3) 叶片的生成，叶片的冀线方向是直线，只需要利用内外环上生成的样条曲线生成扫描面，即形成叶片表面；叶片的冀线方向是曲线，利用内外环以及中间流线或者更多流线来生成 NURBS 曲面。

(4) 旋转内、外环流线，从而得到叶轮的内、外环面。

(5) 根据各叶轮的叶片数，复制叶片形成完整的叶轮。

液力变矩器各进出口角如下：

泵轮的进口角为 133°，出口角为 90°；涡轮的进口角为 46°，出口角为 152°；导轮的进口角为 103°，出口角为 20°

其叶轮叶片图和完整的叶轮图如图 4.26 所示。

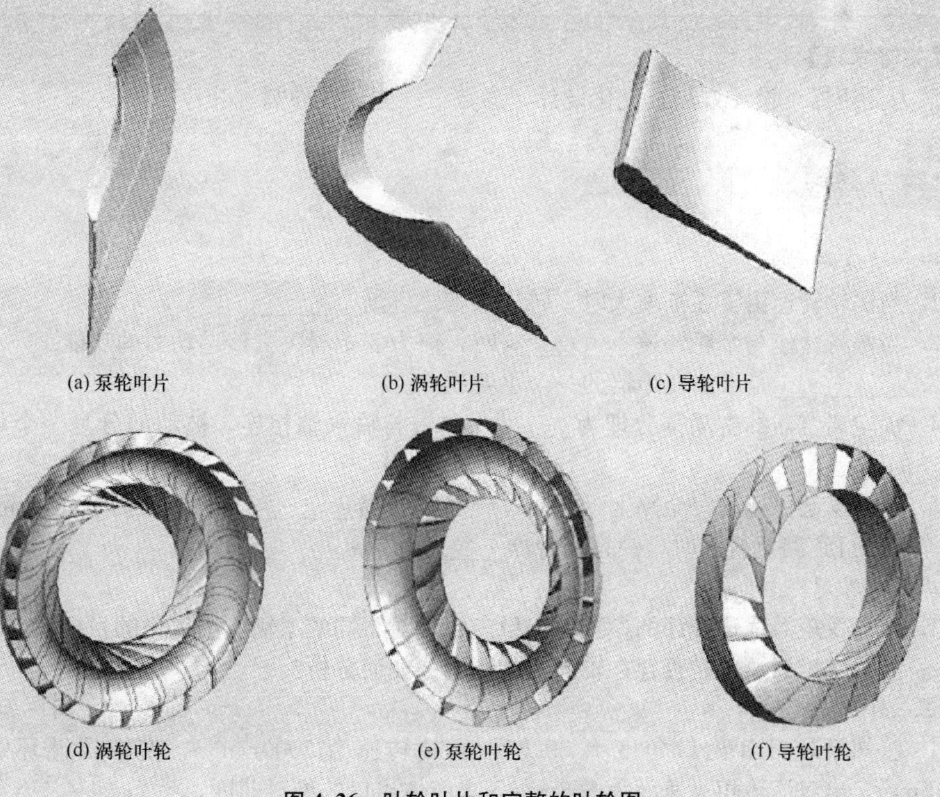

(a) 泵轮叶片 (b) 涡轮叶片 (c) 导轮叶片

(d) 涡轮叶轮 (e) 泵轮叶轮 (f) 导轮叶轮

图 4.26 叶轮叶片和完整的叶轮图

本章小结

本章主要介绍了液力传动的基本知识，液力变矩器的设计方法及其优化设计，同时对液力变矩器参数对性能的影响进行了分析，最后进一步对循环圆和叶片的设计进行了具体的介绍。

液力传动的基本知识主要介绍了理想液体和恒定流动的概念，液流连续性的原理及伯努利方程、动量方程和动量矩方程的相关计算，然后具体分析了流体在工作轮中的运动及速度三角形的相关概念。

液力变矩器的设计方法主要介绍了常用的相似设计法、经验设计法和理论设计法的设计理念，并分析了它们各自的优缺点。对液力变矩器优化设计的方法和原理进行了详细的分析介绍。

本章分析了液力变矩器内部参数、几何尺寸及叶片角等参数对变矩器性能的影响，这便于设计者能够尽快而准确地获得性能和参数的最佳组合。从循环圆形状的选择，工作轮在循环圆中的排列位置和循环圆尺寸的确定来对循环圆的设计方法进行了介绍，这将有助于读者掌握循环圆设计的基本知识。

最后介绍了叶片的设计方法，介绍了叶片设计的相关原则，双纽线设计的方法和计算以及叶片加厚的数学模型。

【关键术语】

液力变矩器　设计方法　优化设计　参数　性能　循环圆　叶片

综合练习

一、填空题

1. 当涡轮转速由零逐渐增大时，转矩值随之逐渐__________。

2. 当涡轮转速与泵轮转速__________时，液力变矩器失去传递动力的功能。

3. __________是液力变矩器的一个主要缺点。

4. 锁定离合器的主动部分即为__________，与输入轴相连，被动部分是一个可作轴向移动的压盘。

5. 当汽车起步或在完全路上行驶时，锁止离合器__________，使液力变矩器起作用；当汽车在良好道路上行驶时，锁止离合器__________。

二、简答题

1. 液力变矩器优化设计的参数如何设定？针对不同的车辆应用优化的目标是什么？

2. 液力变矩器总成是否存在轴向力的影响？如何分析？

三、计算题

1. 已知泵轮叶片出口角度为 85.58，泵轮转速为 3000r/min，变矩器循环圆直径为 245mm，出口流体相对速度为 5.3m/s，求流体出口的绝对速度。

2. 如图 4.27 所示，设有一股在大气中的射流，以一定的速度 v 射到与水平面成 α 角的平板上后分成两股，试求平板所求的力 R 及流量 q_1 和 q_2。动量修正系数均等于 1。

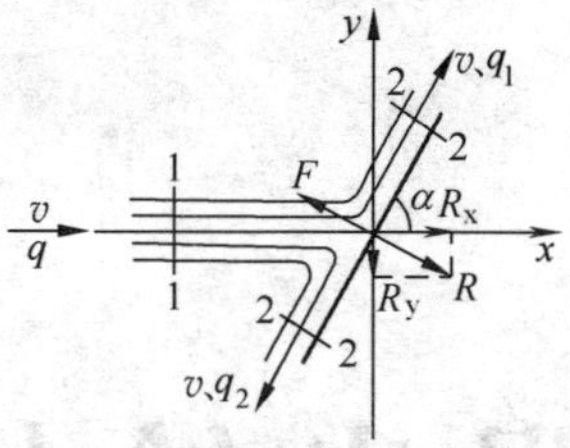

图 4.27 题 2 示意图

第5章 自动变速器齿轮机构

教学目标

掌握自动变速器齿轮传动机构、辛普森式行星齿轮机构、改进型辛普森式行星齿轮机构以及拉维奈尔赫式行星齿轮机构的结构和工作原理，学习了解固定轴自动变速器。

教学要求

知识要点	能力要求	相关知识
行星齿轮变速器	掌握其基本结构及工作原理	太阳轮、齿圈、行星架、行星齿轮
单排行星齿轮机构一般运动规律的特性方程式	会利用特征方程式求出在各种情况下的传动比	$n_{t}=an_{q}=(a+1)n_{j}$
辛普森式行星齿轮自动变速器	了解其工作结构，并知道其工作原理及各挡位传动比的计算方法	根据前进挡的挡数同，可将辛普森式行星齿轮变速器分为辛普森式3挡行星齿轮变速器和辛普森4挡行星齿轮变速器两种
拉维奈尔赫式行星齿轮自动变速器	了解其工作结构，并知道其工作原理及各挡位传动比的计算方法	这是一种复合式行星齿轮机构，它由一个单行星轮式行星排和一个双行星轮式行星排组合而成。拉维奈尔赫式齿轮变速器分为3挡式和4挡式

导入案例

国外城市大客车已普遍装用自动变速器，它在美国的普及率基本上是100%，西欧为95%。代表国际先进技术水平的有ZF、福伊特、艾里逊公司的自动变速器。图5.1为客车自动变速器的外形图。

城市客车的实际使用过程中，1挡基本不用，采用2挡起步，起步后直接换3挡；而在城市间客车的实际使用过程中，其1挡传动比不需要与货车的1挡传动比有相同的数值，主要原因是货车的1挡传动比数值选取是根据其所要求的最大爬坡度、最大加速度等指标来确定的，因而数值较大。而城市客车或城市间客车所行驶的路况较好，对车速、加速度的要求较高，其1挡传动比取值应小于货车。

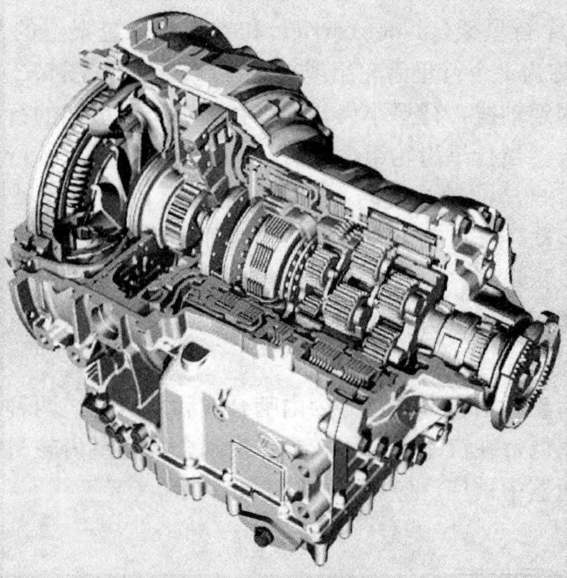

图5.1 客车自动变速器

问题：

1. 行星齿轮传动有什么特性？
2. 行星齿轮传动的速比如何确定？

齿轮变速器有两种形式，固定(平行)轴式和行星式，在汽车自动变速器中以行星式为多。

行星齿轮变速器由行星齿轮机构及操纵件组成，行星齿轮机构由行星齿轮组组成。行星齿轮组的多少因挡数的多少而有所不同；操纵件是指用于改变传动路线(即换挡)的多片摩擦式离合器、制动器和单向离合器。多片摩擦式离合器结构比较单一，几乎所有型号的自动变速器都是相同的结构；制动器有片式和带式，带式制动器结构上较易布置，片式制动器径向尺寸较大，需占用较大空间，但它结合柔和、易于控制、且可以借增减制动器片，以适应不同排气量的发动机；单向离合器能使换挡机构组件的相对运动方向改变时立即脱开或锁止，从而简化液压控制系统。

5.1 行星齿轮机构的结构与工作原理

1. 行星齿轮组的基本结构

行星齿轮变速器与固定轴齿轮变速器比较，具有结构紧凑、传动效率高、齿间负荷小、结构刚性好、输入/输出轴同轴线以及便于实现动力与自动换挡等优点，在材料和机械性能相同的条件下有可能获得比固定轴齿轮变速器要小得多的外形尺寸和重量，所以在自动变速器中得到了广泛应用。

行星齿轮组有很多类型，其中最简单的行星齿轮组是由 1 个太阳轮(sun gear)、1 个内齿圈(ring gear)、1 个行星架(planet carrier)和支承在行星架上的几个行星齿轮(planet pinion gear)组成的，称为1 个行星齿轮组或行星排(gear set)(图 5.2)。太阳轮、内齿圈及行星架有一个共同的固定轴线，行星小齿轮支承在固定于行星架的行星齿轮轴上，并同时与太阳轮和内齿圈啮合。当行星齿轮组运转时，空套在行星架上的行星齿轮轴上的几个行星齿轮一方面可以绕着自己的轴线旋转，另一方面又可以随着行星架一起绕着太阳轮回转，就像天上的行星运动一样，兼有自转和公转两种运动状态。在行星排中，具有固定轴线的太阳轮、内齿圈、行星齿轮和行星架称为行星排的 4 个基本组件。

汽车自动变速器常用的行星齿轮组的分类如下。

1) 按照齿轮的啮合方式分类

行星齿轮组按照齿轮的啮合方式可分为内啮合式和外啮合式两种。外啮合式行星齿轮机构体积大，传动效率低，在汽车上应用较少；内啮合式行星齿轮机构结构紧凑，传动效率高，在汽车自动变速器中被广泛应用，如图 5.3 所示。

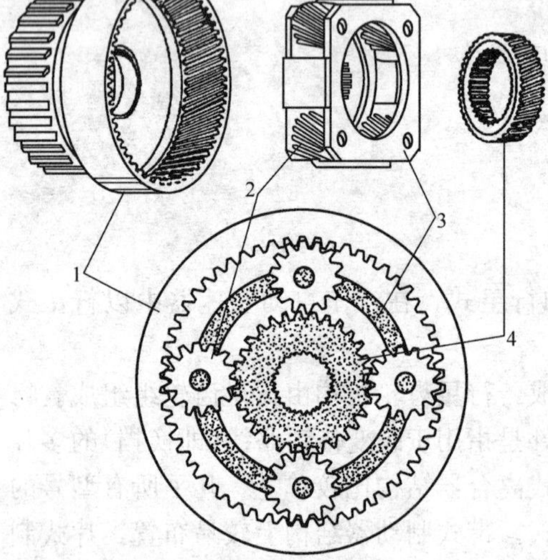

图 5.2 行星齿轮组

1—内齿圈；2—行星齿轮；

3—行星架；4—太阳轮

图 5.3 内啮合行星齿轮组

1—太阳轮；2—内齿圈；

3—行星架；4—行星齿轮

2）按照太阳轮和内齿圈之间的行星齿轮数分类

按照太阳轮和内齿圈之间的行星齿轮数可分为单行星齿轮式和双行星齿轮式两种。双行星齿轮机构在太阳轮和内齿圈之间有两组互相啮合的行星齿轮（图 5.4），其中外面一组行星小齿轮和环齿轮啮合，内侧一组行星小齿轮和太阳轮啮合，与单行星齿轮机构比较在其他条件相同的情况下，内齿圈可以得到反向传动。

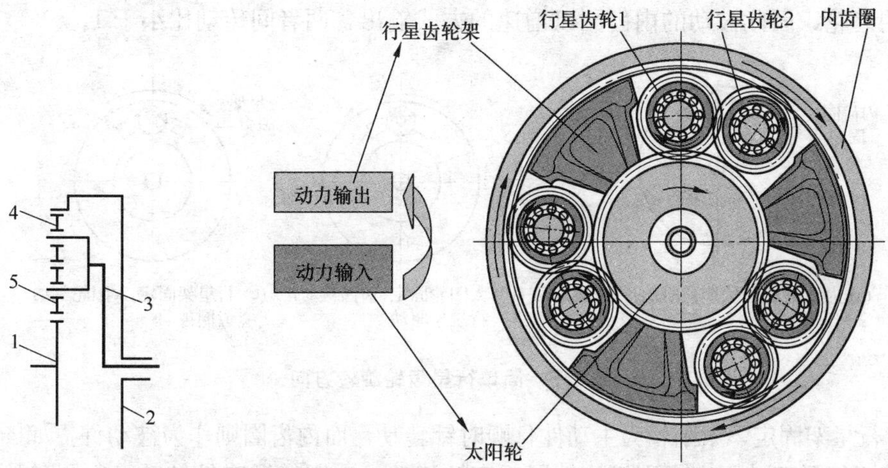

图 5.4 双行星齿轮组

1—太阳轮；2—内齿圈；3—行星齿轮架；4—外行星齿轮；5—内行星齿轮

由行星轮组组成的行星齿轮机构按照组成的行星齿轮组数分类，行星齿轮机构可以分为单排和多排两种。多排行星齿轮机构是由几个单排行星齿轮机构组成的，在汽车自动变速器中通常采用由 2 个或 3 个单排行星齿轮机构组成的多排行星齿轮机构。

用行星齿轮机构作为变速机构，由于有多个行星齿轮同时传递动力，而且常采用内啮合式，充分利用了内齿圈内部的空间；与普通齿轮变速机构相比，在传递相同动力的条件下，可以大大减小变速机构的尺寸和重量，并可实现同向、同轴减速传动；由于采用常啮合传动，动力不会间断、加速性好、工作也更可靠。

2. 行星齿轮的基本原理

行星齿轮变速器通常由 2～3 个行星齿轮组组成行星齿轮机构，但其工作原理和基本结构，可由最简单的单排行星齿轮机构来说明。

简单的行星齿轮机构通常称为三构件机构，三个构件分别指太阳轮、行星架和内齿圈。这三个构件如果要确定相互间的运动关系，一般情况下首先需要固定其中的一个构件，然后确定谁是主动件，并确定主动件的转速和旋转方向，结果被动件的转速、旋转方向就确定了。下面分别讨论三种情况。

(1) 内齿圈固定，太阳轮为主动件且顺时针转动，而行星架则为被动件，如图 5.5(a)所示。太阳轮顺时针转动，则行星轮应为逆时针转动，但由于内齿圈固定，因此行星轮要逆时针转动只有行星架同时实现顺时针转动方可实现，结果行星轮不仅存在逆时针自转，并且在行星架的带动下，绕太阳轮中心轴线顺时针公转。在这种状态下，就出现了行星齿轮机构作用的传动方式，而且被动件行星架的旋转方向与主动件同方向。在这里，太阳轮是主动件而且是小齿轮，被动件行星架没有具体齿数的传动关系，因此定义行星架的当量齿数等于太阳轮和内齿圈齿数之和。这样，太阳轮带动行星架转动仍属于小齿轮带动最大的齿轮，是一种减速运动且有最大的传动比。

(2) 太阳轮固定，行星架为主动件且顺时针转动，内齿圈为被动件，如图 5.5(b)所示。当行星架顺时转动时，势必造成行星轮的顺时针转动，结果行星轮带动内齿圈顺时针转动。在这里，主动件行星架的旋转方向和被动件内齿圈相同。由于行星架是一个当量齿数最大的齿轮，因此被动的内齿圈以增速的方式输出，两者间传动比小于1。

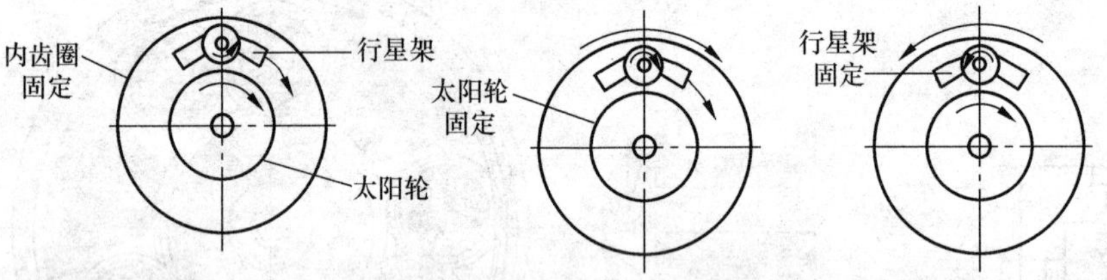

(a) 内齿圈固定，太阳轮驱动，行星架被动　(b) 太阳轮固定，齿圈被动，行星架驱动　(c) 行星架固定，太阳轮驱动，齿圈被动

图 5.5　简单行星齿轮旋转方向

(3) 行星架固定，太阳轮为主动件且顺时针转动，而内齿圈则作为被动件，如图 5.5(c)所示。由于行星架被固定，则机构就属于定轴传动，太阳轮顺时针转动，行星轮则逆时针转动，而行星轮又带动内齿圈同方向转动，结果内齿圈的旋转方向和太阳轮相反。在定轴传动中，行星轮起了过渡轮的作用，改变了被动件内齿圈的旋向。

5.2　行星传动的运动学

由图 5.2 传动示意图得

$$n_t + a n_q = (a+1) n_j \tag{5-1}$$

式中，n_t——太阳轮转速；

n_q——内齿轮转速；

n_j——行星架转速；

a——内齿圈齿数与太阳轮齿数比，称为行星齿轮组(排)的特性参数。

式(5-1)为单排行星齿轮机构一般运动规律的特性方程式，由此式中可以看出，太阳轮、内齿轮和行星架三个组件中，可任选两个分别作为主动件和从动件，而使另一组件固定不动，或使其运动受一定的约束，则整个轮系即以一定的传动比传递动力，称该行星排具有两个自由度。

由于单排行星齿轮机构有两个自由度，因此它没有固定的传动比，不能直接用于变速传动；为了组成具有一定传动比的传动机构，必须将太阳轮、环齿轮和行星架这 3 个基本组件中的一个加以固定(即使其转速为0，也称为制动)，或使其运动受到一定约束(即让该构件以某一固定的转速旋转)，或将某两个基本组件互相连接在一起(即两者转速相同)，使行星排变为只有一个自由度的机构，获得固定的传动比。

行星排在运转时，由于行星齿轮存在着自转和公转两种运动状态，因此其传动比的计算方法和普通的定轴式齿轮传动机构不同；为了计算各种行星齿轮机构的传动比，下面先分析最简单的单排行星齿轮机构传动比的计算方法，其他各种形式的行星齿轮机构的传动比可以用同样的方法导出，由于在单排行星齿轮机构中，行星齿轮只有中间轮(惰轮)的作用，因此单排行星齿轮机构的传动比取决于太阳轮齿数 Z_t 和内齿圈齿数 Z_q，与行星齿轮的齿数无关。

根据单排行星齿轮机构的运动特性方程式：$n_t+an_q=(a+1)n_j$ 可以看出，在太阳轮、内齿圈和行星架这三个基本组件中，可以任选其中两个基本组件分别作为主动件和从动件，只要给定第三个基本组件确定的运动，即可得到确定的速比。下面分别讨论各种可能的情况。

1. 减速传动

1) 将内齿圈固定，以太阳轮为主动件，行星架为从动件

此时 $n_q=0$，将此值代入运动特性方程式(5-1)得 $n_t=(a+1)n_j$，因此传动比 $i=n_t/n_j=1+a=1+Z_q/Z_t$(传动比 i=输入轴转速/输出轴转速)由于内齿圈的齿数 Z_q 大于太阳轮的齿数 Z_t，因而这一传动比的数值要大于2，所以此时之传动为减速增矩传动。

2) 将太阳轮固定，以内齿圈为主动件，行星架为从动件

此时 $n_t=0$，将此值代入运动特性方程式(5-1)得 $an_q=(a+1)n_j$，因此传动比 $i=n_q/n_j=(a+1)/a=(Z_t+Z_q)/Z_q=1+Z_t/Z_q$。由于太阳轮的齿数 Z_t 小于环齿轮的齿数 Z_q，因而这一传动比 i 小于2、大于1，即 $1<i<2$，所以此时之传动为减速增矩传动。

3) 将行星架固定，以太阳轮为主动件，内齿圈为从动件

此时行星齿轮的轴线亦被固定，行星齿轮只能自转，不能公转，亦即 $n_j=0$，行星排成为一个定轴式齿轮传动机构，将 $n_j=0$ 代入运动特性方程式(5-1)得 $n_t=an_q=0$，因此传动比 $i=n_t/n_q=-a=-Z_q/Z_t$。由于内齿圈的齿数 Z_q 大于太阳轮的齿数 Z_t，因而这一传动比的数值要小于-1。此时，因为式中的负号，表示内齿圈与太阳轮的转向相反，相当于倒挡。但因式中$-Z_q/Z_t$ 之绝对值大于1，故仍为一种减速增矩传动，所以此时之传动为减速增矩倒挡传动。

2. 加速传动

1) 将太阳轮固定，以行星架为主动件，内齿圈为从动件

当太阳轮固定时，$n_t=0$，将此值代入运动特性方程式(5-1)得 $an_q=(a+1)n_j$，因此传动比 $i=n_q/n_j=a/(a+1)=Z_q/(Z_t+Z_q)$。

由于太阳轮的齿数 Z_t 小于内齿圈的齿数 Z_q，所以这一传动比 i 小于1，因此输出轴转速比输入轴转速高是加速减矩传动。

2) 将内齿圈固定，以行星架为主动件，太阳轮为从动件

当环齿轮固定时，$n_q=0$，将此值代入运动特性方程式(5-1)得 $n_t=(a+1)n_j$，因此传动比 $i=n_j/n_t=1/1+a=Z_t/(Z_t+Z_q)$。

由于太阳轮的齿数 Z_t 小于内齿圈的齿数 Z_q，所以这一传动比 i 远小于1，因此输出轴转速比输入轴转速高是加速减矩传动，相当于超速挡。

3) 将行星架固定，以内齿圈为主动件，太阳轮为从动件

若将行星架固定，则行星齿轮的轴线亦被固定，行星小齿轮只能自转，不能公转，亦 $n_j=0$，行星排成为一个定轴式齿轮传动机构，将 $n_j=0$ 代入运动特性方程式(5-1)即可获

得 $n_t+an_q=0$，因此传动比 $i=n_q/n_t=-1/a=-Z_t/Z_q$。

由于内齿圈的齿数 Z_q 大于太阳轮的齿数 Z_t，因而这一传动比的数值要大于-1。此时，因为式中的负号，表示内齿圈与太阳轮的转向相反，相当于倒挡，但因式中$-Z_t/Z_q$绝对值小于1，故仍为一种加速减矩传动，所以此时之传动为倒挡传动。

3. 自由转动

若行星架、内齿圈、太阳轮3个基本组件都没有被固定，即无论一组件被动又无论二组件连成一体，各个基本组件都可以自由转动，则此时该机构具有两个自由度，因此不论以哪两个基本组件为主动件、从动件，行星齿轮机构都不能传递动力，即此时该机构失去传动作用而处于空挡状态。

4. 直接传动

若将行星架、内齿圈、太阳轮3个基本组件中，任意两个基本组件互相连接起来，即使 $n_t=n_q$ 代入运动特性方程式(5-1)得 $n_t=n_q=n_j$，则可知，第三个基本组件转速必与前两个基本组件的转速相同，即3个基本组件将以同一转速旋转，亦即行星齿轮机构中所有组件都没有相对运动，此时不论以哪两个基本组件为主动件、从动件，其传动比 i 都等于1，形成直接传动，这种情况相当于直接挡。

上述各种传动比可能的情况整理见表5-1。

表5-1　单排行星齿轮机构传动比各种可能的情况

	固定组件	主动组件	被动组件	传动比 i	传动方式
1	内齿轮	太阳轮	行星架	$n_t/n_j=1+a=1+Z_q+Z_t$	减速增矩传动
2	太阳轮	内齿轮	行星架	$n_q/n_j=(a+1)/a=(Z_t+Z_q)/Z_q=1+Z_t/Z_q$	减速增矩传动
3	行星架	太阳轮	内齿轮	$n_t/n_q=-a=-Z_q/Z_t$	减速增矩倒挡传动
4	太阳轮	行星架	内齿轮	$n_q/n_j=a/(a+1)=Z_q(Z_t+Z_q)$	加速减矩传动
5	内齿轮	行星架	太阳轮	$n_j/n_t=1/1+a=Z_t/(Z_t+Z_q)$	加速减矩传动
6	行星架	内齿轮	太阳轮	$n_q/n_t=-1/a=-Z_t/Z_q$	加速减矩倒挡传动
7	基本组件都没有被固定，即无任一组件被动又无任一组件连成一体			各个基本组件都可以自由转动	自由转动，空挡状态
8	任意两个基本组件互相连接			1	直接传动

仅靠单排行星齿轮机构无法满足汽车在不同运行工作情况下对传动比的要求，因此汽车自动变速器的行星齿轮机构通常都是由2～3个单行星排组成的，这种行星齿轮机构同样也具有两个以上的自由度，为了使它具有固定的传动比，同样也要对它的某些基本组件的运动进行约束(即固定或互相连接)，使它变为只有1个自由度的机构，当被约束的基本组件或约束的方式不同时，该机构的传动比也不同，从而组成不同的挡位。汽车通常有4～6个不同传动比的前进挡、1个倒挡和1个空挡；上述单行星排齿轮机构的变速原理和

传动比的计算方法同样适用于这种多行星排齿轮机构，只要该机构经约束后的自由度为1，其传动比都可以在解各个单行星排齿轮机构的运动特性方程式组成的联立方程组而得到。

由双行星齿轮组(图 5.3)的运动方程：

$$n_t = a n_q = -(a-1) n_j \tag{5-2}$$

双行星齿轮组多应用在倒挡传动。

5.3 行星传动的动力学

1. 行星排的理论内力矩关系式

不考虑摩擦、等速运动时，行星排中行星轮对太阳轮、内齿圈、行星架作用的力矩称为理论内转矩，分别用 M_t、M_q、M_j 表示，图 5.6 中的 R_q、R_t 分别为内齿圈、太阳轮节圆半径。r'、r 为行星轮分别与内齿圈、太阳轮啮合的节圆半径。行星轮对太阳轮、内齿圈、行星架作用力为 P_t、P_q、P_j。行星轮平衡得

$$P_q r' = Pr$$

$$P_t + P_q - P_j = 0$$

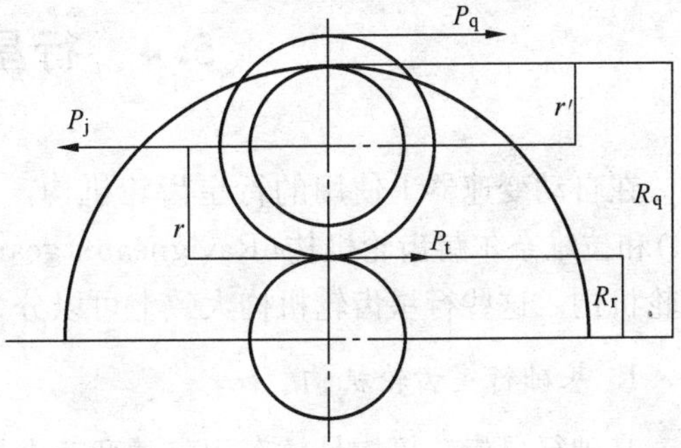

图 5.6 行星轮的力平衡图

行星轮对内齿圈的作用力矩为

$$M_q = P_q R_q = P_t (r/r') R_q$$

行星轮对太阳轮的作用力矩为

$$M_t = P_t R_t$$

则有

$$\frac{M_q}{M_t} = \frac{r}{r'} \frac{R_q}{R_t}$$

因为

$$\frac{R_q}{r'} = \frac{Z_q}{Z_X} \quad \frac{r}{R_t} = \frac{Z_X}{Z_t}$$

所以

$$\frac{M_q}{M_t} = \frac{Z_q}{Z_t} = a$$

由行星排三转矩之和等于零得

$$M_t + M_q + M_j = 0$$

$$-M_j = M_t + M_q = M_t(1+a)$$

得单行星行星排理论内转矩关系式：

$$\frac{M_t}{1} = \frac{M_q}{a} = \frac{M_j}{-(1+a)} \tag{5-3}$$

用同样方法可推得双行星行星排排理论内力矩关系式：

$$\frac{M_t}{1} = \frac{M_q}{-a} = \frac{M_j}{(a-1)} \tag{5-4}$$

2. 行星排的实际内力矩关系式

考虑行星齿轮传动的摩擦损失等，引入传动效率得行星排的实际内力矩关系式。

单行星行星排实际内力矩关系式为

$$\frac{M_t^s}{1}=\frac{M_q^s}{\eta a}=\frac{M_j^s}{-(1+\eta a)} \tag{5-5}$$

双行星行星排实际内力矩关系式为

$$\frac{M_t^s}{1}=\frac{M_q^s}{-\eta a}=\frac{M_j^s}{(\eta a-1)} \tag{5-6}$$

式中，　　η——齿轮传动效率，单行星取 0.97，双行星取 0.95；

M_t^s、M_q^s、M_j^s——分别为行星轮对太阳轮、内齿圈、行星架作用的实际力矩。

5.4　行星齿轮机构

在自动变速器上使用的行星齿轮机构，应用较多的有辛普森齿轮机构(Simpson gear set)和拉维奈尔赫齿轮机构(Ravigneaux gear set)，此外还有各公司自主开发的独特组合齿轮机构。这些行星齿轮机构大致上可以分为六类。

1. 基础行星齿轮机构

基础行星齿轮机构是轿车用自动变速中最简单的一种，此种行星齿轮机构源于美国克莱斯勒公司的 Power Flite 液力自动变速器。

2. 辛普森齿轮机构

美国福特汽车公司的一位工程师(Howard Simpson)，在他毕生从事汽车设计研究工作期间，由于设计发明了一种性能优越的特殊行星变速机构而闻名于世，该行星变速机构的主要构件有太阳轮、行星轮和内齿圈。将两行星排连接，则挡位数变得更多(可以三进一退)，而且具有结构简单紧凑、传动效率高、工艺性好、制造费用低、换挡平稳、操纵性能好等一系列优点；它适用于各种自动变速器和动力换挡变速器，当时汽车界将其定名为“辛普森齿轮机构”。

辛普森齿轮机构的问世，立即被美国福特、通用、克莱斯勒等三家最大的汽车公司所采用，从 20 世纪 70 年代初期开始一直大量生产。

3. 改良型辛普森行星齿轮机构

此类行星齿轮机构主要是将辛普森行星齿轮机构中的带式制动器用片式制动器代替，并增加一个单向超越离合器(自由轮机构)，使得从 2 挡换到 3 挡时，平稳性得以改善。

4. 拉维奈尔赫行星齿轮机构

拉维奈尔赫行星齿轮机构，与辛普森齿轮机构齐名，70 年代初期美国福特汽车公司生产的 Select - Shift 自动变速器一直采用该齿轮机构，直到 1980 年才被带超速挡的四前进挡自动变速器 Auto-overdrive 所取代。

5. 改良型拉维奈尔赫行星齿轮机构

此类行星齿轮机构主要是在拉维奈尔赫行星齿轮机构基础上增加1个单向超越离合器，使得从低挡换到2挡时，平稳性得以改善。

6. 四前进挡行星齿轮机构

此类行星齿轮机构除了增加前进挡位外，有些还具有功率分流、高速挡锁止、增设超速挡等特点。

不同车型自动变速器在结构上往往有很大的差异，主要区别有下面三点。

(1) 前进挡的挡数不同。

(2) 离合器、制动器及单向离合器的数目和布置方式不同。

(3) 所采用的行星齿轮机构类型不同。

早期轿车自动变速器常采用2个前进挡或3个前进挡，新型轿车自动变速器大部分采用4个前进挡；前进挡的数目越多，行星齿轮变速器中的离合器、制动器及单向超越离合器的数目就越多；离合器、制动器、单向超越离合器的布置方式主要取决于行星齿轮变速器前进挡的挡数及所采用的行星齿轮机构的类型。对于行星齿轮机构类型相同的行星齿轮变速器来说，其离合器、制动器及单向超越离合器的布置方式及工作过程基本上是相同的。因此了解各种不同类型行星齿轮机构所组成的行星齿轮变速器的结构和工作原理，是掌握各种不同车型自动变速器结构和工作原理的关键。目前自动变速器所采用的行星齿轮机构的类型主要有两类，即辛普森式行星齿轮机构和拉维奈尔赫式行星齿轮机构。

1) 辛普森式行星齿轮变速器

辛普森式行星齿轮变速器是由辛普森式行星齿轮机构和相对的换挡操作组件组成的，目前大部分自动变速器都采用这种行星齿轮变速器。辛普森式行星齿轮机构是一种双排行星齿轮机构，由两个内啮合式单排行星齿轮机构组合而成。其结构特点如下：

(1) 前后两个行星排的太阳轮连接为一个整体，称为前后太阳轮组件；

(2) 前一个行星排的行星架和后一个行星排的内齿圈连接为另一个整体，称为前行星架和后内齿圈组件；

(3) 输出轴通常与前行星架和后内齿圈组件连接(图5.7)。

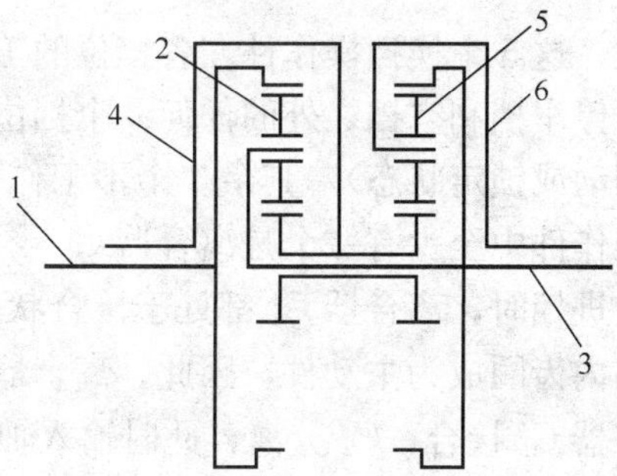

图5.7 辛普森式行星齿轮机构传动原理图

1—前齿圈；2—前行星齿轮；3—前行星齿轮架和后内齿圈组件；4—前后太阳轮组件；5—后行星轮；6—后行星齿轮架

根据前进挡的挡数不同，可将辛普森式行星齿轮变速器分为辛普森式3挡行星齿轮变速器和辛普森式4挡行星齿轮变速器两种。

在辛普森式行星齿轮机构中设置5个换挡操作组件：两个离合器、两个制动器和1个单向超越离合器，即可使之成为一个具3个前进挡和1个倒挡的行星齿轮变速器。这5个换挡操作组件的布置，如图5.8所示，离合器C_1用于连接输入轴和前后太阳轮组件，离合器C_2用于连接输入轴和前内齿圈，制动器 B_1 用于固定前后太阳轮组件，制动器 B_2 和单向超越离合器 F_1 都适用于固定后行星架，制动器 B_1 和 B_2 可以使用带式制动器或片式制动器。

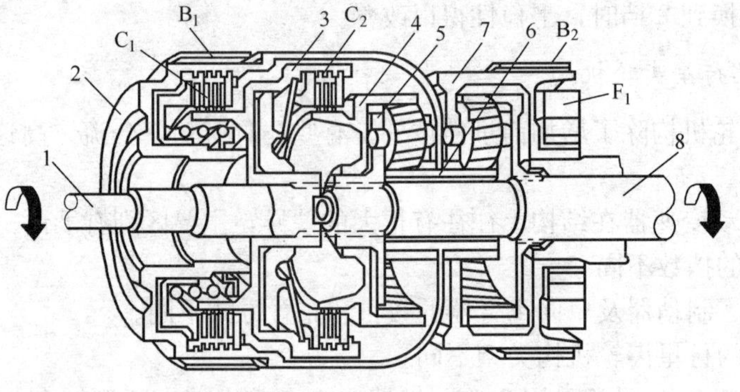

(a)结构

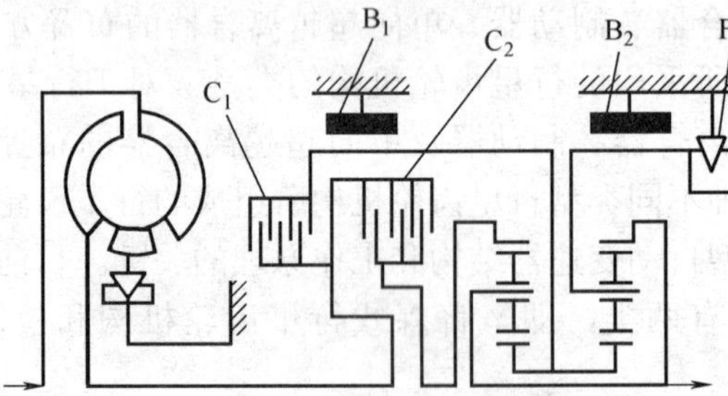

(b)换挡执行组件的布置

图 5.8　辛普森式 3 挡行星齿轮变速器

1—输入轴；2—倒挡及高速挡离合器；3—前进离合器毂及倒挡及高速挡离合器毂；4—前进离合器毂和前内齿圈；5—前行星齿轮架；6—前后太阳轮组件；7—后行星齿轮架和低挡及倒挡离合器毂；8—输出轴；C_1—倒挡及高挡离合器；C_2—前进制动器；B_1—2 挡制动器；B_2—低挡及倒挡制动器；F_1—低挡单向超越离合器

这 5 个换挡操作件在各挡位的工作情况见表 5-2。由表中可知，当行星齿轮变速器处于停车挡和空挡之外的任何一个挡位时，5 个换挡操作件中都有两个处于工作状态(接合、制动或锁定状态)，其余 3 个不工作(分离、释放或自由状态)；处于工作状态的两个换挡操作件中至少有一个是离合器 C_1 或 C_2，以便使输入轴与行星排连接，当变速器处于任一前进挡时，离合器 C_2 都处于接合状态，此时输入轴与行星齿轮机构的前内齿圈接合，使前内齿圈成为主动件，因此，离合器 C_2 也称为前进离合器(forward clutch)。倒挡时，离合器 C_1 接合，C_2 分离，此时输入轴与行星齿轮机构的前后太阳轮组件接合，使前后太阳轮组件成为主动件，另外离合器 C_1 在 3 挡(直接挡)时也接合，因此离合器 C_1 也称为倒挡及高挡离合器(high reverse clutch)。制动器 B_1 仅在 2 挡才工作，称为 2 挡制动器或第二制动器(2nd brake or 2nd clutch)。制动器 B_2 在 1 挡和倒挡时都有工作，因此称为低挡及倒挡制动器或低/倒挡制动器(low reverse brake or low reverse clutch)。由此可知，换挡操作件的不同工作组合决定了行星齿轮变速器的传动方向和传动比，从而决定了行星齿轮变速器所处的挡位。

表 5-2 辛普森式 3 挡行星齿轮变速器挡位与操作件工作表

变速杆位置	挡位	操作组件				
		C_1	C_2	B_1	B_2	F_1
D	1 挡		○			○
	2 挡		○	○		
	3 挡	○	○			
R	倒挡	○			○	
S、L 或 2、1	1 挡		○		○	
	2 挡		○	○		

注：○表示结合、制动或锁定。

早期的轿车自动变速器多采用 3 挡行星齿轮变速器，其最高挡 3 挡是传动比为 1 的直接挡。进入 80 年代后，随着对汽车燃油经济性的要求日趋严格，越来越多的轿车自动变速器采用了 4 挡行星齿轮变速器。其最高挡 4 挡是传动比小于 1 的超速挡，这种自动变速器的优点除了能降低汽车燃油消耗外，还可以使发动机经常处于较低转速运转工作，以减小运转噪声，延长发动机的使用寿命。

这 5 个换挡操作件在各挡位的工作情况见表 5-2。由表中可知，当行星齿轮变速器处于停车挡和空挡之外的任何一个挡位时，5 个换挡操作件中都有两个处于工作状态(接合、制动或锁定状态)，其余 3 个不工作(分离、释放或自由状态)；处于工作状态的两个换挡操作件中至少有一个是离合器 C_1 或 C_2，以便使输入轴与行星排连接，当变速器处于任一前进挡时，离合器 C_2 都处于接合状态，此时输入轴与行星齿轮机构的前内齿圈接合，使前内齿圈成为主动件，因此，离合器 C_2 也称为前进离合器(forward clutch)。倒挡时，离合器 C_1 接合，C_2 分离，此时输入轴与行星齿轮机构的前后太阳轮组件接合，使前后太阳轮组件成为主动件，另外离合器 C_1 在 3 挡(直接挡)时也接合，因此离合器 C_1 也称为倒挡及高挡离合器(high reverse clutch)。制动器 B_1 仅在 2 挡才工作，称为 2 挡制动器或第二制动器(2nd brake or 2nd clutch)。制动器 B_2 在 1 挡和倒挡时都有工作，因此称为低挡及倒挡制动器或低/倒挡制动器(low reverse brake or low reverse clutch)。由此可知，换挡操作件的不同工作组合决定了行星齿轮变速器的传动方向和传动比，从而决定了行星齿轮变速器所处的挡位。

早期的轿车自动变速器多采用 3 挡行星齿轮变速器，其最高挡 3 挡是传动比为 1 的直接挡。进入 80 年代后，随着对汽车燃油经济性的要求日趋严格，越来越多的轿车自动变速器采用了 4 挡行星齿轮变速器。其最高挡 4 挡是传动比小于 1 的超速挡，这种自动变速器的优点除了能降低汽车燃油消耗外，还可以使发动机经常处于较低转速运转工作，以减小运转噪声，延长发动机的使用寿命。

辛普森式 4 挡行星齿轮变速器是在辛普森式 3 挡行星齿轮变速器的基础上改良，它有两种类型：一种是将辛普森式 3 挡行星齿轮变速器原有的双排行星齿轮机构再增加一个单排行星齿轮机构，用 3 个行星排组成 4 挡行星齿轮变速器；另一种是将辛普森式双排行星齿轮机构进行改变，改变前后行星排各基本组件的组合方式和增加换挡操作件，使之成为带有超速挡的 4 挡行星齿轮变速器。

(1) 3行星排辛普森式4挡行星齿轮变速器。这种4挡行星齿轮变速器是在不改变原辛普森式3挡行星齿轮变速器的主要结构和大部分零件的情况下，另外再增加一单排行星齿轮机构和对应的换挡操作件来产生超速挡。这个单排行星齿轮机构称为超速行星排(overdrive planet gear set)，它安装在行星齿轮变速器的前端(图5.9)。其行星架是主动件，与变速器输入轴连接；内齿圈则作为被动件，与后面的双排行星齿轮机构连接，超速行星排的工作由直接离合器 C_0(direct clutch)和超速制动器 B_0(overdrive brake)来控制，直接离合器 C_0 用于将超速行星排的太阳轮和行星架连接，超速制动器 B_0 用于固定超速行星排的太阳轮。根据行星齿轮变速器的变速原理，当超速制动器 B_0 放松、直接离合器 C_0 接合时，超速行星排处于直接传动状态，其传动比为1；当超速制动器 B_0 制动、直接离合器 C_0 放松时，超速行星排处于增速传动状态，其传动比小于1。

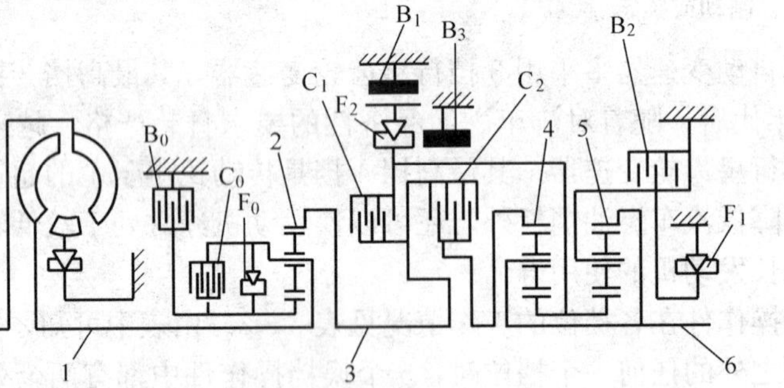

图5.9 3行星排辛普森式4挡行星齿轮变速器

1—输入轴；2—超速行星排；3—中间轴；4—前行星排；5—后行星排；6—输出轴；
C_0—直接离合器；C_1—倒挡及高挡离合器；C_2—前进离合器；B_0—超速制动器；
B_1—2挡制动器；B_2—低挡及倒挡制动器；B_3—2挡强制制动器；
F_0—直接超越离合器；F_1—低挡单向离合器；F_2—2挡单向离合器

这种形式的4挡行星齿轮变速器可以使原辛普森式3挡行星齿轮变速器的大部分零件仍可以使用，有利于减少生产投资、降低成本，目前大部分轿车都采用这种形式的4挡自动变速器，有些车型的这种自动变速器将超速行星排设置在原辛普森式3挡行星齿轮变速器的后端，但其工作原理是相同的。

(2) 双行星排辛普森式4挡行星齿轮变速器。这种4挡行星齿轮变速器是在原辛普森式3挡行星齿轮变速器中的双排行星齿轮机构增加换挡操作件的个数，让前后行星排的各个基本组件之间有更多更复杂的组合，从而使前进挡形成包括超速挡在内的4个前进挡。

改进后的辛普森式行星齿轮机构除了内齿轮和后行星架仍互相连接为一体之外，前行星排和后行星排的其他基本组件全部各自独立，形成一种具有5个独立组件的辛普森式行星齿轮机构；在这5个独立组件中，后太阳轮始终和输入轴连接，输出轴则与前环齿轮和后行星架组件连接。

在这种辛普森式行星齿轮机构中只要设置4个离合器、2个制动器及2个单向超越离合器，就可以变成具有4个前进挡和1个倒挡的4挡行星齿轮变速器，并且在1挡、2挡、3挡都有两种工作状态(发动机制动或无发动机制动)。这8个换挡操作组件的排列方式，如图5.10所示。其中离合器 C_1 用于连接输入轴和前太阳轮；离合器 C_2 用于连接输入轴和前行星架；离合器 C_3 和单向超速离合器 F_1 串联，一同用于连接前行星架和后环齿轮，单向超越离合器在逆时针方向旋转时对后内齿圈产生锁定作用；离合器 C_4 用于连接前行星架及后内齿圈，和离合器 C_3、单向超速离合器 F_1 并联；制动器 B_1 用于固定前太阳轮；制动器 B_2 和单向超越离合器 F_2 并联，一同固定前行星架，单向超越离合器 F_2 在逆时针方向对前行星架产生锁定作用。

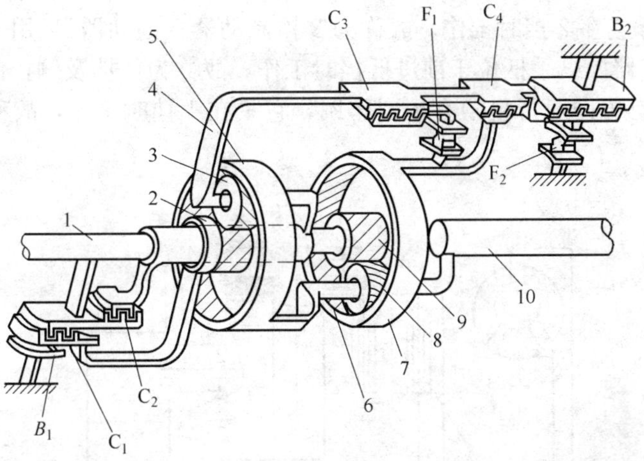

图 5.10　双行星排辛普森式 4 挡行星齿轮变速器

1—输入轴；2—前太阳轮；3—前行星齿轮；4—前行星齿轮架；5—前内齿圈；6—后行星齿轮架；7—后内齿圈；8—后行星齿轮；9—后太阳轮；10—输出轴；C_1—倒挡离合器；C_2—高速挡离合器；C_3—前进离合器；C_4—前进强制离合器；B_1—2 挡 4 挡制动器；B_2—低挡倒挡制动器；F_1—前进单向离合器；F_2—低挡单向离合器

2）拉维奈尔赫式行星齿轮变速器

拉维奈尔赫式行星齿轮变速器采用的是与辛普森式行星齿轮机构一样著名的拉维奈尔赫式行星齿轮机构。这是一种复合式行星齿轮机构，它由一个单行星轮式行星排和一个双行星轮式行星排组合而成。后太阳轮和长行星齿轮、行星架、内齿圈共同组成一个单行星轮式行星排；前太阳轮、短行星齿轮、长行星齿轮、行星架和内齿圈共同组成一个双行星轮式行星排(图 5.11)。2 个行星排共享一个内齿圈和一个行星架，因此它只有 4 个独立组件，即前太阳轮、后太阳轮、行星架、内齿圈。这种行星齿轮机构具有结构简单、尺寸小、传动比变化范围大、灵活多变化等特点，可以组成有 3 个前进挡或 4 个前进挡的行星齿轮变速器。自 20 世纪 70 年代开始应用于许多轿车，特别是前轮驱动式轿车的自动变速器，如奥迪、福特、马自达等车型的自动变速器。

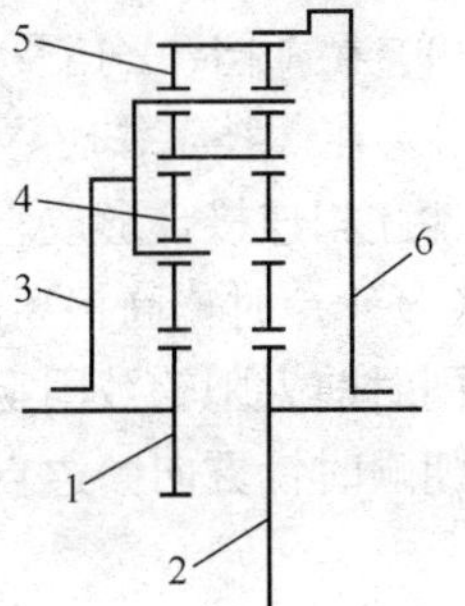

图 5.11　拉维奈尔赫式行星齿轮机构

1—前太阳轮；2—后太阳轮；3—行星架；4—短行星轮；5—长行星轮；6—内齿圈

在拉维奈尔赫式行星齿轮机构中设置 5 个换挡操作组件(2 个离合器、2 个制动器和 1 个单向超越离合器)，可使之成为一个具有 3 个前进挡和 1 个倒挡的 3 挡行星齿轮变速器。

图 5.12 为拉维奈尔赫式 3 挡行星齿轮变速器的结构，

图中前太阳轮、长行星齿轮、行星架和内齿圈组成一个单行星轮式行星排，也称为前行星排；后太阳轮、短行星齿轮、长行星齿轮、行星架和内齿圈组成一个双行星轮式行星排，也称为后行星排。在5个换挡操作件中，离合器 C_1 用于连接输入轴和后太阳轮，它在所有前进挡中都处于接合状态，故称为前进离合器；离合器 C_2 用于连接输入轴和前太阳轮，它在倒挡和3挡(直接挡)时接合，故称为倒挡及高挡离合器；制动器 B_1 用于固定前太阳轮，它在2挡时工作，故称为2挡制动器；制动器 B_2 用于固定行星架，它在倒挡或自动变速器操纵手柄位于前进低挡时工作，故称为低挡及倒挡制动器。单向超越离合器 F_1 在逆时针方向对行星架有锁定作用，它只在1挡时工作，故称为1挡单向超越离合器。

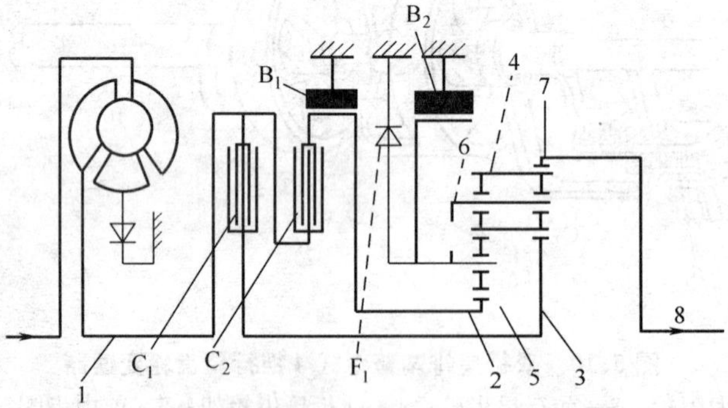

图 5.12　拉维奈尔赫式3挡行星齿轮变速器

1—输入轴；2—前太阳轮；3—后太阳轮；4—长行星齿轮；5—短行星齿轮；6—行星架；7—内齿圈；8—输出轴；C_1—前进离合器；C_2—倒挡及直接挡离合器；B_1—2挡制动器；B_2—低挡及倒挡离合器；F_1—1挡单向离合器

在拉维奈尔赫式3挡行星齿轮变速器的输入轴和行星架之间增加一个离合器，就可以使之成为具有超速挡的4挡行星齿轮变速器，图5.13为拉维奈尔赫式4挡行星齿轮变速器结构。与拉维奈尔赫式3挡行星齿轮变速器相比，它仅仅在输入轴和行星架之间增加了一个高挡离合器 C_4。这种行星齿轮变速器的工作特点是：

(1) 在1挡、2挡及倒挡的工作情况和拉维奈尔赫式3挡行星齿轮变速器完全相同。

(2) 在3挡工作时，高挡离合器 C_4 和前进离合器 C_1 同时工作，使后行星排有2个基本组件互相连接，形成直接挡。

(3) 4挡时，高挡离合器 C_4 和2挡及4挡制动器 B_1 同时工作，使输入轴与行星架连接，同时前太阳轮被固定。发动机动力经高挡离合器 C_4 传至行星架，行星架带动长行星齿轮朝顺时针方向一边自转一边公转，并带动内齿圈和输出轴朝顺时针方向转动，此为超速挡。

一般汽车之液力自动变速器大多采用行星齿轮变速器，但也有一些车种采用固定轴式变速器，如本田(HONDA)汽车和部分福特(FORD)汽车等。但行星齿轮变速器有下列独特的优点：

① 行星齿轮传动是一种常啮合传动，其传动比变换可通过分离或啮合离合器或制动器而执行，特别有利于执行动力换挡或自动挡，这是它广泛用于自动变速器的主要原因之一。

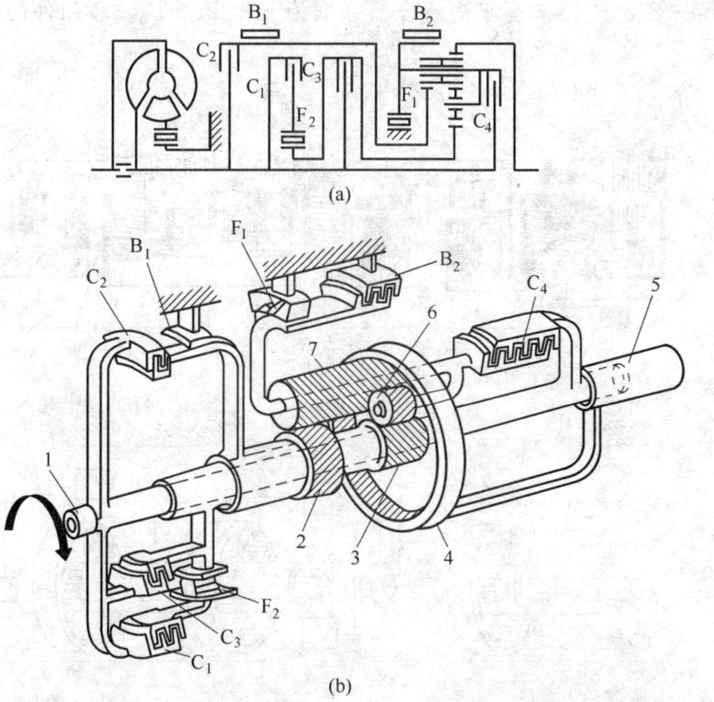

图 5.13 拉维奈尔赫式 4 挡行星齿轮变速器

1—输入轴；2—前太阳轮；3—后太阳轮；4—内齿圈；5—输出轴；6—短行星齿轮；7—长行星齿轮；C_1—前进离合器；C_2—倒挡离合器；C_3—前进强制离合器；C_4—高挡离合器；B_1—2 挡及 4 挡制动器；B_2—低挡及倒挡制动器；F_1—低挡单向离合器；F_2—前进单向离合器

② 行星齿轮是多点啮合共轴式传动，故在传递同样力矩时可用小的齿轮模数，从而尺寸小、重量轻，与固定轴式相比可减轻 1/2～1/6。此外，多点啮合的对称性，会使径向力平衡，且使运动平稳，抗冲击和振动能力强、寿命长。

③ 当无外部力矩支点时，行星齿轮具有二自由度，便于动力的汇集与分流，而且也是回收制动能量与合理调节发动机负荷(间歇工作)时不缺少的机械传动组件。

④ 通过增减行星排内行星轮的数目、行星排的数目，改变排与排之间的排列、组合以及机件之间的连接和控制方式等，不仅可以得到较为理想的传动比，而且有利于积木式的系列设计。

阅读案例5-1

丰田 A－46DE 变速器

1. 丰田 A－46DE 变速器中辛普森式行星齿轮机构的构成

一套辛普森式行星齿轮机构只能获得三个前进挡和一个倒挡，而丰田 A－46DE 自动变速器有四个前进挡和一个倒挡，因此在丰田 A－46DE 中采用一套辛普森式行星齿轮机构和一套单排行星齿轮组合而成，同时还使用了三套离合器、四套制动器和三套单向离合器来完成各挡位的动力传输(图 5.14)。三套离合器分别为 C_0、C_1、C_2，四套制动器

分别为 B_0、B_1、B_2、B_3，三套单向离合器分别为 F_0、F_1、F_2。各组件的功能见表 5-3。

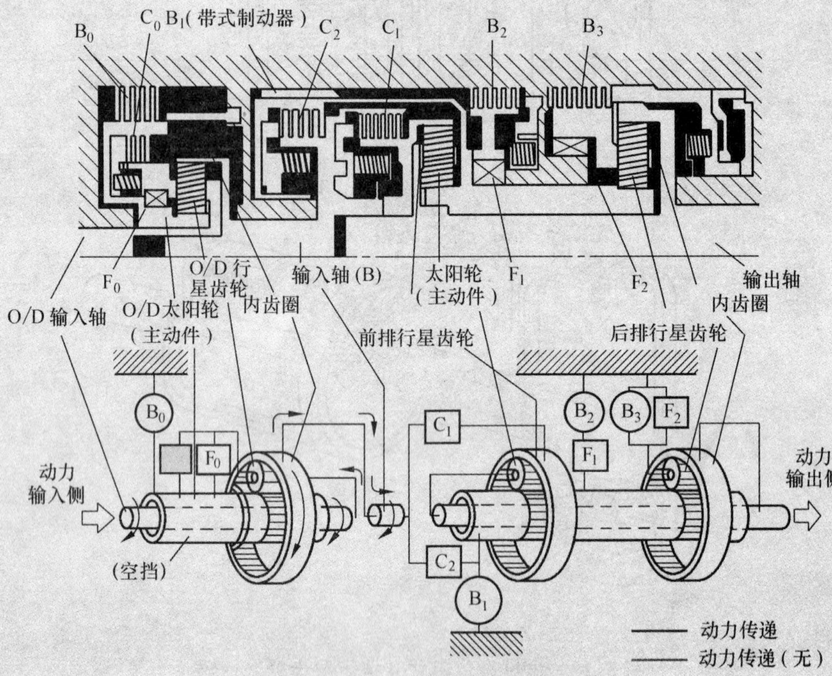

图 5.14 传动执行组件位置图

表 5-3 传动执行组件的功能

名 称	功 能
超速直接挡离合器 C_0	连接超速挡行星齿轮架与太阳轮
前进挡离合器 C_1	连接输入轴与前齿圈
直接挡离合器 C_2	连接输入轴与前、后太阳轮
超速挡制动器 B_0	锁定超速挡太阳轮，使之既不能顺时针也不能逆时针方向转动
第 2 挡滑行制动器 B_1	锁定前、后太阳轮，使之既不能顺时针也不能逆时针方向转动
第 2 挡制动器 B_2	锁定后行星齿轮架，使之在动作的同时，不能逆时针方向转动
第 1 挡及倒挡制动器 B_3	锁定后行星齿轮架，使之既不能顺时针也不能逆时针方向转动
超速挡单向离合器 F_0	锁定超速挡行星齿轮架，使之不能绕太阳轮逆时针方向转动
1 号单向离合器 F_1	在 B_2 动作时，锁定前、后太阳轮，使之不能逆时针方向转动
2 号单向离合器 F_2	锁定后行星齿轮架，使之不能逆时针方向转动

各挡位的动力传输流程，可由各个挡位组件工作表(表 5-4)来表示，其表明了各组件分别参与工作的挡位。

表 5-4 挡位组件工作表

变速杆位	挡　　位	C_0	F_0	C_1	C_2	B_0	B_1	B_2	F_1	B_3	F_2
P	驻车挡	●									
R	倒挡	●	●		●					●	
N	空挡	●									
D、2	第1挡	●	●	●							●
D	第2挡	●	●	●				●	●		
D	第3挡	●	●	●	●			●			
D	第4挡(超速挡)			●	●	●		●			
2	第2挡	●	●	●		●	●	●			
L	第1挡	●	●	●						●	●

2. 各挡位动力传输流程

变速杆置于D位或2位时的1挡组件的运作(图5.15)，从工作表可知，超速挡离合器C_0和前进挡离合器C_1在变速器第1挡运作。C_0工作时，与输入轴连为一体的超速挡行星架与超速挡太阳轮机械连接。根据单排行星齿轮机构的工作状态可知，在单排行星齿轮机构中，有两个组件同时作为主动件时，行星齿轮执行直接传动。因此输入轴的转速直接传递到中间轴，即中间轴的转速等于输入轴的转速。由此可见，当C_0离合器工作时，超速挡行星齿轮机构执行直接传动。

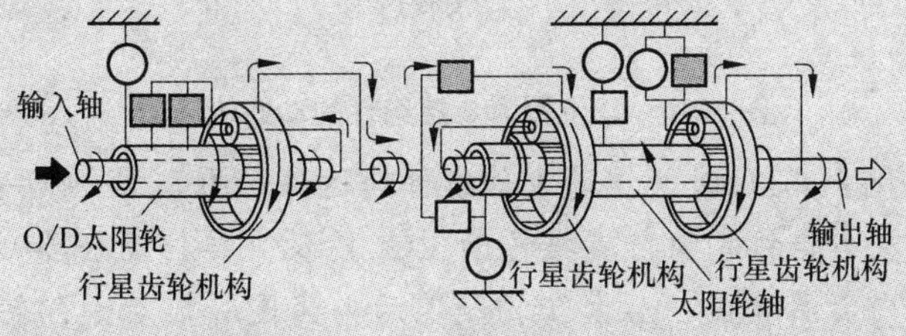

图 5.15 D或2挡时的一挡组件动力传动图

此时，因变速器的变速杆上有D位、2位和L位，当变速器挂在D位，仪表上的OD OFF指示灯熄灭时，变速器可以从1～4挡之间换挡。当OD OFF指示灯亮时，变速器可以从1～3挡之间换挡。当变速杆挂在2位时，变速器可以在1～2挡之间换挡，当变速杆挂在L位时，变速器保持在1挡行驶。变速杆挂在L位置而变速器在2挡行驶时的执行组件工作和变速杆挂在D位而变速器在2挡行驶时的工作有区别，L位置和D位置的1挡也有区别。

(1) 1挡时，根据工作表可知，C_0和C_1离合器工作。C_0工作时，超速挡行星齿轮执行直接传动，因此中间轴的转速等于输入轴转速。C_1离合器工作，因此中间轴的转速通过C_1离合器传送至后内齿圈。后内齿圈被驱动而按顺时针方向旋转，使前行星小齿轮在顺时针方向转动的同时，绕前太阳轮顺时针方向转动，而前、后太阳轮又要使后行星小齿轮绕后太阳轮逆时针方向转动。但是前行星齿轮架(后行星小齿轮的轴)被2号单向离合器(F_2)阻止，不能逆时针方向转动。所以后行星小齿轮在顺时针方向转动，使前行星内齿圈也顺时针方向转动。

与此同时，由于前行星小齿轮在是顺时针方向转动，使后行星齿轮架(前行星小齿轮的轴)也顺时针方向转动。

由于后内齿圈和前行星架与输出轴机械连接，所以输出轴顺时针方向旋转，即获得1挡的传动比。

(2) 变速杆置于“D”位时(图5.16)，2挡的工作组件的运作如同变速器在第1挡时一样，C_0工作则超速挡行星齿轮组执行直接传动。前进挡离合器C_1工作则输入轴的转动输送至后内齿圈。后内齿圈被驱动顺时针方向旋转，使后行星小齿轮绕太阳轮既顺时针方向转动又绕前太阳轮转动，这使前行星齿轮架也跟着顺时针方向转动。与此同时，前行星小齿轮的转动会力图使前、后太阳轮逆时针方向转动。但是由于前、后太阳轮被第2挡制动器(B_2)及2号单向离合器(F_2)阻止，不能逆时针方向转动。于是，前行星小齿轮绕太阳轮以更高的速度旋转。这一提高的速度，经后行星齿轮架传输至输出轴，即获得2挡的传动比。

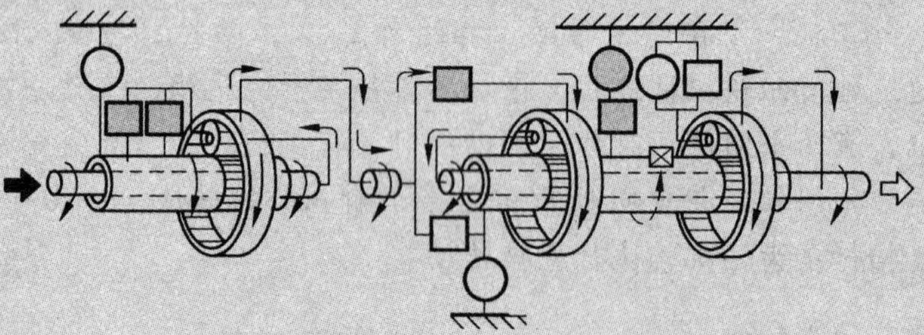

图5.16 D位置时2挡组件的动力传输图

(3) 变速杆置于“D”位时3挡的工作组件的运作如图5.17所示：3挡时C_0离合器工作，则超速挡行星齿轮机构执行直接传动。C_1以及直接挡离合器C_2工作，因此输入轴转速被传送到后内齿圈和前、后太阳轮。因后内齿圈和前后太阳轮同时作为主动件，因此辛普森行星齿轮机构直接执行直接传动，即输入轴与输出轴转速相同，获得第3挡速比。

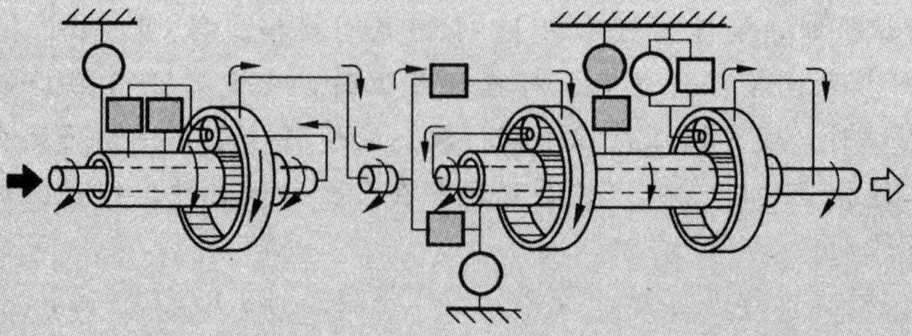

图5.17 D位时3挡组件的动力传输图

(4) 变速杆置于“D”位时四挡执行组件的运作如图5.18所示：由组件工作表，4挡时超速挡制动器B_0，前进挡离合器C_1和直接挡离合器C_2工作，输入轴驱动超速挡行星架顺时针方向旋转，由于超速挡太阳轮被 B_0 制动器锁止，所以超速挡行星齿轮组各组件的关系为主动行星架，固定太阳轮，从动内齿圈，因此内齿圈以高于行星架的转速旋转，即获得4挡的传动比。

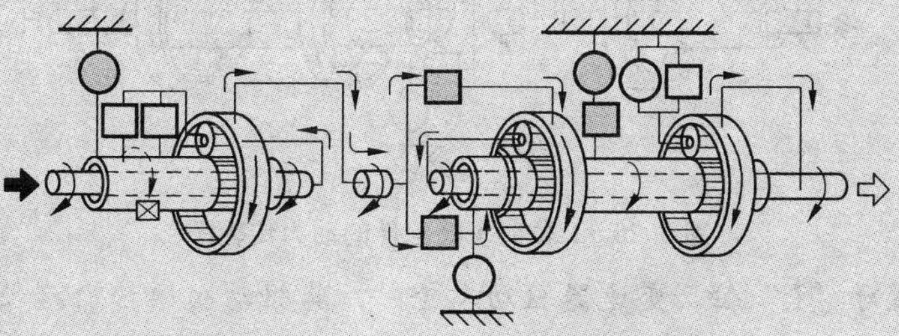

图 5.18 D位时4挡组件的动力传输图

(5) 变速杆置于“2”位置时2挡工作组件如图5.19所示，此时第2滑行制动器(B_1)运作。同时运作的还有前进挡离合器 C_1、2号单向离合器(F_2)以及第2挡制动器(B_2)，车辆以2挡速比行驶，此时的2挡有发动机制动功能。

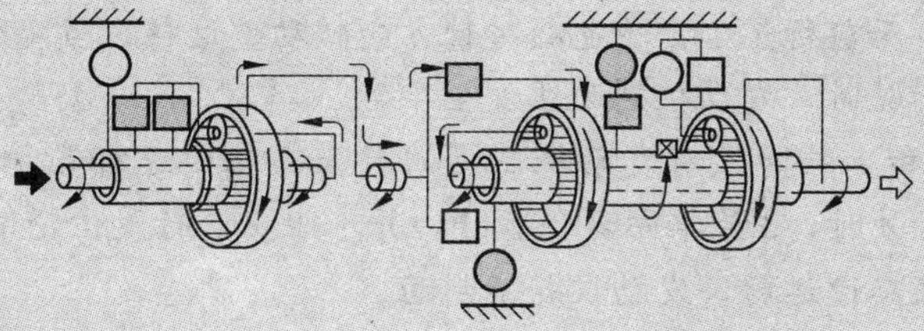

图 5.19 2位时2挡组件的动力传输图

当变速器的变速杆在“2”位时，驱动车轮的动力传输路径与变速杆在“D”是相同的。但是当变速器被驱动(发生发动机制动)时，输出轴的输入被传输至后行星架，从而使前行星小齿轮绕前、后太阳轮顺时针旋转。所以，小齿轮要逆时针方向转动，但由于太阳轮被第(z)滑行制动器(B_1)阻止，不能转动，而后行星小齿轮顺时针方向转动，从而使前齿圈也顺时针方向转动。这样，旋转力传送到输入轴，从而实现发动机制动。

在变速杆置于“D”位，车辆在第2挡减速行驶时，由于2号单向离合器(F_1)并不阻止前、后太阳轮顺时针方向转动，这样，太阳轮就怠速运转，于是不会有发动机制动功能。

当输出轴的转速大于输入轴的转速时，比如在汽车下坡，发动机怠速时，车辆的惯性力通过输出轴回传到变速器的输入轴，从而带动发动机的曲轴旋转，将车的惯性力消耗，导致车速下降，这个过程称为发动机制动功能。在自动变速器中，此状态不是任何挡位均存在，只有“L”位时的1挡，或“2”位时的2挡，才有发动机制动的功能。

(6) 变速杆置于“L”位时的1挡工作组件运作如图5.20所示，此时第1挡和倒挡制动器(B_3)运作。

同时运作的还有当变速杆位于“D”或“2”位置(即前进离合器 C_1，2号单向离合器 F_2)车辆行驶运作的机构。这就实现了发动机制动。

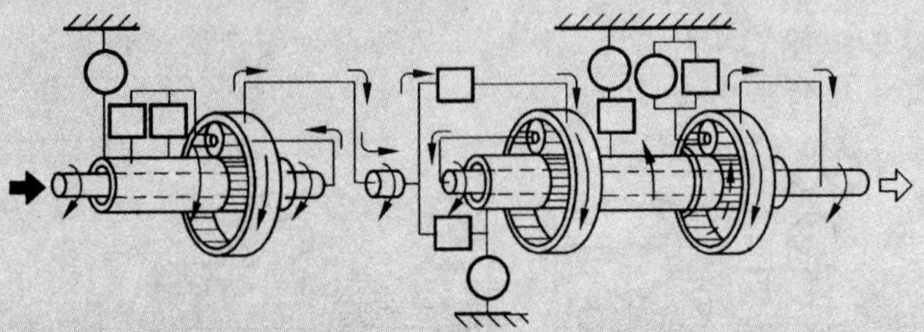

图 5.20　L 位时 1 挡组件的动力传输图

在变速杆置于“L”位，变速器驱动车轮时，其驱动功率传输路径与选挡杆置于“D”或“2”位时相同，但在变速器受车轮驱动(发动机在制动时)，输出轴的传动传至前行星内齿圈，使前行星小齿轮(后齿轮架)要绕前、后中心齿轮顺时针方向转动。但由于前齿轮架被第 1 挡及倒挡制动器(B_3)阻止，不能传动，后行星小齿轮就顺时针方向转动，而前后太阳轮则逆时针方向转动。结果使前行星小齿轮一面绕前、后太阳轮顺时针方向转动，一面绕各自轴线顺时针方向转动。这样，就将顺时针方向转动传送到后内齿圈和输入轴。与此同时，输出轴转动使后行星齿轮架顺时针旋转，也使前内齿圈和输入轴顺时针方向转动，而前行星小齿轮也顺时针方向转动。这样，当变速杆置于“L”位，车辆在第 1 挡减速行驶时，发动机制动便发生了。

①“D”位 2 挡和 1 挡时没有发动机制动的效果。在变速杆置于“D”或“2”位，车辆在第 1 挡减速行驶时，3 号单向离合器(F_2)并不阻止前行星齿轮架顺时针方向转动。所以，这时前齿轮架怠速运转，发动机并不制动。

② 行星齿轮机构中使用单向离合器的原因。行星齿轮机构中的单向离合器的作用是保证变速器的换挡平滑。如前文中的机械传动机构所述，当变速器切换至第 3 挡时，即使 B_2 的运作并不需要，B_2 仍因为以下原因而实际运作。

如 B_2 在第 3 挡不运作，则施加在 C_2 上的液压卸下的一瞬间，有必要换低挡至第 2 挡，以便将液压施加至 B_2 上。但要使这两个步骤同时运作很困难，而且哪怕是少许正时误差，都会产生换挡振动。为避免这种情况，在第 3 挡将液压施加在 B_2 上，当换抵挡至第 2 挡时，单向离合器运作，施加到 C_2 的液压就被释放。相反，施加至 C_2 的液压使单向离合器松开，换高挡至第 3 挡。如上所述，由于应用单向离合器，施加液压至一离合器或制动器，或者从离合器或者制动器上卸下液压进行换挡，就成为可能了。

行星齿轮机构中使用单向离合器的作用可防止发动机制动。功率是否从输出传送至发动机，取决于功率传送路径中有无单向离合器。如有单向离合器，从输出轴传出的功率就不传送至发动机；如无单向离合器，则功率就传送至发动机。例如：当车辆在“D”位的第 2 挡减速行驶时，由于 1 号单向离合器并不阻止前后太阳轮顺时针方向转动，这样，太阳轮就空转，于是不会有发动机制动。而在“2”位的第 2 挡行驶时就会有发动机制动。

(7) 变速杆置于“R”位时倒挡工作组件运作，如图 5.21 所示。当需要车辆倒驶时，直接挡离合器(C_2)运作，输入轴以顺时针方向转动，直接传送前、后太阳轮，所以前、后太阳轮顺时针方向转动。这样，前行星小齿轮一面逆时针方向转动，一面要绕前、后太阳轮顺时针方向转动。但由于前行星齿轮架(也是后行星下齿轮的轴线)被第一及倒挡制动器(B_3)阻止，不能传动。所以，后行星小齿轮也不能绕前、后太阳轮转动，逆时针方向转动。结果，前内齿圈逆时针方向旋转，驱使输出轴逆转。

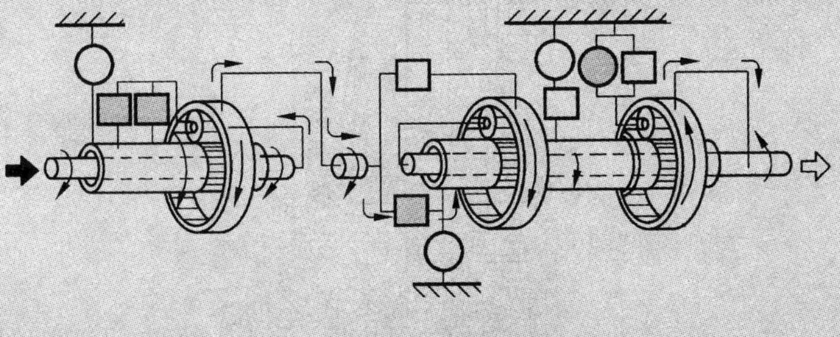

图 5.21 R位时的组件动力传输图

(8)“P”(驻车挡)和“N”(空挡)时的执行组件运作。当变速杆置于“N”或“P”位时，由于前进挡离合器(C_1)与直接挡离合器(C_2)不运作，所以来自输入轴的输入并不传送至中间轴主动齿轮。此外，当变速杆置于“P”位时，停车锁爪便和后内齿圈啮合，而后内齿圈又与输出轴花键连接，从而阻止车辆移动。

阅读案例5-2

红旗 CA7560 型轿车自动变速器

红旗牌高级轿车采用的液力机械自动变速器，是由一个四组件综合式液力变矩器和可自动换挡的两挡行星齿轮变速器组成(图 5.22)。齿轮变速器第一轴 2 前端以花键与飞轮轮毂连接，后端支承在第二轴 8 前端的中心孔中。第一轴的前端以花键与后排行星齿轮机构的内齿圈相连，后端通过凸台以球轴承支承在轴管上。动力由液力变矩器经第一轴输入齿轮变速器，然后由第二轴输出。整个液力机械变速器壳体由变矩器罩、齿轮变速器壳体、后盖和轴管四部分用螺栓连接而成。装合后的液力机械变速器部件用螺钉固定在发动机缸体后端面上。

图 5.23 为其变速转动部分示意图。其中行星齿轮变速器由前、后两排行星齿轮机构组成。前排内齿圈 4 和后排中心轮 11 制成一体，以花键与第一轴 14 相连，为变速器的主动件。后排内齿圈 8 和第二轴 10 用花键连接，为变速器从动件。前后两行星架 12 和 7 均以花键与倒挡制动器 5 的制动鼓连接，故彼此是刚性相连，必要时可用带式制动器 5 使之固定不转。前后两行星架上各自压装着三根轴，行星齿轮即松套于轴上。前排中心轮 13 松套在第一轴 14 上，并以其前端凸缘盘外圈上的八个渐开线键与低速挡制动器 3 的制动鼓连接，故可用带式制动器 3 使之在必要时固定不转。直接挡离合器 2 的主动部分与第一轴相连，而从动部分则与第一排中心轮相连，当离合器接合时，两排行星齿轮机构即被联锁成一体，实现直接挡传动。因此用离合器和制动器可改变行星齿轮机构中各组件的相对运动关系，以实现不同挡位的传动。

红旗牌轿车的双排行星齿轮变速器，共有一个倒挡和两个前进挡：低速挡和高速挡(直接挡)。各挡传动路线如图 5.24 所示。

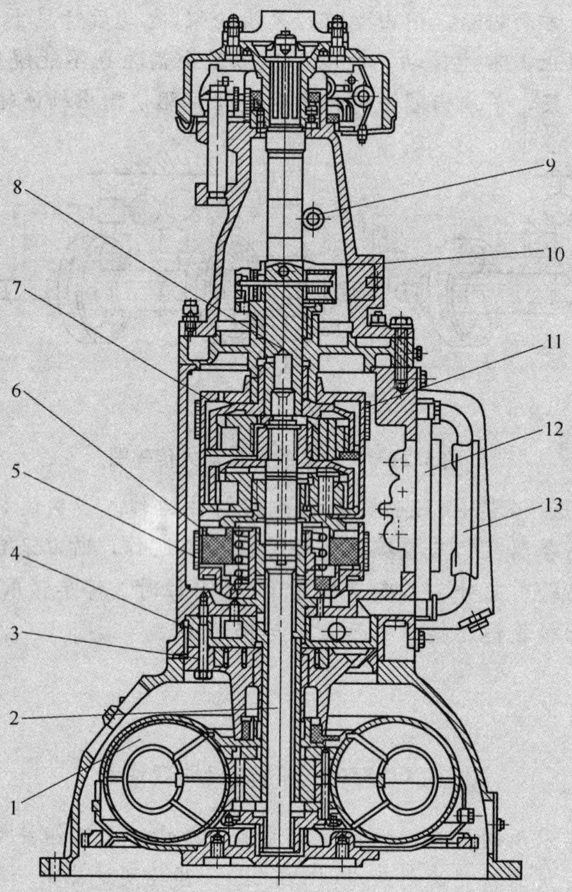

图 5.22　红旗 CA7560 型轿车液力机械变速器剖视图

1—液力变矩器；2—变速器第一轴；3—油泵；4—调压阀体；5—倒挡制动器；
6—直接挡离合器；7—后行星架；8—变速器第二轴；9—车速表齿轮；
10—离心调速器；11—倒挡制动器；12—手控制阀；13—控制阀体

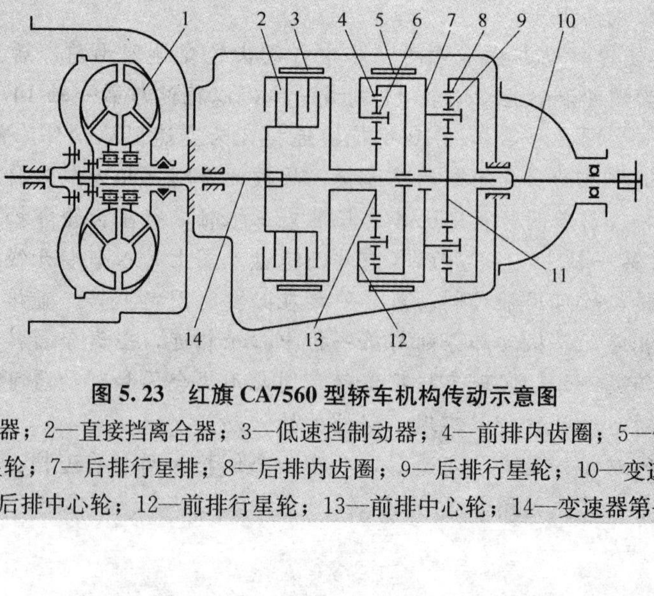

图 5.23　红旗 CA7560 型轿车机构传动示意图

1—液力变矩器；2—直接挡离合器；3—低速挡制动器；4—前排内齿圈；5—倒挡制动器；
6—前排行星轮；7—后排行星排；8—后排内齿圈；9—后排行星轮；10—变速器第二轴；
11—后排中心轮；12—前排行星轮；13—前排中心轮；14—变速器第一轴

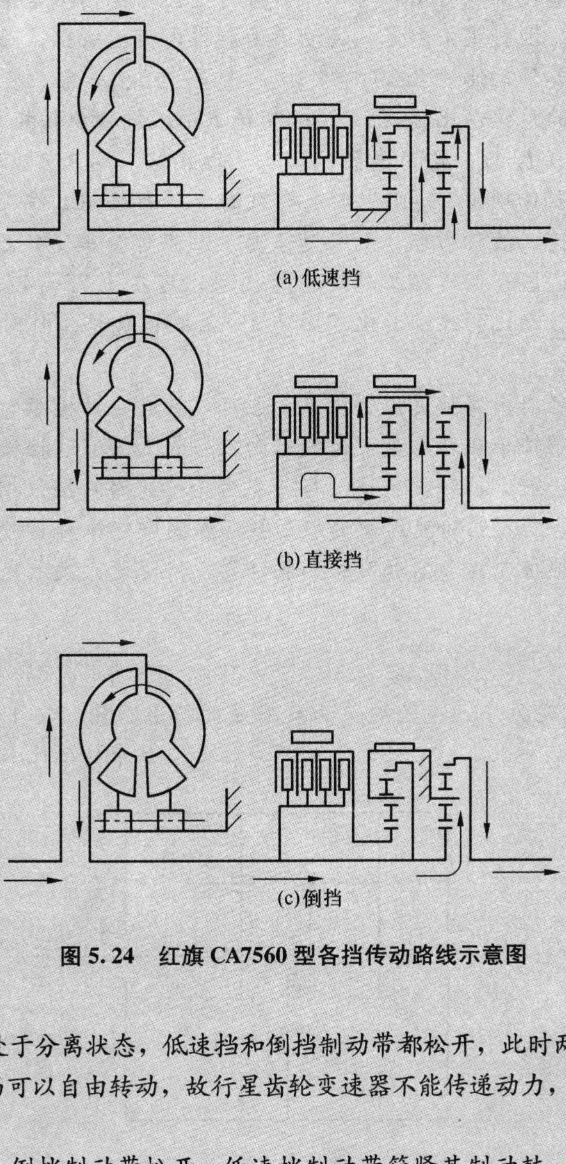

图 5.24　红旗 CA7560 型各挡传动路线示意图

1. 空挡

直接挡离合器处于分离状态，低速挡和倒挡制动带都松开，此时两排行星齿轮机构的各个组件均不受约束而可以自由转动，故行星齿轮变速器不能传递动力，即处于空挡位置。

2. 低速挡

离合器 2 分离，倒挡制动带松开，低速挡制动带箍紧其制动鼓、使前排中心轮固定不动。液力变矩器输出的动力，一部分从前排内齿圈经行星架传给后排行星轮，另一部分直接经后排中心轮传给后排行星轮，然后两部分汇合由后排内齿圈输出。该挡传动比为 1.72。

3. 直接挡

低速和倒挡制动带均放松，离合器 2 接合。于是前排中心轮与第一轴和前排内齿圈连成一体，当然行星架也被联锁。又因行星架是前后两排共享的，后排中心轮又与前排内齿圈制成一体，故后排行星齿轮机构也被联锁。第二轴与后排内齿圈花键连接，因此，第一轴与第二轴便成一体转动，显然传动比为 1。

4. 倒挡

倒挡制动带收紧，倒挡制动鼓和行星架即被固定。离合器仍分离，低速挡制动带也松开。此时，前排中心轮可以自由转动，即前排行星齿轮机构不起传动作用。动力由第一轴输给后排中心轮。因行星架固定，故动力由后排内齿圈输出，而旋转方向与中心轮相反，即倒挡运转。其传动比为 2.39。

液力机械变速器的总传动比(指行星齿轮变速器第二轴输出转矩与泵轮转矩之比)为液力变矩器的变矩系数 K 与齿轮变速器传动比 i 的乘积，其中变矩器系数 K 的变化是无级的，而齿轮变速器传动比 i 的变化则是有级的。二者配合工作，则使液力机械传动在几个范围内无级变速，故称为部分无级变速器。红旗牌轿车变矩器的变矩系数为 1～2.45；当行星齿轮变速器在低速挡工作时，总传动比可在 1.72～4.2 范围内连续变化；在直接挡工作时，总传动比的连续变化范围为 1～2.45；倒挡工作时，总传动比变化范围为 2.39～5.85。

行星齿轮变速器可以由驾驶员强制操纵，也可以做成自动操纵的。自动操纵系统通常采用液压式，红旗牌轿车在转向盘下面的转向柱套管上装有选挡操纵手柄。手柄有四个位置：倒挡、空挡、前进挡和低速挡，与行星齿轮变速器的挡位相对应。自动操纵手柄位于前进挡位置时，行星齿轮变速器的液压操纵系统即能根据行驶过程中的车速和发动机负荷情况，自动地控制离合器和有关的制动器，使变速器换上直接挡或低速挡。

阅读案例5-3

在图 5.25 所示的轮系中，齿轮均是正确安装的标准齿轮，轮 1 的转动方向如图所示，已知各轮齿数为 $z_1=20$，$z_2=25$，$z_4=25$，$z_5=20$ 试求传动比 i_{17}和轴Ⅱ的转向。

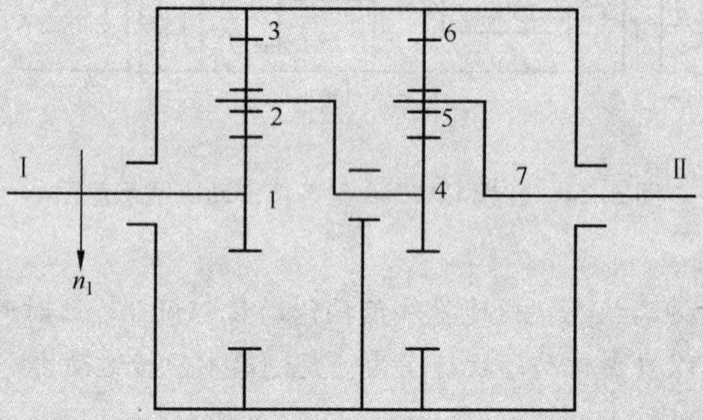

图 5.25　行星轮系传动示意图

分析：此轮系是一混合轮系，1-2-3-4 和 4-5-6-7 分别组成了两行星轮系。两轮系之间的连接桥梁是 1-2-3-4 行星轮系中的行星架和 4-5-6-7 行星轮系中的轮 4。

解：先确定 z_3 和 z_6，有

$$z_3=z_1+2z_2=20+2\times25=70$$
$$z_6=z_4+2z_5=25+2\times20=65$$

1-2-3-4 为行星轮系，有

$$i_{14}=1-i_{13}^{4}=1-\left(-\frac{z_3}{z_1}\right)=1+\frac{70}{20}=\frac{9}{2}$$

4-5-6-7为行星轮系，有

$$i_{47}=1-i_{46}^{7}=1-\left(-\frac{z_6}{z_4}\right)=1+\frac{65}{25}=\frac{18}{5}$$

混合轮系有

$$i_{17}=i_{14}\cdot i_{47}=\frac{9}{2}\times\frac{18}{5}=16.2$$

轴Ⅱ与齿轮1转向相同。

5.5 行星齿轮机构的设计与计算

在行星齿轮机构运动方案设计阶段，行星机构设计的主要任务是：确定各轮的齿数，选择适当的均衡装置。

1. 行星轮系中各轮齿数的确定

行星轮系用来传递运动，就必须实现工作所要求的传动比，因此各轮齿数必须满足第一个条件——传动比条件。

行星轮系是一种共轴式的传动装置。为了保证装在系杆上的行星轮在传动过程中始终与中心轮正确啮合，必须使系杆的转轴与中心轮的轴线重合，这就要求各轮齿数必须满足第二个条件——同心条件。

行星轮系中如果只有一个行星轮，则所有载荷将由一对齿轮啮合来承受，功率也由一对齿轮啮合来传递。由于在运动过程中，轮齿的啮合力以及行星轮的离心惯性力都随着行星轮绕中心轮的转动而改变方向，因此轴上所受的是动载荷。为了提高承载能力和解决动载荷问题，通常采用若干个均匀分布的行星轮。这样，载荷将由多对齿轮来承受，可大大提高承载能力；又因行星轮均匀分布，中心轮上作用力的合力将为零，系杆上所受的行星轮的离心惯性力也将得以平衡，可大大改善受力状况。要使多个行星轮能够均匀地分布在中心轮四周，就要求各轮齿数必须满足第三个条件——装配条件。

均匀分布的行星轮数目越多，每对齿轮所承受的载荷就越小，能够传递的功率也就越大。但受到一个限制，就是不能让相邻两个行星轮的齿顶产生干涉和相互碰撞。因此，由上述三个条件确定了各轮齿数和行星轮个数后，还必须进行这方面的校核，这就是各轮齿数需要满足的第四个条件——邻接条件。

下面以图5.2的传动示意图为例对单行星排行星轮系加以讨论。

1）传动比条件

因

$$i_{1H}=1+\frac{z_3}{z_1}$$

故

$$\frac{z_3}{z_1}=i_{1H}-1$$

由此可得

$$z_3=(i_{1H}-1)z_1 \tag{5-7}$$

2）同心条件

中心轮1与行星轮2组成外啮合传动，中心轮3与行星轮2组成内啮合传动，同心条

件就是要求这两组传动的中心距必须相等，即

$$a'_{12}=a'_{23}$$

因

$$a'_{12}=r'_1+r'_2$$

$$a'_{23}=r'_3-r'_2$$

故

$$r'_1+r'_2=r'_3-r'_2$$

若三个齿轮均为标准齿轮或高度变为齿轮传动，则上式可用各轮的分度圆半径来表示，

即

$$r_1+r_2=r_3-r_2$$

而分度圆半径可用齿数和模数来表示，因各轮模数相等，故上式可写成

$$z_1+z_2=z_3-z_2$$

即

$$z_2=\frac{z_3-z_1}{2}$$

该式表明：两中心轮的齿数应同为奇数或偶数。将式(5-7)代入上式，整理后可得

$$z_2=\frac{i_{1H}-2}{2}z_1 \tag{5-8}$$

若采用角度变位传动，由于变位后的中心距分别为

$$a'_{12}=a_{12}\frac{\cos\alpha}{\cos\alpha'_{12}}=\frac{m}{2}(z_1+z_2)\frac{\cos\alpha}{\cos\alpha'_{12}}$$

$$a'_{23}=a_{23}\frac{\cos\alpha}{\cos\alpha'_{23}}=\frac{m}{2}(z_3-z_2)\frac{\cos\alpha}{\cos\alpha'_{23}}$$

故同心条件的关系式变为

$$\frac{z_1+z_2}{\cos\alpha'_{12}}=\frac{z_3-z_2}{\cos\alpha'_{23}}$$

3）装配条件

若需要有 k 个行星轮均匀地分布在中心轮四周，则相邻两个行星轮之间的夹角为 $\frac{360°}{k}$。今设行星齿轮数为偶数，参照图 5.26 分析行星轮数目 k 与各轮齿数间应满足的关系。

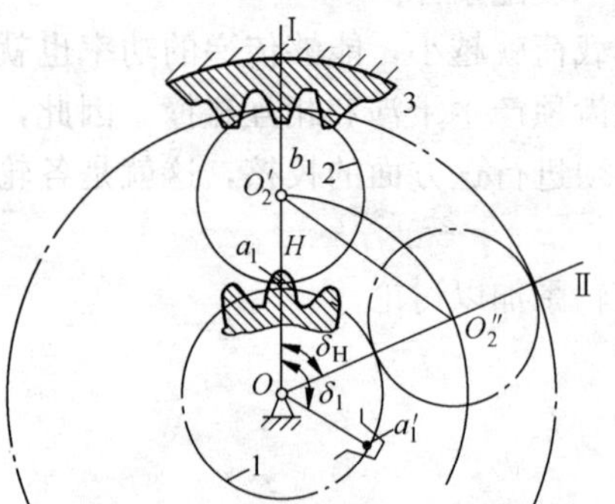

图 5.26　行星传动装备示意图

如图，设Ⅰ位置线为固定中心内齿轮 3 的某一齿厚中线。为了在Ⅰ位置处装入第一个行星轮，必须使该行星轮的齿槽中线放置在Ⅰ处位置线上，才能与内齿轮 3 的轮齿相配合。由于行星轮是偶数个齿，所以在它与中心轮 1 相啮合的一侧，也一定是其齿槽中线。为了使中心轮 1 的轮齿能与行星轮的该齿槽相配合，把中心轮 1 的某一齿厚转到该处，即中心轮 1 的某一齿厚中线与Ⅰ位置线重合。从图中可以看出，Ⅰ位置线通过行星轮 2 和中心轮 3 的节圆切点即节点 b_1，b_1 点是齿轮 3 的齿厚中点；同时Ⅰ位置线也通过行星轮 2 和中心轮 1 的节圆切点

即节点 a_1，a_1 点是中心轮1的齿厚中点。当第一个行星轮在Ⅰ位置线装入后，中心轮1和3的相对角向位置就通过该行星轮而产生了联系。

为了易于说明和分析装配条件，可采用“依次轮流装入法”来安装其余各个行星轮，即让每个行星轮都依次从位置处装入。为此，让系杆转动 $\delta_H=\frac{360°}{k}$，使位置Ⅰ处的行星轮转到位置Ⅱ；与此同时，中心轮1将按传动比 i_{1H} 的关系转过角 δ_1，这时它上面的 a_1 点将到达 a_1' 位置，如图5.25所示。由于

$$i_{1H}=\frac{\delta_1}{\delta_H}$$

所以

$$\delta_1=i_{1H}\delta_H=i_{1H}\frac{360°}{k} \tag{5-9}$$

此时，若在空出的Ⅰ位置处，齿轮1和3的轮齿相对位置关系与装入第一个行星轮时完全相同，则在该位置处一定能够顺利地装入第二个行星轮。为此，就要求在中心轮转过 δ_1 角后，其上某一轮齿的齿厚中点正好到达原来的 a_1 点位置，即要求中心轮正好转过整数个齿距。若用 N 来表示这一正整数，则由于中心轮1每个齿距所对的圆心角为 z_1，故

$$\delta_1=N\times\frac{360°}{z_1} \tag{5-10}$$

将式(5-9)、式(5-10)两式联立求解，既得装配条件的关系式

$$z_1=\frac{kN}{i_{1H}} \tag{5-11}$$

若行星轮齿数为奇数，经过类似的推导过程，仍能得到同样的结果。

装入第二个行星轮后，再将系杆转过 $\frac{360°}{k}$，中心轮1又会相应地转过 $N\times\frac{360°}{z_1}$，故又可装入第三个行星轮。依此类推，直至装入 k 个行星轮。

若将 $i_{1H}=1+\frac{z_3}{z_1}$ 代入上式，可得

$$N=\frac{z_1+z_3}{k}$$

该式表明：欲将 k 个行星轮均匀分布在中心轮四周，则两个中心轮的齿数和应能被行星轮个数 k 整除。

在设计计算时，由于传动比是已知条件，故通常用式(5-11)作为装配条件关系式。

4）邻接条件

在图中，O_2'、O_2'' 为相邻两行星轮的转轴中心，为了保证相邻两行星轮的齿顶不发生碰撞和干涉，就要求其中心连线大于两行星轮的齿顶圆半径之和，即

$$O_2'O_2''>2r_{a2}$$

式中，r_{a2}——行星轮的齿顶圆半径。

对于标准齿轮转动，可得

$$2(r_1+r_2)\sin\frac{180°}{k}>2(r_2+h_a^*m)$$

或

$$(z_1+z_2)\sin\frac{180°}{k}>(z_2+h_a^*) \tag{5-12}$$

当采用变为齿轮传动时，其邻接条件应根据齿轮的实际尺寸进行校核。

至此，得到了单排机构行星轮系中用以确定各轮齿数的四个条件的关系式。

2. 行星轮系的均衡装置

行星轮之所以具有体积小、重量轻、承载能力强等优点，主要是由于在结构上采用了多个行星轮均布分担载荷，并合理地利用了内啮合传动的空间。如果各个行星轮之间的载荷分配是均衡的，则随着行星轮数目的增加，其结构将更为紧凑。但实际上，由于零件不可避免地存在着制造误差、安装误差和受力后的形变，往往会造成行星轮间的载荷不均衡，使这种优点难以实现。为了尽可能降低载荷分配不均现象，提高承载能力，更充分地发挥其优点，在设计行星轮系时，必须合理地选择或设计其均衡装置。

1）采用基本构件浮动的均衡装置

所谓基本构件浮动，是指行星轮系的某基本构件(中心外齿轮、中心内齿轮或系杆)不加径向支承，允许作径向或偏转位移，当受载不均衡时，即可自动寻找平衡位置(即自动定心)，直至各行星轮之间载荷均匀分配为止，从而达到载荷均衡的目的。

基本部件浮动最常用的方法是采用双齿或单齿式联轴器。三个基本构件中有一个浮动即可起到均衡作用，若两个基本构件同时浮动，则效果最好。

2）采用弹性元件的均衡装置

这类均衡装置主要是通过弹性元件的弹性形变使个行星轮之间的载荷得以均衡。其优点是具有良好的减振性，结构比较简单；缺点是载荷不均衡系数与弹性元件的刚度及总制造误差成正比。

弹性均衡装置形式很多。图 5.27 所示为这种均衡装置的几种结构。图 5.27(a)为行星轮装在弹性心轴上；图 5.27(b)为行星轮装在非金属弹性衬套上；图 5.27(c)为行星轮内孔与轴承外套的介轮之间留有较大间隙以形成厚油膜的所谓“油膜弹性浮动”。它们均可以用于行星轮数目大于 3 的行星轮系中。

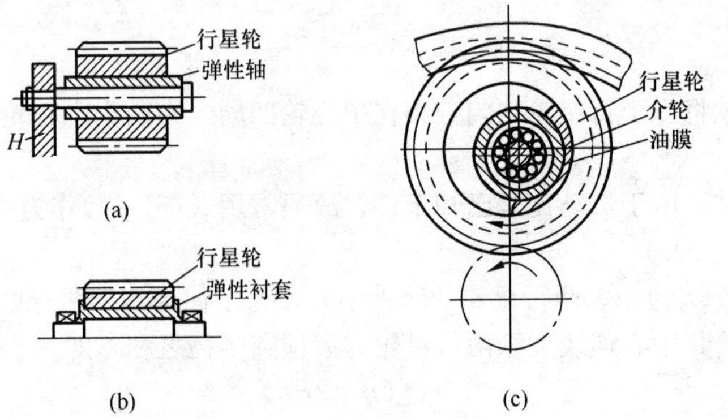

图 5.27　弹性元件的均衡装置

3）采用杠杆联动的均衡装置

这种均衡装置中装有偏心的行星轮轴和杠杆系统。当行星轮受力不均衡时，可通过杠杆系统的连锁动作自行调整达到新的平衡位置。它适应于具有 2 个、3 个和 4 个行星轮的行星轮系。其优点是均衡效果较好，缺点是结构较复杂。

图 5.28 所示为三个行星轮的均衡装置。3 个偏心的行星轮互成 120°布置，每个偏心轴与平衡杠杆刚性连接，杠杆的另一端由一个能在本身平面内自由运动的浮动环支撑。当作用在 3 个行星轮轴上的力互不相等时，则作用在浮动环上的 3 个力也不相等，浮动环即失去平衡，产生移动或转动，使受载大的行星轮减载，受载小的增载，直至达到平衡为止。

3. 行星轮系传动比的计算

1）行星轮系传动比计算的基本思路

行星轮系与定轴轮系的根本区别在于行星轮系中有一个转动着的系杆，因此使行星轮既公转又自转。如果能够设法使系杆固定不动，那么行星轮系就可转化成一个定轴轮系。为此，假想给整个轮系加上一个公共的角速度($-\omega_H$)，根据相对运动原理可知，各构件之间的相对运动关系并不改变，但此时系杆的角速度就变成了 $\omega_H-\omega_H=0$，即系杆可视为静止不动。于是，行星轮系就转化成了一个假想的定轴轮系，通常称这个假想的定轴轮系为行星轮系的转化机构。

下面以图 5.29 所示的单排行星齿轮为例，来说明当给整个轮系加上一个的公共角速度($-\omega_H$)后，各构件角速度的变化情况。

如图 5.29 所示，当给整个轮系加上公共角速度($-\omega_H$)后，其各构件的角速度变化情况见表 5-5。

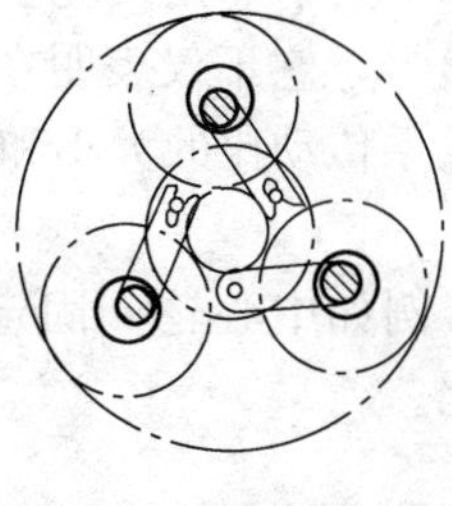

图 5.28 杠杆联动的均衡装置

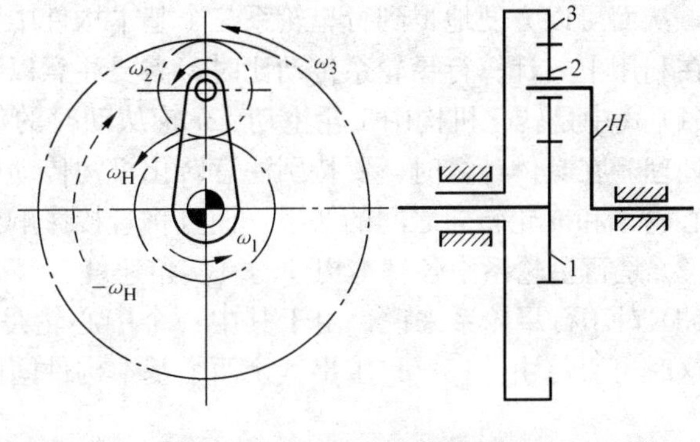

图 5.29 单排行星轮系示意图

表 5-5 行星轮系转化机构中各构件的角速度

构件代号	原有角速度	在转化机构中的角速度(即相对于系杆的角速度)
1	ω_1	$\omega_1^H=\omega_1-\omega_H$
2	ω_2	$\omega_2^H=\omega_2-\omega_H$
3	ω_3	$\omega_3^H=\omega_3-\omega_H$
H	ω_H	$\omega_H^H=\omega_H-\omega_H=0$

因此该转化机构的传动比就可以按照定轴轮系传动比的计算方法来计算。下面将会看到，通过该转化机构传动比的计算，就可以得到行星轮系中各构件的真实角速度之间的关系，进而求得行星轮系的传动比。

2）行星轮系传动比的计算方法

首先求转化机构的传动比。由传动比的概念可知

$$i_{13}^{H}=\frac{\omega_1^{H}}{\omega_3^{H}}=\frac{\omega_1-\omega_H}{\omega_3-\omega_H}$$

式中，i_{13}^{H}——在转化机构中1轮主动、3轮从动时的传动比。

由于转化机构为一定轴轮系，因此其传动比大小为

$$i_{13}^{H}=-\frac{z_3}{z_1}$$

综合以上两式可得

$$i_{13}^{H}=\frac{\omega_1-\omega_H}{\omega_3-\omega_H}=-\frac{z_3}{z_1}$$

式中齿数比前的“－”号表示在转化机构中齿轮1和齿轮3的转向相反。

根据上述原理，不难写出行星轮系转化机构传动比的一般公式。设行星轮系中两个中心轮分别为1和n。系杆为H，则其转化机构的传动比可表示为

$$i_{1n}^{H}=\frac{\omega_1-\omega_H}{\omega_n-\omega_H}=\pm\frac{z_2}{z_1}$$

若一个行星轮系转化机构的传动比为“＋”，则称其为正号机构；为“－”则称其为负号机构。

虽然我们的目的并非求转化机构的传动比，但是由上式可以看出，在各轮齿数均为已知的情况下，总可以求出。因此，只要给定了三者中任意两个参数，由上式就可以求出第三者，从而可以方便地得到行星轮系三个基本构件中任两个构件之间的传动比。

在利用上式计算行星轮系传动比时，需要注意以下几点：

(1) 式中是转化机构中1轮主动、n轮从动时的传动比，其大小和正负完全按定轴轮系来处理。在具体计算时，要特别注意转化机构传动比的正负号，它不仅表明在转化机构中中心轮1和n轮转向之间的关系，而且将直接影响到行星轮系传动比的大小和正负号。

(2) 是行星轮系中各基本构件的真实角速度。

(3) 对于行星轮系来说，由于其中一个中心轮是固定的(例如中心轮n固定，即$n=0$)，这时可直接由式(5-1)求出其余两个基本构件间的传动比。

5.6 固定轴式自动变速器

固定轴式自动变速器与行星齿轮自动变速器相比，有以下主要特点。

固定轴式变速器采用普通外啮合齿轮，各相对齿轮都是固定啮合，但传递动力与否取决于相对应离合器是否啮合。

固定轴式变速器多由三条平行轴构成，变速器的总长度较小，故一般都用在前轮驱动的轿车上。固定轴式变速器的操作组件只有多片式离合器和单向离合器，没有制动器；操作件的数目较少。

1. 固定轴式变速器的基本结构

图5.30是本田(HONDA)Accord轿车与F20B2、F22B1、F22B2等发动机配套的电子控制自动变速器的结构示意图。该变速器采用带锁定离合器的液力变矩器与平行轴式齿轮变速器来传递动力和实现换挡。如图所示，变速器有三根平行轴，包括主轴、副轴及辅

助轴，其中主轴与液力变矩器相连。在主轴上装有3挡及4挡离合器、3挡及4挡齿轮、倒挡齿轮及惰齿轮，其中4挡齿轮与倒挡齿轮为一体。在副轴上装有1挡固定离合器以及2挡、3挡、4挡、2挡齿轮及惰齿轮、辅助轴上装有1挡、2挡离合器，1挡、2挡齿轮及惰齿轮。主轴上的齿轮与副轴及辅助轴上的齿轮是常啮合的，但各挡齿轮能否传递动力取决于相应挡位的离合器是否接合，离合器的接合和分离由电液控制系统控制。

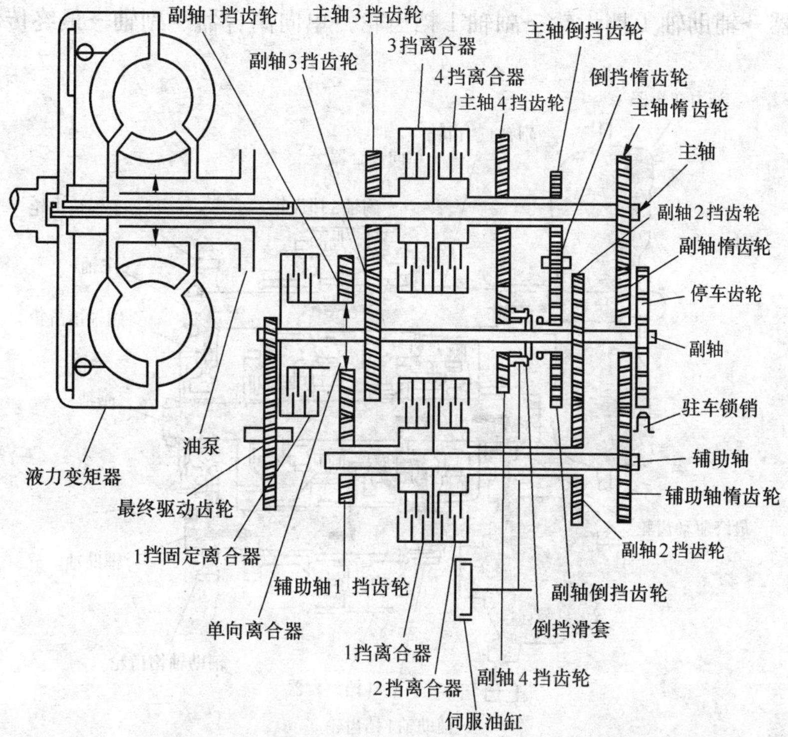

图5.30 本田Accord自动变速器传动示意图

本田Accord自动变速器的操纵组件包括五个多片式离合器、一个单向离合器和一个伺服油缸。1挡离合器负责1挡齿轮与辅助轴的连接和释放，2挡离合器负责2挡齿轮与辅助轴的连接和释放，3挡离合器负责3挡齿轮与主轴的连接和释放，4挡离合器负责4挡齿轮及倒挡齿轮与主轴的连接与释放。单向离合器负责副轴上的1挡齿轮与副轴的连接和自由转动，也即控制1挡齿轮的动力传递方向只能是以辅助轴上的齿轮传给副轴上的齿轮，否则，单向离合器打滑使副轴上的1挡齿轮与副轴的固定连接与由单向离合器来连接，当固定连接时，单向离合器不再起作用。根据汽车是前进或是倒退，伺服油缸控制倒挡滑套选择4挡齿轮或倒挡齿轮的副轴相连接，从而获得4挡或倒挡。

2. 各挡位的动力传递

本田Accord自动变速器的变速杆有P、R、N、D_4、D_3、2和1共七个位置，P为驻车挡，固定前轮(驱动轮)，使汽车不会在停车时滑行、R为倒挡，N是空挡。D_4是具有1、2、3、4挡的一般驾驶挡位，能实现1⇔2⇔3⇔4挡的升挡和降挡。D_3是具有1、2、3挡的一般驾驶挡位，能实现1⇔2⇔3⇔挡的升挡和降挡，主要在一般道路或高速公路上加速超车时使用。2 和 1 挡都是锁定挡位。它分别锁定在 2 挡和 1 挡，既不能升挡也不能降挡，但在下陡坡时能利用发动机起有效制动作用。

1）D_4 和 D_3 位的 1 挡

D_4 位 1 挡和 D_3 位 1 挡传动路线是完全一样的。

当变速杆挂入 D_4 或 D_3 位置时，汽车即以 1 挡起步。此时，控制系统使 1 挡离合器接合，动力传动路线为(图 5.31)：液力变矩器→主轴→主轴惰齿轮→辅助轴惰齿轮→辅助轴→1 挡离合器→辅助轴 1 挡齿轮→副轴 1 挡齿轮→单向离合器→副轴→最终传动齿轮。

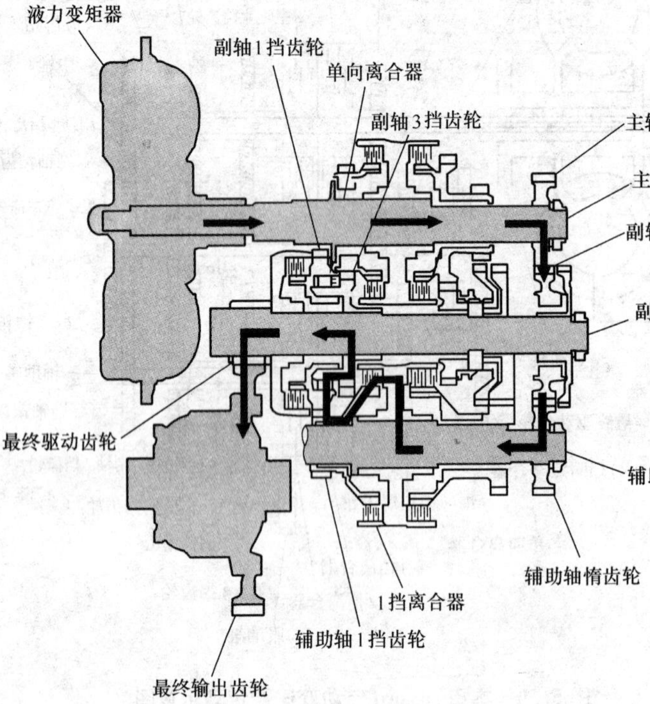

图 5.31　1 挡传动路线

2）D_4 和 D_3 位的 2 挡

当汽车以 1 挡起步后，车速逐渐升高到 1～2 挡的升挡点时，控制系统除保持 1 挡离合器外，还使 2 挡离合器结合。1 挡、2 挡离合器结合，使辅助轴上 1 挡、2 挡主动齿轮转动，并驱动副轴上的 1 挡、2 挡被动齿轮转动。但是，由于 2 挡被动齿轮转速大于 4 挡被动齿轮转速，从而使 1 挡被动齿轮的单向离合器分离空转，动力通过 2 挡被动齿轮传给副轴。

D_4 位 2 和 D_3 位 2 挡动力传动路线为(图 5.32)：液力变矩器→主轴→主轴惰齿轮→辅助轴惰齿轮→2 挡离合器→辅助轴 2 挡齿轮→副轴 2 挡齿轮→最终传动齿轮。

3）D_4 和 D_3 位的 3 挡

当车速升高到 2～3 挡升挡点时，控制系统使 2 挡离合器分离而使 3 挡离合器结合。另外，1 挡离合器仍保持处于结合状态，但由于单向离合器分离空转使 1 挡齿轮不传递动力。

动力传动路线为(图 5.33)：液力变矩器→主轴→3 挡离合器→主轴 3 挡齿轮→副轴 3 挡齿轮→副轴→最终传动齿轮→副轴 3 挡齿轮→副轴→最终传动齿轮。

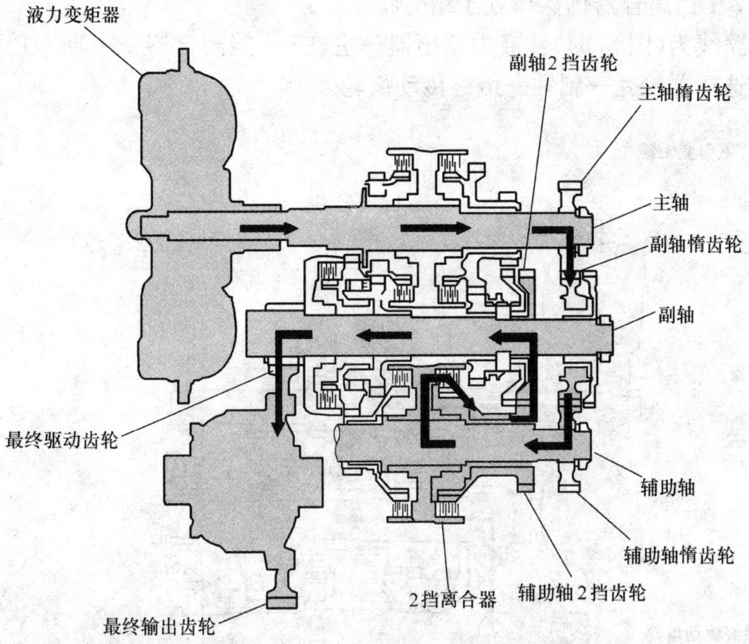

图5.32 2挡传动示意图

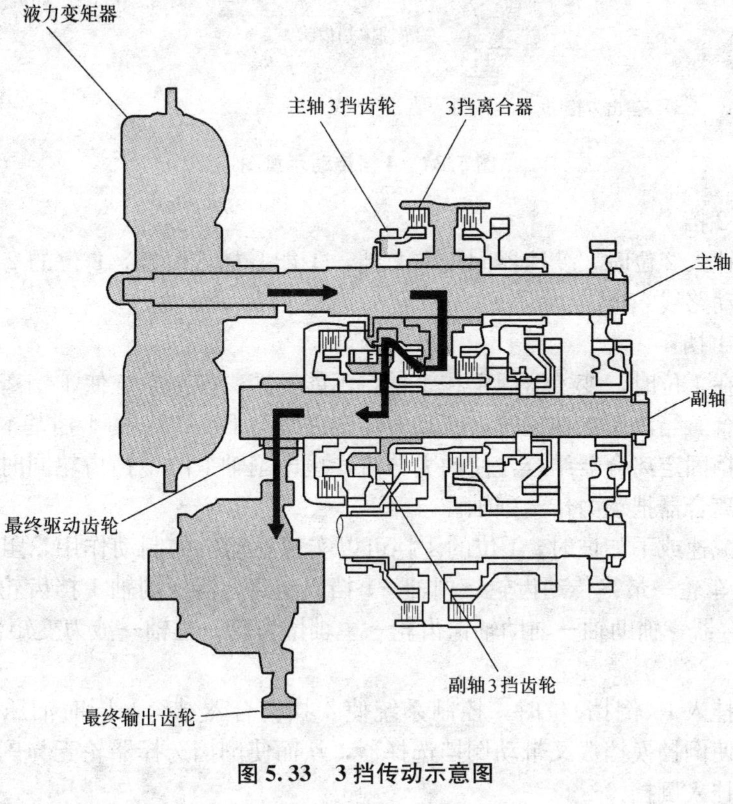

图5.33 3挡传动示意图

4) D_4 和 D_3 位的4挡

当变速杆挂在 D_4 位，且车速达到3～4挡升挡点，控制系统释放3挡离合器，并使4

挡离合器接合，1 挡离合器仍保持处于结合状态。

动力传动路线为(图 5.34)：液力变矩器→主轴→4 挡离合器→主轴 4 挡齿轮→副轴 4 挡齿轮→倒挡选择器轮壳→副轴→最终传动齿轮。

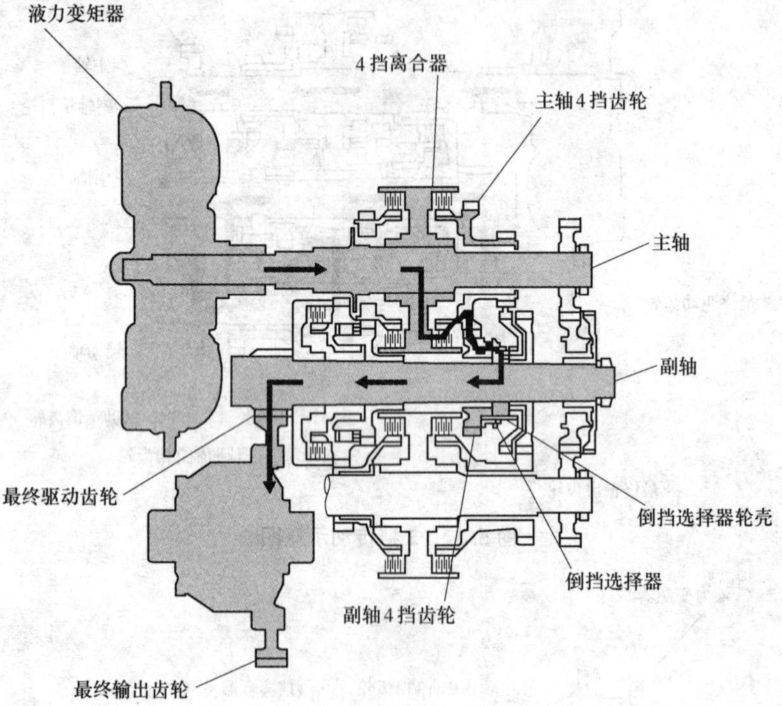

图 5.34　4 挡传动示意图

5) 2 位的 2 挡

当变速杆挂入 2 位时，变速器固定在 2 挡，不能升挡或降挡。2 位的 2 挡与 D_4 和 D_3 的 2 挡动力传动路线一样。

6) 1 位的 1 挡

当变速杆在 1 位时，变速器固定在 1 挡，不能升挡。控制系统使 1 挡离合器和 1 挡固定离合器都结合。当汽车在加速时，其动力传动路线与 D_4 和 D_3 的 1 挡基本相同，其区别仅在于由于 1 挡固定离合器结合，使动力分流，也即副轴上的 1 挡齿轮同时通过单向离合器和 1 挡固定离合器把动力传给副轴。

当在汽车减速或下陡坡时，1 位的 1 挡可以实现发动机的制动作用，阻力传递路线如下(图 5.35)：车轮→最终传动齿轮→副轴→1 挡固定离合器→副轴 1 挡齿轮→辅助轴 1 挡齿轮→1 挡离合器→辅助轴→辅助轴惰齿轮→主轴惰齿轮→主轴→液力变矩器→发动机。

7) 倒挡

当变速杆挂入 R(倒挡)位时，控制系统使 4 挡离合器结合，同时油压传输至伺服油缸，油缸动作使倒挡换挡拨叉带动倒挡选择器，从而使倒挡选择器轮壳与副轴倒挡齿轮相啮合，使汽车挂入倒挡。

倒挡的动力传动路线为(图 5.36)：液力变矩器→主轴→4 挡离合器→主轴倒挡齿轮→副轴倒挡齿轮→副轴→最终传动齿轮。

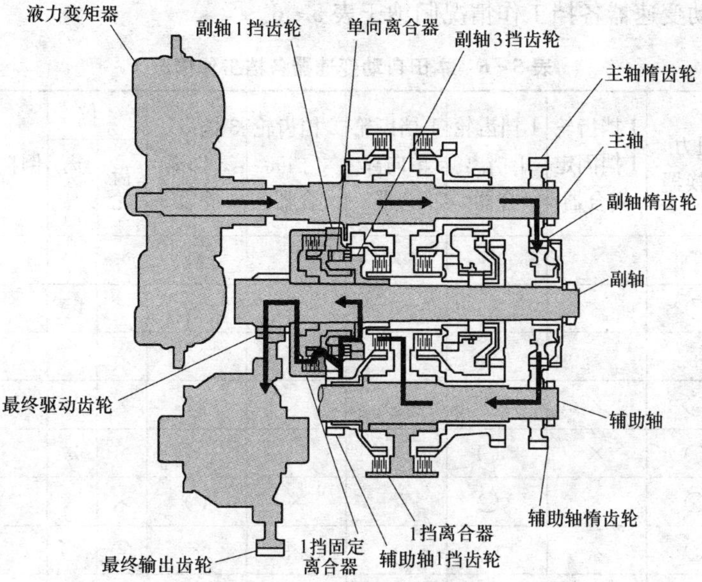

图 5.35 发动机制动

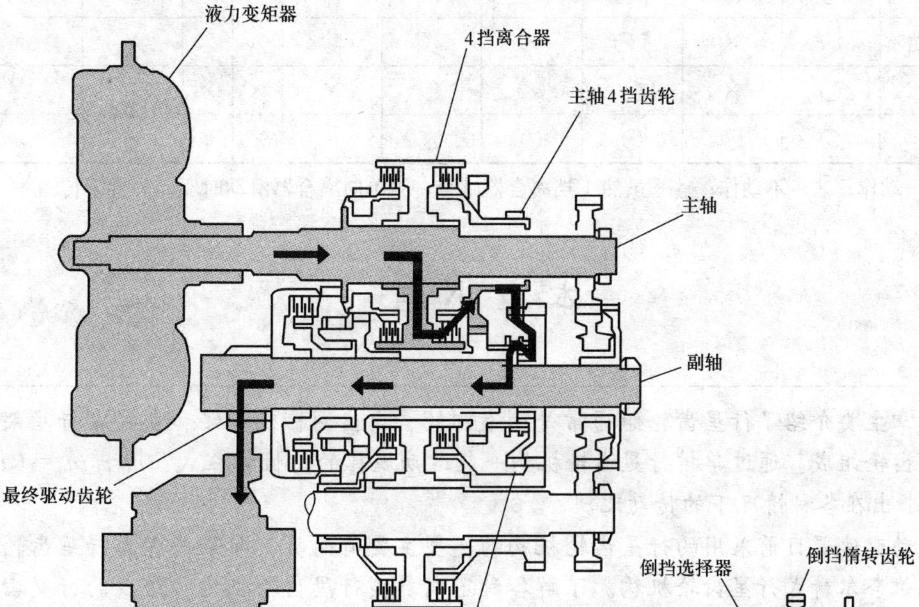

图 5.36 倒挡传动路线

8）本田自动变速器各挡工作情况归纳于表 5－6。

表 5－6　本田自动变速器各挡工作情况

排挡情况 \ 零件		扭力转换器	1挡齿轮 1挡固定离合器	1挡齿轮 1挡离合器	1挡齿轮 单向离合器	2挡齿轮 2挡离合器	3挡齿轮 3挡离合器	4挡		倒挡齿轮	停车齿轮
								齿轮	离合器		
P		○	×	×	×	×	×	×	×	×	○
R		○	×	×	×	×	×	×	○	○	×
N		○	×	×	×	×	×	×	×	×	×
D_4	1挡	○	×	○	○	×	×	×	×	×	×
	2挡	○	×	#○	×	○	×	×	×	×	×
	3挡	○	×	#○	×	×	○	×	×	×	×
	4挡	○	×	#○	×	×	×	○	○	×	×
D_3	1挡	○	×	○	○	×	×	×	×	×	×
	2挡	○	×	#○	×	○	×	×	×	×	×
	3挡	○	×	#○	×	×	○	×	×	×	×
2		○	×	○	×	○	×	×	×	×	×
1		○	○	○	○	×	×	×	×	×	×

注：○—动作；×—不动作；#—虽然 1 挡离合器啮合，当单向离合器滑动时驱动力并未传输

本章小结

本章主要介绍了行星齿轮组通常是由太阳轮、内齿圈、行星架和支撑在行星架上的行星齿轮组成。通过单排行星齿轮机构一般运动规律的特性方程式：$n_t + a n_q = (a+1) n_j$，求出在各种情况下的传动比。

自动变速器目前采用的行星齿轮机构的类型主要有两类，即辛普森式行星齿轮机构和拉维奈尔赫式行星齿轮机构。了解各种不同类型行星齿轮机构所组成的行星齿轮变速器的结构和工作原理，是掌握各种不同车型自动变速器结构和工作原理的关键。

同时本章最后介绍了固定轴式自动变速器的基本结构和工作原理。

综合练习

一、填空题

1. 最简单的行星齿轮机构是由 1 个__________、1 个__________、1 个__________和支承在行星架上的几个行星小齿轮组成的，称为 1 个行星排。

2. 按照齿轮的啮合方式分类，行星齿轮机构可以分为________和________。

3. 公式________为单排行星齿轮机构一般运动规律的特性方程式。

4. 单排行星齿轮机构的传动比取决于________和________，与行星小齿轮的齿数无关。

5. 将齿圈固定，以太阳轮为主动件，行星架为从动件，则传动比 $i=$________。

6. 将行星架固定，以内齿圈为主动件，太阳轮为从动件，传动比 $i=$________。

7. 将行星架固定，以太阳轮为主动件，内齿圈为从动件，传动比 $i=$________。

8. 将太阳轮固定，以行星架为主动件，内齿圈为从动件，则传动比 $i=$________。

9. 自动变速器上使用的行星齿轮机构，应用较多的有________齿轮机构和________齿轮机构。

10. 在辛普森式行星齿轮机构中设置 5 个换挡操作组件(2 个离合器、2 个制动器和 1 个单向超速离合器)，即可使之成为一个具________个前进挡和________个倒挡的行星齿轮变速器。

11. 拉维奈尔赫式行星齿轮机构，由一个单行星轮式行星排和一个双行星轮式行星排组合而成：________和________、________、________共同组成一个单行星轮式行星排；________、________、________、________和________共同组成一个双行星轮式行星排。

12. 拉维奈尔赫式行星齿轮机构的 2 个行星排共享一个________和一个________，因此它只有 4 个独立组件。

13. 一般电子控制平行轴式自动变速器的操作组件包括五个多片式离合器、一个________和一个________。

二、思考题

1. 辛普森式行星齿轮机构的特点是什么？

2. 拉维奈尔赫式行星齿轮机构的特点是什么？

3. 如何把一个拉维奈尔赫式 3 挡行星齿轮变速器变成一个具有超速挡的 4 挡行星齿轮变速器以及 4 挡行星齿轮变速器的工作特点是什么？

三、计算题

一个 F3/R1 变速器，两个行星排结构特性参数相同为 α，请计算其各挡速比。其传动简图如图 5.37 所示。

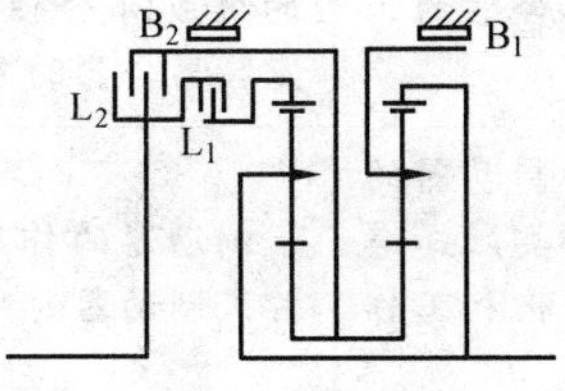

各挡工作的操纵件

挡	L_1	L_2	B_1	B_2	i (传动比表达式)
$F_Ⅰ$	+			+	
$F_Ⅱ$	+		+		
$F_Ⅲ$	+	+			
R		+	+		

图 5.37 F3/R1 变速器传动简图

第6章 自动变速器换挡执行机构设计

教学目标

通过本章学习，了解自动变速器执行机构的基本作用以及组成该机构的执行组件，熟悉这些执行组件的结构和工作原理；初步掌握单向离合器的设计方法。

教学要求

知识要点	能力要求	相关知识
执行组件的基本作用	熟悉执行组件，以及怎样通过执行组件来发挥执行机构的基本作用	执行组件及执行机构的基本作用
离合器的结构和工作原理	能够知道离合器的作用，以及通过其组成部分掌握离合器的工作原理	离合器的作用和分类，离合器的组成部分以及各个部分的特点，离合器的工作原理
制动器的结构和工作原理	能够知道变速器中的制动器的选用以及作用，了解分类，知道不同类别的变速器的结构和工作原理	制动器的作用和分类，带式和片式制动器的结构与工作原理
单向离合器的结构及其设计和工作原理	能够知道单向离合器的工作原理，能根据相关的公式进行单向离合器的设计和分析	单向离合器的概念，工作原理，分类，两种类型的单向离合器的结构设计

导入案例

图 6.1 为 4L60(THM700)自动变速器由一个制动带、五个多片式离合器和一个单向离合器控制动力传输。其各执行组件的作用见表 6-1。

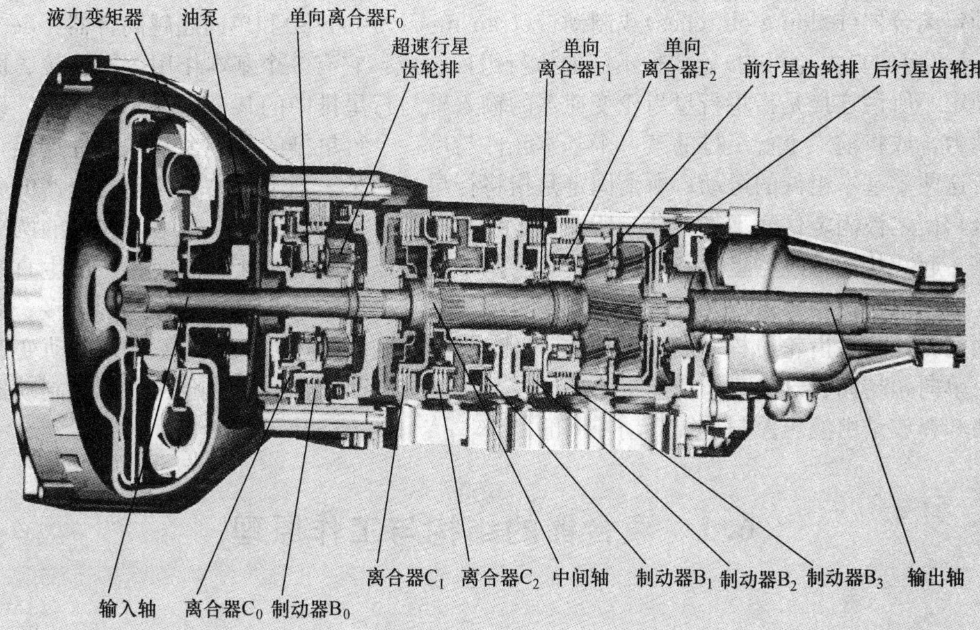

图 6.1 4L60 自动变速器

表 6-1 4L60(THM700)自动变速器各执行组件的作用表

挡　位	2～4 挡制动器	动力输入离合器	单向离合器	前进挡离合器	前进挡单向离合器	3～4 挡离合器	低挡单向离合器	低-倒挡离合器
功　能	制动	驱动	驱动	驱动	驱动	驱动	制动	制动
自动 1 挡				工作	有效		有效	
自动 2 挡	工作			工作	有效			
自动 3 挡				工作	有效	工作		
自动 4 挡	工作			工作		工作		
手动 3 挡			工作	工作	有效	工作		
手动 2 挡			工作	工作	有效			
手动 1 挡			工作	工作	有效		有效	工作
倒　挡		工作						工作

问题：

指出图 6.1 中离合器、制动器和单向离合器的位置，并说明离合器、制动器的区别。

行星齿轮变速器的换挡执行机构与传统的手动齿轮变速器不同，行星齿轮变速器中的所有齿轮平常都是处于啮合状态，它的挡位变换是由不同的方式对行星齿轮机构的基本元件进行固定或连接来执行换挡的，通过适当地选择固定或连接的基本元件及固定或连接方式，可以使该机构具有不同的传动比，从而组成不同的挡位。

行星齿轮变速器的换挡执行机构由离合器(driving clutches or input clutches)、制动器或锁定离合器(holding clutches)或制动带(transmission bands)和单向超越离合器(one-way clutch)(单向自由轮机构)等 3 种不同的执行组件组成，它有 3 个基本作用，即连接、固定和锁定。所谓连接是指将行星齿轮变速器的输入轴与行星排中的某个基本元件连接，以传递动力，或将前一个行星排的某一个基本元件与后一个行星排的某一个基本元件连接，以约束这两个基本组件的运动；所谓固定是指将行星排的某一基本元件与自动变速器的壳体连接，使之被固定住而不能旋转；所谓锁定是指把某个行星排的 3 个基本元件中的两个连接在一起，从而将该行星排锁定，使其 3 个基本元件以相同的转速一同旋转，产生直接传动。换挡执行机构各执行元件按一定规律对行星齿轮机构的某些基本元件进行连接、固定或锁定，让行星齿轮机构获得不同的传动比，从而执行挡位的变换。在液力自动变速器中，单向超越离合器的工作情况是由运动条件所决定，而离合器的接合和分离及制动器的制动和释放是由液压控制系统自动控制的。

6.1 离合器的结构与工作原理

1. 离合器的作用

1）连接作用

将行星齿轮机构中某一元件与主动部分相连，使该元件成为主动部件。

2）锁定作用

将行星齿轮机构中任二元件锁定为一体，使第三个元件具有相同转速，这时行星齿轮机构作为一个刚性整体，实现直接传动。

离合器的连接作用是传递动力，将行星齿轮变速器的输入轴和行星排的某个基本元件连接，或将行星排的某两个基本元件连接在一起，使之成为一个整体，它是自动变速器中最重要的换挡执行组件之一。在自动变速器换挡执行机构中，目前作为自动变速器换挡执行组件普遍采用的离合器是圆盘式多片湿式离合器(multiple-disc clutches)，如图 6.1 所示。这是由于：①表面积较大，所传递力矩也大，可通过改变施加压力的大小、在摩擦表面单位面积压力不增加的情况下增减片数，达到按要求容量调节工作力矩的目的，便于系列化和通用化。②摩擦副表面单位面积压力分布均匀，摩擦材料磨损均匀，主、被动片间的运转间隙，不需要因磨损或相配衬面的啮合不良而进行调整。③在自动变速器中装配方便，且使用中不需专门调整摩擦片间隙。④对于传动轴没有径向负荷，摩擦组件受力情况与旋转方向无关。但分离时摩擦片间有相对摩滑损失，特别当摩擦片数较多时，空转摩滑损失较大是其缺点。

2. 离合器的分类

离合器的摩擦片是在变速器油中工作，且用油压推动活动进行塞工作。但是否具有良

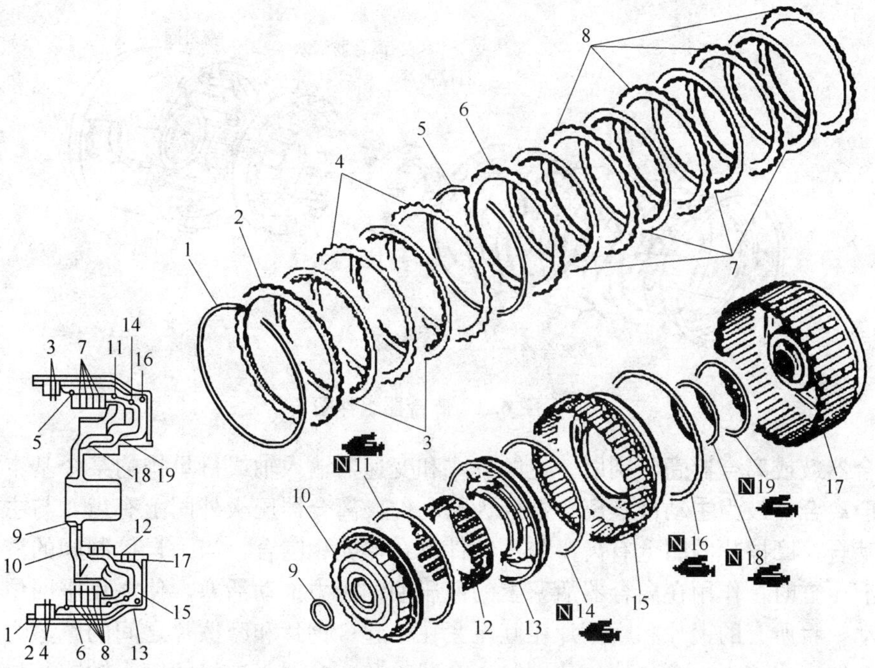

图 6.2 倒挡离合器与 OD 挡离合器

1，5，9—挡圈；2，6—离合器反作用板；3，7—离合器摩擦片；4，8—离合器钢片；
10—弹簧座圈；11，14，16，18，19—0 型密封圈；12—回位弹簧；13—OD 离合器活塞；
15—倒挡离合器活塞；17—倒挡离合器缸体

好的性能和很长的使用寿命是由其结构决定的。按结构特性将离合器分类如下：

(1) 按离合器的数目分为：单离合器和双离合器。

(2) 按离合器油缸的工作方式分为：油缸旋转的缸体移动或活塞移动离合器、油缸可旋转可固定离合器、油缸固定不动(制动器)离合器。

(3) 按活塞受压力方式分为：活塞单面受压离合器、活塞双面受压离合器、活塞分阶段受压离合器。

(4) 按摩擦压紧力传递方式分为：活塞直接压紧离合器、经压板压紧离合器、经杠杆和压板压紧离合器、经弹簧(盘片)和压板压紧离合器。

离合器通常由离合器鼓(缸体)(clutch drum)、离合器活塞(piston)、回位弹簧(return spring)、弹簧座(spring retainer)、钢片(steel discs)、摩擦片(friction discs)、离合器压板(pressure plate)、卡环(snapring)、离合器壳(clutch hub)及密封圈(piston seal rings)组成，如图 6.3 所示。在有些自动变速器中，将两个离合器合成一体，装在同一个离合器壳内，以使结构更加紧凑。

离合器活塞安装在离合器缸体内，它是一种环状活塞，由活塞内外圆的密封圈确保其密封，从而和离合器缸体一起形成一个封闭的环状液压缸，并通过离合器缸内的进油孔和控制油道相通，钢片和摩擦片交错排列，两者统称为离合器片组，钢片的外花键齿安装在离合器鼓的内花键齿圈上，可沿齿圈键槽作轴向移动；摩擦片由其内花键齿与离合器壳的外花键齿连接，也可沿键槽作轴向移动，摩擦片的两面(衬面)均为摩擦因数较大的铜基粉末冶金层或合成纤维层等。

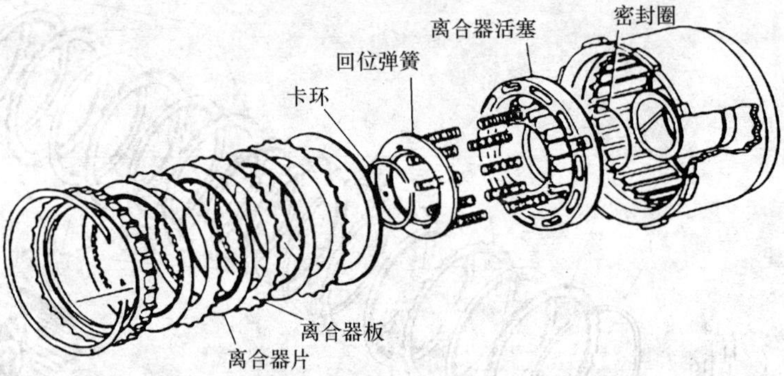

图 6.3　离合器组件图

离合器鼓或离合器壳分别以一定的方式和变速器输入轴或行星排的某个基本元件相连接，一般离合器鼓为主动件，离合器壳为从动件。离合器压板外圈上有齿，与主动件离合器鼓相啮合；摩擦片内圈上有齿，与从动件离合器壳相啮合。当来自控制阀的液压油进入离合器液压缸时，作用在离合器活塞上的液压油的压力推动活塞，使之克服回位弹簧的弹力而移动，将所有的钢片和摩擦片相互压紧在一起；钢片和摩擦片之间的摩擦力使离合器鼓和离合器壳连接为一个整体，分别与离合器鼓和离合器壳连接的输入轴或行星排的基本组件也因此被连接在一起，此时离合器处于接合状态。

当液压控制系统将作用在离合器液压缸内的液压油的压力解除后，离合器活塞在回位弹簧的弹力作用下压回液压缸的底部，并将液压缸内的液压油从进油孔排出，此时离合器的钢片与摩擦片间存在间隙而相互分离，两者之间无压力，离合器处于分离状态，离合器鼓和离合器壳可以朝不同的方向或以不同的转速旋转；离合器活塞和离合器片或离合器片和卡环之间有一定的轴向间隙，以确保钢片和摩擦片之间无任何轴向压力；这一间隙称为离合器的自由间隙，其大小可以用弹簧挡圈的厚度来调整。一般离合器自由间隙的标准为0.5～2.0mm，离合器自由间隙标准的大小取决于离合器片的片数和工作条件，通常离合器片数越多或该离合器的交替工作越频繁，其自由间隙就越大。

有些离合器在活塞和钢片之间有一个碟形环，如图 6.4 所示。它具有一定的弹性，可以减缓离合器接合时的冲击力。

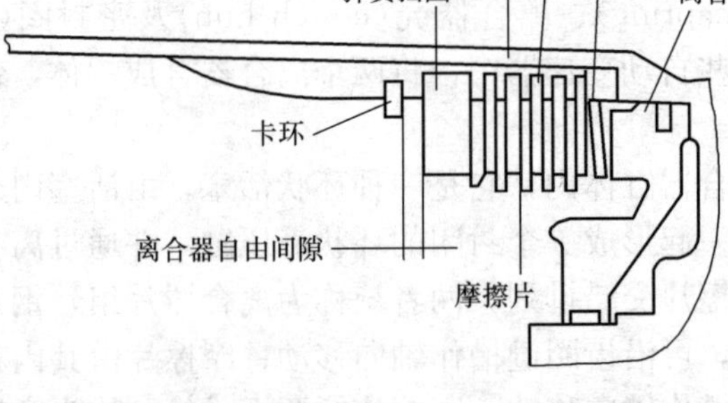

图 6.4　离合器挡圈(卡环)和碟形环

离合器处于分离状态时，其液压缸内仍残留有少量液压油，由于离合器鼓是随同变速器输入轴或行星排某一基本件一同旋转的，残留在液压缸内的液压油在离心力的作用下会被甩向液压缸外缘处，并在该处产生一定的油压。若离合器鼓的转速较高，这一压力有可能推动离合器活塞压向离合器片，使离合器处于半接合状态，导致钢片和摩擦片因互相接触摩擦而产生不应有的磨损，影响离合器的使用寿命。为了防止这种情况出现，在离合器活塞或离合器鼓的液压缸壁面上设有一个由钢球组成的单向阀或节流孔，当液压油进入液压缸时，钢球在油压的推动作用下压紧在阀座上，单向阀处于关闭状态，确保液压缸的密封；当液压缸内的油压被解除后，单向阀的钢球在离心力的作用下离开阀座，使单向阀处于开启状态，残留在液压缸内的液压油在离心力的作用下从单向阀的阀孔中流出，保证了离合器彻底分离。

当离合器处于接合状态时，互相压紧在一起的钢片和摩擦片之间要有足够的摩擦力，以确保传递动力时不产生打滑现象，离合器所能传递的动力的大小主要取决于摩擦片的面积、片数及钢片和摩擦片之间的压紧力。钢片和摩擦片之间压紧力的大小由作用在离合器活塞上的液压油的油压及活塞的面积决定，当压紧力一定时，离合器所能传递的动力的大小就取决于摩擦片的面积和片数；在同一个自动变速器中通常有几个离合器，它们的直径、面积基本上相同或相近，但它们所传递的动力的大小往往有很大的差异。为了确保动力的传递，每个离合器所使用的摩擦片的片数也各不相同；离合器所要传递的动力愈大，其摩擦片的片数就越多。一般离合器所使用的摩擦片约为2～6片，离合器钢片的片数应等于或多于摩擦片的片数，以确保每个摩擦片的两面都有钢片。此外可通过增减各个离合器摩擦片的片数来形成不同型号的自动变速器，以满足不同排气量车型的使用要求。在这种情况下，当减少或增加摩擦片的片数时，要相对应增加或减少钢片的个数或增减调整垫片的厚度，以确保离合器的自由间隙不变。因此，有些离合器在相邻两个摩擦片之间装有两片钢片，这是为了确保自动变速器在改型时的灵活性，并非漏装了摩擦片。

影响离合器工作寿命的因素主要是摩擦片表面的耐磨性，其次是自动换挡的接合时间。在自动变速器的使用过程中，如果变速器油量不够、或变质、或者油路系统漏油，导致离合器接合时油缸油压不够，引起离合器打滑或接合时间长，将造成接合时严重发热而引起摩擦材料的烧伤和过度磨损。

目前，在自动变速器离合器中，摩擦衬片广泛采用纸质浸树脂材料，由于其性能优越，有取代铜基烧结粉末冶金的趋势。使用纸质材料与钢片摩擦时，其动摩擦因数约为0.14，大于静摩擦因数(约为0.10)，而使用粉末金属与钢片摩擦时，其动摩擦因数却小于静摩擦因数(仅约为后者的1/2)。在摩擦片的摩擦衬片表面上都有油槽，其作用：一是破坏油膜，提高滑动摩擦时的摩擦因数，同时又具有一定的润滑能力；二是确保变速器油能流通过，以冷却摩擦表面。

离合器活塞回位弹簧有4种形式，如图6.5所示，即圆周均布螺旋弹簧式(several smaller springs)、中央螺旋弹簧式(center spring)、波形弹簧式(coil return spring)和膜片弹簧式(belleville spring)，如图6.5所示。圆周均布螺旋弹簧式具有压力分布均匀、轴向尺寸小、成本低等优点，为绝大多数自动变速器的离合器所采用；其缺点是要占据较大的径向空间。中央螺旋弹簧式的轴向尺寸较大，而且压力分布不够均匀，因此较少采用。膜片弹簧式是采用一个由薄弹簧钢板制成的碟形膜片弹簧作为离合器活塞的回位弹簧，膜片弹簧的外圆被一个卡环固定在离合器鼓上，以此作为膜片弹簧工作的支点，并依靠自身的弹力使内圆端面压在离合器活塞上，从而使活塞靠向离合器鼓液压缸的底部，此时离合器处于分离状态；当液压油进入液压缸推动活塞时，膜片弹簧的内圆端面被活塞压向离合器压盘，使膜片弹簧变形，并通过膜片弹簧内外圆之间的一个环形部分推压离合器压盘，将离合器片压紧在一起。由于活塞的推力是通过膜片弹簧传给离合器压盘的，因此此时膜片弹簧相当于一个支点位于离合器鼓上的杠杆，根据杠杆原理，作用在离合器压盘上的压力将大于液压油作用在离合器活塞上的压力，因此，膜片弹簧式可以允许活塞有较小的尺寸，此外，膜片弹簧还具有理想的非线性弹性特性，液压油在推动活塞移动时要克服的回位弹簧弹力较小，而且随着活塞的位移，回位弹簧的弹力基本保持不变，使液压油的压力得到充分的利用。

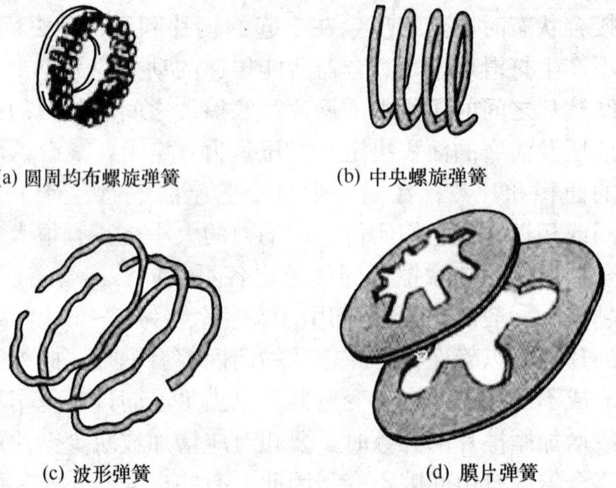

(a) 圆周均布螺旋弹簧　(b) 中央螺旋弹簧

(c) 波形弹簧　(d) 膜片弹簧

图 6.5　离合器活塞回位弹簧类型

6.2　制动器的结构与工作原理

在汽车传动系统中，制动器的功用是在制动或放松旋转件，在摩滑同步过程中将运动件制动，并施加制动力矩。在液压传动装置中的制动器按用途可分换挡制动器、转向制动器和停车制动器。在自动变速器中所使用的制动器为换挡制动器，其作用是将行星排中的太阳轮、内齿圈、行星齿轮架这 3 个基本元件之一与变速器壳体相连，使该元件约束而固定，以执行换挡。在自动变速器中作为换挡执行机构的制动器的结构形式较多，分类方法如下：

1. 按其结构特性区分

1）带式

(1) 单带式：单端操纵、浮式、双端操纵。

(2) 双带式。

2）片式

(1) 多片式：油缸加压、机械加压。

(2) 圆盘式。

3）锥式

（1）单面。

（2）双面。

目前最常见的是带式制动器和片式制动器两种。

2. 带式制动器结构与工作原理

带式制动器又称制动带（transmission bands），如图 6.6 所示，主要是透过制动带对正在旋转的组件进行锁定或放松，由油缸和杠杆作拉紧机构。

其常用的三种传力方式为：

（1）油缸活塞杆直接压紧制动带紧端；

（2）油缸活塞作用力经杠杆放大后压紧制动带紧端；

（3）油缸活塞作用力经杠杆放大，杠杆支撑点仅受部分反作用力。

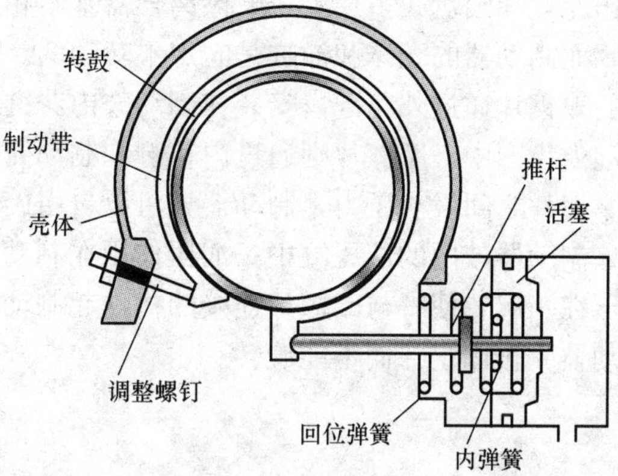

图 6.6 带式制动器

带式制动器由制动鼓（brake drum）、制动带（flexible band）、液压缸（hydraulic cylinder）、活塞（hydraulic piston）、调整螺钉（band anchor/adjustment screw）和顶杆（lever）等组成。

制动鼓通常就是离合器的外壳，制动鼓与行星排的某一基本组件连接，并随之一同旋转，制动带的一端支承在变速器壳体的制动带支架或制动带调整螺钉上，另一端与液压缸活塞上的推杆连接，制动带内表面为一层摩擦因数较高的摩擦衬片。液压缸被活塞分隔为施压腔和释放腔两部分，分别通过各自的控制油道与控制阀相通，制动带的工作由作用在活塞上的液压力控制。当液压缸的施压腔和释放腔内均无工作油时，带式制动器不工作。制动带与制动鼓之间有一定的间隙，制动鼓可以随着与它相连接的行星排基本元件一同旋转，当工作油进入制动器液压缸的施压腔时，作用在活塞上的油压推动活塞，克服回位弹簧的弹力，活塞上的推杆（operating rod）随之向外伸出，将制动带箍紧在制动鼓上，于是制动鼓被固定住而不能旋转，此时制动器处于制动状态。在制动器处于制动状态时，工作油进入液压缸的释放腔，由于释放腔一侧的活塞面积大于施压腔一侧的活塞面积，活塞两侧所受的工作油作用力不相等。释放腔一侧的作用力高于施压腔一侧的作用力，因此活塞在这一压力差及回位弹簧弹力的共同作用下向后移，推杆随之回缩，制动带被放松，使制动器由制动状态转变成释放状态，这种控制方式可以使控制系统得到简化。

当带式制动器不工作或处于释放状态时，制动带与制动鼓之间应有适当的间隙，间隙太大或太小都会影响制动器的正常工作。间隙的大小可用制动带调整螺钉来实现，在组装时，一般将螺钉锁紧至一定力矩，然后再退回规定的圈数。

带式制动器的制动带包角应尽量接近 360°，一般为 330°～345°；而为减小低速挡制动器操纵力，有的自动变速器采用双圈式制动带结构。例如，摩擦因数设为 $\mu=0.1$，当要求制动力矩相同时，采用双圈式制动带（包角 2×345°）的操纵力仅约为单圈制动带（包角 345°）的 1/2.8。

与片式制动器相比，带式制动器虽然存在使变速器壳体上产生局部的高应力区和制动带磨损后需要调整间隙等缺点，但带式制动器结构简单、轴向尺寸小、维修方便、便于安装和可以缩短变速器的长度等优点，在早期中也被广泛应用于轿车的自动变速器；但它的工作平顺性较差。为克服这一缺陷，可在控制油路中设置缓冲阀或减振阀，使之在开始接合时液压缸内的油压能缓慢上升，以缓和制动力的增加速度，改善工作平顺性。

3. 片式制动器结构与工作原理

片式制动器由制动器鼓(drum)、制动器活塞(apply piston)、回位弹簧(return spring)、钢片(steel discs)、摩擦片(friction discs)及制动器壳(case)组成，如图6.7所示。工作原理和圆盘式多片湿式摩擦离合器基本相同；其差别在于离合器的壳体是一个主动部件，而制动器的壳体和油缸是固定不转动的。即片式制动器的制动鼓是固定在变速器壳体上的，钢片通过外花键齿安装在制动鼓内花键内齿圈中，或直接安装在变速器壳体上的内花键内齿圈中，摩擦片则通过内花键和制动壳上的外花键连接。当制动器不工作时，钢片和摩擦片之间没有压力，制动器壳可以自由旋转；当制动器工作时，来自控制阀的工作油进入制动器鼓内的液压缸中，油压作用在制动器活塞上，推动活塞将制动器摩擦片和钢片紧压在一起，使得与摩擦片连接的构件起制动约束的作用，与行星排某一基本元件连接的制动器壳被固定住而不能旋转。

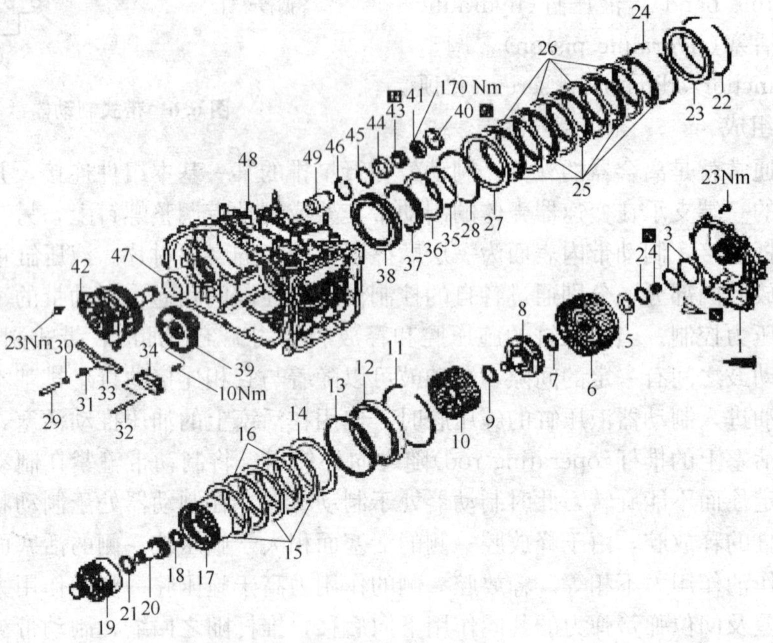

图6.7 汽车片式制动器结构件

1—后盖；2—止推座圈；3—密封环；4—输入轴后轴承；5，7，9，18，21—止推轴承；6—倒挡及OD离合器；8—OD离合器轮毂；10—行星倒挡太阳齿轮；11，22，24，35，46—扣环；12—第2制动器活塞；13，37—回位弹簧；14，27—压板；15—第2制动器片；16—第2制动器板；17—OD行星架；19—输出行星架；20—OD太阳齿轮；23—反作用板；25—低-倒挡制动器片；26—低-倒挡制动器板；28—波形弹簧；29—驻车爪轴；30—隔圈；31—驻车爪弹簧；32—驻车滚子支架轴；33—驻车爪；34—驻车滚子支架；36—弹簧挡圈；38—低-倒挡制动器活塞；39—驱动轴驱动齿轮；40—盖子；41—防松松帽；42—输出轴；43—锥形滚子轴承；44，47—外座圈；45—隔圈；48—变速器壳；49—套环片式制动器的工作平顺性优于带式制动器，因此近年来在轿车自动变速器中，采用片式制动器的越来越多，另外，片式制动器也易于通过增减摩擦片的片数来满足不同排气量发动机的要求。

6.3 单向离合器结构设计

1. 单向超越离合器结构与工作原理

单向超越离合器(one-way clutch)又称自由轮离合器，它广泛应用在行星齿轮变速器及综合式液力变矩器中，一般都有一个或几个单向超越离合器。它可以控制一些组件只能作单一方向的转动，而不能反转，而且它是根据相对运动情况而自动换挡的执行机构，也正因为这一点，它被普遍用于自动变速器上。单向超越离合器在行星齿轮变速器中的作用和离合器、制动器相同，也是用于固定或连接几个行星排中的某些太阳轮、行星齿轮架，内齿轮等基本元件。让行星齿轮变速器组成不同传动比的挡位，因此它也是行星齿轮变速器的换挡元件之一。不同之处在于它是依靠其单向锁定原理来发挥固定或连接作用的，其连接和固定也只能是单方向的。当与之相连接的元件的受力方向与锁定方向相同时，该组件即被固定或连接；当受力方向与锁定方向相反时，该组件即被释放或脱离连接。

单向超越离合器无须控制机构，其动作完全由相连接的组件的受力方向来控制，它能随着行星齿轮变速器挡位的变换，在与之相连接的基本组件受力方向发生变化的瞬间即产生接合或脱离，可确保换挡平顺无冲击，同时还能大大简化液压控制系统。

单向超越离合器有多种形式，目前最常见的是滚柱斜槽式(one-way roller clutch)和楔块式(one-way sprag clutch)两种。

1) 滚柱斜槽式单向超越离合器

滚柱斜槽式单向超越离合器由外环(drum)、内环(hub)、滚柱(roller)、滚柱回位弹簧(spring)等组成，如图6.8所示。内环通常用内花键和行星排的某个基本元件连接或者和变速器壳体连接，外环则通过外花键和行星排的另一个基本元件连接或者和变速器外壳连接。在外环的内表面加工有与滚柱相同数目的楔槽，内外环之间的楔形槽内装有滚柱和弹簧，弹簧的弹力将各滚柱推向楔形槽较窄的一端。当外环相对于内环朝顺时针方向转动时，在刚刚开始转动的瞬间，滚柱便在摩擦力和弹簧力的作用下被卡死在楔形槽较窄的一

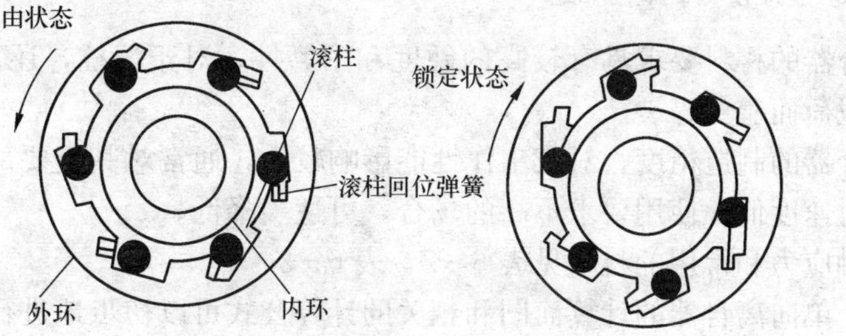

图6.8 滚柱斜槽式单向超越离合器

端。于是内外环互相连接为一个整体，不能相对转动，此时单向超越离合器处于锁定状态，与外环连接的基本组件便被固定住或者与内环相连接的组件连成整体。当外环相对于内环朝逆时针方向转动时，滚柱在摩擦力的作用下，克服弹簧的弹力，滚向楔形槽较宽的一端，出现打滑现象，外环相对于内环可以作自由滑转，此时单向超越离合器脱离锁定而处于自由状态。

单向超越离合器的锁定方向取决于外环上楔形槽的方向，在装配时不可装反，否则会改变其锁定方向，使行星齿轮变速器不能正常工作。有些单向超越离合器的楔形槽开在内环上，其工作原理和楔形槽开在外环上的相同。

2）楔块式单向超越离合器

楔块式单向超越离合器的构造和滚柱斜槽式单向超越离合器相似，有外环、内环、滚子、楔块(sprag)等，如图 6.9 所示。

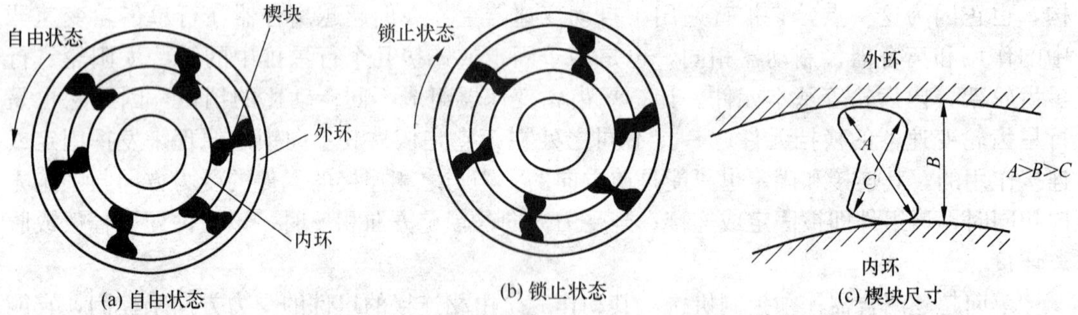

图 6.9　楔块式单向超越离合器

离合器置于外环与内环之间，不同之处在于它的外环或内环上都没有楔形槽，其滚子不是圆柱形的，而是特殊形状的楔块。楔块在 A 方向上的尺寸略大于内外环之间的距离 B，而 C 方向上的尺寸则略小于 B。当外环相对于内环朝顺时针方向旋转时，楔块在摩擦力的作用下立起，因自锁作用而被卡死在内外环之间，使内环和外环无法相对滑转，此时单向超越离合器处于锁定状态；当外环相对于内环朝逆时针方向旋转时，楔块在摩擦力的作用下倾斜，以 C 方向上的尺寸介于内外环之间自由转动，脱离自锁状态，内外环可以相对滑转，此时单向超越离合器处于自由状态。

楔块式单向超越离合器的锁定方向取决于楔块的安装方向，在维修时不可装反，以免影响自动变速器的正常工作。

2. 单向超越离合器的结构设计

超越离合器的材料要求具有较高的硬度和耐磨性。对于滚柱，还需要心部具有韧性，能承受冲击载荷而避免碎裂。

超越离合器的制造精度，对其工作性能影响较大，通常对其重要部位，应按二级精度要求制造，对速度低，使用要求不高的场合，可适当降低。

许用接触应力和常用的材料见表 6－2、表 6－3。

根据各个单向离合器的计算简图和相关的计算公式可以初步地进行离合器的结构设计(如图 6.10、图 6.11 所示和见表 6－4)。

表 6-2 超越离合器材料的许用接触应力 $[\sigma_c]$

离合器需要的楔合次数	许用接触应力，$[\sigma_c]$，N/mm^2	离合器需要的楔合次数	许用接触应力，$[\sigma_c]$，N/mm^2
10^7	1422～1766	(0.5～1)×105	4120
10^6	3041～3237		

注：1. 一般可取额定楔合次数为 10^6。

2. 离合器的楔合次数在 10^7 时，通常许用接触应力 $[\sigma_1]=(250\sim300)$HRC，N/mm^2。

表 6-3 超越离合器的常用材料

零　件	材　料	热 处 理	说　明
内外环或内外星轮	GCr15 T10A 20Cr，20MnVB	HRC 58～64 HRC 56～62 HRC 60～64	1. 20Cr，20MnVB 的渗碳厚度在零件半径 $R=15\sim100$ 时可取，$\delta=0.8\sim2$mm 2. 外半径 R 超过或星轮可以可以考虑采用与铸铁和普通钢配合的嵌镶结构以节省优质钢材
滚柱或楔块	GCr15 GCr15SiMn T10A T8A	HRC 58～64 HRC 56～62 HRC 60～64	

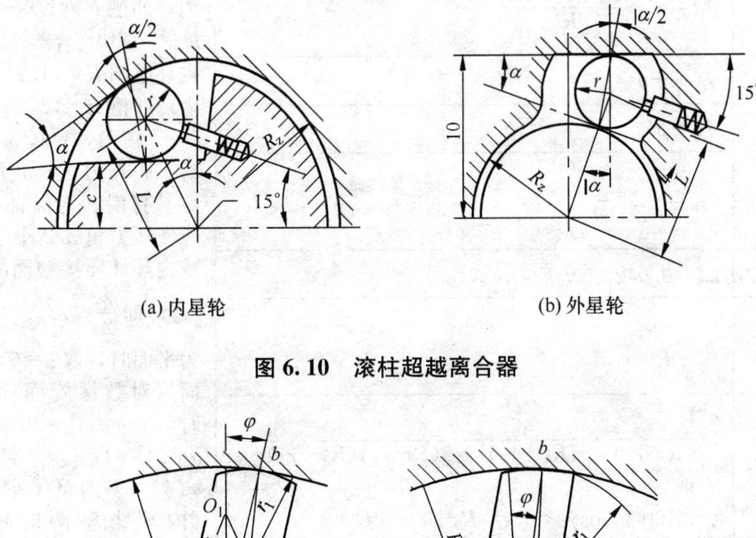

(a) 内星轮　　(b) 外星轮

图 6.10 滚柱超越离合器

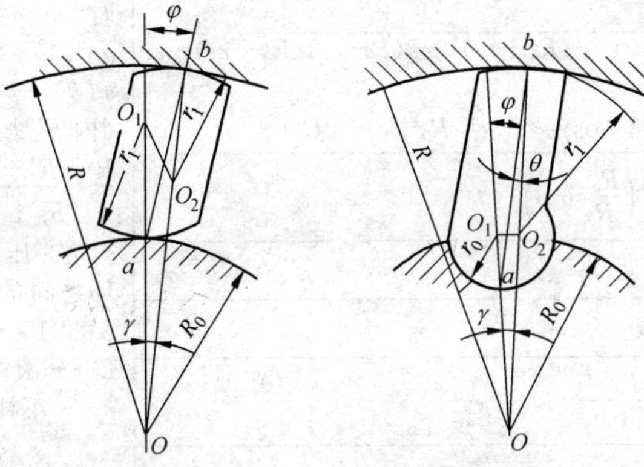

(a) 内环带凹槽　　(b) 内环为整圆

图 6.11 楔块超越离合器

表 6-4　超越离合器的计算

	计算项目	计算公式	说　　明
滚柱超越式	楔紧平面至轴心线距离	$c=(R\pm r)\cos\alpha\pm r$ 内星轮用"−"，外星轮用"+"	β——工作储备系数，$\beta=1.4\sim5$ T_t——需要传递的扭矩，N·cm R_z——滚柱离合器外环内半径，cm， $R_s=(4.5\sim15)r$，一般取 $R_z=8r$ b——滚柱长度，cm， $b=(2.5-8)r$，一般取 $b=(3-4)r$ E_v——当量弹性模数钢对钢 $E_v=2.06\times10^5\ \mathrm{N/mm^2}$ $[\sigma_j]$——许用接触应力，N/mm²，见表 6-1 u——摩擦因数，一般取 $\mu=0.1$ m——滚柱质量，kg n——外圈转速，r/min z——滚柱数目，(8～20) R_0——内环外半径，cm， $R_0=(4-4.5)r_1$ l——楔块长度，cm， 内环整圆 $l=(2.6-4)r_1$， 内环凹槽 $l=(1.6-2)r_1$ R——楔块离合器外环内半径，cm， 内环整圆 $R=(1.2\sim1.44)R_0$， 内环凹槽 $R=(3.2\sim3.5)r_1$ α——楔角，(°)，α 小，楔合容易，脱开力大；α 大，不易楔合或易打滑。为保证滚柱不打滑，应使压力角 $\alpha/2$ 小于滚柱对星轮或内环外环接触面的最小摩擦角 ρ_{min}，即 $\frac{\alpha}{2}<\rho_{min}$。当星轮工作面为平面时，取 $\alpha=6°\sim8°$；当工作面为对数螺旋面或偏心圆弧面时，取 $\alpha=8°\sim10°$；最大极限值 $\alpha=14°\sim17°$ $\varphi(\theta)$——内环（外环）压力角，（内环为整圆时）：$\varphi=\arccos\dfrac{R^z-R_0^2-\overline{ab}^z}{2R_0\ \overline{ab}}$ 为了保证工作时不打滑，压力角 φ 不得超过与内外环之间的最小摩擦角，一般取 $\varphi=2°15'\sim4°30'$ L——滚柱与星轮中心距，cm r——滚柱半径，cm
	计算转矩	$T_{ti}=\beta T_t$	
	正压力	$N=\dfrac{T_{ti}}{(L\pm r)\mu z}$，内星轮用"+"，外星轮用"−"	
	接触应力	$\sigma_j=0.042\sqrt{NE_v/b\rho_v}\leqslant[\sigma_j]$	
	当量半径：内星轮 外星轮	$\rho_v=r$，$\rho_v=R_z r/R_z+r$	
	弹簧压力	$P_E\geqslant\dfrac{(\alpha+\mu)(d_1+r)mn^2}{18\times10^5}$	
内环带凹槽楔块超越式	楔块偏心距	$e=O_1O_2=R_0\sin r\approx R_0 r$	
	处环处压力角	$\theta=\sin^{-1}\dfrac{(R_0-r_0)\sin r}{R}$	
	中心角	$\gamma=\varphi-\theta$	
	计算转矩	$T_{tj}=\beta T_t$	
	b 点正压力	$N_b=\dfrac{T_{tj}}{RZ\tan\theta}$	
	b 点接触应力	$\sigma_{bj}=0.042\sqrt{N_b E_v/l\rho_v}\leqslant[\sigma_j]$	
	当量曲率半径	$p_v=\dfrac{Rr_1}{R-r_1}$	
内环为整圆楔块超越式	楔块偏心距	$e=\sqrt{(R-r_1)^2+(R_0+r_1)^2-2(R-r_1)(R_0+r_1)\cos r}$ 一般 $\gamma<1°30'$，$\cos\gamma\approx1$，$e\approx R_0+2r_1-R$	
	外环处压力角	$\theta=\sin^{-1}\left(\dfrac{R_0}{R}\sin\varphi\right)$	
	中心角	$\gamma=\varphi-\theta$	
	计算转矩	$T_{tj}=\beta M_t$	
	a 点正应力	$N_a=\dfrac{T_{tj}}{R_0 Z\tan\varphi}$	
	a 点接触应力	$\sigma_{bj}=0.042\sqrt{N_a E_v/l\rho_v}\leqslant[\sigma_j]$	
	当量曲率半径	$p_v=\dfrac{R_0 r_1}{R_0+r_1}$	

本章小结

本章主要介绍自动变速器的执行机构。执行机构是变速器的一个重要组成部分，包括离合器、制动器或锁定离合器或制动带和单向超越离合器等五种不同的执行组件，它有连接、固定和锁定三个基本作用。

离合器具有连接、锁定作用，各部分相互配合以实现离合器的作用，影响离合器工作寿命的因素主要是摩擦片表面的耐磨性，其次是自动换挡的接合时间。

自动变速器中所使用之制动器为换挡制动器，制动器的作用是将行星排中的太阳轮、内齿圈、行星齿轮架等基本元件之一与变速器壳体相连，使该元件约束而固定，以执行换挡。

单向超越离合器应用在行星齿轮变速器及综合式液力变矩器中，其动作完全由相连接的组件的受力方向来控制，最常见的是滚柱斜槽式和楔块式两种。在单向离合器的结构设计中，超越离合器的制造精度，对其工作性能影响较大。

【关键术语】

执行机构　基本作用　离合器　制动器　单向离合器　结构　工作原理

综合练习

一、填空题

1. 行星齿轮变速器的换挡执行机构由________、________或________或________和________等3种不同的执行元件组成。

2. 行星齿轮变速器有3个基本作用，即________、________和________。

3. 所谓________是指将行星齿轮变速器的输入轴与行星排中的某个基本元件连接，以传递动力，或将前一个行星排的某一个基本元件与后一个行星排的某一个基本元件连接，以约束这两个基本元件的运动。

4. 所谓________是指将行星排的某一基本元件与自动变速器的壳体连接，使之被固定住而不能旋转。

5. 所谓________是指把某个行星排的3个基本元件中的两个连接在一起，从而将该行星排锁定，使其3个基本元件以相同的转速一同旋转，产生直接传动。

6. 离合器的作用是________、________。

7. 离合器的________作用是传递动力。

8. 离合器鼓或离合器壳分别以一定的方式和变速器输入轴或行星排的某个基本元件相连接，一般________为主动件，________为从动件。

9. 影响离合器工作寿命的因素是________、________。

10. 在摩擦片的摩擦衬片表面上都有油槽，其作用是________、________。

11. 在自动变速器中所使用的制动器为________，作用是将行星排中的太阳轮、内齿圈、行星架这 3 个基本元件之一与变速器壳体相连。

12. 带式制动器的制动带包角应尽量接近 360°，一般为__________。

13. 片式制动器的__________是固定在变速器壳体上。

14. 单向离合器有多种形式，目前最常见的是__________和__________。

15. 单向离合器的锁定方向取决于__________的方向。

二、思考题

1. 如何判断片式制动器和离合器?

2. 分析不同位置的单向离合器损坏，变速器会出现何种情况。

三、计算题

发动机输入最大转矩为 145N·m，地面附着力传至锁止离合器的最大力矩为 200N·m，该离合器摩擦面最大直径为 245mm，试设计压紧力。

第7章 自动变速器换挡控制系统

教学目标

通过本章的学习，要求读者能够了解自动变速器控制系统的组成，掌握自动变速器的电子控制装置以及液压控制阀的相关结构与工作原理，并且通过学习换挡规律和换挡特性的知识，对自动变速器的控制系统有更好的了解。

教学要求

知识要点	能力要求	相关知识
自动变速器控制系统的组成	了解自动变速器控制系统组成，并熟知全液压式与电子式的异同	通过分析两种控制系统的类型来认知自动变速器的组成
电子控制装置的组成与工作原理	了解电子控制装置的组成，以及各组成结构和工作原理	通过学习各种传感器、开关、执行器、组件及控制电路结构与工作原理，更细致地认知电控式自动变速器
液压控制阀结构与工作原理	了解液压控制基础； 掌握液压控制阀结构与工作原理	通过分析液压控制阀的结构及其组成的工作原理认知液压式自动变速器
换挡规律与换挡特性	了解一参数、二参数的自动换挡规律控制，以及最佳动力性、最佳经济性换挡特性	通过案例分析直观认知单、两参数换挡规律，并用图解法分析两种最佳特性的换挡规律

导入案例

图 7.1 为本田雅阁汽车的自动变速器电控示意图。

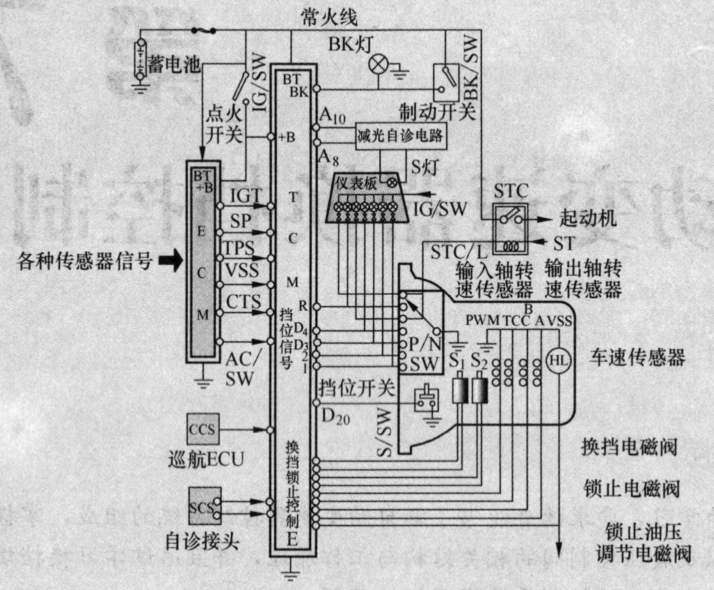

图 7.1　本田雅阁汽车的自动变速器电控示意图

图 7.2 为大众公司奥迪汽车自动变速器的电控系统示意图。

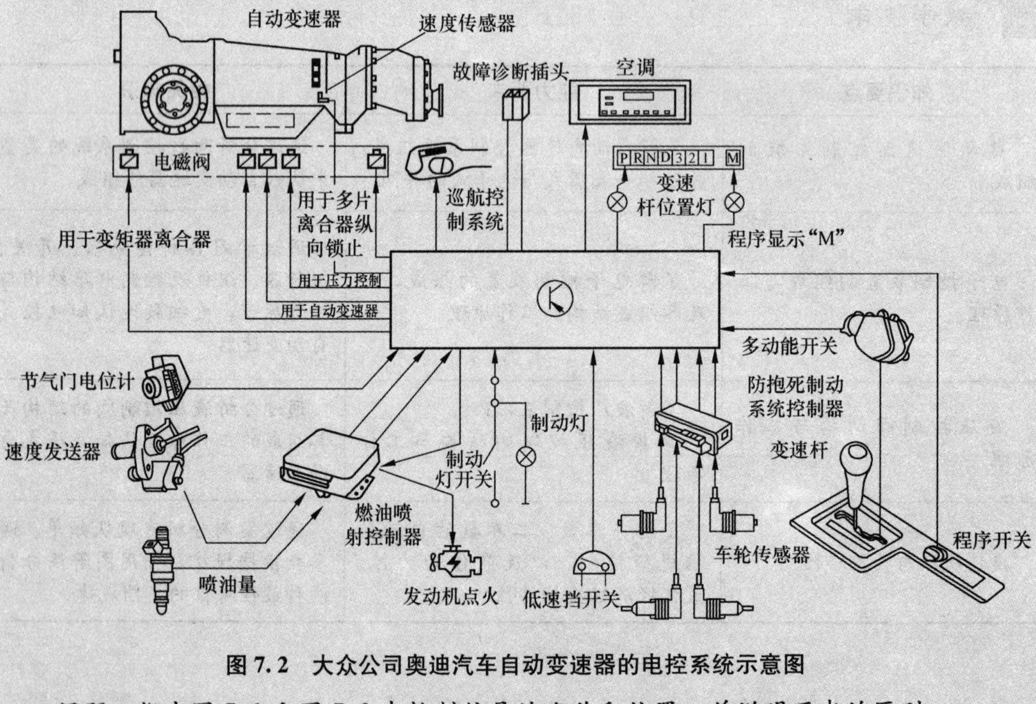

图 7.2　大众公司奥迪汽车自动变速器的电控系统示意图

问题：指出图 7.1 和图 7.2 中控制信号的名称和位置，并说明两者的区别。

液压控制系统是液力自动变速器的核心部分，它根据操纵手柄的位置、节气门的开度(节气门踏板位置)及汽车的车速，自动控制离合器的分离或结合、制动器的制动或释放，从而改变动力传动路线，自动变换挡位；此外，还提供液力变矩器和润滑油路自动变速器(工作)油。液压控制装置安装在自动变速器内，可位于行星齿轮系统下方、侧面、上方。这一装置提供自动变速器内所有元件的工作油，将发动机负荷和车速信号转换为液压信号，根据驾驶员要求和行驶条件的变化控制行星齿轮系统以便换挡。电子控制系统是ECT的组成部分之一，它用于控制换挡点和锁定离合的工作，由传感器、电子控制单元(ECU)和作动器三部分组成。电子控制单元根据传感器检测到的汽车行驶状况及发动机的运转情况，十分精密地控制换挡时刻、锁定定时、系统油压和换挡平顺性等。这些控制是透过由若干个电磁阀组成的作动器改变液压控制系统的油路，再由液压控制系统来执行。

液力变矩器和行星齿轮组是构成自动变速器的机械传动部分。这一部分是整个自动变速器的基本结构，确保自动变速器可以在不中断发动机动力传递的状态下进行挡位的变换，而挡位的变换是由各离合器、制动器和单向离合器的相互配合，使行星齿轮机构的某一元件为主动件，其他的分别为固定件和被动件，执行换挡变换速度。离合器的结合和分离、制动器的制动和释放都是由液压控制系统控制。控制系统的作用主要是根据自动变速器操纵手柄的位置以及汽车行驶状态(车速、负荷等因素)，按照设定的换挡规律，在汽车行驶过程中自动选择挡位，并透过控制换挡执行元件的工作而使变速器齿轮传动比改变，完成挡位的变换。

随着电子技术的发展，电子式液压控制系统被广泛使用。

自动变速器对液压控制系统的基本要求：

(1) 最佳的换挡规律，以便具有良好的燃料经济性和满意的动力性能，同时兼顾低污染。

(2) 换挡过程平稳，无冲击和振动，换挡质量好，行驶舒适，使用寿命长。

(3) 换挡准确与及时，不会发生错误的操纵。

(4) 驾驶员可以更换自动换挡，以适应复杂的交通状况和地形条件。

(5) 操纵系统稳定而可靠，能在高低温、大颠簸、冲击振动、强磁场、电厂干扰环境下正常工作。当系统发生故障时，有紧急系统确保行驶安全。

7.1 自动变速器控制系统的组成

全液压控制系统自动变速器和电子控制自动变速器中的液力变矩器、油泵、行星齿轮组三个部分的结构及工作原理是完全相同的，不同之处在于其控制系统的类型，前者采用的是液压式控制系统，后者采用的是电子控制液压式控制系统。

控制系统的主要任务有：①控制油泵的泵油压力，以符合自动变速器各系统的工作需求；②根据操纵手柄的位置和汽车行驶状态执行自动换挡；③控制液力变矩器中工作油的循环和冷却，以及控制液力变矩器中锁止离合器的工作。控制系统的工作介质是油泵运转时送出的工作油，进入控制系统后被分为两个部分：一部分用于控制系统本身的工作，另一部分则在控制系统的控制下送至液力变矩器或指定的换挡执行元件，用于控制液力变矩器及换挡执行元件等工作，如图 7.3 所示。

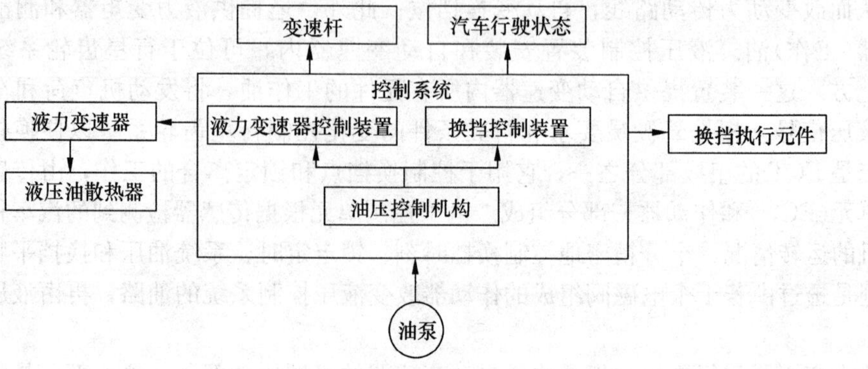

图 7.3　控制系统工作流程图

全液压式控制系统和电子控制液压式控制系统的主要区别是控制原理不同。全液压式控制系统是完全利用液压自动控制原理来完成其主要控制任务的。在这种控制系统中，汽车的主要运转参数——节气门开度和汽车车速，是以机械的方式传入控制系统，并利用流体力学的原理转化成相对应的液压控制信号，控制系统根据这两个液压控制信号的变化进行各种自动控制工作(图 7.4)。电子控制系统是利用电子自动控制的原理来完成各种控制任务的，传感器将汽车及发动机的各种运转参数转变为电子信号，计算机根据这些电子信号，按照设定的控制程序发出控制信号，通过各种电磁阀(换挡电磁阀、油压电磁阀等)来操纵各个控制阀的工作，以完成各种控制工作，如图 7.5所示。

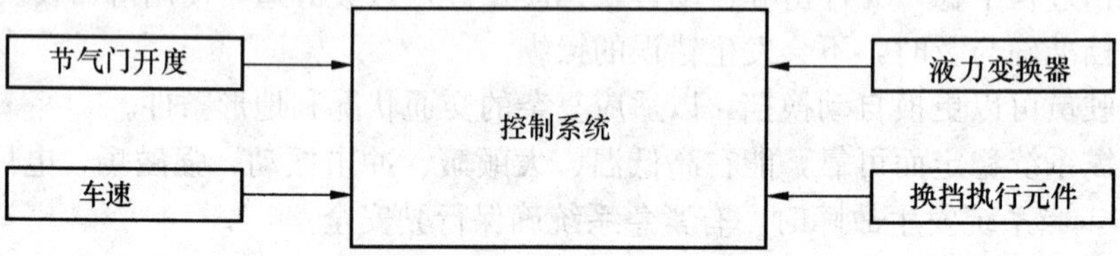

图 7.4　全液压控制系统工作流程图

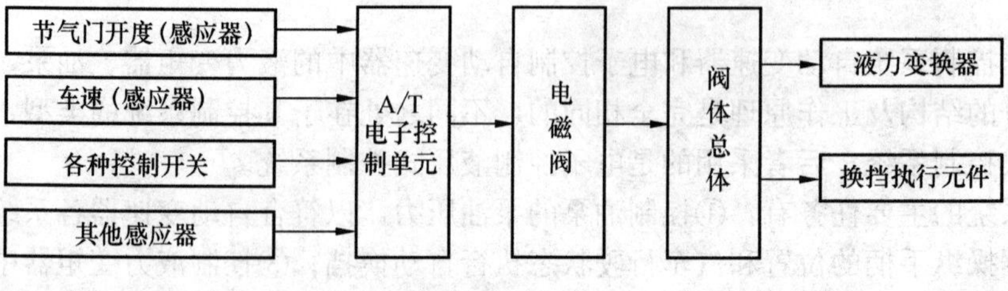

图 7.5　电子控制液压控制系统工作流程图

自动变速器的电子式控制系统由两部分组成：液压部分、电子控制装置部分。液压部分包含各种控制阀、液压泵及液压附件等。电子控制装置部分包含传感器、作动器、计算机等组成。电子控制系统对发动机和自动变速器的工作进行检测，根据检测结果和相应的控制程序操纵液压阀体中控制阀的工作，以驱动离合器、制动器、锁止离合器等换挡执行元件，实现对自动变速器的控制。

7.2 电子控制装置的组成与工作原理

自动变速器电子控制装置由各种传感器、执行器、各种控制开关和电控组件(计算机、电子控制单元)组成。电控组件是整个控制系统的中心，它根据各种传感器测得的发动机转速、车速、节气门开度、自动变速器油温等参数，通过电子控制单元计算，根据各种开关输入的指令和电子控制单元内设定的程序，向各个执行元件输出工作指令，操纵液压阀体中各种控制阀的工作，实现自动变速器的控制。

7.2.1 各种传感器的结构与工作原理

1. 节气门位置传感器

电子控制自动变速器利用安装在发动机节气门体上的节气门位置传感器来测得节气门的开度信号，作为电控组件控制自动变速器的依据，使自动变速器的换挡规律在任何条件下都能满足汽车的使用要求。

节气门位置传感器有几种不同的类型，使用自动变速器的汽车常用线性输出型节气门位置传感器。这种节气门位置传感器由一个线性电位计和一个怠速开关组成，如图7.6所示。它的两个触点与节气门轴联动，一个可在电阻体上滑动，利用电阻变化转换成电压值。这个线性电压，可感知节气门开度，并把节气门开度信号输入电控组件。节气门关闭时，怠速开关接通，而当节气开启时，怠速开关断开；当节气门处在不同开度时，电位计的电阻不同；电控组件通过节气门位置传感器获得表示节气门由全闭到全开的开启角度连续变化的信号，电控组件以此信号作为控制自动变速器在不同行驶条件下挡位变换的依据。

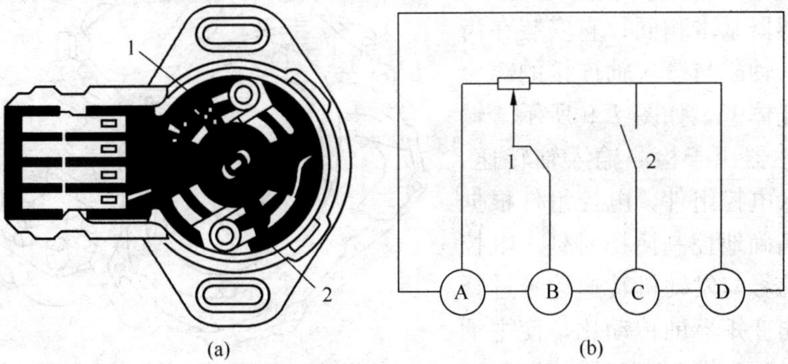

图7.6 节气门位置传感器

1—怠速开关滑动触点；2—线性电位计滑动触点；

A—电源电压(VC)；B—节气门开关信号(VTA)；C—怠速信号(IDL)；D—接地

2. 车速传感器

车速传感器安装在自动变速器输出轴附近的壳体上，它是一种电磁感应式转速传感器，用于检测自动变速器输出轴转速，电控组件根据车速传感器输入的信号计算出车速，以此控制自动变速器的换挡。

车速传感器由永久磁铁和电磁感应线圈组成，如图 7.7 所示。它被固定安装在自动变速器输出轴附近的壳体上，输出轴上的停车锁定齿轮为感应转子，当输出轴转动时，停车锁定齿轮的凸齿不断地靠近或离开车速传感器，使线圈内的磁通量发生变化，从而产生脉冲电压。车速传感器的工作原理如图 7.8 所示。车速越高，输出轴转速也越高，感应电压脉冲频率也越高，电控组件根据感应电压脉冲频率的大小计算汽车行驶速度。

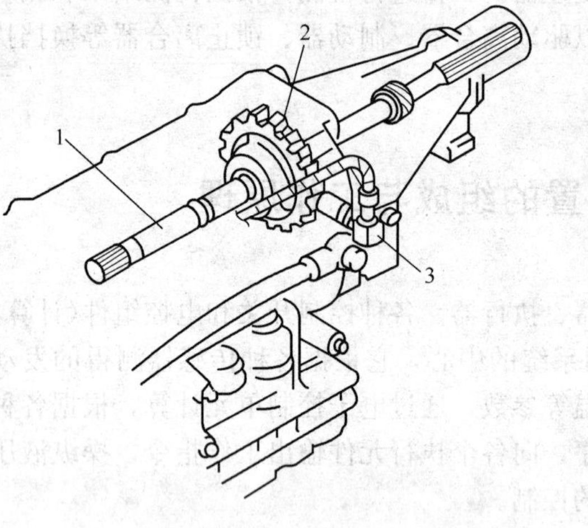

图 7.7　车速传感器

1—输出轴；2—停车锁定齿轮；3—车速传感器

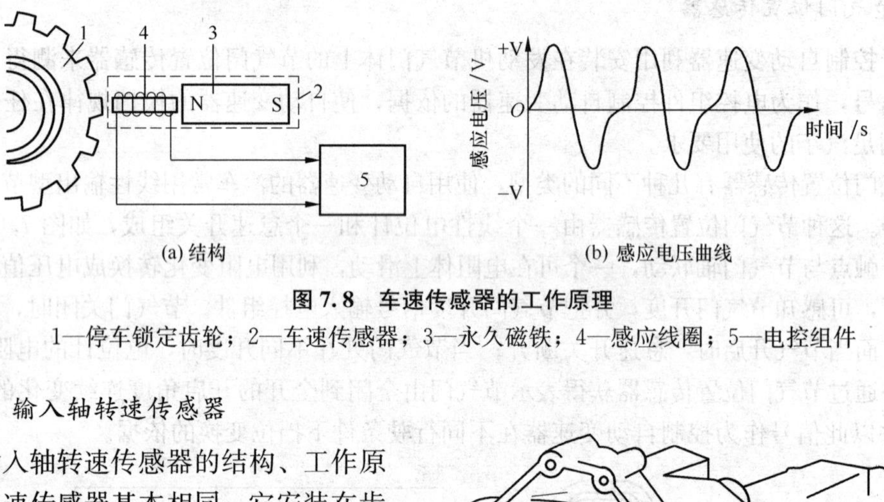

图 7.8　车速传感器的工作原理

1—停车锁定齿轮；2—车速传感器；3—永久磁铁；4—感应线圈；5—电控组件

3. 输入轴转速传感器

输入轴转速传感器的结构、工作原理与车速传感器基本相同；它安装在齿轮变速器输入轴或与输入轴连接的离合器鼓附近的壳体上，如图 7.9 所示。输入轴转速传感器用于检测输入轴转速，并把信号输入电控组件，电控组件根据该信号更加精确地控制换挡时刻。电控组件还把该信号与发动机转速信号进行比较，计算出变矩器的传动比，使主油路压力控制过程和锁止离合器的控制过程得到优化，以达到改善换挡品质，提高行驶性能的目的。

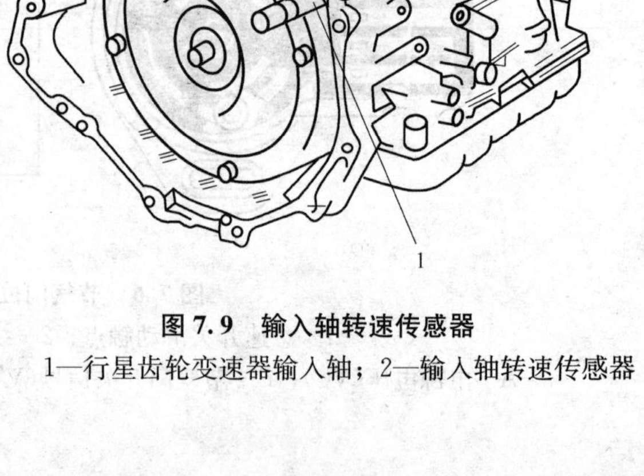

图 7.9　输入轴转速传感器

1—行星齿轮变速器输入轴；2—输入轴转速传感器

4. 工作油温度传感器

工作油温度传感器安装在自动变速器油底壳内的液压阀体上，用于检测工作油的温度，电控组件根据工作油温度等信号进行换挡控制，即油压控制和锁定离合器控制。

工作油温度传感器的安装位置及电阻变化曲线如图 7.10 所示。工作油温度传感器由负温度系数半导体热敏电阻制成，温度越高，电阻越低。电控组件根据电阻的变化检测出自动变速器工作油的温度。

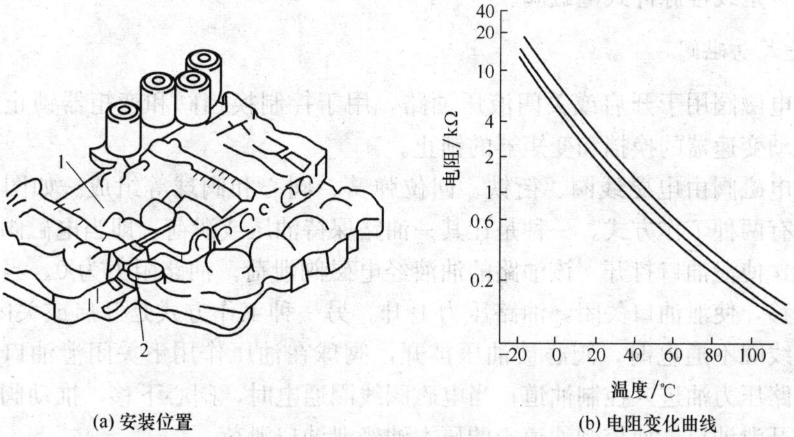

图 7.10 工作油温度传感器

1—液压阀体；2—液压油温度传感器

除以上介绍的传感器以外，自动变速器的控制系统还将根据发动机控制系统的发动机转速信号、发动机冷却液温度信号、大气压力信号、进气温度信号等，作为参考信号控制自动变速器的换挡过程。

7.2.2 各种开关的结构与工作原理

自动变速器电子控制开关有 O/D 超速挡开关、模式选择开关、强制降挡开关、空挡起动开关、挡位开关等。

挡位开关安装在自动变速器手摇阀摇臂轴上，如图 7.11 所示。挡位开关用于检测换

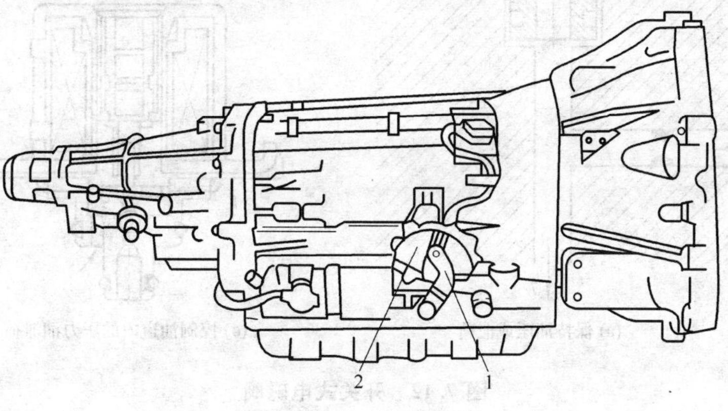

图 7.11 挡位开关

1—手摇阀摇臂；2—挡位开关

挡手柄的位置。挡位开关由几个触点组成，当换挡手柄在不同位置时，使相应的触点接通，电控组件根据被接通的触点，检测出换挡手柄的位置，并按不同的控制程序控制自动变速器工作。

7.2.3 各种执行器的结构与工作原理

自动变速器电子控制装置中的执行器是电磁阀。常用的电磁阀有两种：一种是开关式电磁阀，一种是线性脉冲式电磁阀。

1. 开关式电磁阀

开关式电磁阀用于开启或关闭液压油路，用于控制换挡阀和变矩器锁止控制阀的工作，实现自动变速器的换挡和变矩器的锁止。

开关式电磁阀由电磁线圈、衔铁、回位弹簧、阀心和阀球等组成。如图 7.12 所示，这种电磁阀有两种工作方式。一种是让其一油路保持油压或泄荷，即当电磁阀断电时，油压推开阀心，使泄油口打开。该油路的油液经电磁阀泄荷。油路阻力为 0。当电磁阀通电时，阀心下移，使泄油口关闭，油路压力上升。另一种工作方式是开启或关闭某一油路，即当电磁阀线圈不通电时，阀心被油压推开，阀球在油压作用下关闭泄油口，打开进油口，使主油路压力油进入控制油道；当电磁阀线圈通电时，阀心下移，推动阀球关闭进油口，同时打开泄油口，使控制油道中的压力油经泄油口泄荷。

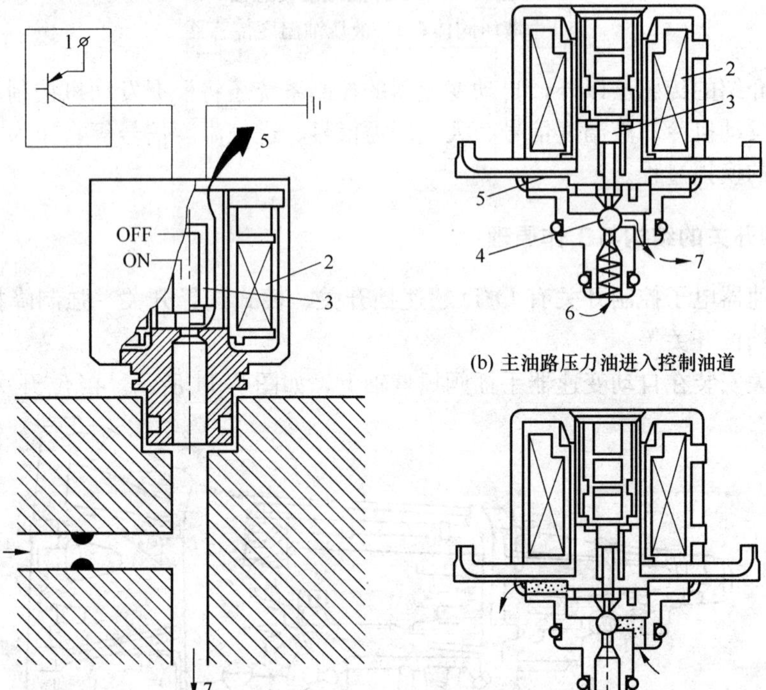

(a) 保持油压或泄荷

(b) 主油路压力油进入控制油道

(c) 控制油道内的压力油泄荷

图 7.12 开关式电磁阀

2—电磁线圈；3—衔铁和阀心；4—球阀；5—泄油口；6—主油道；7—控制油道

2. 线性脉冲式电磁阀

线性脉冲式电磁阀也是由电磁线圈、衔铁、阀心、滑阀等组成，如图7.13所示。线性脉冲式电磁阀一般用来控制油路中的油压；当电磁阀通电时，阀心或滑阀被打开，油液经泄油口泄荷，使油路压力下降。当电磁阀断电时，阀心或滑阀在弹簧力的作用下关闭泄油口，使油路压力上升，控制线性脉冲式电磁阀工作的是一个固定频率的脉冲电信号。电磁阀在脉冲电信号的作用下不断地打开或关闭泄油口，电控组件通过改变占空比，即改变每个脉冲周期内电流接通和断开的时间比率，改变电磁阀开启和关闭的时间比率，来控制油路压力。占空比越大，通过电磁阀泄掉的油液也越多，油路压力也越低，当占空比越小时，油路压力也越大。线性脉冲式电磁阀的控制信号如图7.14所示。

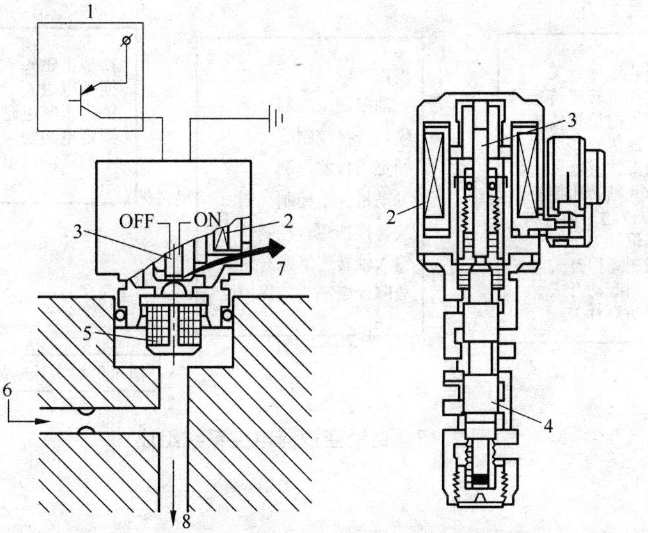

(a) 普通线性脉冲式电磁阀　　(b) 带滑阀的线性脉冲式电磁阀

图7.13　线性脉冲电磁阀

1—电控组件；2—电磁线圈；3—衔铁和阀心；4—滑阀；
5—滤网；6—主油道；7—泄油口；8—控制油道

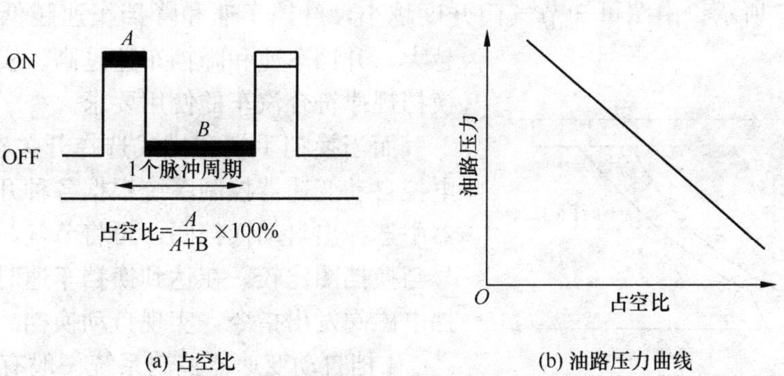

(a) 占空比　　(b) 油路压力曲线

图7.14　线性脉冲式电磁阀的控制信号

线性脉冲式电磁阀一般安装在主油路或减振器被压油路上，电控组件通过线性脉冲电磁阀在自动变速器升挡或降挡的瞬间使油路压力下降，以减少换挡冲击，使挡位的变换更加柔和。

7.2.4 组件及控制电路的结构与工作原理

自动变速器电控系统由各种传感器和控制开关，变速器电控单元 ECT 和执行器组成，如图 7.15 所示。

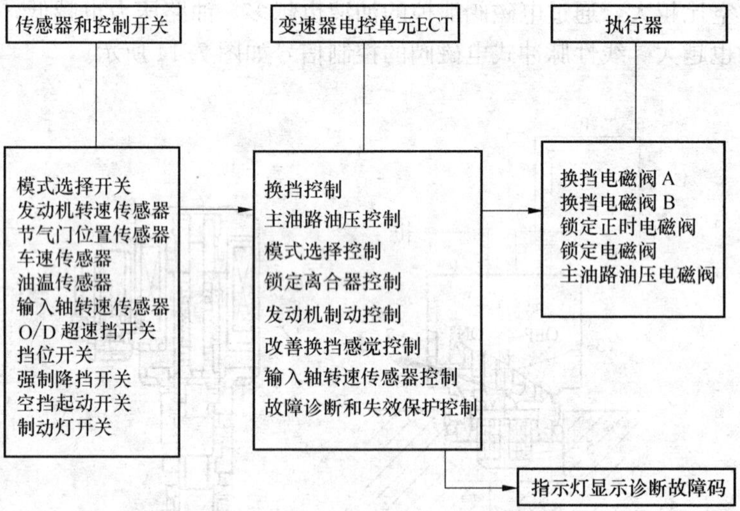

图 7.15 自动变速器电控系统组成

1. 换挡控制

换挡控制是指自动变速器换挡时刻控制，即当汽车行驶速度达到一定车速时，使自动变速器自动升挡或降挡。自动变速器的换挡时刻是指换挡车速、升挡车速或降挡车速，它对汽车的动力性和燃料经济性影响较大。电控自动变速器控制系统能使汽车在任何行驶条件下都能按照最佳时刻进行换挡，从而使汽车的动力性和经济性都能得到很好的发挥。

汽车的最佳换挡车速主要由行驶时节气门开度决定，在不同节气门开度下的最佳换挡车速如图 7.16 所示。由图可知节气门开度越小，升挡车速和降挡车速越低；节气门开度越大，升挡车速和降挡车速越高。实践证明，这种换挡规律符合汽车的使用要求。

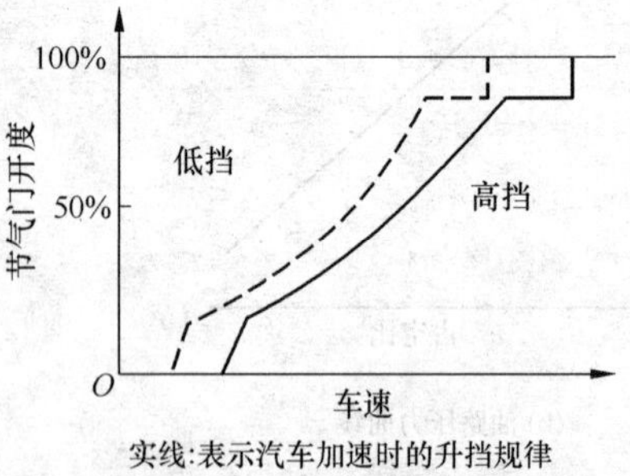

图 7.16 自动变速器自动换挡规律曲线

而当换挡手柄和模式选择开关在不同位置时，电控自动变速器控制系统根据各种开关信号从存储器中选择出自动换挡图，再将节气门位置和车速信号与换挡图比较，在达到换挡车速时电控组件向换挡电磁阀发出指令，实现自动换挡。

4 挡自动变速器控制系统一般有 2 个或 3 个电磁阀，也有使用 4 个或 5 个电磁阀的，例如，丰田凌志 LS400 轿车 A341E 和 A342E 自动变速器就使用4个电磁阀对变速器进行综合控制，其中2个电磁阀用于换挡控制，1个用于对储能减振器的背压进行控制，另1个用于对变矩器锁定离合器控制；克莱斯勒A604/41TE电控4挡变速器(含驱动桥)，其控制系统使用4个电磁阀，用于换挡控制和锁定离合器控制；福特AXOD-E是一种4挡变速器(含驱动桥)，在控制阀体上安装有5个电磁阀，其中3个电磁阀用于换挡控制，2个用于变矩器锁定离合器控制；通用4T60-E变速驱动桥是一个4挡自动变速器，在自动变速器控制系统设有3个电磁阀，其中2个电磁阀用于换挡控制，1个用于变矩器离合器锁定控制。

2. 主油路油压控制

当代轿车电子控制自动变速器的电液式控制系统已经取消了由节气门拉索控制的节气门阀，主油路油压由一个油压电磁阀控制产生。油压电磁阀是一种线性脉冲式电磁阀，电控组件根据节气门位置传感器测得的节气门开度，计算并控制送往油压电磁阀的脉冲信号占空比，借以改变油压电磁阀泄油口的大小，产生随节气门开度变化的节气门油压。节气门开度越大，脉冲信号占空比越小，油压电磁阀的泄油口开度越小，节气门油压也越大。当这一节气门油压被反馈至主油路调压阀时，它作为主油路调压阀的控制压力，使主油路调压阀随节气门开度的变化改变所调节的主油压的大小，自动变速器获得不同负荷下的主油路油压的最佳值，油泵的泵油损失最小。电控组件还能根据挡位开关信号，在换挡手柄位于倒挡位置时，提高倒挡时的主油路油压，以满足倒挡时主油路油压升高的要求。主油路油压随节气门开度变化曲线如图7.17所示。

电控组件还能根据各个传感器检测得出的自动变速器的工作状况，对主油路油压进行修正，使主油路油压能适应换挡需要；当换挡手柄在前进低挡(S、L或2、1)位置时，由于汽车的驱动力大，电控组件会使主油路油压高于前进挡时的油压，满足动力传递的需要。在自动变速器换挡过程中，电控组件还能根据节气门开度的大小，通过油压电磁阀适当减小主油路油压，以减小换挡冲击，改善换挡感觉。换挡时主油路油压曲线如图7.18所示，电控组件还根据工作油温度传感器的信号，在油液温度未达60℃时，把主油路油压调为低于正常值，防止因油液温度低、黏度大产生换挡冲击。而当油液温度过低时，例如低于-30℃时，电控组件使主油路油压升为最大值，用以加快离合器、制动器的接合，防止温度过低时油液黏度大而使换挡过程缓慢。液压油温度较低时主油路油压曲线如图7.19所示，液压油温度过低时主油路油压曲线如图7.20所示。

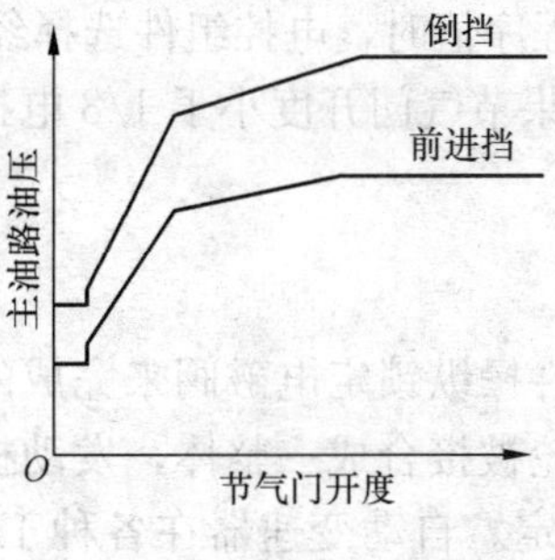

图7.17 主油路油压曲线

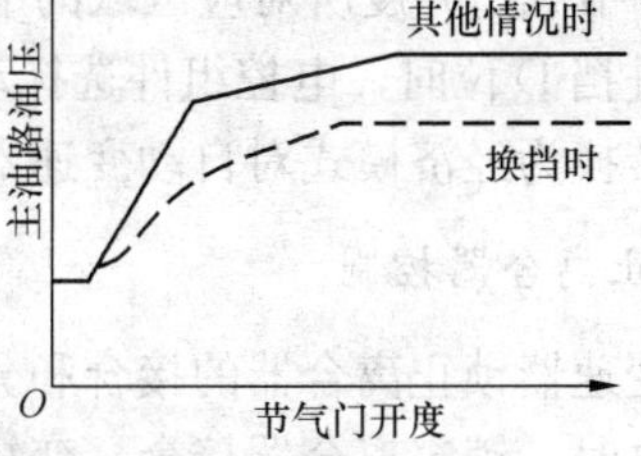

图7.18 换挡时主油路油压曲线

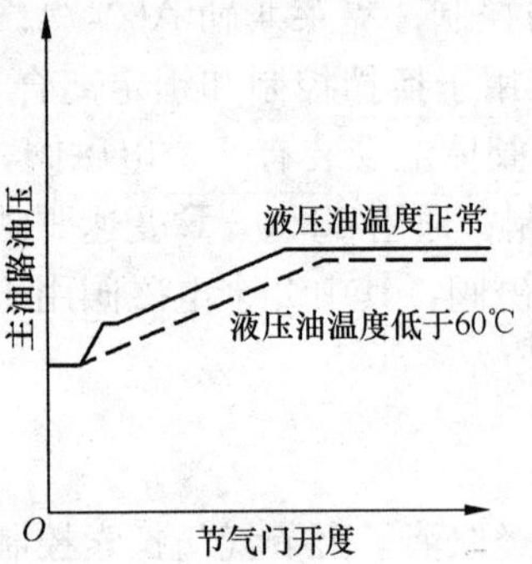

图 7.19　液压油温度较低时主油路油压曲线

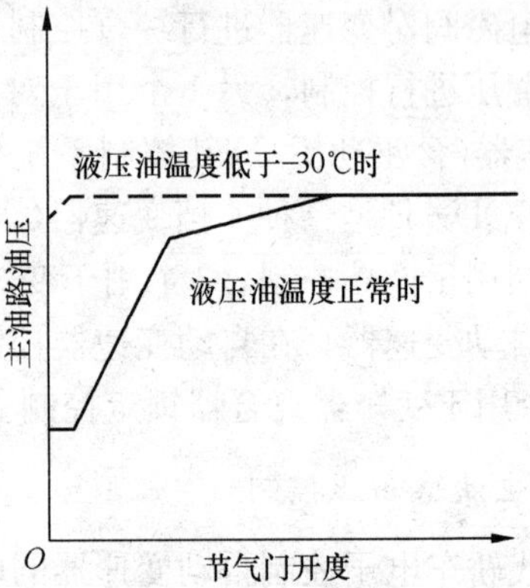

图 7.20　液压油温度过低时主油路油压曲线

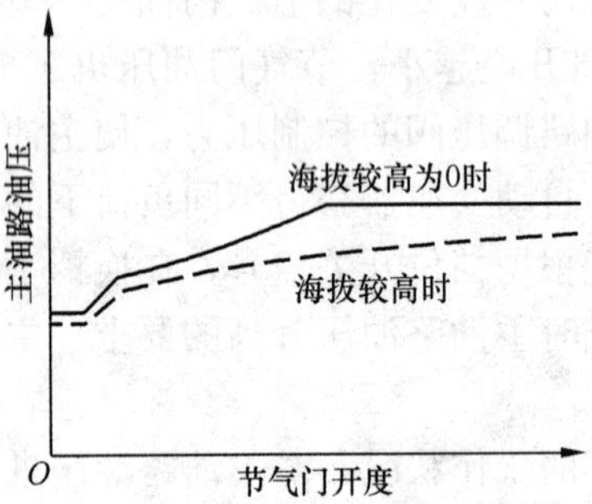

图 7.21　海拔高度不同时主油路液压曲线

电控组件对主油路油压的修正还与海拔高度有关。在海拔高度较高时，发动机因氧气不足，输出功率降低，电控组件会将主油路油压调整为低于正常值，防止换挡时产生冲击。海拔高度不同时的主油路油压曲线如图 7.21 所示。

3. 自动模式选择控制

自动变速器选择不同的驱动模式，可以满足不同的使用要求。在经济模式中，可以在获得良好的燃油经济性的情况下进行换挡，换挡车速较低，动力性能发挥稍差。在动力模式中，可以在发挥较好动力性能的情况下进行换挡。在标准模式中，可以同时兼顾动力性和经济性的发挥。目前新型自动变速器的控制系统由电控组件进行控制，可以取消模式选择开关，由电控组件自动进行模式选择控制。电控组件根据各个传感器检测出的汽车行驶情况和驾驶员的操作方式，经过电控组件运算分析，自动选择经济模式、标准模式或动力模式进行挡位的变换，以达到不同的使用要求。

电控组件进行自动模式选择控制的依据是换挡手柄的位置和节气踏板踩下的速率，以此判断操作目的，自动选择控制模式。当换挡手柄在前进低挡(S、L 或 2、1 时)电控组件选择动力模式；在前进挡 D 位中，当节气踏板被踩下的速率低时，选择经济模式。当节气踏板踩下的速率超过设定的速率时，电控组件由经济模式转变为动力模式。当节气踏板踩下的速率小于车速和节气门开度所对应区域的节气门开启速率程序值时，电控组件选择经济模式。

在前进挡 D 位时，电控组件选择动力模式后，如果节气门开度小于 1/8 电控组件即由动力模式转换为经济模式对自动变速器进行换挡控制。

4. 锁止离合器控制

自动变速器锁止离合器的接合和分离是由电控组件操纵锁定电磁阀来完成的。当锁定电磁阀通电时，锁定离合器接合，变矩器的涡轮和泵轮被接合成一整体，发动机的动力直接传入自动变速器的输入轴，实现直接传动，完成锁定。自动变速器在各种工作条件下，最佳锁定离合器的接合程序已事先储存在电控组件中，即计算器的存储器中。需要锁定的条件是：电控组件根据自动变速器的挡位、控制模式等工作条件从存储器中选择出相应的锁定程序，再将车速、节气门开度与锁定控制程序进行比较。当车速达到锁定车速时，而其他各种因素均能满足锁定条件时，电控组件即向锁定电磁阀发出锁定信号，使锁定离合器接合，实现变矩器的锁定控制。

在一些特殊条件下，电控组件应禁止锁定离合器接合，以保证汽车的行驶性能，当工作温度低于60℃，车速低于140km/h，并且怠速开关接通时，电控组件禁止变矩器锁定离合器接合。当代轿车电控液力自动变速器使用线性脉冲式锁定电磁阀作为锁定电磁阀，当电控组件控制锁止离合器接合时，通过改变脉冲信号占空比使锁定电磁阀开度缓慢增大，用以减小锁定离合器接合时产生的冲击，使锁定离合器的接合更加柔和。老式的电控自动变速器中使用的锁定离合器是开关式电磁阀，通电时锁定离合器接合，断电时锁定离合器分离。使用开关式电磁阀。锁定离合器接合不够柔和，容易产生冲击。

5. 发动机制动控制

3行星排辛普森式四挡行星齿轮变速器和双行星排辛普森式四挡行星齿轮变速器中的2挡强制制动器 B_3 及前进挡强制离合器C4的工作是由电控组件樑纵电磁阀来控制的。当换挡手柄位置、车速、节气门开度等因素满足一定条件时，例如换挡手柄在前进低挡(S、L或2、1)，并且车速大于10km/h，节气门开度小于1/8时，电控组件向强制离合器电磁阀或强制制动器电磁阀发出电信号、使强制离合器或强制制动器的控制油路打开，使之接合或产生制动，让自动变速器具有反向传递动力的能力。在汽车滑行时产生强有力的发动机制动效能。

6. 改善换挡品质控制

自动变速器改善换挡品质控制有以下几种方法，即换挡油压控制、减转矩控制和N-D换挡控制。

换挡油压控制。自动变速器在升挡和降挡的瞬间，电控组件通过油压电磁阀适当降低主油路油压，用以减小换挡冲击，改善换挡品质。也有的自动变速器的控制系统通过电磁阀在换挡时减小减振器活塞的背压，来减缓离合器或制动器液压缸内的油压增长速率，进而减小换挡时的冲击。

减转矩控制。自动变速器换挡的一瞬间，通过推迟发动机点火时间或减少喷油量，减小发动机瞬间输出的力矩，用以减小换挡冲击和输出轴的力矩波动。具体减转矩控制过程是：自动变速器的电控组件在自动变速器升挡或降挡的一瞬间，通过电路向发动机电控组件发出减转矩控制信号，发动机电控组件在接收到这一信号后，立即推迟发动机的点火时间或减少喷油量，实行减转矩控制，在完成减转矩控制后，向自动变速器电控组件发回已减转矩信号。减转矩控制曲线如图7.22所示。

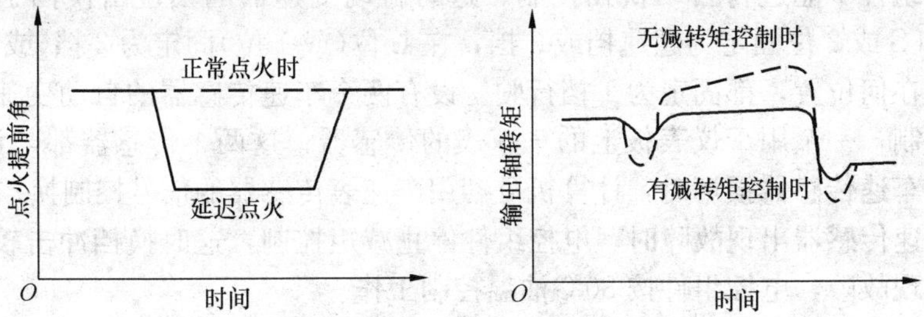

图7.22 减转矩控制曲线

N－D换挡控制。N－D换挡控制是指换挡手柄由驻车挡或空挡(P或N)位置换到前进挡或倒挡(D或R)位置时，或由D位或R位换到P位或N位时，通过调整喷油量，把发动机转速变化减小到最小限度，用以改善换挡品质。

如果没有N－D换挡控制，当换挡手柄从P位或N位换到D位或R位时，由于发动机负荷增加，转速将下降；反之，由D位或R位换到P位或N位时，由于发动机负荷小，转速将会升高。设有N－D换挡控制功能的自动变速器的电控组件在换挡手柄由P位或N位换到D位或R位时，如果输入轴转速传感器测得的输入轴转速变化超过规定值，立即会向发动机电控组件发出N－D换挡控制信号，发动机电控组件根据这一信号增加或减小喷油量，防止发动机的转速变化过大，产生波动。图7.23为N－D换挡控制示意图。

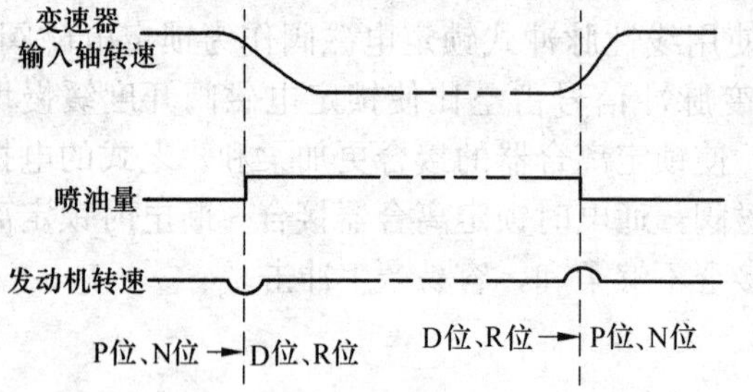

图 7.23　N－D换挡控制示意图

7. 输入轴转速传感器控制

自动变速器电控组件根据输入轴转速传感器的电信号可以检测出输入轴的转速，并由此计算出变矩器的泵轮和涡轮的转速比，还可以计算出发动机曲轴和变速器输入轴的转速差，使电控组件更精确地控制自动变速器的换挡和锁定工作、特别是电控组件在进行换挡油压控制、减转矩控制、锁定离合器控制时，利用这一参数进行计算，可使这些控制更加准确，以获得最佳的换挡品质和乘坐舒适性能。

8. 故障诊断和失效保护功能

电控自动变速器的电控装置部分具有故障诊断和失效保护功能。在电控组件即计算机内有故障诊断电路，它在汽车行驶过程中不断地监测自动变速器电控装置中各种传感器和执行器的工作状态。一旦发现某个传感器或执行器出现故障，它会立即采取保护措施。这些保护措施有：在仪表板上安装有故障警告灯(CHECK ENING或O/D OFF或D4或SERVIC ENING SOON)，当自动变速器出现故障时，警告灯亮，提醒驾驶员停车检修。计算机把检测到的故障以故障码的形式储存在存储器中。在维修中通过仪器或采用自诊断方法可以读出故障，为维修工作带来很大的方便。当自动变速器出现故障时，计算机会按设定失效保护程序控制自动变速器工作，保持汽车的基本行驶能力；当节气门位置传感器出现故障，怠速开关断开时，按节气门1/2开度控制工作，同时节气门油压为最大值。怠速开关接通时，按节气门全闭状态控制工作，同时节气门油压为最小值。车速传感器出现故障时，电控组件不能进行自动换挡控制。这时自动变速器的挡位由换挡手柄的位置决定，在D位和S或2位固定为超速挡或3挡，在L位(或1位)固定为2挡(或1挡)，或者无论换挡手柄在何位置，都固定为1挡行驶。设有两个车速传感器的自动变速器，其中一个用于换挡控制，一个用于仪表板上的车速表的传感器；这两个传感器都与计算机连接。当用于换挡的车速传感器损坏时，计算机可利用车速表传感器的信号控制换挡。

输入轴转速传感器出现故障时，电控组件停止减矩控制，这时换挡冲击较大。工作油温度传感器出现故障，电控组件按80℃油温控制工作。

当执行器如电磁阀出现故障时，一种保护措施是：不论有几个电磁阀出现故障，电控组件停止所有换挡电磁阀的工作，自动变速器的挡位完全由换挡手柄的位置决定，即在D位或S位(或2位)时被固定为3挡，在L(或1)位时被固定为2挡。另一种保护措施是：如果有一个电磁阀出现故障，电控组件控制其他无故障电磁阀继续工作，保证自动变速器能自动升挡或降挡，但会失掉某些挡位，使升挡或降挡规律有变比。

当强制离合器或强制降挡电磁阀出现故障时，电控组件会停止电磁阀的工作，让强制离合器或强制降挡电磁阀始终保持结合，当汽车减速时总有发动机制动作用存在。

锁定电磁阀出现故障，电控组件停止锁定离合器控制，使锁定离合器始终处于分离状态。当油压电磁阀出现故障时，电控组件停止锁定离合器控制，这时油路压力保持最大。

7.3 液压控制阀结构与工作原理

1. 液压控制基础

图7.24是一个简单的液压控制阀，控制阀两端有不同的直径 D_1 和 D_2，阀的右端有一个弹簧，阀体上有四个油通道，其中A、B、C为压力油道，X为泄油道。当压力为 P_2 的液压油注入油道口B时，液压油将分别作用于 D_1 和 D_2 的端面，假设向左向右的作用力分别为 F_{21} 和 F_{22}，则这两个作用力的方向是相反的，其合力为

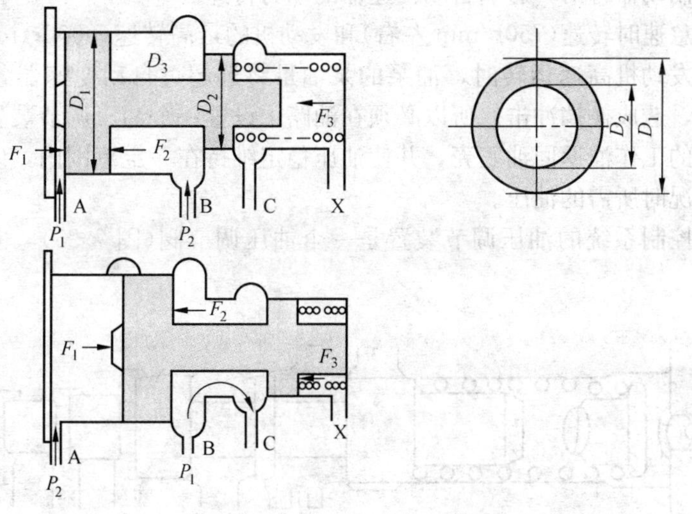

图7.24 简单的液压控制阀

$$F_2=F_{21}-F_{22}=P_2\times\frac{\pi}{4}\times(D_1-D_2)$$

合力 F_2 的方向是指向直径大的一端。由此可以知，在工作油的作用下，阀所受合力大小取决于作用面积的差值，合力的方向指向直径较大的一端。在该力的作用下，使阀向直径大的一端的方向移动。

此外，在阀的左端，工作油的作用力 F_1，其大小为 $F_1=P_1\times\frac{\pi}{4}\times D_1$，方向向右。阀的右端有弹簧作用力 F_s。①当 $F_1<F_2+F_s$ 时，阀向左移动，并停止在最左端。②当 $F_1>$

F_2+F_s时，阀向右移动，结果油道口B和油道口C相通，油道口输出液压油。③当$F_1=F_2+F_s$时，处于平衡状态，保持阀的原位置，即在最左端或最右端。

2. 液压控制阀结构与工作原理

液压控制阀由上阀、下阀、密封垫和隔板组成。在阀上安装有上油路调压阀、手动阀、换挡阀、降挡阀、锁止离合器控制阀等，并由电控组件通过电磁阀进行控制工作。

1）主油路调压阀

电液式控制系统和液压式控制系统使用的主油路调压阀结构相同，都是阶梯式滑阀。

自动变速器的油泵是由发动机直接驱动，因此油泵的理论流量与发动机的转速成正比，为了确保自动变速器正常工作，供油系统给变速器控制系统提供一定油压、充足流量及温度合适的工作油，因此油泵的流量应在发动机处于怠速时也能满足自动变速器各部分的需要。节气门开度越大，脉冲信号占空比越大，电磁阀的开度越大，作用在主油路调压阀上的节气门油压越大，主油路油压随节气门开度的增大而提高。其作用包括：

(1) 驱动换挡执行元件活塞所需的液压油，以满足换挡、锁定等操纵需要。

(2) 防止液力变矩器内工作油过热及在液力组件中不产生气蚀。

(3) 齿轮机构润滑所需的工作油并确保正常温度。

(4) 各处油封泄漏所消耗的工作油。

(5) 控制系统工作所需的工作油等，并确保油路中有足够高的油压，以防止油压过低，使离合器、制动器打滑，影响自动变速器的动力传递。

由于发动机怠速时转速(750r/min左右)和发动机的最高转速(6000r/min左右)之间相差很大，因此当发动机高速运转时，油泵的泵油量将远超过自动变速器各部分所需的油量，且油压过高，造成换挡冲击。所以必须在油路中设置一个油压调节装置，在发动机高速运转时让多余的工作油返回油底壳，并使油压稳定维持在一定范围内，以满足自动变速器在各种工作状况时所需的油压。

自动变速器控制系统的油压调节装置是一个油压调节阀(图7.25)，也称为主油路调压阀。

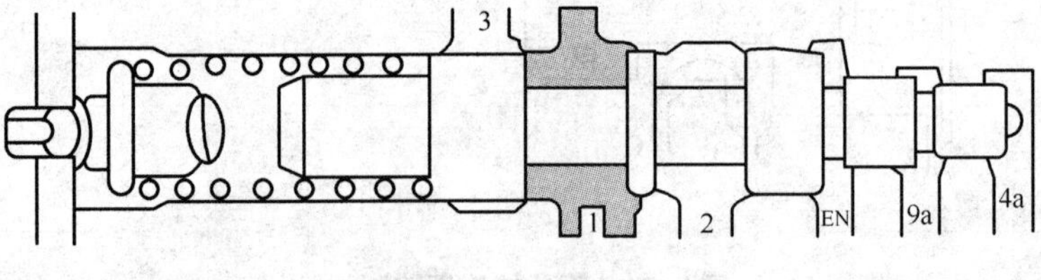

图7.25 调压阀内部构造图

调压阀将来自油泵的油压维持在固定的管路压力，管路压力作用在阀右侧的4个入口(1、2、9a、4a)。这些油压作用力与弹簧力相平衡将管路压力调整至适合的每个挡位。

为了使主油路油压能满足自动变速器不同工作状况的需要，油压调节装置还应具备下列功能：

(1) 主油路油压应能随发动机节流阀开度的增大而升高。当节流阀开度较大时，由于发动机输出功率和自动变速器所传递的力矩都较大，为了防止离合器、制动器等换挡执行组件打滑，主油路油压应相对升高；反之，当节流阀开度较小时自动变速器所传递的力矩也较小，离合器、制动器不易打滑，主油路油压可以相对降低。

(2) 汽车在高速挡(3或4挡)以较高车速行驶时，由于此时汽车传动系统处在高转速、低力矩状态下工作，因此可以相对应降低主油路的油压，以减少油泵的运转阻力，节省燃料。

(3) 倒挡时主油路的油压应比前进挡时的主油路油压大，通常可高达1～2.0MPa。这是因为倒挡在汽车使用过程中所占的时间很少，为了减小自动变速器的尺寸，倒挡离合器或倒挡制动器在设计上都使用较少的摩擦片，因此需要有较高的油压以防止接合时打滑。

2) 换挡阀

自动变速器电液式控制系统换挡阀的工作是由换挡电磁阀来控制的。换挡电磁阀的工作有两种方式：一种是加压控制，即通过开启或关闭换挡阀控制油路进油口来控制换挡阀的工作；另一种是泄荷控制，即通过开启或关闭换挡阀控制油路的泄油口来控制换挡阀的工作。电磁阀通过油路与换挡阀左端相通，换挡阀的右端有弹簧力作用；当电磁阀关闭时，没有油压作用在换挡阀左端，换挡阀在弹簧力的作用下移向左端；而当电磁阀开启时，主油路工作油经电磁阀作用在换挡阀的左端，使换挡阀克服弹簧力向右端移动，实现油路变换，产生换挡。

如图7.26所示，带有4个前进挡的自动变速器设有3个电磁阀，分别控制3个换挡阀的工作(也可用2个电磁阀控制)，通过使3个换挡阀之间油路的互锁作用实现4个挡位的变换。使用2个电磁阀控制3个换挡阀的控制方式是一种泄荷控制方式。即1～2换挡阀和3～4换挡阀由一个电磁阀共同控制，2～3换挡阀由另一个电磁阀控制。电磁阀断电时关闭泄油口。来自手动阀的主油路压力油通过节流口作用在各换挡阀右端，使阀心克服弹簧力左移；电磁阀通电时泄油口开启，换挡阀右端压力油泄荷，阀心在左端弹簧力作用下右移。

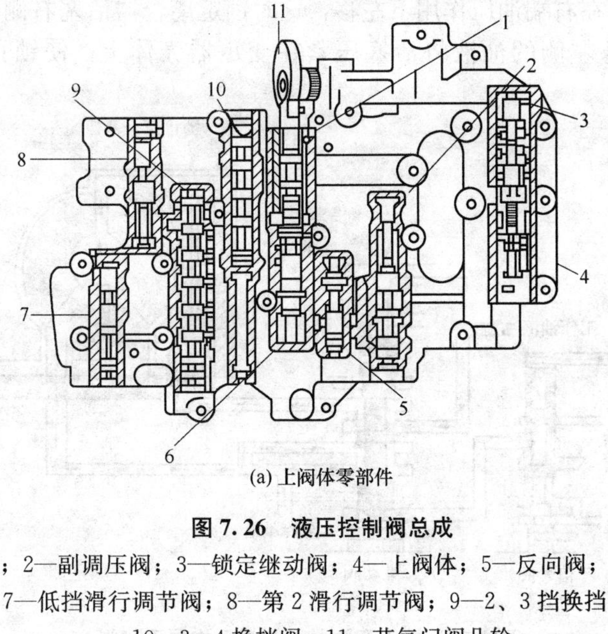

(a) 上阀体零部件

图7.26 液压控制阀总成

1—降挡阀；2—副调压阀；3—锁定继动阀；4—上阀体；5—反向阀；6—节气门阀；
7—低挡滑行调节阀；8—第2滑行调节阀；9—2、3挡换挡阀；
10—3、4换挡阀；11—节气门阀凸轮

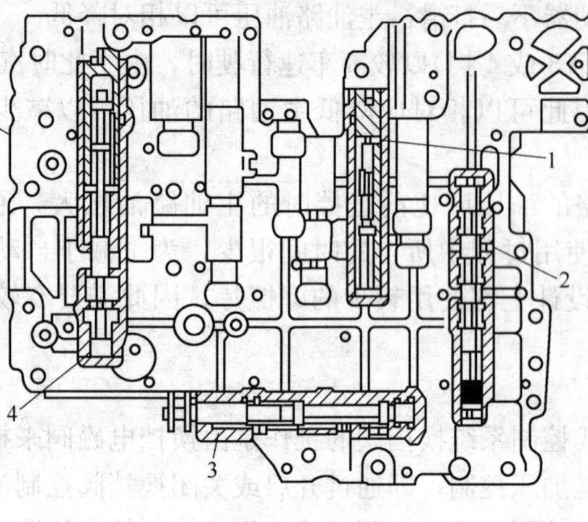

(b) 下阀体零部件

图 7.26(续)

1—减振器阀；2—1、2 换挡阀；3—手控阀；4—主油路调节阀；5—下阀体

换挡阀的工作是由换挡电磁阀控制的，电磁阀通电与不通电促使换挡阀阀心移动，阀心起动打开相应挡位的油路，实现挡位的变换。

3）锁止离合器控制阀

对于使用开关式电磁阀作为锁止离合器控制阀的自动变速器，主油路压力油经节流口作用在锁止离合器控制阀的右端，而右端作用有弹簧力。当车速、节气门开度等因素没有满足锁定条件时，锁定电磁阀不通电，泄油口开启，使右端的油压下降，阀心在弹簧力作用下右移，压力油经锁定离合器控制阀同时作用在变矩器内锁定离合器活塞两侧，这时锁定离合器处在分离状态，如图 7.27(a)所示。当车速、节气门开度等因素满足锁定条件时，电控组件向锁定电磁阀发出控制信号，电磁阀关闭泄油口，使作用在锁定离合器控制阀右端的油压上升，阀心在右端油压作用下左移，这时锁定离合器活塞右侧的油液经锁定离合器控制阀泄荷，活塞左侧的油液将活塞压紧在变矩器壳体上，使锁止离合器接合，如图 7.27(b)所示。

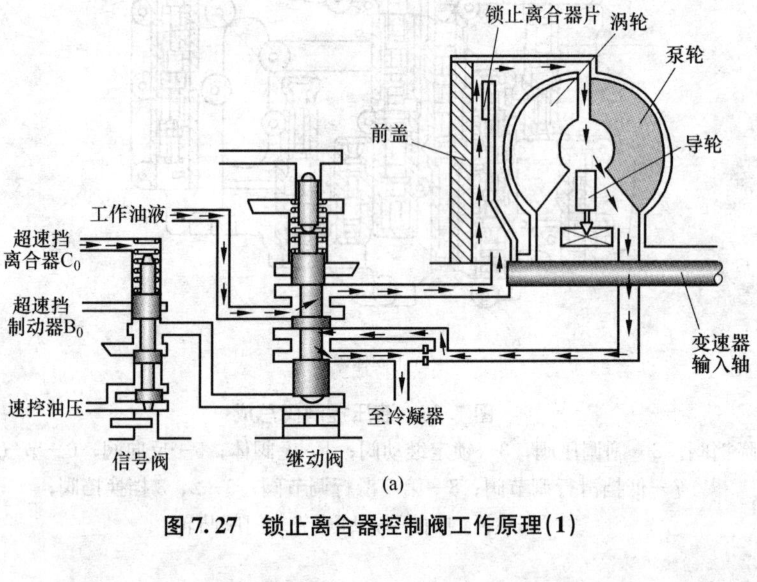

(a)

图 7.27　锁止离合器控制阀工作原理(1)

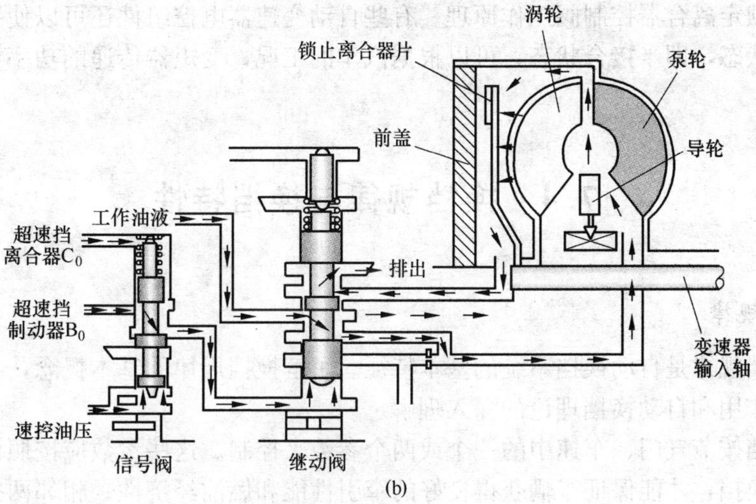

图 7.27(续)

对于使用线性脉冲式电磁阀作为锁定离合器控制阀的自动变连器，电控组件使用脉冲信号占空比的大小调节锁定电磁阀的开度，以控制锁定控制阀右端的油压和锁定离合器控制阀向左移动时泄油口开度的大小，并以此控制锁定离合器活塞右侧油压的大小。当锁定电磁阀占空比为 0 时，电磁阀关闭，没有油压作用在锁定离合器控制阀右端，这时锁定离合器活塞两侧油压相同，锁定离合器处于分离状态。当作用在锁定电磁阀上的脉冲信号占空比较小时，电磁阀开度、右端的油压和泄油口开度均较小，锁定离合器两侧油压差较小，接合力较小，这时锁定离合器处在半接合状态。当脉冲信号占空比大时，锁定离合器两侧油压差大，锁定离合器可以完全接合。图 7.28 所示为使用线性脉冲式电磁阀作为锁

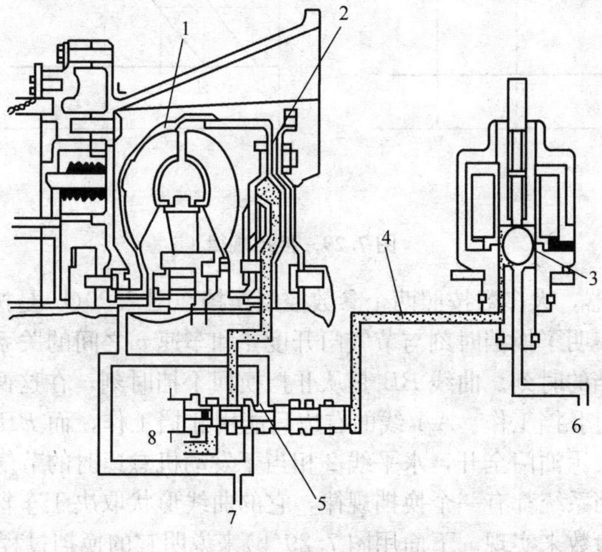

图 7.28 锁止离合器控制阀工作原理(2)

1—变矩器；2—锁定离合器；3—线性脉冲式锁定电磁阀；4—可调节的控制压力；
5—锁定离合器控制阀；6—主油路油压；7—来自变矩器阀油压；8—泄油口

定控制阀的锁定离合器控制阀工作原理。有些自动变速器电控组件还可以使锁定离合器处于滑动锁定状态，即半接合状态，可以根据汽车的工况，变矩器传递的功率调节离合器传递的功率。

7.4 换挡规律与换挡特性

1. 换挡规律

自动换挡规律是自动换挡系统的基本特征。了解换挡规律的基本概念，有助于对自动换挡元件的作用和自动换挡理论的深入理解。

自动换挡按节气门、车速中的一个或两个参数来控制。这些参数应按照设计要求的换挡时刻自动换挡，才能保证车辆获得良好的牵引性能和燃油经济性。相邻两排挡间自动换挡点的诸多控制参数之间的关系称为换挡规律。这个规律是按车辆动力性和经济性对自动换挡系统的要求来设计的。

图 7.29 表示两种形式的换挡规律，图 7.29(a)为一个参数控制的换挡规律图。图示换挡点只与车速有关。当车速达到 v_2（直线 AA'）时换入Ⅱ挡。反之当车速又降至 v_1（直线 BB'）时才换回Ⅰ挡。

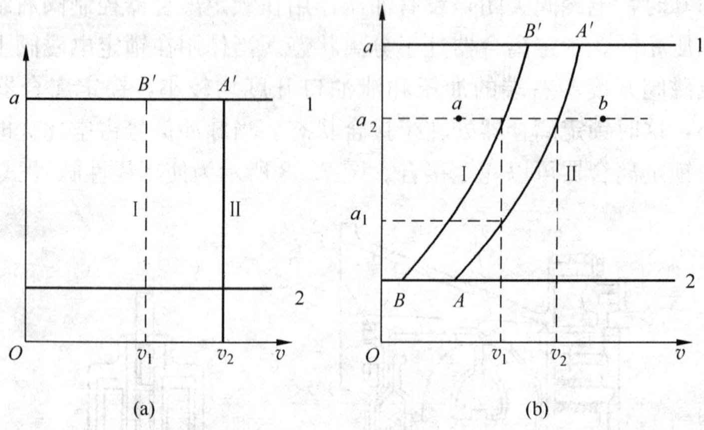

图 7.29 换挡规律

现代自动变速器，大多数按照两个参数控制换挡，图 7.29(b)是按两个参数控制的换挡规律。这个规律表明了换挡时刻与节气门开度 α 和车速 v 之间的关系。图中曲线 AA' 决定了从Ⅰ挡换入Ⅱ挡的时刻。曲线 BB' 是从Ⅱ挡换回Ⅰ挡时刻，在这两条曲线之间，升挡时Ⅰ挡工作，降挡时Ⅱ挡工作。AA' 线的右边只能用Ⅱ挡工作，而 BB' 线左方则只能用Ⅰ挡工作。水平线 1 表示油门全开，水平线 2 相当于发动机怠速时的节气门开度。

每一个自动换挡系统都有一个换挡规律，它的曲线形状取决于车辆传动的要求，自动换挡系统的结构和参数来实现。下面用图 7.29(b)来说明它的换挡过程。

节气门开度不变，设为 α_2，当车速小于 v_1 时，例如在 a 点，则以Ⅰ挡行驶；当行驶阻力减小，车速增加超过 v_2 时，自动换入Ⅱ挡，例如在 b 点工作。如果车速 v_2 减小，则当车速降至 v_1 时才重新换入Ⅰ挡。

车速不变，设为 v_1，当节气门开度小于 α_1 时，用Ⅱ挡行驶。当行驶阻力增加，节气门开度加大到 α_2 时，自动换入Ⅰ挡行驶，当行驶阻力减小，节气门开度减小到小于 α_1，则又重新自动换回Ⅱ挡。这就使驾驶员有可能控制节气门开度 α 来干预自动换挡，松节气门踏板提前换高挡，猛踩节气门踏板强制换低挡。

由此可见，在控制参数相同的情况下，升挡和降挡的换挡时刻是不同的。降挡的换挡时刻比升挡的晚，即有延迟。这种现象称为换挡延迟。延迟的程度根据传动性质要求确定，由换挡机构的结构参数来保证。

换挡延迟对自动换挡系统是十分必要的，其作用主要有以下三点：

(1) 保证自动换挡系统的稳定性。试想，如果升、降挡点重合在一条曲线上，那么车速以此曲线附近的参数行驶时，由于行驶阻力的偶然增减而使车速升降，就不可避免地出现在两相邻排挡之间重复往返换挡的现象。当有了换挡延迟，自动换上新挡后，不会由于节气门踏板振动或车速稍降而重新换回原来排挡。

(2) 驾驶员可以对自动换挡进行干预，可以提前升挡或强制降挡。

(3) 变化换挡延迟可以改变换挡规律，以适应动力性、经济性、使用性等方面的要求。

2. 换挡特性

它是以相邻两挡在换挡过程中各节气门开度下加速度与车速的关系、牵引力与车速的关系以及油耗与车速的关系。据此，即可研究在换挡过程中整车牵引力和燃料消耗的变化情况，从此获得保证汽车最佳性能的换挡规律。

1) 最佳动力性能换挡特性

作图法：以往研究人员是从牵引力曲线图上，以同一节气门下相邻两挡的牵引力曲线的交点作为依据的。这是以稳定工况处理问题的结果，与实际是不符的。欲保证最佳动力性，应该在汽车的行驶加速度曲线图上取同一节气门开度下相邻两挡加速度曲线的交点，即 $\frac{dv}{dt_n}=\frac{dv}{dt_{(n+1)}}$。将不同节气门下相邻两挡加速度的交点连成曲线，即为动力性最佳的换挡特性(图 7.30)，将其转换到 $a-v$ 图上就是最佳动力性的换挡规律(图 7.31)。严格来说，需反映加速度 $\frac{dv}{dt}$ 对换挡规律的影响，应以三个参数：$\frac{dv}{dt}$、v 和 a 所确定的空间坐标来表达。

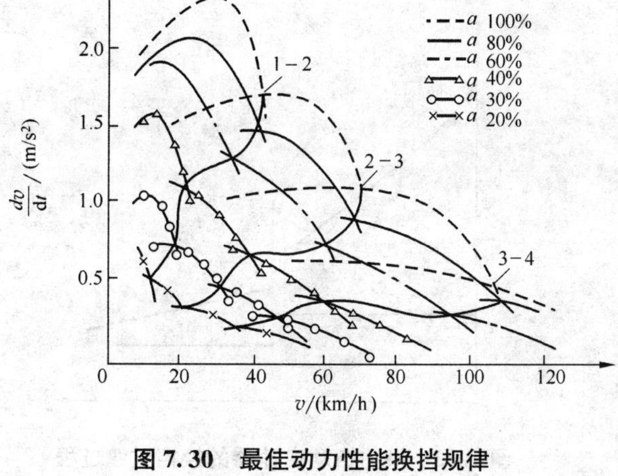

图 7.30 最佳动力性能换挡规律

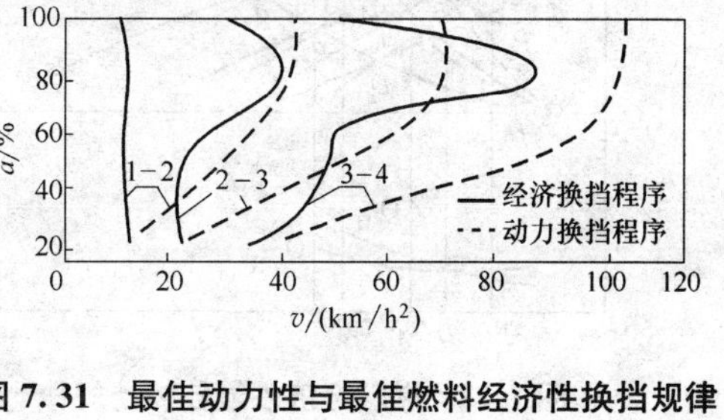

图 7.31 最佳动力性与最佳燃料经济性换挡规律

作图法本身并不繁杂，但画图前需要计算各挡、各节气门开度下的加速度的工作量却很大。如用解析法通过计算机编程，就可节省时间，但这里不作详细说明！

2）最佳燃料经济性换挡规律

图解法：假设(1)因换挡时间短，可视车速不变；(2)在外界阻力 F_φ 相同的条件下换挡。图 7.32 上的外界阻力 $F_{\varphi1}$ 线与相邻两挡不同节气门开度的牵引力 $F_{t\text{I}}$ 及 $F_{t\text{II}}$ 交于各点，对照相应发动机的小时油耗 $Q_\text{T}=f(n_\text{e})$ 曲线，可求出相应挡位下油耗曲线 $Q_{\text{T}\,\text{I}}=f(v)$ 与 $Q_{\text{T}\,\text{II}}=f(v)$，这两条曲线的交点 2，即为阻力为 $F_{\varphi1}$ 时的最佳燃料经济性换挡点。因百公里油耗 $Q_\text{S}=\dfrac{Q_\text{T}}{v}\times100$，对既定的车速来说，$Q_{\text{Tmin}}$ 即为 Q_{Smin}，即 $v<v_2$ 时应以Ⅰ挡行驶，$v>v_2$ 时应以Ⅱ挡行驶。同理，再设定各种可能的行驶阻力 $F_{\varphi i}$，所求出的一系列相应的换挡点的组合 EE' 线；就是Ⅰ挡与Ⅱ挡之间的最佳燃料经济性特性。如以 $a=f(v)$ 表示，即为两参数控制的最佳燃料经济性的换挡规律(图 7.31)。如以加速度曲线 $\dfrac{dv}{dt}=f(v)$ 代替图 7.30上部的牵引力特性 $F_w=f(v)$；以等加速度 $\dfrac{dv}{dt_1}$ 线(相应于给定的节气门开度 a_1 下，汽车行驶于某外界阻力 $F_{\varphi1}$ 条件下所产生的加速度)代替等外界阻力 $F_{\varphi1}$，用上述方法即可求得，在 $\dfrac{dv}{dt_1}$、a_1 条件下，获得最佳燃料经济性的最佳换挡点速度 v_1，给出一系列车辆行驶中可能出现的加速度 $\dfrac{dv}{dt_i}$ 线，求出相应的 a_i，v_i。在相应的空间三个坐标：$\dfrac{dv}{dt}$、v 和 a 中表达的曲线，即为三个参数控制的最佳燃料经济性换挡规律。

需要说明的是，从图 7.32 可以看出，换挡时，Ⅰ挡的节气门 a_4 升至Ⅱ挡时，节气门应提高到 a_3，才能与原设定的外界阻力 $F_{\varphi1}$ 相平衡，也才能真正按最佳燃料经济性换挡规律行驶，否则还会引起牵引力的突然下降，可是对于液力自动变速器换挡时节气门是不变的。为什么还可以接受呢？因为升挡时，变速器输入轴转速下降，即涡轮转速下降，使换挡过程中液力变矩器的变矩系数 k 上升，试验表明，一般可提高 1.2 到 1.3 倍，这样可以弥补升挡时传动比由 i_{g1} 降为 i_{g2}，造成牵引力下降的不足，实际上不是一个陡降直线而是一个圆滑的过渡曲线，如图 7.33 所示。

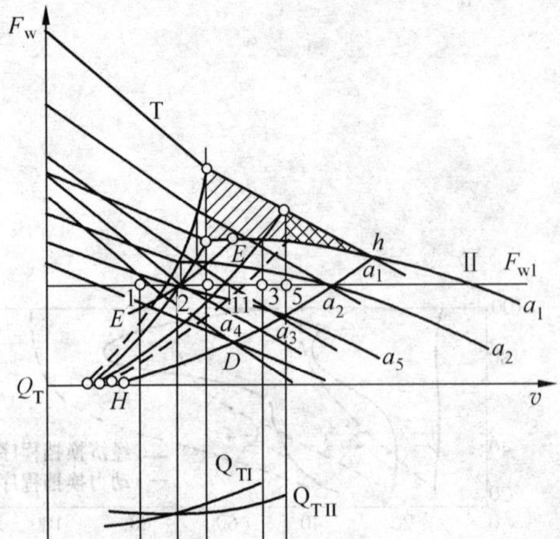

图 7.32 燃料经济性最佳换挡规律

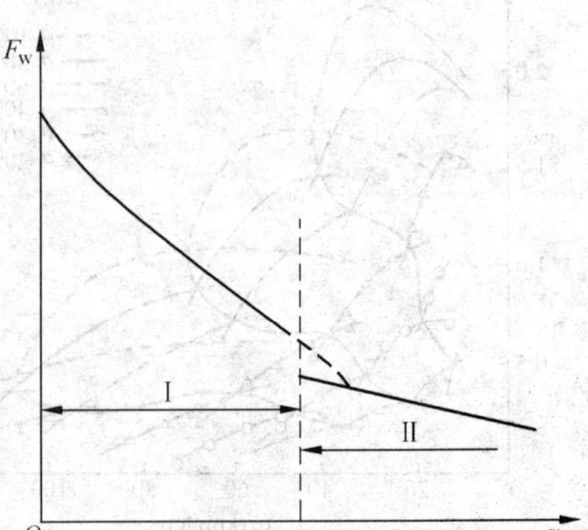

图 7.33 液力自动变速器的换挡过渡过程

阅读材料7-1

自动变速器换挡规律分析

1. 建立换挡规律的模糊神经网络模型

汽车自动变速系统能按给定的算法由车辆的状态确定最佳挡位，并自动地控制节气门开度，同时合理地进行换挡过程。采用两参数的换挡规律，即车速和节气门开度，输出为变速器目标挡位，进行汽车自动变速器换挡规律的研究。先将车速和节气门开度进行各语言变量隶属函数的初步定位以尽量发掘模糊规则的存在性，然后利用基于 Takagi－Seguno 模型的模糊神经网络进行改进和优化期望输出(挡位)的各语言值隶属函数。

1) 换挡规律模糊系统模型

根据熟练驾驶员的操作经验可将节气门开度 α 共分五个模糊分割。设 α 的模糊语言为：{很小(VS)，小(S)，中(M)，大(B)，很大(VB)}。假设节气门开度的基本论域为：{0，1，2，3，4，5，6，7，8，9，10}。其赋值表见表 7－1，隶属函数如图 7.34 所示。

表 7－1 节气门开度的赋值表

	0	1	2	3	4	5	6	7	8	9	10
VS	0.9	0.5	0.1	0	0	0	0	0	0	0	0
S	0	0.4	0.9	1	0.2	0	0	0	0	0	0
M	0	0	0	0.2	0.6	1	0.6	0.3	0	0	0
B	0	0	0	0	0	0	0.3	0.8	1	0.4	0
VB	0	0	0	0	0	0	0	0	0.3	0.8	1

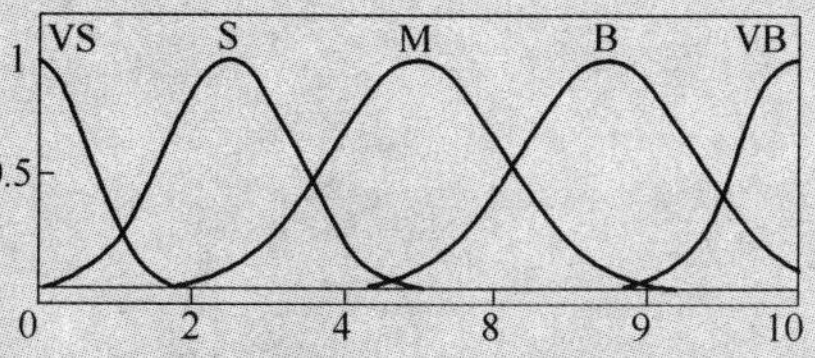

图 7.34 节气门开度隶属度函数

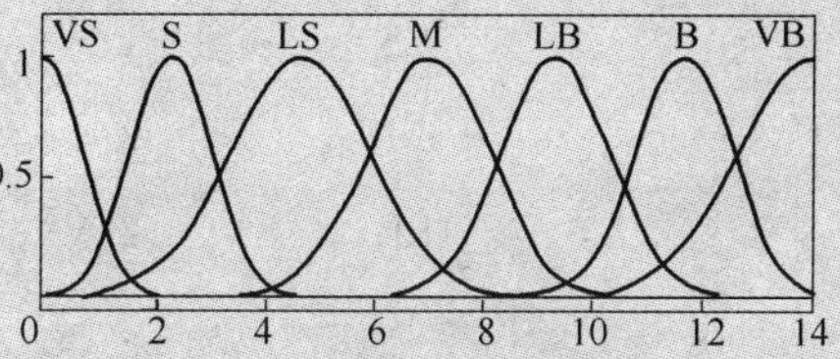

图 7.35 车速隶属函数

根据车速 v_a 的变化范围可将 v_a 的模糊语言变量划分为：{很小(VS)、小(S)、较小(LS)、中(M)、较大(LB)、大(B)、很大(VB)}。假设 v_a 的基本论域为：{0，1，2，3，4，5，6，7，8，9，10，11，12，13，14}。其赋值表见表 7－2，隶属函数如图 7.35 所示。

表 7－2 车速的赋值表

	0	1	2	3	4	5	6	7	8	9	10	11	12	13	14
VS	1	0.7	0.1	0	0	0	0	0	0	0	0	0	0	0	0
S	0	0.4	1	0.8	0.2	0	0	0	0	0	0	0	0	0	0

（续）

	0	1	2	3	4	5	6	7	8	9	10	11	12	13	14
LS	0	0	0	0.3	0.8	0.1	0.4	0	0	0	0	0	0	0	0
M	0	0	0	0	0	0.1	0.6	1	0.6	0.2	0	0	0	0	0
LB	0	0	0	0	0	0	0	0	0.3	0.9	0.8	0.2	0	0	0
B	0	0	0	0	0	0	0	0	0	0	0.2	0.7	0.9	0.4	0
VB	0	0	0	0	0	0	0	0	0	0	0	0	0.1	0.7	1

挡位E以单点表示，其取值为：{一挡(1)，二挡(2)，三挡(3)，四挡(4)，五挡(5)，六挡(6)}，挡位的隶属度函数取单点分布。

基于熟练驾驶员经验和专家知识的换挡规律，现制定换挡模糊规则如下：

R_1：IFα=VSAND　v_a=VSTHEN　E=1；

R_2：IFα=VSAND　v_a=STHEN　E=1；

…

R_{35}：IFα=VBAND　v_a=VBTHEN　E=6。

通过以上方法，制定了35条汽车自动变速器换挡规律的模糊推理规则，见表7-3。

表7-3　换挡规律的模糊推理规则表

		α				
	E	VS	S	M	B	VB
v_a	VS	1	1	1	1	1
	S	1	1	2	2	2
	LS	1	2	2	3	3
	M	2	3	3	4	4
	LB	2	3	4	4	5
	B	3	4	4	5	6
	VB	4	5	5	6	6

2）换挡规律的神经网络模型

在换挡控制模糊系统模型的基础上，为了基于Takagi-Sugeno模型的模糊神经网络进行模糊系统隶属函数形状和模糊系统规则的调整，建立了图7.36所示的换挡规律神经网络模型。

神经网络分为五层：第一层为输入层，节点数为2个(即车速和节气门开度)，这一层的节点只是将输入变量值直接传递到下一层；第二层为隶属函数层，12个节点(即车速7个，节气门开度5个)，其功能主要是完成输入量的模糊化，该层特性函数取为高斯函数；第三层为模糊规则层，35个节点数，其节点数与控制规则的条数相对应，完成模糊逻辑推理条件的匹配工作；第四层为模糊推理层，其节点数与第三层相同；第五层为输出层，节点数为1个，输出为挡位。

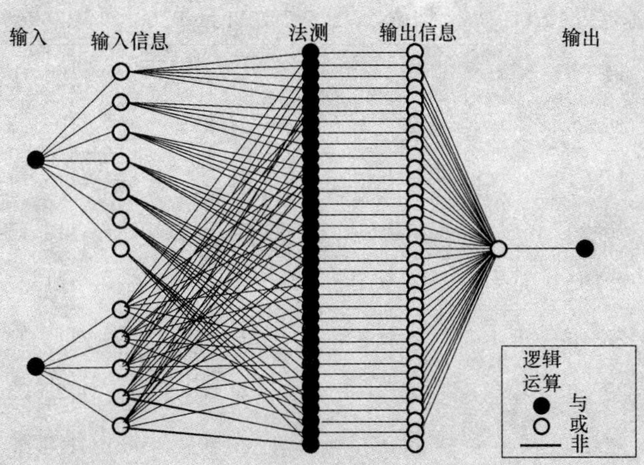

图7.36 换挡规律的神经网络结构图

3）换挡规律的模糊神经网络训练与调整

在实车测试中通过采集大量的熟练驾驶员换挡数据，从这些数据中选择了300组节气门开度、车速与挡位的数据作为样本，其中240组作为学习样本，另外60组作为测试样本，其中60组模糊神经网络训练样本见表7-4。

表7-4 换挡规律的模糊神经网络训练样本

节气门/%	车速/(km/h)	挡位	节气门/%	车速/(km/h)	挡位
0	0	1	11.7	62.03	4
12.4	0.58	1	22.6	66.74	4
20.9	1.62	1	31.1	70.99	4
33.6	2.17	1	36.5	71.93	4
45.6	3.01	1	48.5	75.50	4
59.3	3.94	1	59.3	80.77	4
65.7	4.38	1	65.7	84.92	4
81.9	5.29	1	81.2	87.27	4
88.1	6.02	1	84.7	90.56	4
90.5	6.34	1	91.3	93.43	4
5.8	6.75	2	23.4	86.24	5
15.8	8.14	2	31.4	90.05	5
23.8	9.59	2	35.5	95.47	5
36.5	11.46	2	42.3	99.28	5
45.6	13.12	2	49.9	102.78	5

（续）

节气门/%	车速/(km/h)	挡位	节气门/%	车速/(km/h)	挡位
62.2	14.96	2	57.8	106.75	5
69.4	16.28	2	64.3	109.28	5
78.9	17.94	2	81.2	113.14	5
85.7	20.20	2	84.0	118.15	5
92.0	22.01	2	92.0	121.37	5
14.6	27.40	3	29.2	116.30	6
24.1	29.59	3	34.3	122.23	6
29.6	32.51	3	40.9	128.63	6
35.0	34.52	3	45.0	131.39	6
48.5	37.58	3	50.8	135.35	6
59.3	39.27	3	58.9	139.30	6
65.7	41.64	3	64.3	141.46	6
81.9	43.83	3	81.8	145.56	6
87.6	51.59	3	85.1	148.24	6
91.7	65.06	3	91.6	152.20	6

将以上样本数据加载到Matalb模糊逻辑工具箱中，建立汽车自动变速器换挡规律的模糊神经网络推理系统。利用以上建立的基于Takagi-Sugeno模型的模糊神经网络对换挡规律系统进行训练，经过5000次训练以后，其误差为0.0876，达到了设计的要求，训练误差如图7.37所示。

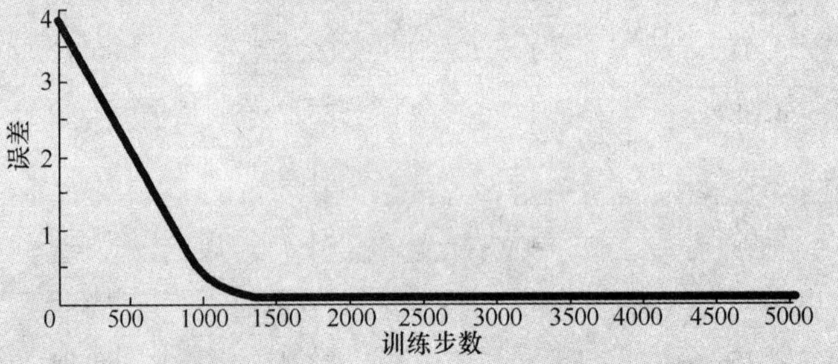

图7.37　换挡规律模糊神经网络训练误差

将另外60组数据代入所建立的换挡规律模糊神经网络对其进行测试，测试结果如图7.38所示，因为网络的输出值是非整数量，而实际的挡位值是离散的整数量，所以采用最近挡位来圆整网络的输出值，即取距离该输出值最近的期望挡位作为圆整后的挡位值。图7.38中，圆圈为测试前驾驶员的期望输出，星号则为经过本文所设计的汽车自动变速器换挡规律模糊神经网络系统得出的挡位输出。从图中可以看出，测试输出的挡位虽然与期望挡位有所偏差，但是经过挡位圆整后该汽车自动变速器换挡规律模糊神经网络系统能够准确地输出驾驶员所需的挡位。车速和节气门开度隶属度函数调整后的结果如图 7.39、图 7.40 所示。

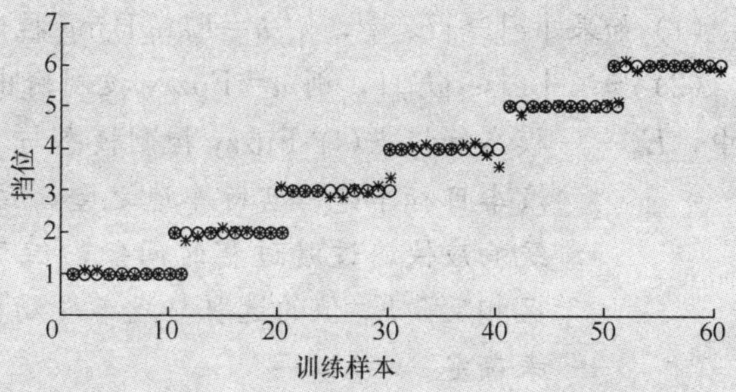

图 7.38 换挡规律模糊神经网络测试结果

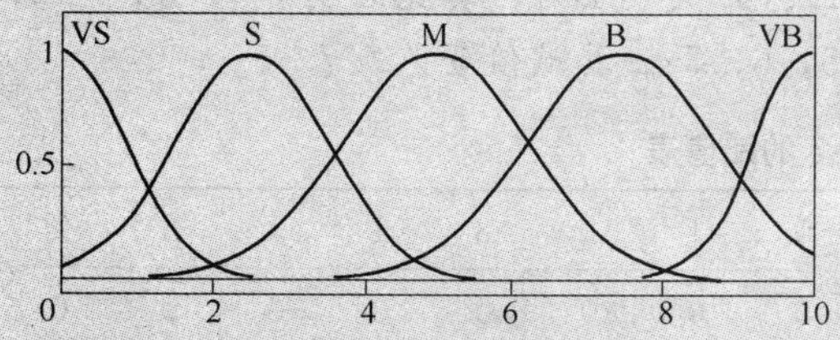

图 7.39 调整后的节气门开度隶属度函数

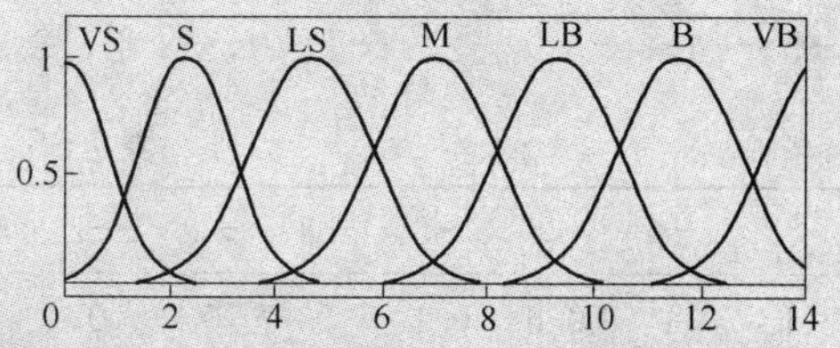

图 7.40 调整后的车速隶属度函数

2. 发动机模糊—最速双模态控制建模

汽车在换挡过程中，为了达到省油、缩短换挡时间、提高换挡平顺性和降低滑磨功的目的，需要对发动机节气门开度和转速进行综合控制。由于发动机是一个高度非线性、大惯量、参数时变和易于受外界干扰的复杂系统，而且自动变速器在换挡时间较短，这对发动机转速控制提出了更高的要求。本文采用模糊—最速(Fuzzy - BangBang)双模态控制的方法对换挡过程中发动机节气门开度和转速进行合理的控制，使汽车实际车速和目标车速达到一致。通过 Fuzzy - BangBang 双模态决策机制，当汽车实际车速与目标车速偏差较大时采用最速控制使汽车实际车速尽快与目标车速接近，当偏差较小时采用模糊控制提高系统的鲁棒性及控制精度，发动机模糊—最速双模态控制如图 7.41 所示。

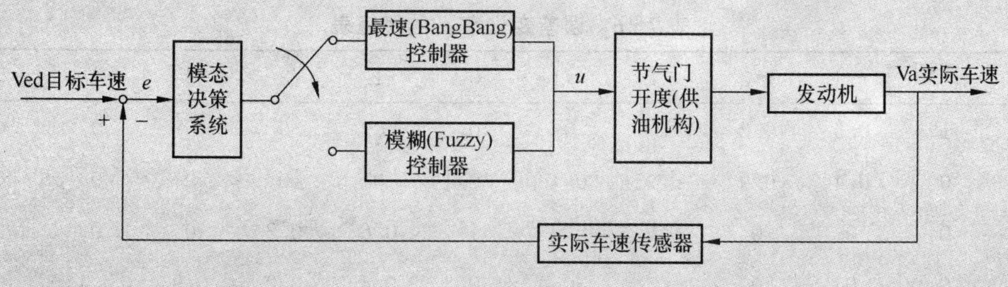

图 7.41 Fuzzy - BangBang 双模态发动机转速控制框图

1) 模态决策系统

Fuzzy - BangBang 双模态发动机节气门开度控制系统根据误差 e 的大小在线选择控制模态，如果误差较大，采用最速控制模态；否则采用模糊控制模态。系统模态决策机制可用如下规则描述：

(1) 如果 $|e|>|E_m|$，则 u=BangBang 控制输出；

(2) 如果 $|e|\leqslant|E_m|$，则 u=Fuzzy 控制输出。

式中，E_m——模态切换点(即 Fuzzy 控制模态与 BangBang 控制模态的分界点)。对应的汽车目标车速与实际车速之差，该值取得小，BangBang 控制作用强，系统响应快，过渡过程时间短，但可能产生较大的超调；该值取得大，情况相反。E_m 值的选取与汽车发动机的响应特性有关，通常借助试验手段来确定。

2) 模糊控制器的设计

将实际车速与目标车速的误差 e 的模糊语言变量划分为：{负大(NB)、负中(NM)、负小(NS)、零(ZO)、正小(PS)、正中(PM)、正大(PB)}，其论域为：{−7，−6，−5,−4，−3，−2，−1，0，1，2，3，4，5，6，7}。其赋值表见表 7-5。

表 7-5　误差 e 的赋值表

	−7	−6	−5	−4	−3	−2	−1	0	1	2	3	4	5	6	7
NB	1	0.6	0.1	0	0	0	0	0	0	0	0	0	0	0	0
NM	0	0.4	0.9	0.8	0.2	0	0	0	0	0	0	0	0	0	0
NS	0	0	0	0.2	0.8	0.9	0.4	0	0	0	0	0	0	0	0
ZO	0	0	0	0	0	0.1	0.6	1	0.6	0.1	0	0	0	0	0
PS	0	0	0	0	0	0	0	0	0.4	0.9	0.8	0.2	0	0	0
PM	0	0	0	0	0	0	0	0	0	0	0.2	0.8	0.9	0.4	0
PB	0	0	0	0	0	0	0	0	0	0	0	0	0.1	0.6	1

将误差变化率 $\dot{e}$ 的模糊语言确定为：{负大(NB)、负小(NS)、零(Z)、正小(PS)、正大(PB)}，其论域为：{−5，−4，−3，−2，−1，0，1，2，3，4，5}。其赋值表见表 7-6。

表 7-6　误差变化率 $\dot{e}$ 的赋值表

	−5	−4	−3	−2	−1	0	1	2	3	4	5
NB	1	0.6	0.2	0	0	0	0	0	0	0	0
NS	0	0.4	0.9	0.9	0.4	0	0	0	0	0	0
Z	0	0	0	0.2	0.6	1	0.6	0.2	0	0	0
PS	0	0	0	0	0	0	0.4	0.9	0.9	0.4	0
PB	0	0	0	0	0	0	0	0	0.2	0.6	1

输出量为节气门开度，其模糊语言可表示为：{很小(VS)、小(S)、较小(LS)、中(M)、较大(LB)、大(B)、很大(VB)}，论域为：{0，1，2，3，4，5，6，7，8，9，10，11，12，13，14}。其赋值表见表 7-7。

表 7-7 节气门开度的赋值表

	0	1	2	3	4	5	6	7	8	9	10	11	12	13	14
VS	1	0.8	0.1	0	0	0	0	0	0	0	0	0	0	0	0
S	0	0.5	1	0.8	0.3	0	0	0	0	0	0	0	0	0	0
LS	0	0	0	0.2	0.7	0.9	0.3	0	0	0	0	0	0	0	0
M	0	0	0	0	0	0.1	0.6	1	0.6	0.1	0	0	0	0	0
LB	0	0	0	0	0	0	0	0	0.4	1	0.8	0.2	0	0	0
B	0	0	0	0	0	0	0	0	0	0	0.2	0.8	1	0.4	0
VB	0	0	0	0	0	0	0	0	0	0	0	0	0.1	0.7	1

根据驾驶员经验和专家知识，可以得到表 7-8 所示的发动机节气门开度模糊推理原则。

表 7-8 发动机节气门开度模糊推理规则表

v	$\Delta\dot{\omega}$					
	NB	NS	Z	PS	PB	
	NB	S	S	S	VS	VS
	NM	VS	S	S	LS	LS
	NS	S	S	LS	LS	M
$\Delta\omega$	ZO	LS	LS	M	M	LB
	PS	M	M	LB	LB	B
	PM	LB	LB	B	B	VB
	PB	B	B	B	VB	VB

3）最速控制器设计

BangBang 发动机节气门开度控制可按如下规则进行控制：

如果 $e>E_{\mathrm{m}}$，则 $u=100$；

如果 $e<-E_{\mathrm{m}}$，则 $u=0$。

3. 汽车换挡规律仿真分析

为了验证本文所示设计的基于 Takagi-ssugeno 模型的模糊神经网络汽车自动变速汽车换挡规律的正确性，建立了模糊神经网络的汽车自动变速器换挡规律的 Matlab/simulink 仿真模型(图 7.42)，并在相同工况、相同车速和节气门开度的情况下分别对基于模糊神经网络的汽车自动变速器换挡规律和基于传统两参数(即车速和节气门开度)的汽车自动变速器综合换挡规律进行了仿真分析。

1）UDC+EUDC 运行循环工况仿真分析

美国运行循环工况包括市区运行循环工况(UDC)和市郊运行循环工况(EUDC)，是用来测试汽车及其整车性能的常用循环工况，其主要是由 4～6 个市区运行循环工况(UDC)和一个市郊运行循环工况(EUDC)所组成，UDC 循环工况的最高车速控制为 50km/h，EUDC 循环工况的最高车速控制为 120km/h。

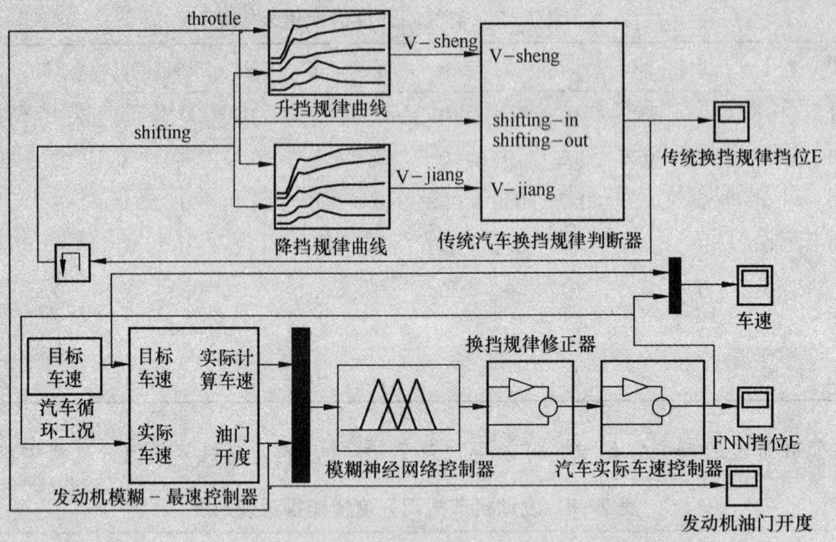

图 7.42　换挡规律仿真分析模型

自动变速汽车在UDC＋EUDC运行循环工况的换挡规律仿真分析如图7.43所示，

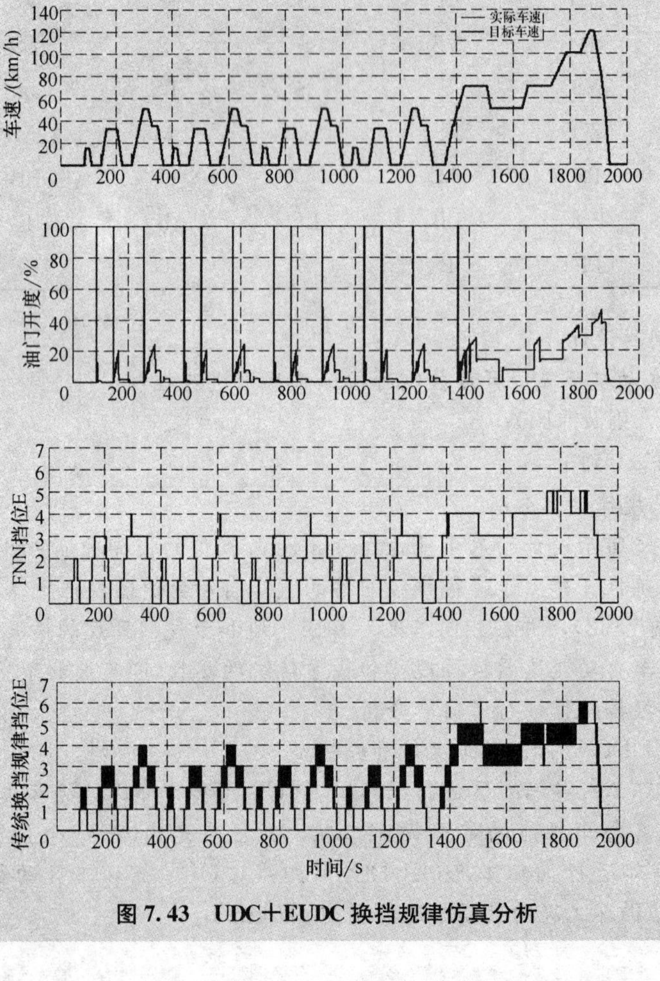

图 7.43　UDC＋EUDC换挡规律仿真分析

从图中可以看出，通过对发动机模糊—最速控制，汽车在起步阶段，由于汽车实际车速与目标车速相差一较大值，发动机节气门开度进行的是最速控制。当汽车实际车速与目标车速之差为一较小值时，系统将自动对发动机节气门开度实行模糊控制，故汽车实际车速可以很快地与目标车速达到一致。基于模糊神经网络的自动变速器换挡规律可以很好的理解驾驶员的意图，根据车速和节气门开度合理地对自动变速器发出升降挡命令，并且在节气门开度急剧下降时变速器挡位自动降一挡运行。与基于模糊神经网络的自动变速器换挡规律相比，基于传统的两参数(车速和节气门开度)自动变速器换挡规律在节气门开度急剧变化的时，变速器挡位将在相邻挡位之间出现频繁地换挡动作，这种相邻挡位之间的频繁换挡是汽车驾驶员所不希望的。由于基于传统两参数换挡规律的决策系统所出现的相邻挡位之间频繁换挡，这将势必对使汽车在行驶过程中产生强烈的冲击度，在频繁换挡过程中使汽车离合器片温度急剧上升，严重影响了汽车离合器的使用寿命和汽车在行驶过程中的舒适性。并且汽车在高车速(如图中的50km/h和120km/h)时决策出的挡位比基于模糊神经网络的汽车自动变速器换挡规律决策出的挡位高一挡，不能很好地满足驾驶员意图。

2) UDDS循环工况仿真分析

美国环境保护局(EPA)所制定的城市循环工况(UDDS)由于其复杂多变的运行环境，很适合用于测试汽车自动变速器换挡规律制定的好坏。

汽车在UDDS运行循环工况的换挡规律仿真分析如图7.44所示，从图中可以看出，

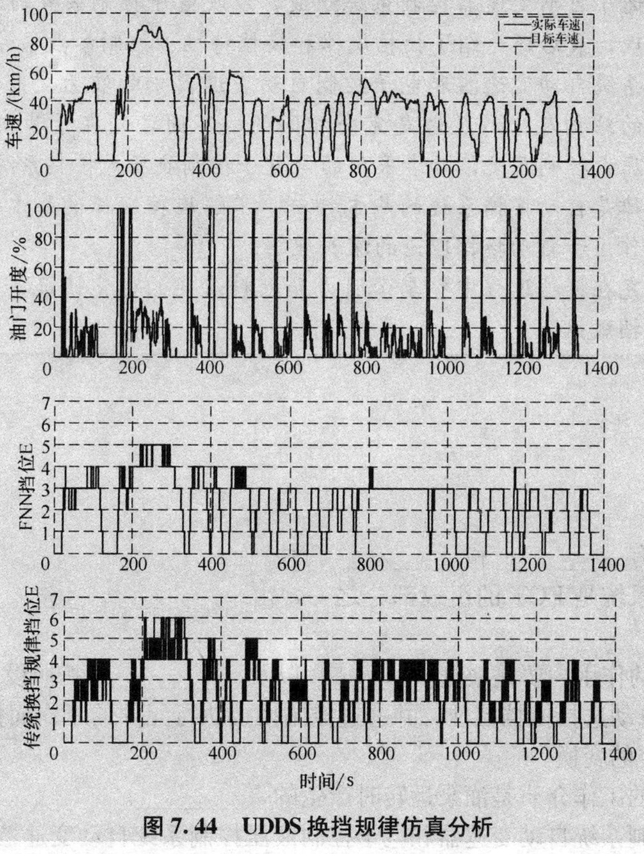

图7.44 UDDS换挡规律仿真分析

由于目标车速时常出现突升和突降，导致最速控制器经常对发动机节气门开度发出最大节气门开度(即节气门开度为100%)和最小节气门开度(即节气门开度为0%)的命令，当实际车速和目标车速之差为一较小值时，模糊控制器将对发动机进行合理的控制，因此利用发动机模糊—最速控制，在复杂的情况下汽车实际车速也能很好地接近汽车目标车速。由于车速和节气门开度时常出现的急剧上升、下降，导致基于模糊神经网络的自动变速器换挡规律频繁的出现升挡和降挡，但并没有产生在相邻挡位之间的频繁升降挡，依然可以很好的理解驾驶员的意图，满足汽车行驶的要求，根据车速和节气门开度合理地对自动变速器发出升降挡命令，并且在节气门开度急剧下降时变速器挡位自动降一挡运行。而基于传统的两参数(车速和节气门开度)自动变速器换挡规律在节气门开度急剧变化的时，变速器挡位将在相邻挡位之间出现频繁地换挡动作，再加上发动机节气门开度的突变性大导致了换挡规律决策系统在相邻三个挡位之间也同样出现了频繁地换挡转换动作，并且汽车在高车速时决策出的挡位比基于模糊神经网络的汽车自动变速器换挡规律决策出的挡位要高。

本章小结

本章主要讲述了自动变速器控制系统组成，以及电子控制装置与液压控制阀的相关结构与工作原理，最后还介绍了换挡规律和换挡特性、控制参数信号。

全液压控制系统自动变速器和电子控制自动变速器中的液力变矩器、油泵、行星齿轮组三个部分的结构及工作原理是完全相同的，不同之处在于其控制系统的类型，前者采用的是液压式控制系统，后者采用的是电子控制液压式控制系统。

自动换挡规律是自动换挡系统的基本特征。了解换挡规律的基本概念，有助于对自动换挡元件的作用和自动换挡理论的深入理解。

换挡特性研究在换挡过程中整车牵引力和燃料消耗的变化情况，从此获得保证汽车最佳性能的换挡规律。

综合练习

一、填空题

1. 控制系统有__________和__________两种。

2. 电子控制系统是ECT的组成部分之一，由__________、__________和__________三部分组成。

3. 控制系统的作用主要是根据__________以及__________，按照设定的换挡规律，在汽车行驶过程中自动选择换挡挡位，并透过控制换挡执行元件的工作而使变速器齿轮传动比改变，完成挡位的变换。

4. 控制系统的工作介质是油泵运转时产生的__________。

5. 全液压控制系统自动变速器和电子控制液压控制系统自动变速器中的液力变矩器、

油泵、行星齿轮组三个部分的结构及工作原理是完全相同的，不同之处在于__________，前者采用的是__________，后者采用的是__________。

6. 全液压式控制系统和电子控制液压式控制系统的主要区别是__________不同。

7. 全液压式控制系统是完全利用液压自动控制原理来完成其主要控制任务的，在这种控制系统中，汽车的主要运转参数__________和__________是以__________的方式传入控制系统，并利用流体力学的原理转化成相对应的__________控制信号。

8. 全液压控制系统自动换挡参考__________、__________、__________三个信号。

9. 节流阀用于调整节流阀油压，以便控制系统依据__________的大小改变__________和__________，使自动变速器的主油路油压和换挡规律满足车辆实际使用要求。

10. 调速器油压和节流阀油压共同控制__________的作用。

11. 强迫降挡阀主要是在节流阀__________时，强制地将自动变速器降低一个挡位，以便获得良好的加速性能。

12. 电子控制液压控制换挡系统主要是由__________和__________两部分组成。

13. 一般电子控制系统的控制范围和功能，主要是__________、__________、__________、__________、__________、__________、__________。

14. 换挡挡位于S(2)时，自动变速器只能在__________之间自动变换挡位。

15. 换挡挡位于L(2)时，自动变速器固定在__________挡或只能在1挡、2挡之间自动变换挡位。

16. 自动变速器常见的控制开关有__________、__________、__________。

17. 自动变速器的控制模式有__________、__________、__________。

18. 保持开关通常安装于__________，按下这个开关后，自动变速器便不能自动换挡。

二、思考题

变速器智能控制策略如何实现？

三、计算题

1. 如图7.45所示滑阀示意图。当有流量为q的流体通过阀腔时，试求流体对阀心的轴向作用力。

2. 何为换挡重叠？为什么要换挡重叠？(绘图用图说明)

3. 图7.46所示回路中，溢流阀的调整压力为$p_y=2.0\text{MPa}$，减压阀的调整压力为$p_j=1.25\text{MPa}$，回答下列问题(忽略各阀、管路等的损失)，缸使离合器夹紧后，A、B、C点压力？

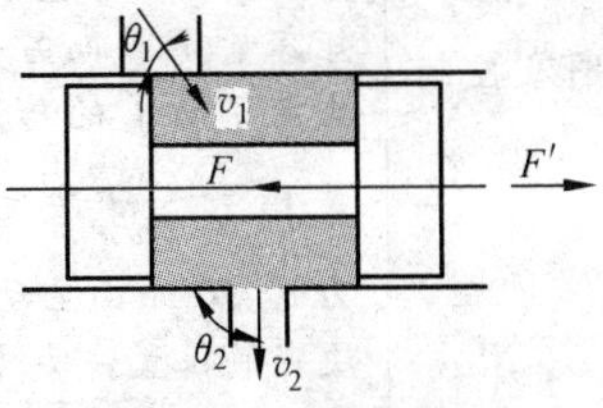

图7.45　滑阀示意图

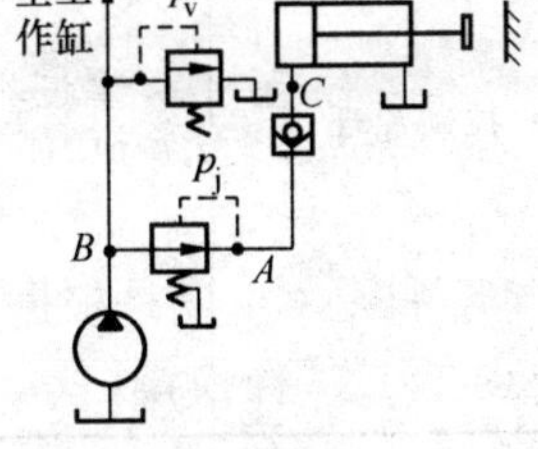

图7.46　题3示意图

第8章 无级自动变速器

教学目标

通过本章学习，了解无级变速器的发展状况及趋势，掌握它的种类以及各部分的组成，理解其工作原理和控制原理。

教学要求

知识要点	能力要求	相关知识
无级变速器的结构	掌握各部分的组成以及功能	无级变速器由电控系统、液压控制系统、传动装置、速比调节装置、安全缓冲装置和金属带组成
无级变速器的工作原理	理解其工作原理并能画出原理图，掌握其电气系统的工作原理	在控制系统的作用下，可动锥盘依靠钢带—滑道结构做轴向运动，可连续地改变传动带的工作半径，从而实现无级变速
无级变速器的控制原理	掌握其控制原理模型图及控制原理	无级变速器的控制是靠两个带轮的轴向加紧力 F_{ax} 实现的，一个带轮的加紧力保证了传递的力矩容量 T_e。而另一个带轮位置则决定了所需的传递速比 i，即由式 $F_{ax}=\frac{\cos\beta}{2\mu kr}$决定的被动轮加紧力 F_{axs}，而由主动轮的加紧力 F_p 决定的位置，实现所期望的速比

导入案例

Audi 公司从 20 世纪 80 年代初期开始研究无级变速器。在 A6 上 Multitronic 为纵向布置，动力通过变速器传递到与之制成一体的前桥差速器(图 8.1)。

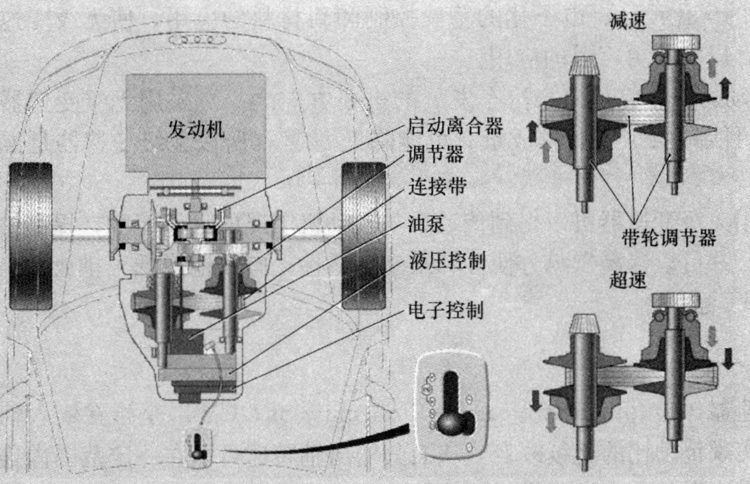

图 8.1 Multitronic CVT 的布置和原理

Multitronic 的一项关键技术是采用了独特的全钢多片式链带传动带(Link-plate Chain)的传动组件。它是 Audi 与 LUK 公司共同研究的成果，总宽 27mm，总长 715mm，能够承受 1.7t 的拉力和 6.5t 的侧向力。它总共由 1025 个链片和 75 个连接销子组成，每节 13 或 14 片，灵活性不低于 V 形带。传动带能够传递比常规的金属带以及橡胶带高得多的功率和转矩(280N·m)，并且传动比远远超过了以前各种自动变速器的传动比的极限值。其最高和最低的传动比分别为 1∶2.1 和 1∶12.7，相差 6 倍，几乎相当于手动 6 挡变速的范围。在如此大的变速范围内可以选择理想的运动模式或经济模式的传动比。

Multitronic 内装有转矩传感器，能连续记录下所传递的转矩值。正常运行时，系统根据转矩大小设定带轮上压紧传动带的压力。若转矩发生突然变化，经传感器记录后系统使带轮的可动壁产生轴向位移以增加对传动带的压紧力，以防止达到峰值转矩时传动带打滑。在变速器中还运用了独特的双活塞设计(dual piston system)，而且高压油路和冷却油路彼此独立，因而液压系统中的流量就比常规系统的流量低得多，提高了变速器的效率，改善了行驶性能。可动带轮的主要有两项功能：一是传递施加在传动带上的压紧力；一是改变传动比。Audi 将两项功能分别由两组活塞来实现，具有较大表面积的一组确保产生足够的压紧力，具有较小表面积的一组在必要的时候提供额外的压力。

问题：

无级变速器传动力矩是否受限制？为什么？

当今世界各大汽车公司对无级变速器的研制都十分活跃，装备有无级变速器的汽车，由最初的日本、欧洲，已经渗透到北美市场，因此装备有无级变速器的汽车是当今汽车发展的主要趋势，前景十分看好。随着电子控制技术、材料及加工技术的进步，无级变速器未来的发展将呈现以下趋势：

① 随着生产过程的自动化及生产规模的扩大，产品的成本更低廉。

② 部件的优化设计、电子化的精确控制和新材料的应用，使无级变速器向装备大排量汽车发展，以实现更广泛的应用。

③ 混合动力汽车将是未来汽车发展的重要方向之一。采用无级变速器的混合动力汽车的油耗有可能减少 30%，排放量有可能降低 50%，所以无级变速器是混合动力汽车最理想的传动装置。

由于采用无级变速器可以得到传动系与发动机工况的最好匹配，提高整车的燃油经济性和动力性，并可以提高操纵方便性和乘坐舒适性，有效地降低了排放污染，且综合性能优于 AT、MT 系统。

1. 无级变速器的发展概况

无级变速器(Continuously Variable Transmission，CVT)是指在输入轴转速不变的情况下，可以实现传动比的连续改变，从而其输出轴转速可以在一定范围内连续变化的变速器。它能提高汽车的动力性、燃料经济性，驾驶舒适性，行驶平顺性。

无级变速器技术的发展，已经有了一百多年的历史。德国奔驰公司是在汽车上采用 CVT 技术的鼻祖，早在 1886 年就将 V 形橡胶带式 CVT 安装在该公司生产的汽油机汽车上。1958 年，荷兰的 DAF 公司的 H. Van Doorne 博士研制成功了名为 Variomatic 的双 V 形橡胶带式无级变速器，并装备于 DAF 公司制造的 Daffodil 轿车上，其销量超过了 100 万辆。但是由于橡胶带式 CVT 存在一系列的缺陷：功率有限(转矩局限于 135N·m 以下)，离合器工作不稳定，液压泵、传动带和夹紧机构的能量损失较大，因而没有被汽车行业普遍接受。

进入 20 世纪 90 年代，汽车界对无级变速器技术的研究开发日益重视，特别是在微型车中，无级变速器被认为是关键技术。全球科技的迅猛发展，使得新的电子技术与自动控制技术不断被应用到无级变速器中。

1997 年上半年，日本日产公司开发了使用在 2.0L 汽车上的 CVT。在此基础上，日产公司在 1998 年开发了一种为中型轿车设计的包含一个手动换挡模式的 CVT。新型 CVT 采用一个最新研制的高强度宽钢带和一个高液压控制系统，通过采用这些先进的技术来获得较大的转矩能力。日产公司研究开发的无级变速器电子控制技术，传动比的改变实行全挡电子控制，汽车在下坡时可以一直根据车速控制发动机制动，而且在湿滑路面上能够平顺地增加速比来防止打滑。日产公司计划将无级变速器的应用范围从 1.0L 扩大到 3.0L 的轿车。

日本富士重工同时拥有 15 年开发无级变速器的经验。1997 年 5 月，富士重工将它的 Vistro 微型车装配了全计算机控制式 E-CVT(含有六挡手动换挡模式的 CVT)。驾驶员无须操作离合器就可以进行六挡变速。富士重工在 Pleo 微型车上采用一种有锁止式变矩器的电控式 CVT、通过小范围锁止可以使液力变矩器的滑动保持在最小值，行星齿轮用来切换前进挡/倒退挡。传动比范围从 1∶10～5.5∶1。

1999年上半年，美国的福特公司和德国ZF公司合作为福特公司的轿车和轻型载货车生产CVT。ZF公司设计的CVT是一种变矩器式变速器，使用为安装横向发动机前轮驱动汽车生产的钢带。ZF公司也能为安装纵向发动机的前轮驱动汽车和后轮驱动汽车生产CVT系列。福特公司正在设计一种与公司内所有轻型载货车匹配的牵引驱动CVT，包括后轮驱动和全轮驱动载货车。牵引驱动使用沿特殊滑液的可移动滑件代替传动带和传动轮。滑动部分的相对位置决定传动比，由一层部件间非常薄的液油来传递动力。

德国博世的电子式CVT控制系统是基于用传感器和执行器单元控制基础上的电子/液力模块。博世公司已经将独立部件、执行器、传感器和变速器换挡ECU组成一个单独的模块，变速器制造商只需增加一个集成控制单元。

现在丰田、本田、尼桑、福特、CM、奥迪等著名汽车品牌中都有配有CVT的轿车，2002年11月，在我国下线的奥迪A6 2.8L轿车是国内率先使用CVT的第一款国产轿车。

2. 无级变速器与传统变速器的区别

CVT的结构比传统的变速器简单、体积更小，它既没有手动变速器的众多齿轮，也没有自动变速器复杂的行星齿轮组。相比自动变速器与手动变速器而言，CVT最大的优势便在于它可以连续可变传动比，而自动变速器与手动变速器作为有级变速器，则只能在几个固定的速比上工作。在实际驾驶中，无极变速器所带来的感受是完全不同的。与自动变速器和手动变速器每次换挡后，发动机转速都会有几千转陡降的特性相比，搭载CVT的车型在加速时，车速表与转速表同时上升，当转速表达到最大值时即达到最高车速，整个加速过程平缓无任何冲击。这一加速期间，发动机转速不会发生下降，而CVT则在默默无闻地不断改变传动比，从而使传动系统与发动机一直保持最佳匹配。正是因为CVT这一特性，在燃油经济性与动力性方面，CVT都超出自动变速器与手动变速器。

自动变速器和手动变速器在每次换挡后，发动机转速都会有下降，而匹配CVT时，整个加速过程发动机转速都不会发生下降。

8.1 无级变速器的类型与特点

1. 无级变速器的类型

无级变速器的种类很多，根据其动力传递方式可以分为图8.2所示的几种形式。在汽车上已经使用的无级变速器有传动带传动与牵引传动两种形式，都是应用摩擦力传递动力。

1）机械式无级变速器

机械式无级变速器中以传动带传动的又可以分为摩擦式、链式、带式和脉动式四种。

(1) 摩擦式。摩擦式无级变速器，是靠旋转体间的接触摩擦力来传递动力的，通过改变输入、输出的作用半径，连续地改变了传动比。金属带式无级变速器也属于摩擦式无级变速器。

(2) 链式。链式无级变速器的变速传动机构由主从动链轮及套于其上的钢质挠性链组成，利用链条左右两侧面与作为链轮的两锥盘相接触所产生的摩擦力进行传动，并通过改

- 无级变速器
  - 机械式
    - 带传动式
      - 带式
      - 摩擦式
      - 链式
      - 脉动式
    - 牵引传动式
      - 圆环、曲面或圆锥环式
      - 圆板式
      - 行星滚筒式
      - 滚珠式
      - 其他
  - 流体式
    - 滚力式
    - 滚压式
  - 电动式

图 8.2　无级变速器的种类

变两锥盘的轴向距离来调整它们与链的接触位置和工作半径，从而实现无级变速传动。目前应用最多的是滑片链式变速器。图 8.3 所示为链式无级变速器。

(3) 带式。带式无级变速器的变速传动机构是由作为主、从动带轮的两对锥盘及张紧在上面的传动带组成。其工作原理是利用传动带左右两侧与锥盘相接触所产生的摩擦力进行传动，并通过改变两锥盘的轴向距离来调整它们与传动带的接触位置和工作半径，从而实现无级变速传动。带式无级变速器根据传动带的形状不同分为平带无级变速器和 V 形带无级变速器。V 形带无级变速器根据传动带的不同，又可以分为普通 V 形橡胶带无级变速器和 V 形钢带无级变速器。图 8.4 所示为带式无级变速器。

图 8.3　链式无级变速器

图 8.4　带式无级变速器

(4) 脉动式。脉动式无级变速器以其结构简单、传动可靠而得到广泛应用。它主要由传动机构、输出机构(超越离合器)和调速机构几个基本部分组成。其工作原理主要是采用连杆(或其他类型)机构组成一个相，由至少三个相组成一个无级变速机构，通过超越离合器的过滤作用，滤掉低于某一速度值的转速，输出符合单向离合器过滤条件的转速，而无级调速主要通过调速机构改变连杆机构中各杆件之间的尺寸比例关系实现。

2) 液压式

它依靠液体压能的变化来传动和变换能量，是借助于工作腔的容积变化进行工作的。液压元件主要是液压泵和液压马达，如图 8.5 所示。

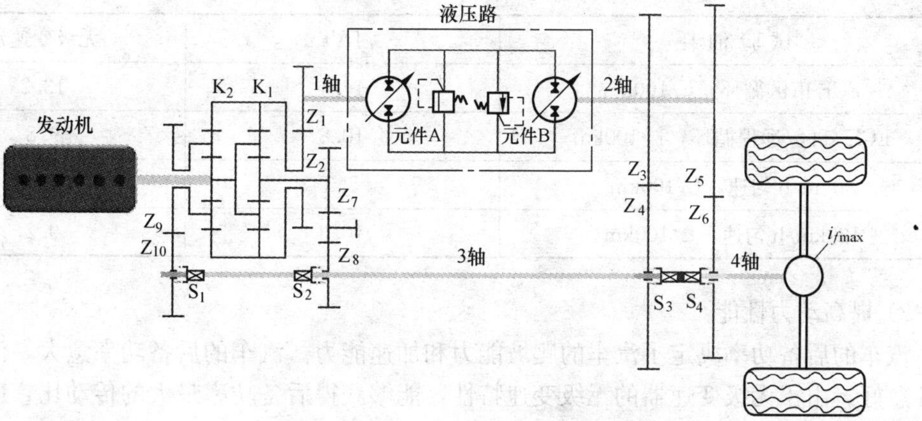

图 8.5 车辆采用液压系统实现无级变速示意图

3) 电动式

电传动式无级变速器由发电机、控制系统和牵引电动机组成，如图 8.6(a)所示。其变速原理为：控制系统调制发电机输出的电压、电流或频率，然后输送给电动机，连续改变输出转速和力矩，以获得无级的传动比。根据装用的电动机的不同，电力传动分为：直—直系统(直流发电机—直流电动机系统)，交—交系统，交—直系统，交—直—交系统。

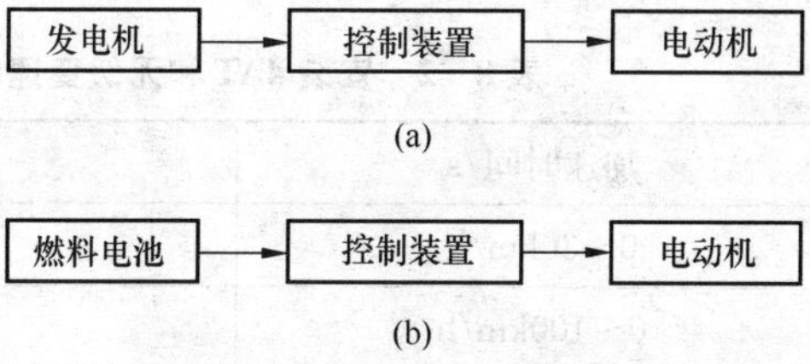

图 8.6 电传动示意图

由于晶闸管整流、晶闸管逆变技术的成熟以及交流电动机较直流电动机结构简单、尺寸小、运行可靠、维护方便，可设计和制造出功率更大、转速更高的电动机的特点，因此得到了更为广泛的应用。

电传动虽然功率较高，布置方便，但因其自身质量较大，价格较高，当加入人工控制时，控制器构成复杂，故目前仅限于在超重型载货汽车上应用。

由于能源危机和环境污染的因素，许多国家已开始进行高能量蓄电池、燃料电池的开发研究，构成图 8.6(b)所示的电传动。这类传动的污染小、噪声低、效率高，是汽车传动发展的一种趋势。

2. 无级变速器的特点

汽车采用无级变速器之后，可以实现发动机与变速器的最佳匹配，使发动机长时间工作在最佳工况下，因此可以有效地提高汽车的动力性、经济性、排放性和舒适性。因此，它具有如下特点。

1）提高燃油经济性

CVT可以在相当宽的范围内实现无级变速，从而获得传动系与发动机工况的最佳匹配，提高整车的燃油经济性。德国的大众公司在自己的GolfVR6轿车上分别安装了4AT和无级变速器进行ECE市区循环和ECE郊区循环测试，结果证明CVT能够有效节约燃油，见表8-1。

表8-1　安装4AT和无级变速器的大众公司的GolfVR6汽车的燃油消耗对比

试验油耗	4AT	无级变速器
ECE市区循环，L/100km	14.4	13.2
ECE郊区/远程循环，L/100km	10.8	9.8
90km/h匀速，L/100km	8.3	7.0
120km/h匀速，L/100km	10.3	9.2

2）提高动力性能

汽车的后备功率决定了汽车的爬坡能力和加速能力。汽车的后备功率愈大，汽车的动力性愈好。由于无级变速器的无级变速特性，能够获得后备功率最大的传动比，所以无级变速器的动力性能明显优于机械变速器(MT)和自动变速器(AT)。

表8-2为分别安装4AT和无级变速器的克莱斯勒的Voyager轿车的动力性比较，安装无级变速器的汽车拥有更佳的动力性能。

表8-2　安装4AT和无级变速器的克莱斯勒Voyager轿车动力性对比

加速时间/s	4AT	CVT
0～30km/h	2.5	2.5
0～100km/h	13.2	12.2

3）减少排放量

CVT的速比工作范围宽，能够使发动机以最佳工况工作，从而改善了燃烧过程，降低了废气的排放量。ZF公司将自己生产的CVT装车进行测试，其废气排放量比安装4AT的汽车减少了大约10%。

4）节约了成本

CVT系统结构简单，零部件数目比AT(约500个)少(约300个)，一旦汽车制造商开始大规模生产，CVT的成本将会比AT小。由于采用该系统可以节约燃油，随着大规模生产以及系统、材料的革新，CVT零部件(如传动带或传动链、主动轮、从动轮和液压泵)的生产成本将降低20%～30%。

5）改善了驾驶舒适性能

安装无级变速器之后，可以在保证发动机具有最佳动力性能的同时实现无级变速，使驾驶员能够真正感到舒适。

8.2 无级变速器的结构与原理

1. CVT 的结构

无级变速器由电控系统、液压控制系统、传动装置、速比调节装置、安全缓冲装置和金属带组成。金属带式无级变速器的结构如图 8.7 所示。

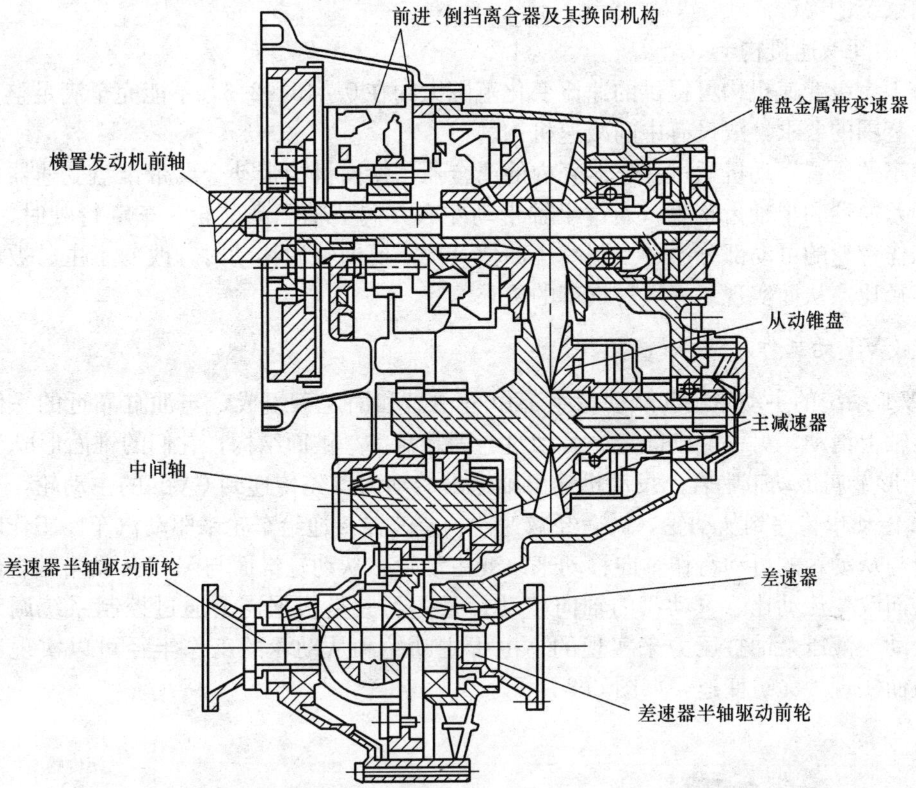

图 8.7 金属带式无级变速器的结构

1) 起步离合器

目前，用作汽车起步的装置有湿式离合器、电磁离合器、液力变矩器三种，目的是使汽车以足够大的牵引力平顺地起步，提高驾驶舒适性，必要时切断动力传递。

2) 行星齿轮机构

CVT 变速器的行星齿轮机构采用双行星齿轮机构，行星架上固定有内、外行星齿轮和右支架，其中右支架是通过螺栓固定在行星架上，外行星齿轮和内齿圈啮合，内行星齿轮和太阳轮啮合。

3) 无级变速机构

无级变速机构由金属传动带和主、从动工作轮组成。金属传动带由 200 多个金属片和两组金属环组成，每个金属片的厚度为 1.4mm，在两侧工作轮挤压力作用下传递动力。

每组金属环由数片厚度为0.18mm的带环叠合而成，金属环的作用是提供预紧力，在动力传递过程中支撑和引导金属片的运动，有时承担部分转矩的传递。主、从动工作轮由可动和不动锥盘两部分组成。

4）控制系统

控制系统是用来实现CVT系统传动比无级自动变化的。在控制系统中，采用机—液控制系统或电—液控制系统。它主要由油泵(齿轮泵和滚子叶片泵)、液压调节阀(速比和带与轮间压紧力的调节)、传感器(节气门和发动机转速)和主、从工作轮的液压缸及管道组成，实现传动比无级变速的调节。速比控制：压紧力控制和起步离合器的控制是无级变速控制系统的关键。

5）中间减速机构

由于无级变速机构可提供的速比变化范围大约在0.445～2.6，不能完全满足整车传动比变化范围的要求，故设有中间减速机构。

汽车的横置发动机通过变速器壳内的离合器与换向机构带动金属带锥盘变速器、主减速器、差速器和半轴齿轮等，通过半轴带动左右万向节轴驱动前轮。车辆行驶时，当主、被动工作带轮的可动部分通过控制高压油使其按需要做轴向移动时，改变了主、被动轮的工作半径比，从而实现了外界对汽车的要求。

2. CVT的工作原理

CVT系统的主动轮组和从动轮组都由可动盘和固定盘组成，与油缸靠近的一侧带轮可以在轴上滑动，另一侧则固定。可动盘与固定盘都是锥面结构，它们的锥面形成V形槽来与V形金属传动带啮合。发动机输出轴输出的动力首先传递到CVT的主动轮，然后通过V形传动带传递到从动轮，最后经减速器、差速器传递给车轮来驱动汽车。工作时通过主动轮与从动轮的可动盘作轴向移动来改变主动轮、从动轮锥面与V形传动带啮合的工作半径从而改变传动比。可动盘的轴向移动量是由驾驶员根据需要通过控制系统调节主动轮、从动轮液压泵油缸压力来实现的。由于主动轮和从动轮的工作半径可以实现连续调节，从而实现了无级变速，如图8.8所示。

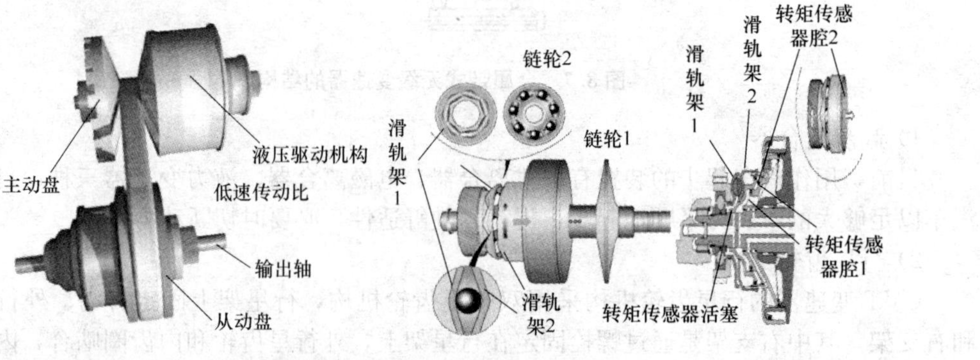

图8.8 无级变速器的工作原理

在金属带式无级变速器的液压系统中，从动油缸的作用是控制金属带的张紧力，以保证来自发动机的动力高效、可靠的传递。主动油缸控制主动锥轮的位置沿轴向移动，在主动轮组金属带沿V形槽移动，由于金属带的长度不变，在从动轮组上金属带沿V形槽向相反的方向变化。金属带在主动轮组和从动轮组上的回转半径发生变化，实现速比的连续变化。

汽车开始起步时，主动轮的工作半径较小，变速器可以获得较大的传动比，从而保证驱动桥能够有足够的转矩来保证汽车有较高的加速度。随着车速的增加，主动轮的工作半径逐渐减小，从动轮的工作半径相应增大，CVT 的传动比下降，使得汽车能够以更高的速度行驶。

3. CVT 的关键部件

1）金属带

金属带式无级变速器的核心元件是金属带组件，由几百片(现已达 400 多片)V 形金属推片和两组金属环组成高柔性的金属带(图 8.9)。每个金属 V 形块的厚度为 1.4～2.2mm，在两侧工作轮挤压力作用下推挤前进来传递动力。两侧的金属环由多层薄钢带、厚度为 0.18mm 的带环叠合而成，在传动中正确引导金属元件的运动。较薄的厚度对减少运动噪声十分重要。较多的元件与带轮接触，降低接触面压力，还可允许其表面偶尔出现一两个损坏，亦有利耐久性提高。这种带的特点是使带轮可以最小的卷绕半径工作，速比范围大，转矩传递容量高。

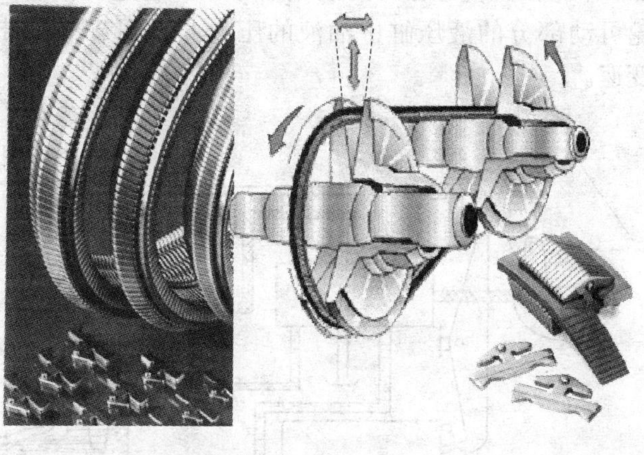

图 8.9 金属带的组成

2）工作轮

主、从动工作轮构成变速机构，主动工作轮有固定部分(固定锥盘)和可动部分(可动锥盘)组成，从动工作轮也是由固定部分和可动部分组成。主、从动工作轮的可动部分可做轴向移动；工作轮的固定部分和可动部分间形成 V 形槽，金属带在槽内与它啮合；工作面大多为直线锥面体，也有球面体、复合母线锥体。在控制系统的作用下，可动锥盘依靠钢带-滑道结构做轴向运动，可连续地改变传动带的工作半径，从而实现无级变速传动。工作原理如图 8.10 所示。

无级变速器动力传递是由发动机飞轮经离合器传到主动工作轮、金属带和从动工作轮后再经中间减速齿轮机构和主减速器，最后传递给驱动轮。

3）液压泵

液压泵为系统控制的液压源，其类型有齿轮泵和叶片泵两种。CVT 的控制系统一般是采用机械液压控制和电子液压控制两种。

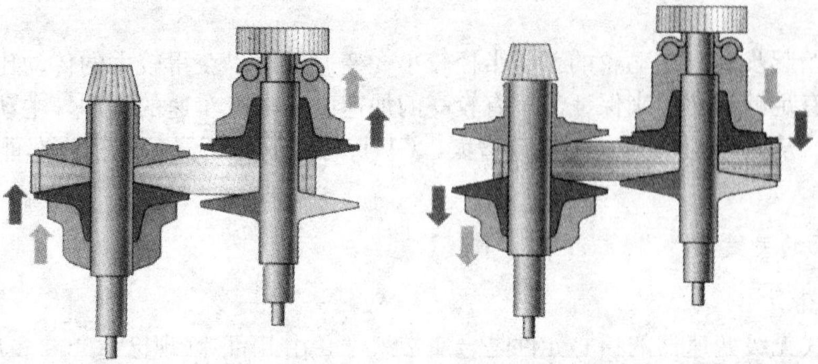

图 8.10　工作轮的工作原理

(1) 机械液压控制系统。机械液压控制系统主要有油泵、主阀体、控制阀、离合器和制动器等组成。有的轿车无级变速器还装有液压变矩器，如日产天籁轿车。图 8.11 所示为机械液压控制系统工作原理示意图。当驾驶员踩下节气门踏板，通过柔性钢索 1 带动换挡凸轮 2 转动，控制速比控制阀 3。由发动机驱动的液压泵 8 将压力油输送给主压力控制阀 9。控制阀 9 根据工作轮位置传感器 4 的液压信号，控制速比控制阀 3 中的压力，从而控制主、从动工作轮可动部分的液压缸中油液的压力，以调节金属带与工作轮的工作半径，实现无级自动变速。

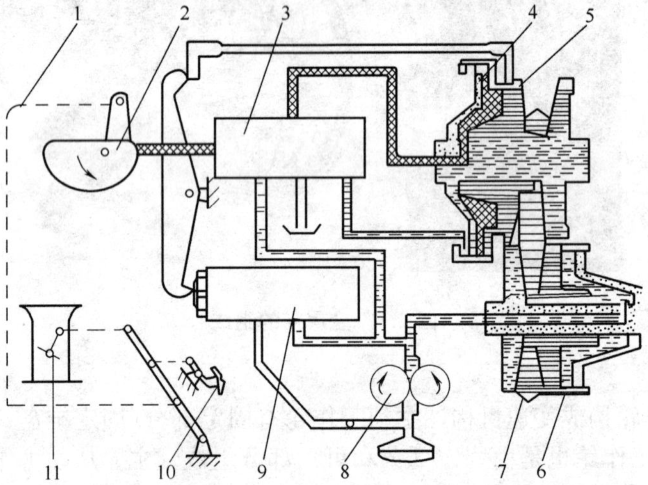

图 8.11　机械液压控制系统工作原理示意图

1—柔性钢索；2—换挡凸轮；3—速比控制阀；4—工作轮位置传感器；
5—主动工作轮液压缸；6—从动工作轮液压缸；7—金属带；8—液压泵；
9—主压力控制阀；10—节气踏板；11—节气门

(2) 电液控制系统。目前 CVT 电液控制系统主要有单压力回路和双压力回路。其工作原理如图 8.12 所示。系统中包括电磁离合器的控制和主、从带轮的传动比控制。传动比由发动机节气门信号和主、从带轮转速所决定。电子控制单元根据发动机转速、车速、节气门开度和换挡控制信号等控制主、从动带轮上伺服液压缸的压力，是主、从工作轮的可动部分轴向移动，改变金属带与工作轮间的工作半径，从而实现无级变速。

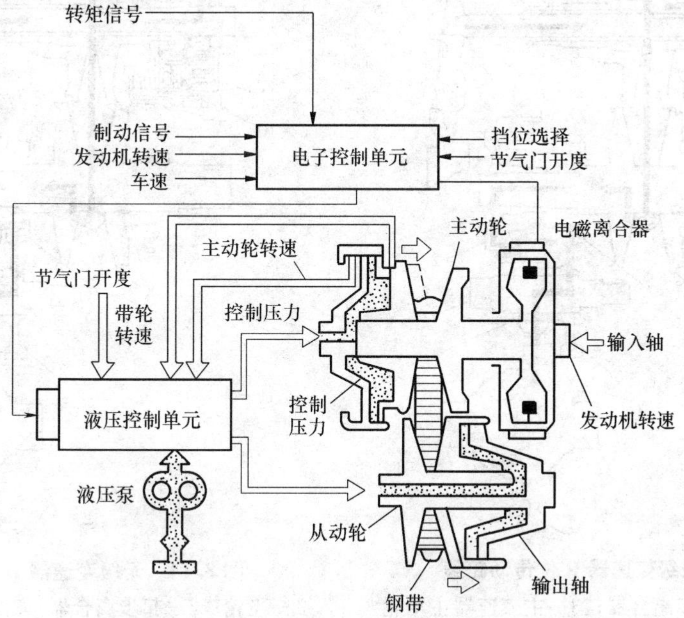

图 8.12 电液控制系统工作原理图

4. 无级变速器的传动路线

一般无级变速器有P位、N位、D位、S位、L位和R位。驾驶员离开车时，必须挂P位才能取出钥匙。P位带有机械驻车制动器，可保证在坡度比较大的坡上不溜车。离开P位须先打开点火开关，踩下制动踏板，才能顺利离开P位(P位有变速杆锁止电磁阀控制)。P位时离合器和制动器没有工作油压，没有动力传递到主动轮。P位和N位为起动挡，发动机只能在这两个挡位起动。

R位为倒挡，同时打开倒车灯。起步离合器接合，前进挡离合器分离，倒挡制动器接合，行星架由倒挡制动器固定。行星齿轮自转，齿圈反向输出。R位的传动路线如图8.13所示。

N位为驾驶员不离开车的短暂停车挡。从飞轮传来的动力驱动变速器输入轴，但离合器和变速器没有工作油压，没有动力传递到主动轮。

D位起步时，离合器和前进挡离合器接合，倒挡离合器分离，前进挡离合器驱动主动轮轴，主动轮轴通过传动链驱动从动轮轴，从动轮轴通过起步离合器驱动主动轮，动力传递到中间轴从动轮和主减速器主动轮，主减速器主动轮驱动从动轮，动力由此输出。D位的传动路线如图8.14所示。

S位用于快速加速，变速器选择较宽范围的传动比，以取得更好的加速效果。

L位有较好的发动机制动功能，特别适合下陡坡；变速器处于最大的传动比，特别适合爬陡坡。

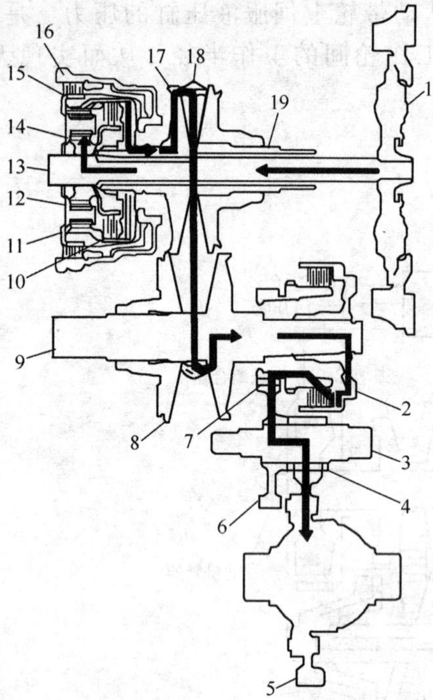

图 8.13　无级变速器 R 位传动路线

1—飞轮；2—起步离合器；3—主减速器主动轮轴；4—主减速器主动轮；5—主减速器从动轮；6—中间轴从动轮；7—中间轴主动轮；8—从动轮；9—从动轮轴；10—前进挡离合器；11—内齿圈；12—太阳轮；13—输入轴；14—行星齿轮；15 —行星架；16—倒挡制动器；17—主动轮；18—钢带；19—主动轮轴

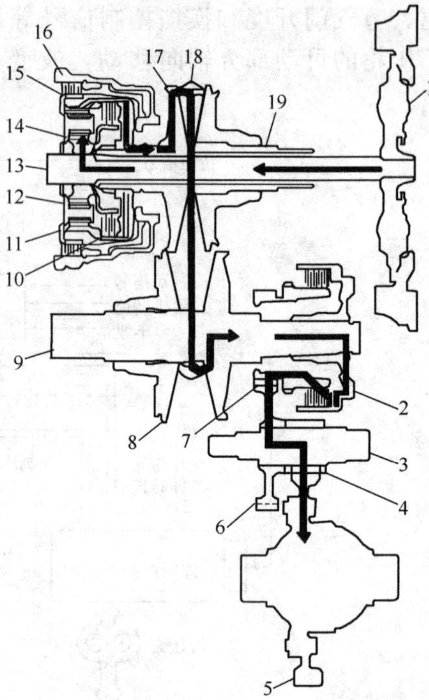

图 8.14　无级变速器 D 位传动线路

1—飞轮；2—起步离合器；3—主减速器主动轮轴；4—主减速器主动轮；5—主减速器从动轮；6—中间轴从动轮；7—中间轴主动轮；8—从动轮；9—从动轮轴；10—前进挡离合器；11—内齿圈；12—太阳轮；13—输入轴；14—行星齿轮；15—行星架；16—倒挡制动器；17—主动轮；18—钢带；19—主动轮轴

案例分析8-1

相对于行星齿轮机构自动变速器而言，无级自动变速器的动力传递路线较简单。以奥迪轿车 01J 无级变速器为例，介绍其动力传递路线及其离合器压力控制。

1. 动力传递路线

奥迪轿车 01J 无级变速器动力传递路线如图 8.15 所示，前进挡离合器钢片与太阳轮相连，摩擦片与行星架相连，前进挡离合器工作时，将太阳轮(变速器输入轴)与行星架(输出)连接，整个行星齿轮系以一个整体旋转，传动比为 1∶1。倒挡制动器摩擦片与内齿圈相连，钢片与变速器壳相连，倒挡制动器工作时，内齿圈被固定，太阳轮(输入轴)主动，这是一个双级行星齿轮机构，故其行星架是反向减速旋转(输出)。

2. 离合器(制动器)压力控制

在 01J 无级变速器中有 2 个重要的压力，即链轮的接触压力和离合器(制动器)控制压力。控制单元 JZ17 通过接收发动机转速、变速器动机转矩、制动力及变速器油温信

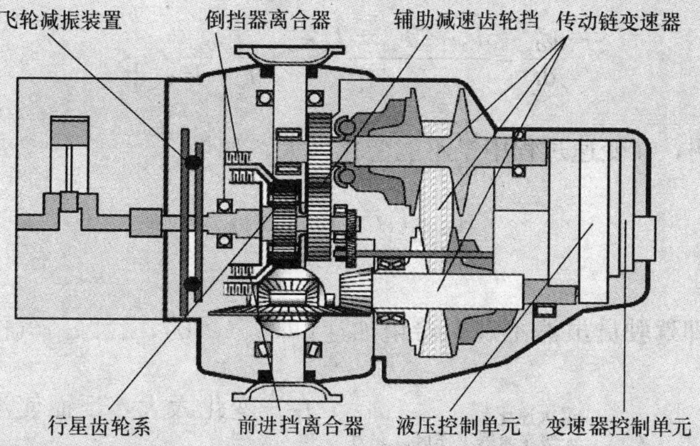

图 8.15 奥迪轿车 01J 无级变速器动力传递路线

号来控制离合器或制动器的工作。JZ17 通过这些参数计算出离合器或制动器所需要的额定压力，并通过调节电磁阀的控制电流，使控制压力随着所需传递的力矩而变化。车辆的起步、爬坡等功能都是由 JZ17 控制前进挡离合器或倒挡制动器来完成。另外，离合器控制允许有微量的打滑，以减缓发动机的扭转振动。控制单元还监控离合器是否过载，一旦出现过载、温度升高时，发动机转矩将减小，降温后才会恢复。随着车辆的使用，离合器的摩擦因数会发生变化，控制单元会通过学习，适应这种变化，离合器匹配控制功能的作用是保持恒定的离合器控制质量，控制合适离合器压力，提高效率。

8.3 无级变速器的控制原理

1. 力学模型

由图 8.16，可获得发动机转矩 T_e 直接传至输入轴 p 时与输出轴 s 上的转矩平衡方程为

$$\left(T_e - I_e \frac{d\omega_e}{dt}\right)i - T_e = I_s \frac{d\omega_s}{dt} + T_{\psi+\omega} \quad (8-1)$$

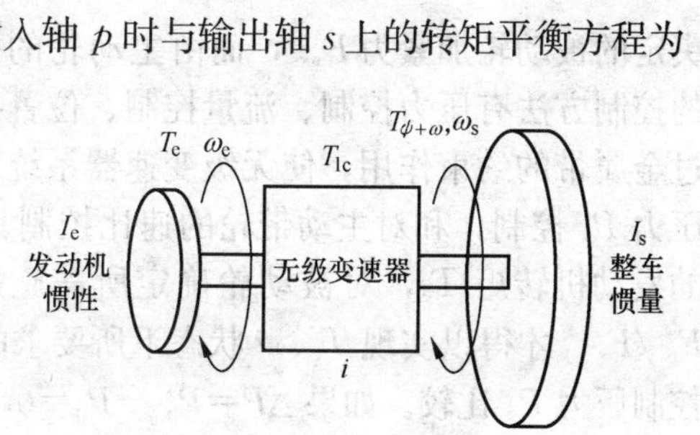

图 8.16 CVT 力学模型

因 $i = \frac{\omega_p}{\omega_s}$，在轮与带之间无滑动的条件下：

$$\frac{d\omega_e}{dt} = \frac{d\omega_p}{dt} = \frac{di}{dt} \cdot \omega_s + i\frac{d\omega_s}{dt} \quad (8-2)$$

$$T_e i = T_p i = T_{1c} + T_{\psi+\omega} + (I_s + I_e^2)\frac{d\omega_s}{dt} + I_e\omega_s \cdot \frac{di}{dt} \quad (8-3)$$

式中，I_s——转换到 CVT 输出轴 S 上等效的汽车转动惯量；

T_e——与 CVT 匹配的发动机目标转矩；

T_{1c}——CVT 系统损失的转矩，$T_{1c} = f(\omega_e, T_e)$；

$T_{\psi+\omega}$——转化至 CVT 输出轴 S 上的汽车行驶阻力矩。

从式(8－3)可知：

$$\frac{d\omega_s}{dt}=\frac{T_e i-T_{1c}-T_{\psi+\omega}}{I_s+I_e^2}-\frac{I_e\omega_e}{I_s+I_e^2}\cdot\frac{di}{dt} \tag{8-4}$$

式(8－4)说明，在变速过程中$\frac{di}{dt}$不能变化太大，如果

$$\frac{di}{dt}>\frac{T_e i-T_{1c}-T_{\psi+\omega}}{I_e\omega_e} \tag{8-5}$$

则$\frac{d\omega_s}{dt}<0$，即驾驶员虽然主观上希望加速(即$\frac{d\omega_s}{dt}>0$)，猛踩节气门踏板，从而反映在$\frac{di}{dt}$变化太大，反而使汽车减速，这就是CVT控制中特别要注意之处。以图8.17所示速比变化控制规律为例，从行驶状态的发动机节气门开度α与车速v的控制规律，可方便得知CVT相应的速比i与发动机的转速n_e。

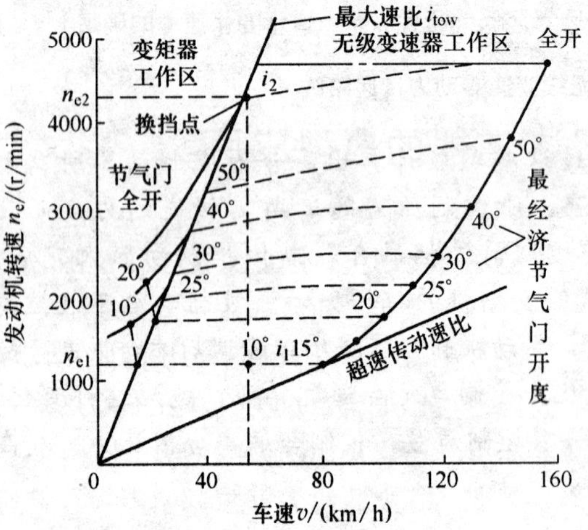

图8.17　CVT的速比控制规律

当汽车当前车速为v_1及发动机节气门开度很小时，要加速超车，猛踩节气门踏板至节气门全开，速比迅速增大，发动机转速从n_{e1}猛升至n_{e2}，此时$\frac{di}{dt}$太大，而使发动机减速。因此，对于转矩小的汽车，踏节气门时要缓一些。

2. 控制原理

CVT的控制是靠两个带轮的轴向加紧力F_{ax}实现的，一个带轮的加紧力保证了传递的力矩容量T_e。而另一个带轮位置则决定了所需的传递速比i(图8.18)，即由式$F_{ax}=\frac{\cos\beta}{2\mu kr}$决定的被动轮加紧力$F_{axs}$，而由主动轮的加紧力$F_p$决定的位置，实现所期望的速比。它的控制方法有压力控制、流量控制、位置控制和协调控制等。由于主、被动带轮之间是通过金属带的约束作用，使无级变速器系统才得以保持平衡，所以在变速过程中被动带轮的压力P_s控制，和对主动带轮的速比控制具有耦合效应。为此，电子控制单元根据要保证的发动机转矩T_e，对被动轮确定所需施加的轴向加紧力F_s，从而确定所需的加紧力比F_p^*/F_s，才得以实现T_e、i状态下所要求的主动轮的平衡点的压力P_p^*，据此与目前的实际控制压力P_p比较。如果$\Delta P=P_p^*-P_p=0$，则系统处于平衡状态，达到了所要求的T_e、i状态稳定行驶(图8.19)，即$\frac{di}{dt}=0$；否则，以式(8－6)对速比变化进行控制，直至$\frac{di}{dt}=0$；达到系统平衡。

这样，将主被动轮相互耦合的控制问题转化为两个单一目标的压力调节系统(即轴的加紧控制)和位置伺服系统(即速比控制)，简化了控制问题，实现了CVT关键技术——系统平衡。

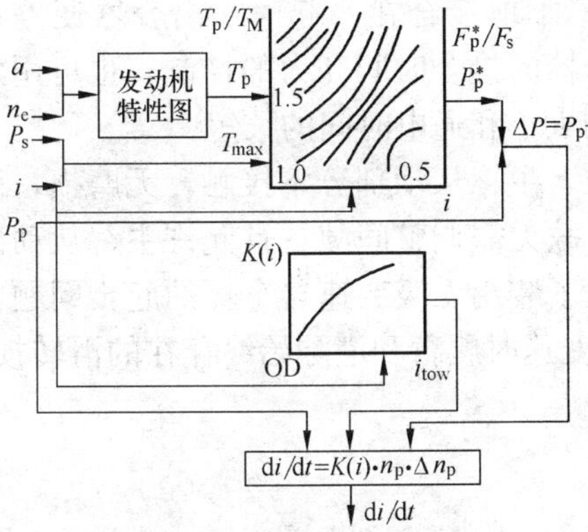

图 8.18 CVT 控制系统简图

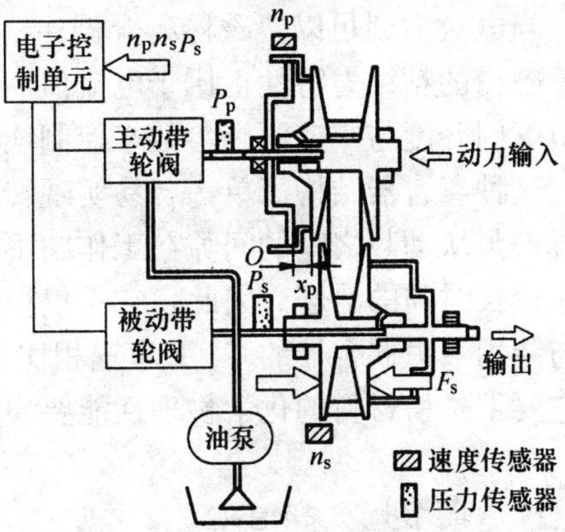

图 8.19 速比变化速率的确定

8.4 几种无级自动变速器的典型应用

从无级变速器的工作原理可知，其动力源直接来自发动机，因此它的工作范围必然受到发动机最低稳定转速的约束。所以起步阶段仍需要离合器，而且如用干式离合器，工作过程与普通手动变速系统相同，起步性能较差。另一方面，CVT 的传动比范围在 0.4～7 之间，似乎已满足一般变速要求，但由于它的高挡传动比很小，仅为 0.4 左右，这样，为了保证在良好道路上获得正常行驶的驱动力，其固定降速比将比同类汽车的主传动比 i_0 高出近一倍。这样大的固定降速比，在汽车起步、爬坡、和克服较大的行驶阻力时，会使发动机处于不利的区域工作。

基于上述原因，一般将 CVT 与其他传动形式配合使用。其典型的组合形式，有如下几种。

1. 无级变速器与电磁离合器组成无级变速传动

图 8.20 所示为用电磁离合器代替了上述液力偶合器的结构形式。日本富士通(FUSI)重工开发的就是这种类型。用磁粉式离合器与采用 VDT 钢带的 CVT 组合成的无级变速传动系统，简称为“ECVT”。磁粉式离合器是靠本身的电磁力来传递转矩的。在离合器主、从动部分之间有密闭空间，内放 30～50μm 的磁化钢微粒(磁粉)，密闭空间外缠绕有线圈。通电后散状磁粉在磁场中开始“凝固”，即磁粉在磁场中形成磁链，把从动毂与电磁铁连在一起。通电电流越大，磁链数目越多，磁链强度也越高，则磁粉式离合器传递转矩的能力也越

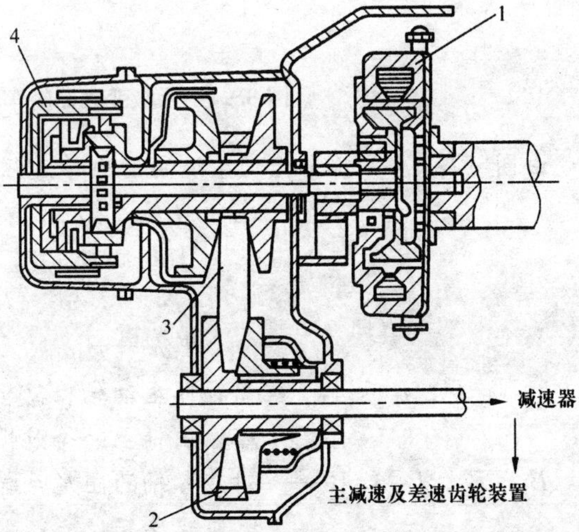

图 8.20 无级变速器与电磁离合器组成的无级变速传动

1—电磁离合器；2—工作带；3—无级变速器；4—行星齿轮变速器

大。当电流大到足以使磁粉离合器主、从动部分牢牢地接合在一起时，离合器便停止打滑。磁粉的粘结力特性正比于电流值，所以对离合器的接合时间和力的控制，也可用发动机节气门开度与车速两个参数来控制线圈中电流的大小和通电时间的长短。

这种离合器结构简单，容易实现转矩平稳增长，主、从动部分不接触，无磨损，而且电磁铁与从动毂之间的间隙在工作中不发生变化，故无需调整间隙，且允许主、从动部分存在较长时间的滑磨。因此，它不仅很理想地解决了装用无级变速器车辆的起步问题，而且与装用液力偶合器的CVT车辆相比，可以防止变速时爬行和消除始终存在的滑转损失；但它要求磁粉材料的化学物理性能要稳定。

案例分析8-2

CVT与电磁离合器组成无级变速传动力学模型

无级变速轿车模型由发动机、电磁离合器、带式无级变速器、主减速器以及车轮和车体等各子系统组成，如图8.21所示。轿车在刚起步时电磁离合器处于未完全结合状态，当离合器输出轴转速达到输入轴转速且离合器能提供的最大转矩大于或等于此时所需的结合转矩 T_1 时，离合器由未完全接合状态转入锁定状态。若离合器已经处于锁定状态，在某一时刻离合器能提供的最大转矩小于此时所需的结合转矩 T_1 时，离合器由锁定状态进入非锁定状态。

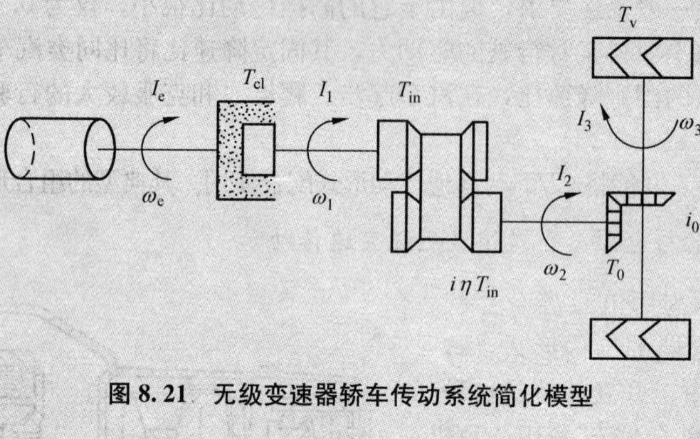

图8.21 无级变速器轿车传动系统简化模型

由图可得CVT轿车传动系统的动力学方程为

$$I_e\dot{\omega}_e+B_e\omega_e=T_e-T_{cl} \quad (8-6)$$

$$I_1\dot{\omega}_1+B_1\omega_1=T_{cl}-T_{in} \quad (8-7)$$

$$I_2\dot{\omega}_2+B_2\omega_2=i\eta T_{in}-T_0 \quad (8-8)$$

$$I_3\dot{\omega}_3+B_3\omega_3=T_0 i_0-T_v \quad (8-9)$$

式中，I_e，I_1，I_2 和 I_3——离合器主动轴、离合器从动轴、无级变速器输出轴和主减速器输出轴上的等效惯量；

B_e，B_1，B_2 和 B_3——对应各轴的阻尼系数；

i——无级变速器速比；

η——无级变速器的传动效率；

T_v——车轮输出转矩。

其中

$$T_v = F_v r = r\left[Gf\cos\theta + G\sin\theta + \frac{1}{2}C_D A\rho u^2 + \left(m + \frac{\sum I_3}{r^2} + \frac{I_f i^2 i_0^2 \eta}{r^2}\right)\frac{du}{dt}\right]$$

式中，r——车轮半径；

G——车重；

θ——道路坡度角；

C_D——空气阻力系数；

A——迎风面积；

ρ——空气密度；

u——车速；

I_f——飞轮转动惯量；

i_0——主减速器速比。

又由传动系的相互关系可得

$$\omega_1 = \omega_2 i \tag{8-10}$$

$$\omega_2 = \omega_3 i_0 \tag{8-11}$$

$$u = \omega_3 r \tag{8-12}$$

当离合器未完全接合时，将式(8-8)～式(8-12)代入式(8-7)中，可得到整个传动系统的动力学方程为

$$\begin{cases} I_e\dot{\omega}_e + B_e\omega_e = T_e - T_{cl} \\ \left[I_1 + \frac{I_2}{i^2\eta} + \frac{I_3}{i^2 i_0^2\eta} + \frac{r^2\left(m + \frac{\sum I_3}{r^2}\right)}{i^2 i_0^2\eta} + I_f\right]\dot{\omega}_1 + \left\{B_1 + \frac{B_2}{i^2\eta} + \frac{B_3}{i^2 i_0^2\eta} - \left[\frac{I_2}{i^3\eta} + \frac{I_3}{i^3 i_0^2\eta} + \right.\right. \\ \left.\left.\frac{r^2\left(m + \frac{\sum I_3}{r^2}\right)}{i^3 i_0^2\eta} + I_f\right]\frac{di}{dt}\right\}\omega_1 + \frac{C_D A\rho r^3\omega_1^2}{2\eta i^3 i_0^3} = T_{cl} - \frac{r}{i i_0\eta}(Gf\cos\theta + G\sin\theta) \end{cases} \tag{8-13}$$

在实际系统中，转矩 T_{cl} 由电磁离合器的电流产生，当电磁离合器完全结合时，整个传动系统的动力学方程为

$$\left[I_e + I_1 + \frac{I_2}{i^2\eta} + \frac{I_3}{i^2 i_0^2\eta} + \frac{r^2\left(m + \frac{\sum I_3}{r^2}\right)}{i^2 i_0^2\eta} + I_f\right]\dot{\omega}_1 + \left\{B_e + B_1 + \frac{B_2}{i^2\eta} + \frac{B_3}{i^2 i_0^2\eta} - \left[\frac{I_2}{i^3\eta} + \frac{I_3}{i^3 i_0^2\eta} + \right.\right.$$

$$\left.\left.\frac{r^2\left(m + \frac{\sum I_3}{r^2}\right)}{i^3 i_0^2\eta} + I_f\right]\frac{di}{dt}\right\}\omega_1 + \frac{C_D A\rho r^3\omega_1^2}{2\eta i^3 i_0^3} = T_e - \frac{r}{i i_0\eta}(Gf\cos\theta + G\sin\theta) \tag{8-14}$$

此时 $\dot{\omega}_e = \dot{\omega}_1$，由式(8-6)和式(8-14)可得电磁离合器完全接合时传递的转矩为

$$T_{cl} = T_1 = \frac{T_w}{I_e + I_1 + \frac{I_2}{i^2\eta} + \frac{I_3}{i^2 i_0^2\eta} + \frac{r^2\left(m + \frac{\sum I^3}{r^2}\right)}{i^2 i_0^2\eta} + I_f} \tag{8-15}$$

其中

$$
T_w = T_e\left[I_1+\frac{I_2}{i^2\eta}+\frac{I^3}{i^2 i_0^2\eta}+\frac{r^2\left(m+\frac{\sum I_3}{r^2}\right)}{i^2 i_0^2\eta}+I_f\right]+\frac{I_e r}{i i_0\eta}\left(Gf\cos\theta+G\sin\theta\right)+\frac{I_e C_D A\rho r^3\omega_1^2}{2\eta i^3 i_0^3}+
$$

$$
I_e\left\{B_e+B_1+\frac{B_2}{i^2\eta}+\frac{B_3}{i^2 i_0^2\eta}-\left[\frac{I_2}{i^3\eta}+\frac{I_3}{i^3 i_0^2\eta}+\frac{r^2\left(m+\frac{\sum I_3}{r^2}\right)}{i^3 i_0^2\eta}+I_f\right]\frac{di}{dt}\right\}\omega_1-
$$

$$
B_e\omega_1\left[I_e+I_1+\frac{I_2}{i^2\eta}+\frac{I_3}{i^2 i_0^2\eta}+\frac{r^2\left(m+\frac{\sum I^3}{r^2}\right)}{i^2 i_0^2\eta}+I_f\right]
$$

2. 双状态无级变速传动

液力偶合器、电磁离合器等仅解决起步平稳问题，因其均不变更转矩，所以并未扩大CVT总传动比范围。但如用液力变矩器组合，就不仅提供最佳起步性能，而且由于它的变矩作用扩大了总传动比的变化范围，降低了CVT自身的变化范围，从而使CVT传动易于调节到使发动机处于最佳燃油经济性的区域内工作。

图8.22为德国ZF公司于1991年开发的适用于轿车的无级变速传动装置。它是CVT与综合式液力变矩器(即带锁止离合器的液力变矩器)组成的组合式无级变速传动系统。其

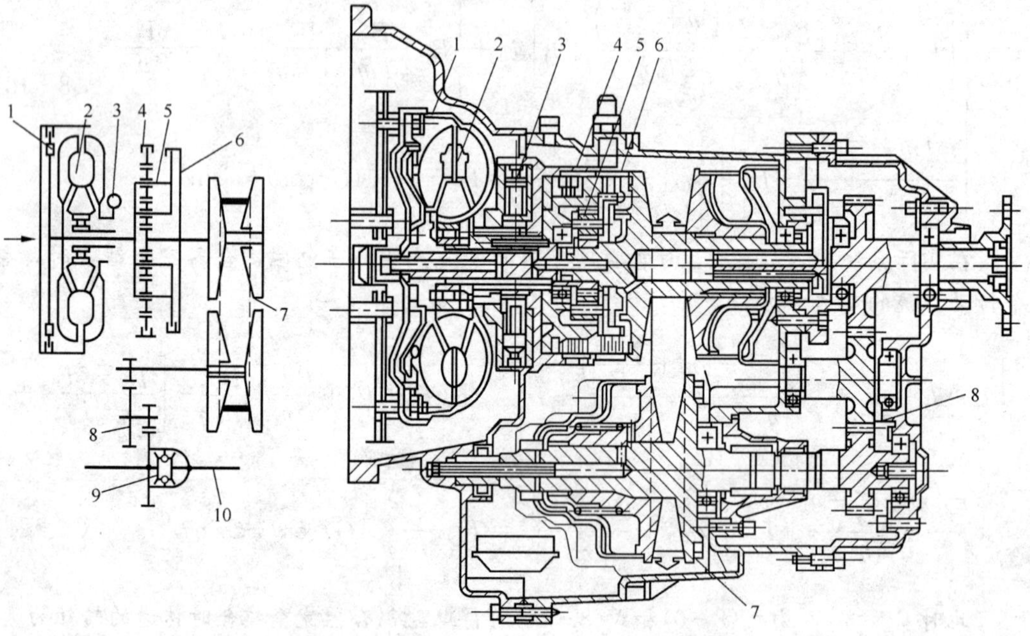

图8.22 CVT与液力变矩器组成的无级变速传动

1—锁止离合器；2—液力变矩器；3—液压泵；4—前进挡离合器；5—行星齿轮机构；6—倒挡离合器；7—金属带无级变速器；8—减速齿轮；9—差速器；10—半轴

动力传动路线是：发动机动力经液力变矩器2(或锁止离合器1)、行星齿轮机构5，再经金属带无级变速器7、减速齿轮8，最后传给差速器9、半轴10和驱动轮。

所谓双状态，是指当起步和低速时液力变矩器工作。当速度增加至变矩器耦合点工况时，转换到CVT传动，此时变矩器转换成耦合器工况下工作。这种先为液力无级变速，后转为“纯机械无级变速”的组合，称为双状态无级变速传动。图8.23是双状态无级变速系统示意图，液力变矩器的功率通过传动链10传至差速器8，CVT无级变速传动与其平行布置。这种组合在传动比7∶1范围内可提高效率的30%，故即使在公路上行驶仍可提高燃油经济性5%～8%。当加速行驶接近变矩器耦合点工况时，转换离合器4开始工作，CVT开始工作。传递变矩器动力的传动链10的传动比基本上与CVT钢带传动的低挡传动比相同，故当液力变矩器传动转换为CVT传动时，车辆在重载、大节气门开度下工作，转换离合器基本上能与CVT的工作轮同步转换。因此，从液力变矩器换入纯机械无级变速非常平顺。

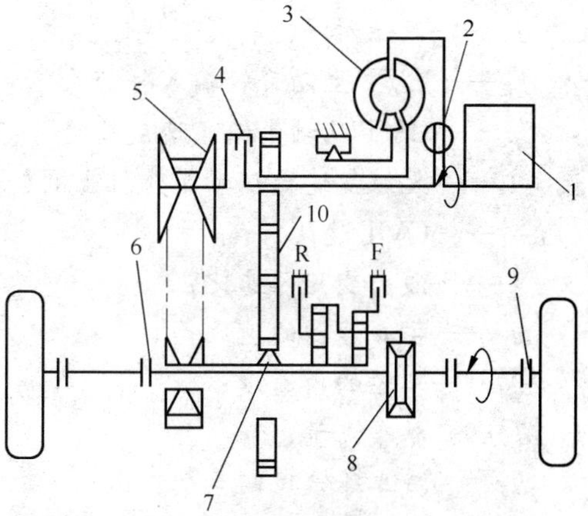

图8.23　双状态无级变速传动系统示意图

1—发动机；2—扭转减振器；3—液力变矩器；4—转换离合器；5—工作轮；6，9—内、外侧万向节；7—单向离合器；8—差速器；10—传动链；F—前进挡离合器；R—倒挡离合器

案例分析8-3

双状态无级变速传动动力学分析

1. 双状态无级变速传动动力学建模

双状态无级变速传动系统结构简图如图8.24所示。其动力学仿真方程如下：

$$\begin{cases} I_e\dot{\omega}_e=T_e-M_B-T_{ac} \\ I_T\dot{\omega}_T+C_{ac}\omega_T=T_{ac}+M_T-T_{in} \\ I_s\dot{\omega}_s=T_{in}i_{CVT}\eta_{CVT}-T_d/i_0 \\ I_V\dot{\omega}_V=T_d-b_V\omega_V^2-T_d \\ i_{CVT}=\omega_T/\omega_s \\ \dot{\omega}_T=\dot{\omega}_s i_{CVT}+\omega_s \mathrm{d}i/\mathrm{d}t \\ \omega_s=i_0\omega_V \\ \dot{\omega}_T=\dot{\omega}_e i+\dot{i}\,\omega_e \end{cases} \tag{8-16}$$

式中，T_e——发动机转矩；

ω_e——发动机角速度；

I_e——发动机的转动惯量；

C_{ac}——锁止离合器的结构阻尼系数；

T_{ac}——锁止离合器传递的转矩；

M_B——变矩器泵轮转矩；

M_T——变矩器涡轮转矩；

ω_T——涡轮角速度；

I_T——变矩器涡轮和无级变速器主动带轮的惯量；

T_{in}——CVT 主动带轮输入转矩；

ω_s——CVT 从动带轮角速度；

I_s——无级变速器从动带轮轴上的转动惯量；

i_{CVT}——CVT 速比；

i——液力变矩器速比；

i_0——主减速器的速比；

ω_V——车轮的角速度；

I_V——整车惯量；

b_V——汽车等效风阻系数；

di/dt——CVT 速比变化率；

η_{CVT}——无级变速器传动的传动效率；

T_d——汽车驱动轴上的输出转矩。

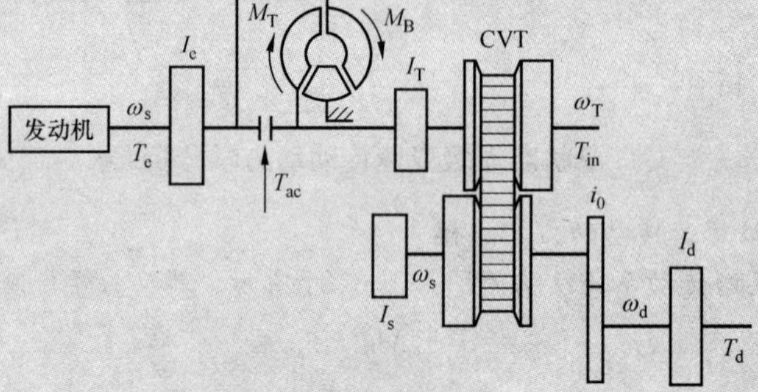

图 8.24　双状态无级变速传动系统简图

2. 双状态无级变速传动集成综合控制

1) 考虑后备功率对无级变速器速比变化率的影响

双状态无级变速传动系统，随着液力变矩器 i 和金属带速比 i_{CVT} 的改变，整车惯量将对发动机施加一个附加力矩。

以驱动轴表示的汽车动力传动系转动惯量，其计算公式为

$$I_{dw}=(I_e i^2+I_T)i_0^2 i_{CVT}^2+I_s i_0^2+I_d \tag{8-17}$$

式中，I_d——驱动轴上的转动惯量。

由能量守恒定律可知：

$$\int(T_d-T_{load})\omega_d dt=0.5I_{dw}(\omega_d^2-\omega_{dt0}^2) \tag{8-18}$$

式中，T_{load}——驱动轴上的转动惯量；

ω_d——驱动轴角速度；

ω_{dt0}——积分开始点 t_0 时驱动轴角速度。

两边求导可得：

$$(T_d - T_{load})\omega_d = 0.5\omega_d^2 \frac{dI_{dw}}{dt} + I_{dw}\omega_d \frac{d\omega_d}{dt} \tag{8-19}$$

对(8-17)式求导：

$$\frac{dI_{dw}}{dt} = 2I_e i i_0^2 i_{CVT}^2 \frac{di}{dt} - \frac{r}{\eta}\left(mgf + \frac{C_D A u_a^2}{21.15}\right)\omega_d \tag{8-20}$$

将式(8-20)代入(8-19)：

$$I_{dw}\frac{d\omega_d}{dt} = (T_d - T_{load}) - I_e i i_0^2 i_{CVT}^2 \omega_d \frac{di}{dt} - i_0^2 i_{CVT}(I_e i_{CVT} + I_T)\omega_d \frac{di_{CVT}}{dt} \tag{8-21}$$

式(8-21)右边第二项就是因速比变化率而带来的附加力矩，将其转化到发动机输出轴上的等价惯性转矩为

$$I_{eo} = -I_e i i_0^2 i_{CVT}^2 \omega_d \frac{di}{dt} - i_0^2 i_{CVT}^2 I_e \omega_d \frac{di_{CVT}}{dt} - i_0^2 i_{CVT} I_T \omega_d \frac{di_{CVT}}{dt} \tag{8-22}$$

则

$$\frac{d\omega_d}{dt} = \frac{(T_d - T_{load}) - I_e i i_0^2 i_{CVT}^2 \omega_d \dfrac{di}{dt}}{I_{dw}} - \frac{i_0^2 i_{CVT}(I_e^{-aw} i_{CVT} + I_T)\omega_d \dfrac{di_{CVT}}{dt}}{I_{dw}} \tag{8-23}$$

可得加速度为

$$a = \frac{r(T_d - T_{load}) - rI_e i i_0^2 i_{CVT}^2 \omega_d \dfrac{di}{dt}}{I_{dw}} - \frac{r i_0^2 i_{CVT}(I_e^{-aw} i_{CVT} + I_T)\omega_d \dfrac{di_{CVT}}{dt}}{I_{dw}} \tag{8-24}$$

由式(8-24)可知，速比变化率对加速度有负的作用效果。加速时，速比变化率过大则会出现负加速度；减速时，速比变化率过小则会出现正加速度。因此，速比控制策略中必须考虑到对无级变速器速比变化率的控制。在汽车行驶中，驱动功率受到后备功率的限制，CVT速比变化率的控制就必须考虑后备功率的影响。

在良好水平路面行驶，根据汽车行驶功率平衡方程可得后备功率为

$$P_{ex} = P_e \eta_{CVT} \eta_0 - P_d - P_{ei} \tag{8-25}$$

当 $P_{ex} = 0$ 时，

$$P_{eimax} = P_e \eta_{CVT} \eta_0 - P_d \tag{8-26}$$

即

$$T_{eimax}\omega_e = T_e \omega_e \eta_{CVT} \eta_0 - \frac{r}{\eta}\left(mgf + \frac{C_D A u_a^2}{21.15}\right)\omega_d \tag{8-27}$$

可得

$$\varphi_{max} = \frac{T_e \eta_{CVT} \eta i_{CVT} - \dfrac{r}{i_0 \eta}\left(mgf + \dfrac{C_D A u_a^2}{21.15}\right)}{(I_e + I_T)\omega_e} \tag{8-28}$$

式(8-28)即为考虑了后备功率的限制，得到的汽车在加速时的最大速比变化率。同理可得，减速时的最小速比变化率为

$$\varphi_{\max}=\frac{-T_e\eta_{CVT}\eta i_{CVT}+\frac{r}{i_0\eta}\left(mgf+\frac{C_DAu_a^2}{21.15}\right)}{(I_e+I_T)\omega_e} \tag{8-29}$$

在实际过程中，速比变化率与液压系统油泵排量、主压力、主动油缸内压力差以及速比控制阀的开口面积有关。因此要选择适当的速比变化率，以降低液压泵的流量，从而降低液压系统的能量消耗。

2）考虑动力传动系损失与惯性矩补偿

在无级变速器车辆动力传动系中，响应滞后是由于发动机转矩响应滞后、CVT响应滞后与传动转矩响应滞后等组成。一般发动机转矩响应特性可分为静态响应和动态响应。考虑了响应滞后，发动机动态特性可表示为具有滞后的一阶惯性环节，即

$$T_{ed}=e^{-\tau s}\frac{1}{k_\tau s+1}T_e \tag{8-30}$$

式中，k_τ——动态特性的拟合系数；

τ——滞后时间；

s——拉氏变换因子；

T_{ed}——发动机动态输出转矩；

T_e——发动机稳态输出转矩。

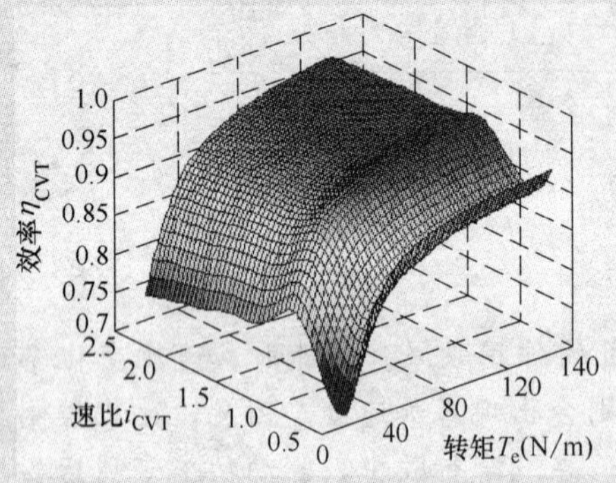

图 8.25　CVT效率

CVT损失由变速器损失和液压损失组成。变速器损失是在推带传动中由于带轮的变形和倾斜，以及带轮孔间轴的弯曲、轴承的摩擦和带、推块及带轮间的滑动造成的。用无级变速器效率η_{CVT}表示无级变速器损失，如图8.25所示。

除CVT损失外，还包括由液力变矩器速比与CVT速比变化产生的惯性转矩影响。方程式(8-22)即为液力变矩器速比与CVT速比变化产生的惯性转矩，该惯性转矩当速比增加时造成加速转矩降低，使车辆响应滞后。

3. CVT速比变化响应滞后补偿

在金属带无级变速器装置内，当由最低速比升高挡时，油必须加入到初始作动器内，而最低速比初始作动器是空的，要充满初始作动器空容积需要填充时间，试验表明此填充时间大约为200ms与线压有关。同时电控系统的响应特性、电磁阀的动态特性以及带轮和带的弹性造成的响应滞后大约为110ms。因此，加速时无级变速器速比响应滞后对驱动转矩响应滞后有较大的影响。为了改善操纵性能，必须提供补偿去减少无级变速器响应滞后对驱动转矩的影响。

1）τ算法补偿

在常规控制中，无级变速器的目标速比为

$$i_{CVT\_d}=\frac{\omega_{eoptimal}}{i_0\omega_v} \tag{8-31}$$

式中，$\omega_{eoptimal}$——发动机最佳工作点角速度；

ω_v——车轮角速度。

发动机的最佳转速由发动机的最佳经济性工作曲线决定，在实际应用中，由于无级变速传动系统存在传动滞后，由此引起发动机转速偏离了最佳经济性工作曲线。为了提高汽车行驶时的经济性，在计算目标速比时要考虑无级变速器系统动力传动的滞后影响。

汽车在瞬时的加速度为一个常数 a 传动系统响应滞后 τ 时刻的车轮角速度为

$$\omega_v^* = \omega_v + \alpha\tau \tag{8-32}$$

将式(8-32)中的 ω_v^* 替换式(8-31)中的 ω_v，得到考虑传动系统动力滞后以后的目标速比：

$$i_{CVT\_d}^* = \frac{\omega_{eoptimal}}{\omega_v^*} = \frac{\omega_{eoptimal}}{\omega_v + \alpha\tau} \tag{8-33}$$

式中，车轮角速度和汽车加速度分别由车速传感器和加速度传感器得到。考虑了传动系统动力滞后以后的目标速比比没有考虑传动系统动力滞后的目标速比更快地达到无级变速器速比最小值0.498。以考虑了传动系统滞后的速比存储在传动系统控制器记忆单元中作为实际可行的目标速比，以此为依据控制发动机在最佳经济性工作曲线上运行。

2) 发动机转矩补偿

发动机转矩补偿算法根据前面计算得到的动力系损失以及因无级变速器速比变化造成的惯性转矩来计算最佳发动机功率，由最佳发动机功率和发动机优化工作曲线来确定发动机的最佳工作点，从而得到最佳发动机转矩值。此时为了补偿由于无级变速器速比变化响应滞后的驱动转矩响应滞后，建立方程如下：

$$T_{ec} = T_{eo}\frac{i_{CVT\_d}}{i_{CVT}} \tag{8-34}$$

式中，T_{ec}——发动机补偿转矩；

T_{eo}——发动机最佳转矩。

3) 发动机转速补偿

与发动机转矩补偿算法不同的是，发动机转速补偿算法是由根据最佳发动机功率和发动机优化工作曲线来确定发动机的最佳工作点，得到此时的最佳发动机转速值。建立最佳发动机转速补偿方程如下：

$$\omega_{ec} = \omega_{eo}\frac{i_{CVT\_d}}{i_{CVT}} \tag{8-35}$$

式中，ω_{ec}——发动机补偿转速；

ω_{eo}——发动机最佳转速。

通过增加最佳发动机速度 ω_{eo}，获得更大的 i_{CVT_d}，可增加驱动转矩。

4. 分析计算

1) 动力性

为了验证 τ 算法、发动机转矩补偿算法与发动机转速补偿算法对动力性的影响，对车辆等速行驶时加速过程的动态响应进行仿真分析。图 8.26 为分别采用常规控制和 $\tau=500$ 集成综合控制的仿真结果比较，图 8.27 为分别采用常规控制和发动机转矩补偿集成综合控制的仿真结果比较，图 8.28 为分别采用常规控制和发动机转速补偿集成综合控制的仿真结果比较。由图 8.26、图 8.27、图 8.28 可见，本文制定的三种集成综合控制方法与常规控制相比，动力性变化很小，基本保持一致。

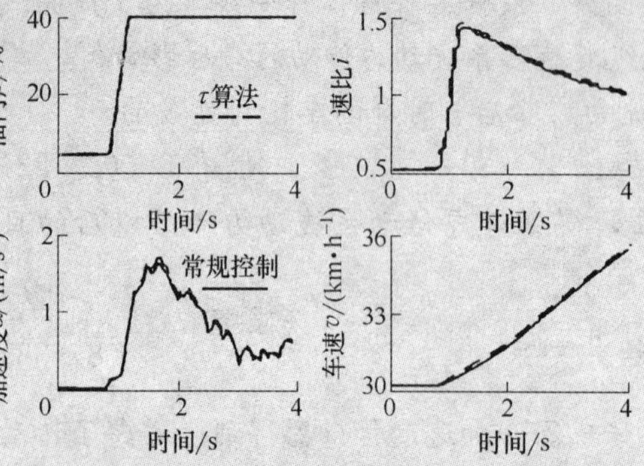

图 8.26　τ算法与常规控制仿真结果比较

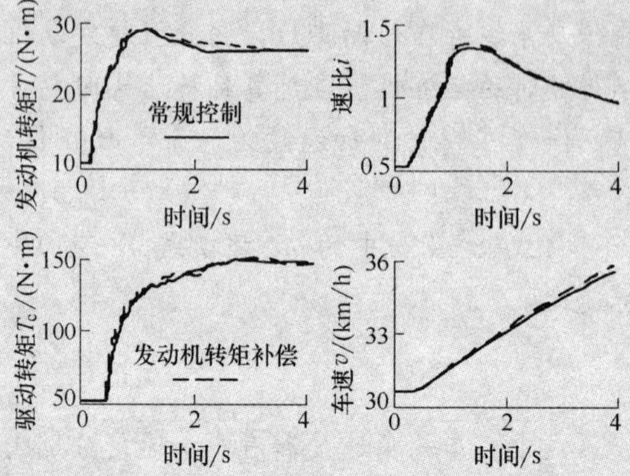

图 8.27　发动机转矩补偿与常规控制仿真结果比较

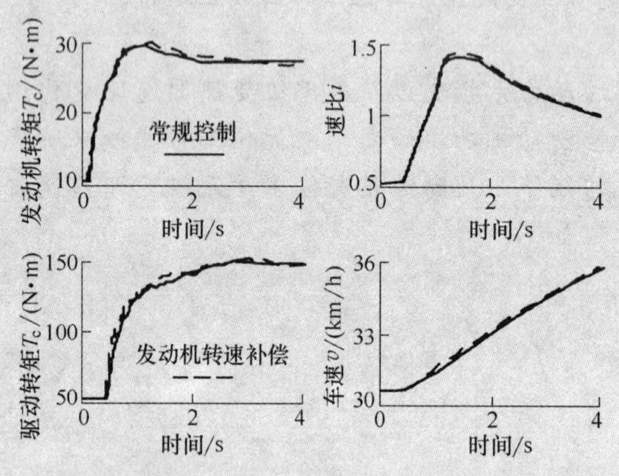

图 8.28　发动机转速补偿与常规控制仿真结果比较

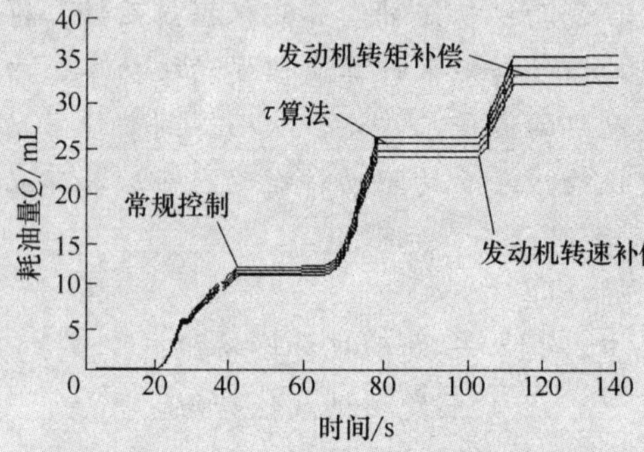

图 8.29　10 工况四种控制方法耗油量比较

2）经济性

在 10 循环工况下(单个循环时间为 140s，行驶里程为 664.5m)，分别对常规控制、τ算法、发动机转矩补偿以及发动机转速补偿集成综合控制进行燃油经济性仿真分析比较，采用百公里油耗来评价相应行驶工况的燃油经济性。图 8.29 为以上四种控制方法的 10 循环工况耗油量仿真结果，经过计算可得四种控制方法百公里油耗等经济性评价指标，见表 8-3。

表 8-3　10 循环工况下四种控制方法仿真结果比较

	常规控制	τ=500 算法	发动机转矩补偿	发动机转速补偿
耗油量/mL	35.39	34.381	34.275	34.162
百公里油耗/L	5.326	5.174	5.158	5.141
百公里节油/L	—	0.152	0.168	0.185
节油百分比	—	2.85%	3.154%	3.473%

由表8-3可以看出：首先，采用三种集成综合控制方法，降低了耗油量与百公里油耗，节油效果明显；其次，相比于τ算法与发动机转矩补偿，发动机转速补偿耗油量与百公里油耗最小，节油最多，燃油经济性最好。理论上分析，由于CVT电液系统与控制器的综合响应滞后造成了i_{CVT_d}和i_{CVT}之间的差异，而速比控制器一般都是按照目标车速设计的，因此相比于τ算法与发动机转矩补偿，利用发动机转速补偿算法更能优化发动机工作区域，使得发动机更好地沿最优工作曲线工作，从而改善燃油经济性。

本章小结

本章主要介绍无级自动变速器。无级变速器由电控系统、液压控制系统、传动装置、速比调节装置、安全缓冲装置和金属带组成。

汽车采用无级变速器之后，可以实现发动机与变速器的最佳匹配，使发动机长时间工作在最佳工况下，因此可以有效地提高汽车的动力性、经济性、排放性和舒适性。

无级自动变速器的工作原理为：主、从动工作轮的可动部分可做轴向移动；工作轮的固定部分和可动部分间形成V形槽，金属带在槽内与它啮合；工作面大多为直线锥面体，也有球面体、复合母线锥体。在控制系统的作用下，可动锥盘依靠钢带-滑道结构做轴向运动，可连续地改变传动带的工作半径，从而实现无级变速传动。

【关键术语】

无级变速器　金属带　液压控制系统　工作轮　传动比

综合练习

一、填空题

1. 目前中小轿车上使用的电子控制无级变速器，以__________进行传动，简称为无级变速器。

2. 无级变速器金属三角带可承受很大的拉力和侧向压力，钢带安装在__________的带轮上，靠液压改变__________来改变速比。

二、简答题

1. 简述分析无级变速器技术的发展。

2. 简述无级变速器的主要优点。

3. 无级变速器带轮的压紧力如何实现控制？

第9章 电控机械式自动变速器

教学目标

通过对本章内容的学习，了解电控机械式自动变速器的优缺点、组成及其分类，掌握电控机械式自动变速器的基本工作原理，及其控制方法。了解电控机械式自动变速器控制方法的发展过程。

教学要求

知识要点	能力要求	相关知识
电控机械式自动变速器的优缺点	了解电控机械式自动变速器的优缺点	通过对AT与电控机械式自动变速器的对比，分析电控机械式自动变速器的优点及缺点
电控机械式自动变速器的组成	掌握电控机械式自动变速器的组成结构	电控机械式自动变速器四大组成系统及各系统的组成元件
电控机械式自动变速器的分类	了解各种电控机械式自动变速器的结构区别，相互之间的优缺点、适用范围	根据电控机械式自动变速器选换挡和离合器操纵方式不同，电控机械式自动变速器分为液压驱动、气压驱动和电动机驱动
电控机械式自动变速器的工作、控制原理	掌握电控机械式自动变速器的工作原理及控制过程	电控机械式自动变速器工作原理，电控机械式自动变速器的离合器自动控制、变速器换挡的自动控制、发动机节气门开度的自动控制

导入案例

采用机电液一体控制的电控机械式自动变速器(AMT)，是在传统的固定轴式变速器和干式离合器的基础上，应用控制理论，以电子控制单元代替人的思维，传感器代替人的感觉神经，通过液压执行机构控制离合器的分离与接合以及变速挡操作，通过供油控制装置控制发动机，来完成人手和脚的功能。其基本控制思想如图9.1所示：根据驾驶员意图(以及节气门踏板位置和制动等信号)和车辆运行状态(发动机转速、变速器输入轴转速、车速、所在挡位等信号)，电子控制单元按照适当的控制规律，通过操纵相应的执行机构，对发动机、离合器、变速器进行一体控制，从而实现车辆换挡的自动化。

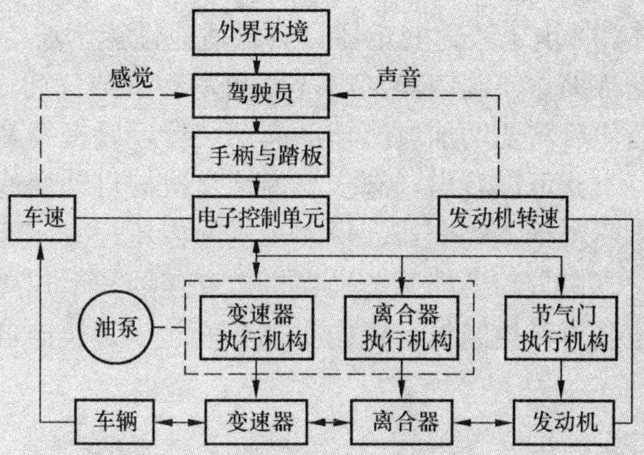

图9.1 电控机械式自动变速器系统结构

传统的固定轴式齿轮变速器是实现有级排挡的传统机构，以其具有效率高、成本低、结构简单、生产工艺成熟等优点而获得广泛应用。它从滑动齿轮变速开始，经过多齿的啮套啮合，进而广泛采用同步器变速。但这种变速存在着换挡困难、动力中断以及驾驶员水平对汽车行驶性能有较大影响等缺点。随着同步器的使用，代替了原有的滑动齿轮换挡和啮合套换挡，使这方面性能已有很大改善，不过与人们所期望的自动换挡仍有差距。

微机的出现与发展，提供了对其合理的自动控制并完成起步、换挡等功能的可能性。用当代先进的电子技术改造传统的机械式变速器使其自动化，不仅保留了原齿轮变速器效率高、成本低的长处，而且还具有液力自动变速器因自动换挡所带来的优点。它以其特有的经济、方便、安全、舒适而备受驾驶员，特别是妇女和老年驾驶员的欢迎。目前的电控机械式自动变速器是在传统的有级固定轴式机械变速系统的基础上，通过加装以微机为控制核心的自动变速操纵系统(ASCS)构成，通过智能化软件模块设计实现自动变速功能，被认为是机电一体化的第三代变速器。

1983年日本五十铃汽车公司把世界上第一台电控机械变速器NAV1-5装于ASKA轿车投放市场，深受用户欢迎。它虽然与电控—液动的液力机械自动变速器同样以计算机代替人的思维，以传感器相当于感觉神经，用作动器(即执行机构)完成人手与脚的功能。

电控机械式自动变速器不仅保留了机械式变速器机械效率高、成本低的特点，实现了液力机械式自动变速器的功能和优点。由于电控机械式自动变速器是完全在平行轴机械式变速器的基础上加装自动操纵机构实现自动换挡的，因此它保留了原机械式变速器传动效率高、价廉、易于制造等优点，而且还具有AT由于实现了起步、换挡自动操作所带来的全部优点，但是由于结构形式的限制，与AT相比，这种自动变速器在控制上难度较大，主要体现在以下几个方面：

(1) 它需要切断动力换挡，但又没有液力变矩器在起步、换挡过程中起缓和冲击和振动作用。

(2) 与湿式多片离合器相比，单、双片干式离合器不允许长时间打滑，否则会烧坏摩擦片，因此对起步、换挡过程的控制要求较高。

(3) 固定轴式变速器比旋转轴式变速器难于自动化，多采用拨叉换挡，比用离合器和液压制动器换挡冲击大。

(4) 机械式自动变速器需要在换挡时变化节气门，而液力自动变速器的换挡过程是在定节气门状态下进行。

(5) 由于液力变矩器具有自适应性能，坡上起步较容易。而机械式变速器要靠驾驶员的熟练操作使制动器、离合器和发动机节气门三者协调工作，才能实现坡上起步。因此，自动化后需要增加坡道辅助起动装置，以提高其安全性。

由此可以看出，起步与换挡是机械自动变速器控制功能的关键。电控机械式自动变速器主要由干式离合器、带同步器的齿轮式变速器、微型计算机及其电子控制系统组成。

汽车自动换挡系统是在机械变速器和干式离合器的基础上，应用自动变速理论，由电子控制单元控制执行机构实现车辆起步、换挡自动操纵。其工作原理图如图 9.2 所示。

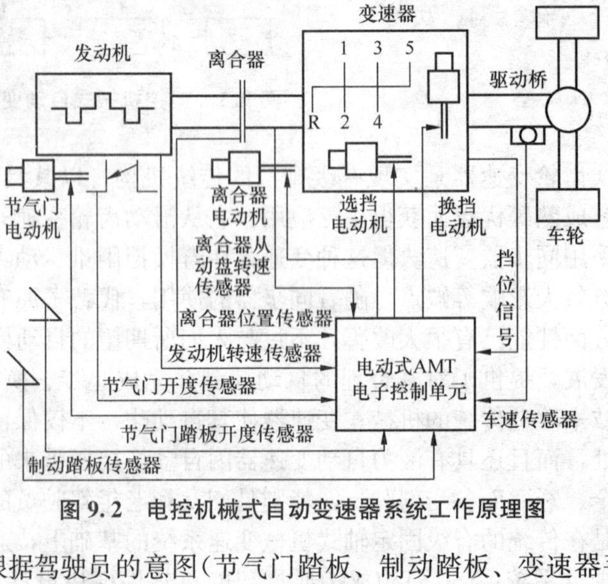

图 9.2　电控机械式自动变速器系统工作原理图

电子控制单元根据驾驶员的意图(节气门踏板、制动踏板、变速器手柄)及车辆的状态(发动机转速、离合器从动盘转速、车速)按换挡规律实时、在线地担负起多路输入信号的采集、加工处理以及控制决策和控制指令的发出；借助相应的执行机构自动地完成节气门开度的调整、离合器的分离和接合、变速器的选/换挡动作，使换挡过程自动完成。在车辆上取消了离合器踏板和变速杆，只保留了加速踏板，通过它向微机发出要控制车辆的信息。

机械式自动变速器除自动变速功能外，还具有自动巡航控制、故障自诊断、手动变速、坡上辅助起步等功能。

9.1　电控机械式自动变速器的组成及分类

1. 电控机械式自动变速器的组成

电控机械式自动变速器系统主要由四大部分组成：被控制系统、电子控制单元、执行机构、传感器。

1）被控制系统

它包括发动机、离合器、变速器。换挡时，发动机节气门开度的调节、离合器的分离和接合、变速器的选换挡机构都需要进行自动控制。

2）电子控制单元

它包括各信号处理单元、微处理器、程序及数据存储器、驱动电路、显示单元、故障自诊断单元及工作电源等。

3）执行机构

按驾驶员的意图实现车辆运行状况的改变。执行机构由选换挡执行机构、离合器分离接合执行机构和节气门执行机构组成。离合器执行机构由直流伺服电机驱动，通过控制减速机构（蜗轮、蜗杆）实现离合器自动分离和平稳接合控制。变速器执行机构包括选挡机构和换挡机构，分别由两个步进电动机驱动，完成摘挡、选位和挂挡操作。节气门执行机构由步进电动机驱动，完成对节气门踏板位置的跟踪以及换挡过程中发动机转速的调节。

4）传感器

用于实时监测车辆运行状态，采集电子控制单元控制所需的各种信息，同时将采集到的信号转换成电子控制单元能识别的信息，便于电子控制单元进行处理，并对车辆运行做出及时反应以调整行驶状态。表9－1给出了AMT变速器常用传感器方式与主要功能。

表9－1 电控机械式自动变速器常用传感器方式与主要功能

传感器	信号形态	方式	主要功能
车速传感器	脉冲	模拟仪表：开关 数字仪表：光电元件	检测停止状态，换挡规律的条件
发动机转速传感器	脉冲	点火脉冲	起动、变速时，离合器的接合控制
输入轴转速传感器	脉冲	电磁传感器	离合器接合点的检测 挡位脱离的判定 车速传感器发生故障时的支撑功能
节气门踏板传感器	模拟	电位计	节气门开闭控制信号
离合器位置传感器	模拟	电位计	离合器断、接控制 对离合器磨耗的调整功能
油温传感器	模拟	热敏电阻式	修正离合器控制
挡位开关	接点	加压式接点	挡位，确认换挡终了 指示器的显示
选择器开关	接点	摆动式接点	自动换挡及人工换挡的转换指示 支撑灯、开灯
节气门（油门）开关	接点	微动开关	空载位置及全节气门位置的检测 节气门器踏板传感器的控制修正

（续）

传感器	信号形态	方式	主要功能
节气门踏板空载开关	接点	微动开关	起动显示 节气门侧的匹配调整
节气门踏板全开关	接点	微动开关	强制低挡的显示，节气门侧的匹配调整
制动开关	接点	加压式接点	自动巡航的暂时解除条件
巡航开关	接点	加压式接点	自动巡航控制(固定车速、加速、减速以及解除等)

2. 电控机械式自动变速器的类型

根据电控机械自动变速系统选换挡和离合器的操纵方式不同可分为液压驱动式、气压驱动式和电动机驱动式三种。

液压驱动式电控机械自动变速系统中，选换挡和离合器的操纵靠油压来实现，因此，必须建立一个液压系统。因为节气门的自动操纵可以独立于自动变速系统，所以对节气门的操纵可以采用液压、电动机或者线性电磁铁等多种驱动方式。液压系统根据电控单元的指令控制电磁阀，使执行机构自动地完成离合器分离、接合和变速器选换挡。电控液动选换挡系统具有能容量大、操作简便、易于实现安全保护、具有一定的吸振与吸收冲击的能力以及便于空间布置等优点。采用高速开关阀控制离合器的系统中，存在的主要缺点就是温度变化会使离合器的执行机构中液压油的粘度发生变化，因而使离合器回油管路压力损失产生变化。其次是液压元件对加工精度要求非常高，造成成本提高较多。

气压驱动式电控机械自动变速器中，选换挡和离合器的操纵靠气压来实现，因此，需要有一个气压系统。由于气压系统存在压力波动较大，对离合器的精确控制不利。

电动机驱动式电控机械自动变速器是采用直流电动机来驱动选换挡机构和离合器，属于电驱动方式。与液压驱动的相比，具有机构简单，控制灵活，对环境的适应能力强，工艺简单，成本低，能耗小等特点。缺点是电动机的执行动作没有液压精确，而且选换挡的动作比较迟缓，对于选换挡速度不需要太快的情况下可以使用电动机驱动。

案例分析9-1

以液压驱动式电控机械变速器为例，说明电控机械式自动变速器的基本组成。

图 9.3 为 AMT 液压操作系统的油路图。液压操作示意图及液压控制单元原理图如图 9.4 所示。

液压控制单元由液压动力源、离合器控制回路、变速器选换挡控制回路和节气门控制回路 4 个部分组成。

(1) 液压动力源部分。该部分主要由直流电动机、油泵、溢流阀(DCF1)、蓄能器、粗和精滤油器、单向阀、油温和油压传感器及油箱等组成。驱动油泵的 12V 直流电机由

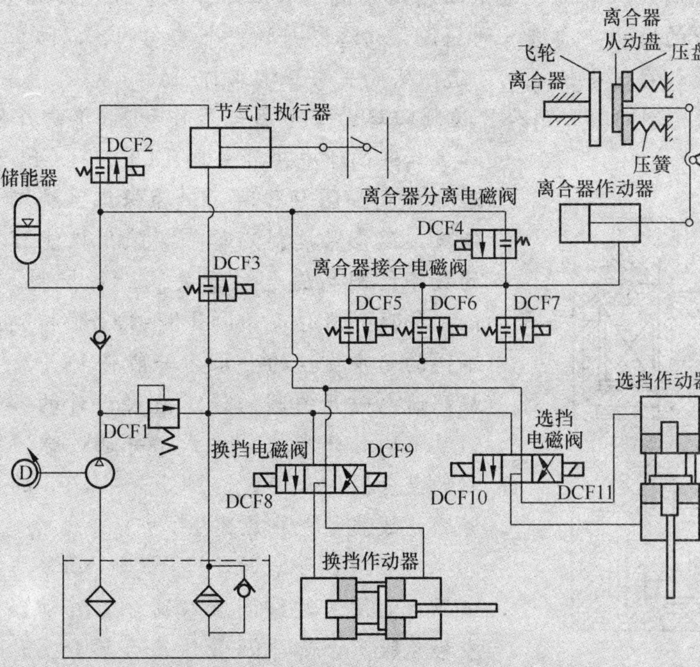

图 9.3　AMT 液压操作系统油路图

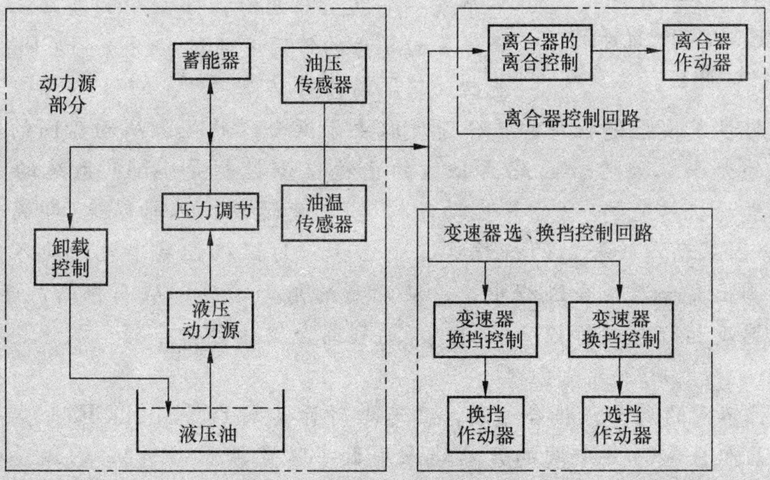

图 9.4　AMT 液压操作示意图

微机控制，可按需要自动起停。该部分设置一蓄能器用于稳定系统油压和储存足够的压力油量。系统工作时，安装在油路中的压力传感器将感受到的压力信息传送给微机后，微机根据实际油压和设定油压决定是否向油泵电机发出起动运转或停止指令，当压力升至设定的上限值时，微机控制油泵电动机停止运转，反之，控制油泵电机起动运转。这样既保证了系统具有足够压力恒定的液压油，又避免了供油量过剩时，油泵持续不停运转所造成的能量消耗和液压油的升温。

粗滤器装于油泵入口处。避免油箱内杂质进入油路系统。而精滤器装于回油道中，避免系统元件中的磨损杂质进入油箱内。精滤器并联1个单向阀，以防止液压控制单元因精滤器中杂质积存过多造成回油道阻塞而失去正常工作。

(2) 离合器控制回路。离合器控制回路由1个离合器作动器(单向作用油缸)、4个二位二通高速电磁开关阀DCF2～DCF5组成，高速电磁开关阀如图9.5所示。为保证系统工作可靠且成本低廉，离合器控制油路一般采用性能可靠且经济实用的数字控制高速电磁开关阀进行控制。DCF2控制进油，使离合器分离；DCF3～DCF5控制泄油。为满足不同的起步换挡的要求，一般将DCF3～DCF5 3个卸载高速电磁开关阀的通道直径设计的各不相同，从而通过不同的开启组合方式，并通过脉冲调节以获得不同的离合器接合速度。DCF3～DCF5的开口面积依次递增，故流量也相应递增。

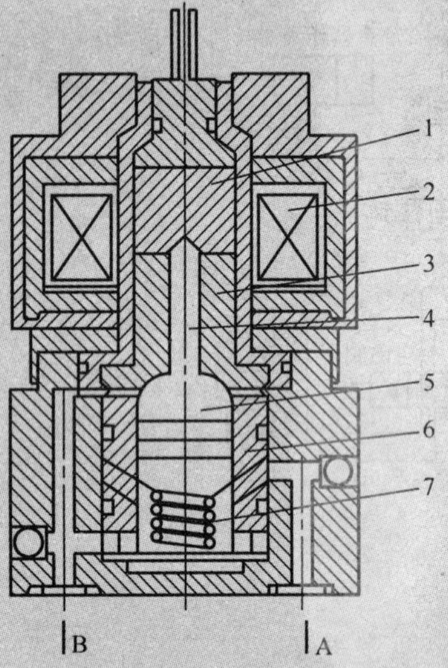

图9.5 高速电磁开关阀结构

1—衔铁；2—线圈；
3—固定铁心；4—推杆；
5—阀心；6—阀套；7—弹簧

当DCF2开启时，DCF3～DCF5关闭时，主油道中压力油便通过该阀流入离合器作动器，作动器活塞左移克服离合器中压簧使离合器分离；当DCF2关闭时，而DCF3～DCF5也关闭时，离合器保持其分离状态不变，当DCF2关闭，而DCF3～DCF5三个阀中有一个或一个以上开启时，油缸中的液压油在离合器压紧弹簧回复力的作用下通过DCF3～DCF5中的开启阀流回油箱，离合器接合。

离合器起步或换挡过程中的接合速度取决于离合器的主、从动盘间的转速差，以及汽车负荷的大小等因素。因此离合器的平稳接合控制是AMT系统的关键技术之一。一般以发动机转速(即离合器主动盘转速)、变速器输入轴转速(即离合器从动盘转速)、离合器从动盘接合时的行程这3个信号作为微机控制单元的输入信号。由这些信号量计算出离合器接合过程中主、从动盘的角加速度，从而推断汽车负荷大小，对离合器的速度和行程进行精确控制，以达到离合器接合时平稳、快速、摩擦损耗最小的目的。

为了获得不同的离合器接合速度，高速电磁开关阀DCF3～DCF5的控制，通过对不同阀的开启组合和对每个阀的开启均采用数字脉宽调制(PWM)的流量控制方法来实现。

(3) 变速器选换挡控制回路。变速器选换挡控制回路主要由选挡作动器(双向作用油缸)和换挡作动器(双向作用油缸)(图9.6)以及2个分别控制选挡和换挡的三位四通电磁阀组成，也可以采用4个二位三通阀进行控制。当采用三位四通电磁阀时，其滑阀机能具有如下功能：当阀处于左、右二位置(即左或右电磁铁通电)时，能使油缸活塞的左右腔油液流动换向，而当阀处于中间位置(左右2个电磁铁均断电)时，能使主油道与油缸两腔接通，以确保变速器在2个电磁铁均断电时保持处于空挡位置。

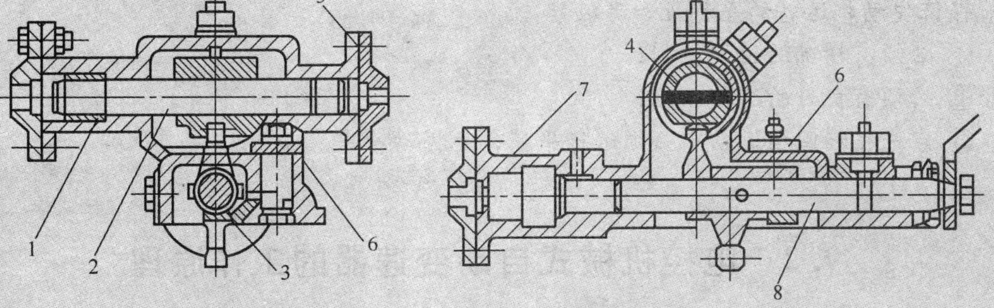

图 9.6 AMT 选挡和换挡作动器

1—选挡油缸；2—选挡缸柱塞杆；3—换挡柱塞杆与换挡拨头的连接剖面；
4—选挡柱塞杆与选挡拨叉连接剖面；5—选挡油缸端盖；
6—挡位传感器；7—差动式换挡油缸；8—换挡柱塞杆

选挡和换挡作动器具有相同的结构和工作原理。从它们的结构简图(图 9.7)上可知其结构特点：油缸分左、右两腔，每腔均有 1 个活塞套，两套的内孔中装有 2 个制成一体、同轴且有效压力作用面积相等的柱塞，活塞杆从一端向外伸出，与变速杆相连接。

当油缸在电磁换向阀作用下，左腔进油、右腔回油时，左右两腔形成压力差，从而推动柱塞右移，活塞杆外伸。反之右腔进油，左腔回油则使柱塞左移，活塞杆向内缩。当左、右两腔均处进油状态时，在缸壁内和柱塞上的定位凸台及两腔油压作用下按差动原理自动定位于中心位置。

两油缸的轴线互相垂直。在选挡油缸完成选挡动作之后，换挡油缸开始工作，当变速杆被推到相应的换挡齿轮的拔叉位置后，变速杆移动拔叉换上新挡，同时离合器接合，发动机节气门自动加油，当离合器主、从动片的转速达到一致时完成换挡。

(4) 节气门控制回路。节气门的控制有 2 种方式：电液驱动式和电动机驱动式。

电液驱动式节气门执行器结构原理如图 9.8 所示。

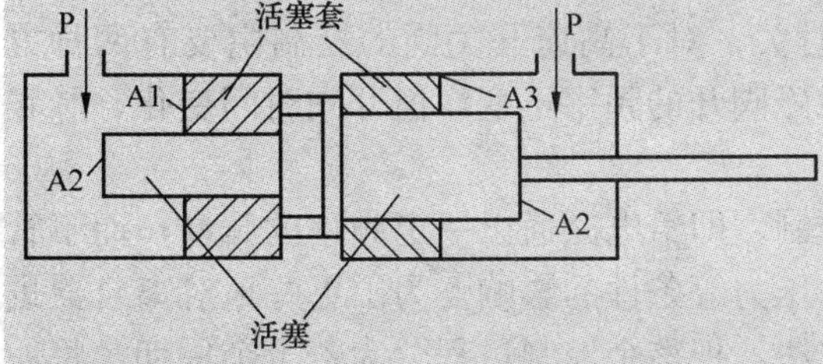

图 9.7 选、换挡作动器结构及工作原理

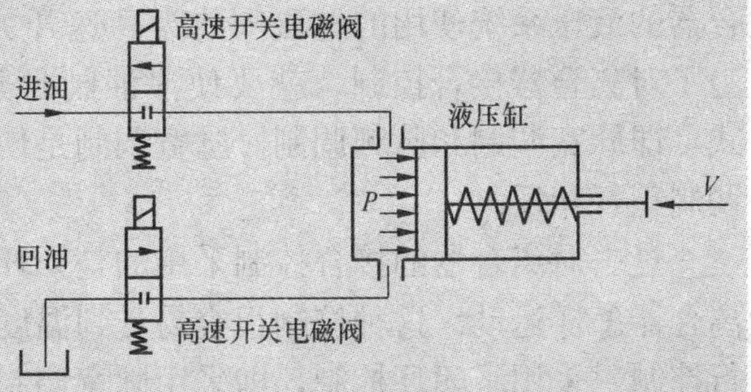

图 9.8 电液驱动式节气门执行器结构原理

电液式节气门执行器为一单向作用数字控制式液压缸。油缸活塞的进程运动靠液压力驱动，而回程运动是以节气门回位弹簧及执行器回位弹簧作为动力，通过两个高速开关电磁阀调节进出油的流量来实现活塞运动速度的控制。

高速开关电磁阀采用二位二通电磁球阀，其启闭响应时间为：开启时间＜3.5ms，关闭时间＜2.5ms。

由于该执行器用来直接操纵发动机的节气门，它的工作性能要达到如下基本要求，才能保证发动机运转的平稳性和灵敏性：

① 必须有精确的位置控制；

② 必须有良好的速度相应；

③ 在进程和回程运动中必须运行平稳，无振动冲击。

9.2 电控机械式自动变速器的工作原理

电控机械式自动变速器系统的功能包含车辆所有的工作情况，其工作过程与非自动变速车辆是相同的，程序软件控制过程应包括三个方面。

1）起步控制

驾驶员开启电源后，微处理机首先置变速器于空挡，并分离离合器，然后再起动发动机，当发动机转速达到某一给定值时，离合器接合，当达到变速器输入轴刚开始转动时，微处理机把相应此时离合器的位置作为初始接合点，并以此为基准对离合器进行控制。

当驾驶员选择某一选挡开关起步，离合器分离，变速器挂上相应挡位，在驾驶员未踏下节气门踏板时，离合器一直处于分离状态的部分接合点之前。

当驾驶员进一步踏下节气门踏板时，微处理机根据节气门踏板的位置，确定处理机按离合器最佳接合规律控制离合器作动器的接合速度进行接合，与此同时，发动机节气门进行自适应调节加油，节气门加到一定程度牵引力大于外界阻力，汽车起步。

2）换挡控制

换挡动作与起步时类似。其次序是：抬起节气门踏板，分离离合器，摘入空挡，挂上新挡，接合离合器，踩节气门踏板至离合器到主、从动片转速一致时完成。

3）离合器控制

为了提高对离合器的控制精度，单独采用一个处理器通过液压系统进行闭环控制。离合器的液压系统使用的电磁阀均为高速开关阀，即它有两个状态：要么全开，要么全关。为了对离合器接合控制，就要使泄油阀时开时关，对于高速开关阀的控制主要有两种方式，即脉宽调制和脉频调制。脉宽调制是使电磁阀开的频率不变，但开阀时间变化，脉频调制正好相反。

过去对离合器的接合控制采用的是开环控制，即给电磁通以一定频率的脉冲，而不管离合器怎样运动。这种控制很容易受到温度、压力等条件的影响。为了更好地对离合器进行控制，采用了闭环控制，即采用脉宽调制方法，把整个控制过程分为若干个周期，每一周期都要检查上一周期的误差和误差的变化，根据上一周期的误差和误差的变化决定本周期开阀时间的长短。例如，上一周期的误差为负即未走到预定值。误差变化为正，即误差变大，则本周期开阀时间应适当延长，这样每周期都有这样开、关、修正误差，就可以在一定范围内削弱环境的影响，使离合器的控制更加平顺。

离合器的分离控制是当驾驶员抬起节气门踏板，而使汽车滑行时，或变速器换挡时，或汽车低于选择开关所设定车辆时，或驾驶员选择了空挡开关时，以及汽车制动时，微处理机将控制离合器作动器分离离合器。

9.2.1 离合器的自动控制

机械式自动变速器不再有离合器踏板，离合器的工作需与发动机节气门及换挡操纵配合协调，控制系统对这种配合的要求很高。只有实现离合器的最佳接合规律，才能保证汽车起步、换挡过程的质量，减少对传动系统零部件的冲击，延长它们的使用寿命和提高乘坐舒适性。

1. 离合器的最佳接合规律

在起步换挡过程中，离合器操纵不仅受车辆载荷、坡度、发动机转速、车速及挡位等因素的影响，也受驾驶员的人为因素和一些偶然因素影响。因此，离合器的最佳接合规律不仅是以人机工程学来模拟优秀驾驶员的操纵动作和感觉，而且应该做得更好。

1）主要影响因素

(1) 离合器接合行程。从离合器分离到接合为止，其行程大致可分三个阶段(图 9.9)：零转矩传递阶段、转矩传递急速增长阶段、恒转矩传递阶段。

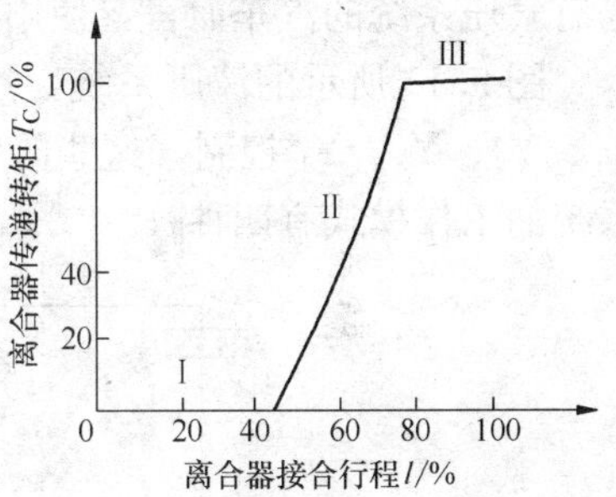

图 9.9 离合器接合过程行程与传递转矩的关系

因第一阶段无转矩传递，故接合速度较快，可实现快速起步或减少换挡时功率中断的时间。第二阶段速度较慢，以获得平稳起步或换挡，提高乘坐舒适性和减少传动系冲击载荷；但过慢的速度又会造成滑磨时间长，影响离合器寿命，故需控制在一定时间内完成。第三阶段速度也较快，以使压紧力尽快达到最大值，并保留分离轴承与分离叉之间的间隙。

(2) 节气门开度。节气门踏板的操纵反映了驾驶员的意图，被用于控制离合器的接合速度。在离合器接合的前阶段，其速度正比于节气门开度。但在踩下节气门踏板准备起动发动机时，离合器不接合，而需发动机达到目标转速 n_{e0}（即发动机在该节气门开度下最大转矩对应的转速)后才平稳接合，以防止熄火。在离合器接合的后阶段，因发动机与变速器输入轴已接近同步，接合速度不需再受节气门控制。

汽车起步时离合器接合的速度分缓慢、正常和急速等不同程度，主要按节气门踏板的踏入量来控制。中、高车速范围时的离合器控制，除受节气门大小的影响外，还与节气门开度的变化率有关。

(3) 发动机转速。离合器接合时，发动机转速 n_e 会出现变化，接合的速度越快转速 n_e 的波动量越大。为防止发动机输出转矩小于离合器从动轴转矩，使发动机转速 n_e 下降过低而引起爆燃。造成车身振动甚至发动机熄火，控制系统需先计算发动机的目标转速 n_{e0} 如果发现该节气门开度下的 $n_e < n_{e0}$，则离合器分离，停止接合。

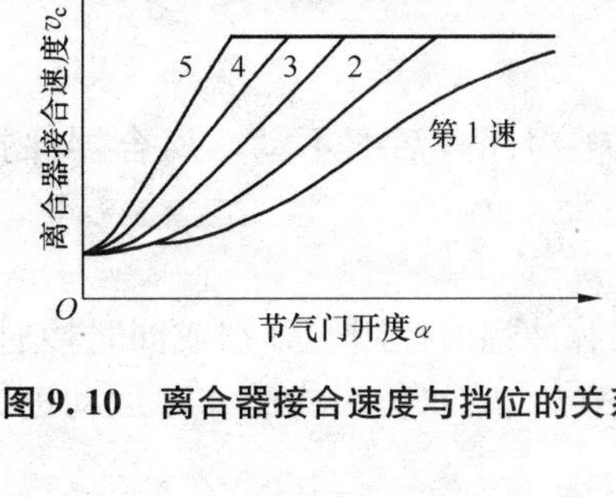

图 9.10 离合器接合速度与挡位的关系

(4) 挡位与车速。由于变速器输出转矩的大小与挡位即传动比成正比，低挡传动比大，后备牵引力就大，从而使汽车的加速度也大，传动系统可能产生的动载荷也越大。因此，从提高离合器接合平顺性、乘坐舒适性及减小动载考虑，应放慢离合器接合速度 v_c，故低挡时换挡时间长，如图 9.10 所示。此外，由于车速间接地反映了外界的负荷大小，在同一节气门开度下行驶时，车速越高说明外部阻力越小，所以离合器接合速度可以加快。

(5) 坡度与载荷。道路坡度和汽车载荷的增加，均会引起发动机转速的峰值及输出转矩的明显变化。为了降低动载荷与提高接合平稳性，离合器的接合速度被适当放慢。

2) 最佳接合规律

根据影响离合器接合的因素及使用性能对离合器提出的基本要求，经数学处理和优化后即能确定在各种节气门开度、发动机转速、道路坡度、传动比、车重及车速等条件下的离合器最佳接合规律。离合器就按此规律工作。

2. 离合器的执行机构

离合器的执行机构有液动和气动两种。如果从使用性能来看，液动要优于气动，但对已有气压系统的汽车而言，使用气动方案可降低成本。

图 9.11 所示的液压系统，操纵离合器动作的是一个单作用液压缸，系统由电磁阀 Y_1、Y_2、Y_3、Y_4 控制，这些阀有直径各不相同的节流孔，以满足不同接合速度的要求。系统的工作模式有四种：

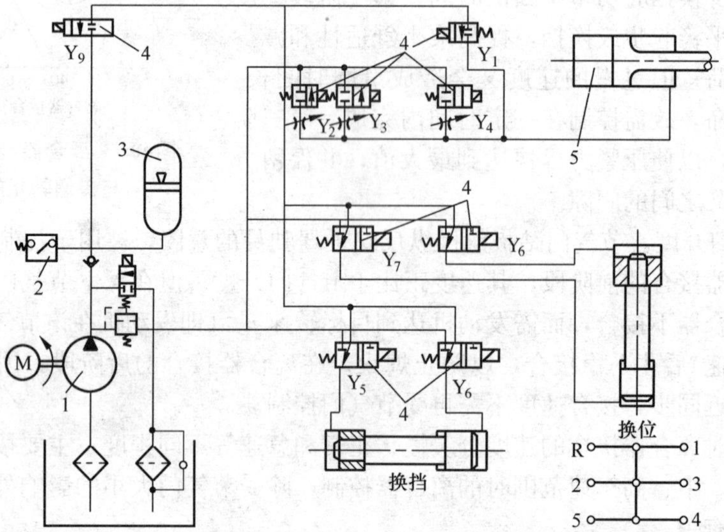

图 9.11 机械式自动变速器的液压系统

1—液压泵；2—压力继电器；3—蓄压气；4—电磁阀；5—离合器操纵液压缸

1) 分离

电磁阀 Y_1 接通，Y_2、Y_3 和 Y_4 关闭，压力油进入液压缸，离合器分离，用于防止发动机熄火及换挡。

2) 保持分离

保持分离 Y_1、Y_2、Y_3 和 Y_4 均关闭，缸内液压油被封闭，活塞不动，离合器保持分离。

3) 接合

Y_1 关闭，Y_2、Y_3 和 Y_4 由驱动电磁阀的脉冲电流的脉冲幅值控制，分别或同时接通，脉冲越宽，活塞运动速度越快。系统根据行程传感器的信号，对执行机构的实际运动进行修正，实现按最佳接合规律动作，配合车辆起步、换挡。

4）保持接合

离合器接合后，除 Y_2 外所有电磁阀全部关闭，汽车进入正常行驶。

图 9.12 所示的是一种液压系统的执行机构。右上部分是离合器操纵机构，1 为离合器缸活塞，3 为离合器液压缸，4 为离合器行程传感器。

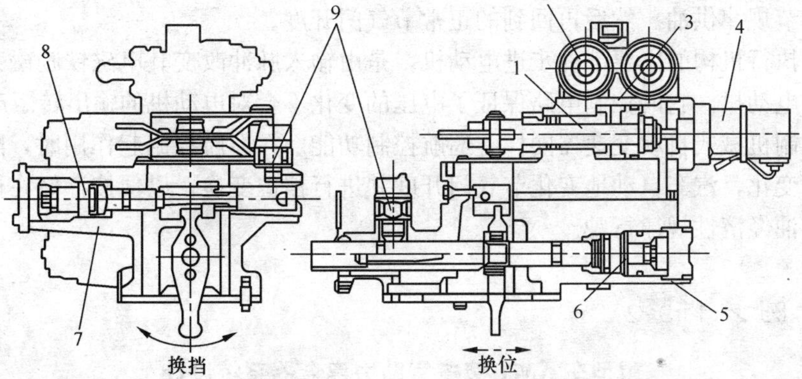

图 9.12 离合器及换挡装置的液压系统执行机构

1—离合器缸活塞；2—电磁阀；3—离合器液压缸；4—离合器行程传感器；
5—换位液压缸；6—换位缸活塞；7—换挡液压缸；8—换挡缸活塞；9—挡位开关

当电磁阀接通后，压力油进入液压缸左腔，推动活塞右移，使离合器分离；行程传感器则将离合器的位置信号随时提供给微型计算机，以使微型计算机能根据工况对电磁阀进行控制、达到离合器适时分离或接合的目的。

当关闭整车电源开关后，电磁阀电流也被切断，离合器接合。如此时变速器还挂着挡，而发动机尚未完全停止运转，则会因离合器的接合产生很大的冲击，甚至有可能使车向前蹿动。为保证安全，防止这种危险情况发生，离合器卸压阀 Y_2 可采用常开型，并设置延迟电源电路，使其在电源切断后 2～3s 内仍让离合器保持分离状态。

9.2.2 变速器换挡的自动控制

变速器换挡自动控制有换挡和换位两种执行机构，如图 9.11 所示，采用的是双作用液压缸，分别由电磁阀 Y_5、Y_6 和 Y_7、Y_8 操纵。液压缸在空间的布置相互正交，故称 x-y 换挡器，它们各自有三个工作位置，运动范围组成“王”字形。活塞工作的三个位置，两端的两个由缸壁或挡板限位，中间位置由液压压力差自动定位。换挡操纵与手动变速器相同。

下面以 1 挡换 2 挡为例进行说明。

微型计算机发出指令，首先分离离合器，同时减小发动机节气门，换挡电磁阀 Y_5、Y_6 接通，压力油经顺序阀流入换挡液压缸，在压力差的作用下活塞左移，从一挡位置退回到空挡 N_{1R} 位置；然后电磁阀 Y_7、Y_8 接通，换位液压缸工作，操纵杆由 N_{1R} 移至 N_{23} 位置；最后，换挡电磁阀 Y_6 再通入压力油，阀 Y_5 接回油，换挡缸动作，换入二挡。此时，换挡开关传递信息给微型计算机，告知换挡动作已完成，所有电磁阀均被断电，操纵力解除。与此同时，离合器接合，节气门开度按自适应要求重新调节，在新的开度下工作。

9.2.3 发动机节气门开度的自动控制

节气门控制的方法通常是用步进电动机代替机械传动，节气门踏板的行程通过传感器传至微型计算机，计算机再按对应的开度控制步进电动机。在正常行驶时，节气门踏板踩下行程与步进电动机驱动的节气门开度是一致的。但在换挡过程中，步进电动机按换挡规律要求先松节气门，以便挂空挡，在挂上新挡并接合离合器的同时，按微型计算机中设置的自适应调节规律供油。然后再回到的正常节气门开度。

节气门执行机构的主要部件步进电动机，是由输入脉冲改变其电磁铁励磁条件而转动一定角度的电动机。它的控制电路保证了电压的变化不会对电动机的输出转矩产生影响。

电子控制机械式自动变速器同样有巡航控制功能。在巡航控制起作用时，随着道路坡度、阻力的变化，汽车自动地变化节气门开度并进行挡位变换，以便按存储在微型计算机内的最佳燃油经济性规律行驶。

案例分析9-2

重型车 AMT 液控气助力离合器系统设计

1. 离合器的控制目标

在 AMT 系统中，对离合器的控制包括分离和结合两个过程。通常希望离合器接合过程尽可能快，以减小换挡过程中动力中断时间。为了减小起步换挡的冲击度，需要对离合器结合速度进行控制，速度控制可分为快、慢、快三个阶段(图 9.13)。第一阶段为无转矩传递阶段，该阶段是为保证主从动摩擦片彻底分开而预留的自由行程阶段，需快速完成以减少动力中断时间；第二阶段为半接合阶段，此时主从动摩擦片处于滑磨状态，需根据工况控制接合速度以平稳传递发动机动力，同时尽量减少由于滑磨对离合器使用寿命造成的影响，保证起步、换挡品质；第三阶段为转矩不再增长阶段，离合器主从动盘转速一致，将发动机动力完全输出到传动系统，接下来为后备转矩传递和分离轴承的空行程阶段，即使快速接合也不至于引起驱动力的变化而影响平顺性。

2. 离合器自动控制系统建模

液控气助力离合器执行机构结构原理图简化为如图 9.14 所示的等效液压气动简图。

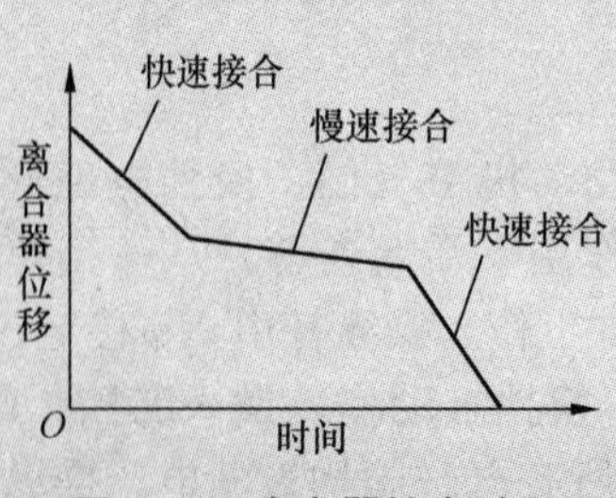

图 9.13 离合器接合过程

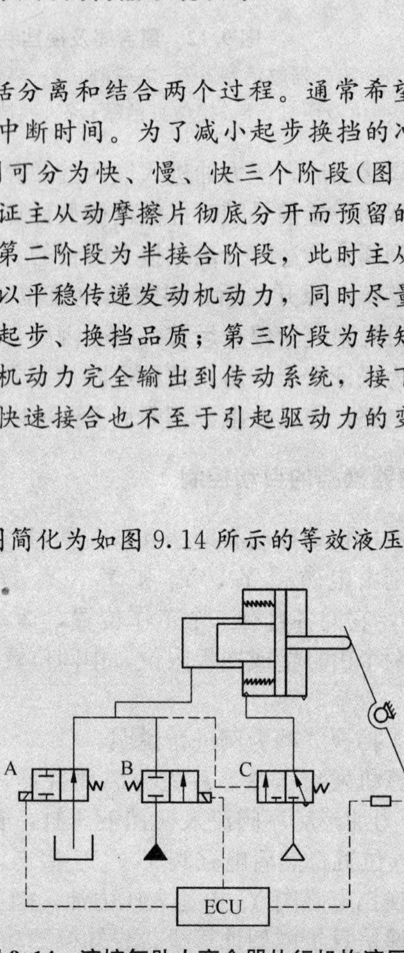

图 9.14 液控气助力离合器执行机构液压系统图

由系统原理可知，离合器分离速度主要取决于高速开关阀A的开度和液压源的压力。离合器接合速度的控制实际上是控制助力缸的放油速度，此时常闭高速开关阀控制信号占空比为0，保持关闭状态，通过调整高速开关阀A的PWM占空比信号控制其开度以调节放油速度。

1）高速开关阀流量方程

当PWM信号的占空比为0时，常开高速开关阀阀口全开，通过的最大流量为

$$Q_{max}=C_d wU\sqrt{\frac{2}{\rho}\Delta P}$$

当脉宽调制信号的占空比为α时，常开高速开关阀的流量为

$$Q=(1-\alpha)C_d wU\sqrt{\frac{2}{\rho}\Delta P}$$

对阀A有

$$\Delta P=P_{Ai}Q_A=(1-\alpha)C_d wU\sqrt{\frac{2}{\rho}P_{Ai}}$$

在稳态工作点做线性化处理，公式为

$$\Delta Q_A=K_q\Delta\alpha-K_c\Delta P_{Ai} \tag{9-1}$$

$$K_q=\frac{\partial Q_A}{\partial\alpha}=-C_d wU\sqrt{\frac{2}{\rho}P_{Ai}};\quad K_c=-\frac{\partial Q_A}{\partial P_{Ai}}=\frac{1}{2}C_d wU\sqrt{\frac{2}{\rho P_{Ai}}}$$

式中，C_d——流量系数；

w——阀口面积梯度；

U——阀口最大开度；

α——脉冲调制信号占空比；

ρ——液压油密度；

ΔP——阀进出口压差；

P_{Ai}——阀A进口压力；

K_q——流量增益；

K_c——流量压力系数。

2）液压气助力缸的连续性方程

液压气助力缸在回复运动中的外力仅仅靠助力缸的回位弹簧和拨叉杠杆提供，系统压力较低，故此时液压体积压缩造成的流量损失，以及压力引起的流量变化不大，采用理想液体的流量方程来列系统的连续性方程，如下：

$$Q_o=Q_A=Sv=S\frac{dy}{dt} \tag{9-2}$$

式中，Q_o——液压缸回油的流量；

S——柱塞的横截面积；

v——柱塞回退的速度。

3）液压气助力缸的负载力平衡方程

$$k_1(y_0-y)+F_l=m\frac{d^2y}{dt^2}+P_{Ai}S+B_c\frac{dy}{dt}$$

另有

$$\frac{y_0-y}{x_0-x}=\frac{l}{n};\quad \frac{F_l}{F_n}=\frac{n}{l};\quad F_n=k_2\ (x_0-x);$$

即有

$$-\frac{n}{l}P_{\mathrm{Ai}}S=m\frac{\mathrm{d}^2x}{\mathrm{d}t^2}+B_{\mathrm{c}}\frac{\mathrm{d}x}{\mathrm{d}t}+\left(k_1+\frac{n^2}{l^2}k_2\right)(x-x_0)$$

令

$$K=\left(k_1+\frac{n^2}{l^2}k_2\right);\quad z=x_0-x$$

则有

$$\frac{n}{l}P_{\mathrm{Ai}}S=m\frac{\mathrm{d}^2z}{\mathrm{d}t^2}+B_{\mathrm{c}}\frac{\mathrm{d}z}{\mathrm{d}t}+Kz \tag{9-3}$$

另式(9-2)可转化为 $$Q_{\mathrm{A}}=-\frac{Sl}{n}\frac{\mathrm{d}z}{\mathrm{d}t} \tag{9-4}$$

式中，m——活塞加负载质量；

B_{c}——活塞与负载运动的粘性阻尼系数；

k_1——活塞回位弹簧的弹性刚度；

k_2——膜片弹簧回复时的近似线性刚度；

F_l——作用在活塞杆上的负载力；

F_n——膜片弹簧的回复力；

y_0——离合器完全分离时活塞回位弹簧的伸长量；

x_0——离合器完全分离时 x 膜片弹簧的伸长量；

y——离合器完全分离时活塞回位弹簧回退的位移量；

x——从离合器完全分离到慢慢结合过程中的位移量；

l——活塞顶杆处的负载力相对拨叉中心支承的力臂；

n——膜片弹簧的回复力相对拨叉中心支承的力臂。

分别对式(9-1)、式(9-3)、式(9-4)进行拉普拉斯变化得

$$Q_{\mathrm{A}}=K_{\mathrm{q}}\lambda-K_{\mathrm{c}}P_{\mathrm{Ai}} \tag{9-5}$$

$$P_{\mathrm{Ai}}=\frac{l}{nS}(ms^2+B_{\mathrm{c}}s+K)Z \tag{9-6}$$

$$Q_{\mathrm{A}}=-\frac{Sl}{n}sZ \tag{9-7}$$

又有分离叉杠杆比 $$i=\frac{l}{n} \tag{9-8}$$

由式(9-5)、式(9-6)、式(9-7)、式(9-8)得离合器接合的位移 Z 对脉冲调制信号占空比 α 的传递函数为

$$\frac{Z}{\alpha}=\frac{SK_{\mathrm{q}}}{imK_{\mathrm{c}}s^2+i(B_{\mathrm{c}}K_{\mathrm{c}}-S^2)s+iKK_{\mathrm{c}}} \tag{9-9}$$

4）高速开关阀脉宽调制器模型

脉宽调制过程就是把离合器接合位置的误差信号转化为驱动高速开关阀所需的占空比。PWM与高速开关阀共同构成一个零阶保持器，其传递函数为

$$G_d = \frac{1 - e^{-\tau s}}{s} \tag{9-10}$$

3. 系统控制原理与实现

离合器的接合位置与速度的控制直接影响到离合器的使用寿命、车辆起步与换挡的平顺性，因此在离合器接合过程控制中要尽量使离合器的实际接合位置与目标接合位置一致。对于本文设计的离合器自动控制系统，其基本控制方法是通过对高速开关阀PWM信号占空比的控制，达到对离合器接合行程控制的目的。本文采用离合器接合位置、占空比双闭环控制，控制原理图如图9.15所示。

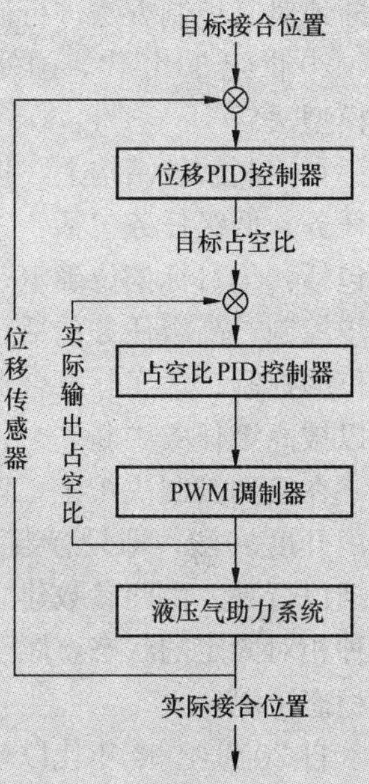

图9.15 液控气助力系统双闭环控制原理图

由于PID作为一种经典的控制方法能够很好地保证系统的鲁棒性且易于实现，这里采用位置式PID控制算法来设计系统的控制器，位置式PID控制算法的表达式为

$$u(k) = K_P e(k) + K_I \sum_{j=0}^{k} e(j) + K_D[e(k) - e(k-1)]$$

由于位置控制算法每次输出均与过去的状态有关，计算时需对$e(k)$进行累加，计算工作量大，故采用增量控制算法，由位置式PID控制算法可获得增量式PID控制算法的表达式子：

$$\Delta u(k) = K_P[e(k) - e(k-1)] + K_I e(k) + K_D[e(k) - 2e(k-1) + e(k-2)]$$

图9.16中构建了增量式PID控制器的MATLAB仿真模型，结合控制原理图如图9.15所示，在内环控制中以占空比的误差信号作为输入量，将PID调整后的占空比增量信号进行累加即可得到调整后占空比的精确量，在外环控制中接合位置的误差信号作为输入量，将PID调整后的目标占空比增量信号进行累加即可得到调整后目标占空比输出量。

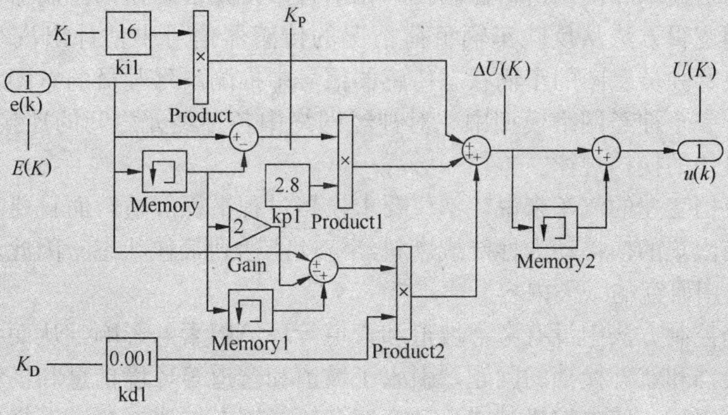

图9.16 增量式PID控制器MATLAB实现

9.3 电控机械式自动变速器的控制方法介绍

AMT 的最大问题在于其控制难度较 AT 和 CVT 大。自 AMT 问世以来，人们就一直不断地对其控制方法进行研究。

20 世纪 80 年代，国外在 AMT 控制上主要采用传统的闭环控制方法，如 PID 法和近似模型法。

在控制软件结构上，把整个控制任务按优先级别分为 3 组：低级任务、中级任务和高级任务。低级任务包括：①自动巡航控制；②运行阻力计算；③故障自诊断处理。中级任务包括：①目标挡位确定；②离合器目标位置确定；③发动机负荷目标确定；④坡道辅助起步控制。高级任务包括：①发动机实际负荷到目标负荷的控制处理；②实际挡位到目标挡位的控制；③实际离合器位置到目标离合器位置的控制过程。低级任务在执行的过程中可以被高级任务中断。

在换挡控制决策上，国外无论在 AMT 上还是在 AT 上均采用两参数(即车速 V 和节气门开度 α)法，即只有当 V 和 α 达到某一个预定值时，才会换入新的挡位，否则，保持按原挡位行驶。由两参数建立的换挡规律虽然使换挡控制比较简单，但它只能反映换挡时的一种相对固定的状态，属于一种稳态工况，不能体现车辆的在换挡时的动态变化情况，即非稳态工况。

自 20 世纪 90 年代以来，由于智能控制理论的兴起和发展，AMT 控制技术中也逐渐渗入了智能控制的思想和方法。1995 年，日本的 Tanaka、Hirohisa、Hideyuki 提出了一种对自动变速器的离合器接合过程采用模糊控制技术的方法。该模糊控制器能熟练地根据对节气门踏板的操纵变化情况估计出驾驶员的意图。然后，根据驾驶员的意图自动控制离合器的接合。此模糊控制的离合器操纵机构被安装在一辆载质量为 4t 的商用车上进行了实车试验，取得了良好的效果。

Andreas Bastian 先生在“自动变速器的模糊控制”一文中讨论了自动变速器控制中如何应用模糊逻辑控制等问题，为模糊控制技术在 AMT 中的应用建立了系统的理论。

五十铃公司的 Hayashi、Koki 等人于 1994 年为解决具有变负荷车辆的自动变速问题，提出了将神经网络技术和模糊逻辑控制技术相结合来设计自动换挡控制器的方法。其基本思想是：用模糊逻辑方法从反映车辆负荷情况的传感器信号中估计出汽车的行驶阻力情况，同时从反映驾驶员意图的车辆状态传感器信号中推测出驾驶员的意图。然后将所得出的有关参数送入一个神经网络模型中，对神经网络中各神经元之间的连接权值进行训练，以期得到一个最佳的换挡规律。

对于自动换挡变速的汽车来说，不仅要求换挡过程平稳舒适，而且要求换挡时机要选择得合适，能使汽车的换挡动力性能或燃料经济性能达到最佳状态。因此，对最佳换挡规律也是 AMT 应用研究的一大内容。

二参数换挡控制方法中没有考虑坡道和弯道等环境因素的影响，从而导致车辆在坡道和弯道上频繁换挡和意外换挡的问题，引入了坡道和弯道等环境信息和模糊推理技术在线修正二参数换挡规律，使电控机械式自动变速车辆能够在坡道、弯道等特殊环境条件下按驾驶员意图正确换挡。

AMT车辆的巡航控制系统是一个复杂的变参数非线性系统，很难建立其精确的数学模型。因此，运用模糊理论和神经网络理论建立了AMT车辆巡航模糊神经网络控制系统。通过对AMT车辆节气门输入和发动机转速输出关系的辨识，建立初步的巡航模糊控制模型，根据该模型构造一个初步的模糊神经网络，由初步确定的模糊规则和模糊隶属函数确定神经网络的节点数目及节点连接方式，给定权值；然后对模糊神经网络进行离线训练，让其记忆全部的模糊规则，最后再应用于AMT车辆。但在实际使用过程中，系统还需从有关传感器中获得数据，利用这些数据对初步确定的模糊神经网络进行训练，并根据训练的结果修正模糊规则和隶属函数，最终完善该巡航控制器的性能。

本章小结

本章内容主要介绍了电控机械式自动变速器的基本组成结构、优缺点、工作及控制原理。

电控机械式自动变速器的四大组成，根据选换挡和离合器操纵方式的不同，介绍了电控机械式自动变速器的分类，并就液压驱动式自动变速器做了详细介绍。

最后介绍电控机械式自动变速器的控制原理。

【关键术语】

电控机械式自动变速器　结构特性　控制方法

综合练习

一、填空题

1. 电控机械式自动变速器是完全在________的基础上加装________实现自动换挡的自动变速器。

2. 电控机械式自动变速器主要由________、________、________及其________组成。

3. 电控机械式自动变速器采集的主要信号有________、________等。

二、简答题

1. 简述分析电控机械式自动变速器技术的发展。

2. 简述电控机械式自动变速器的主要优点。

3. 电控机械式自动变速器如何实现控制?

第10章 自动变速器的工作油

教学目标

通过本章的学习，要求读者能够了解汽车液力传动油的相关特性，如黏度，热氧化安定性，摩擦特性，与密封材料的适应性等；了解汽车液力传动油的分类和典型规格，以及关于汽车液力传动油的选用。通过本章的叙述进一步了解关于汽车运行材料的相关的知识，加强对车辆自动变速器的了解与认识。

教学要求

知识要点	能力要求	相关知识
汽车液力传动油的特性	了解汽车传动油的相关特性，加强对汽车运行材料的认识	了解汽车液力传动油的黏度，热氧化安定性，摩擦特性，及其密封材料的适应性
汽车液力传动油的分类和典型规格	熟悉汽车液力传动油的分类，适用范围，及其相应的规格举例	了解关于通用，福特，埃里森，卡特皮勒公司的液力传动液的相关的使用规格
汽车液力传动油的选用	熟悉液力传动油的选择，及其使用中的注意事项	了解液力传动液选择的相关参照方法，在使用过程中的涉及一些注意事项

导入案例

自动变速器油(ATF)，是专门用于自动变速器的油液。早期的自动变速器没有专用油液，而是用发动机油代替。由于工作状况和技术要求差异很大，所以发动机油作为自动变速器油液的方法很快被淘汰。如今使用的自动变速器专用油液既是液力变矩器的传动油，又是行星齿轮结构的润滑油和换挡装置的液压油。自动变速器的主要保养内容，就是对ATF的检查和更换。

自动变速器油是特殊的高级润滑油，不仅具有润滑、冷却作用，还具有传递转矩和液力以控制自动变速器的离合器和制动器工作的性能，所以自动变速器油有时也称为液力传动油。

如果油样颜色清淡、充满气泡，主要是因为油面过高，油被搅动产生气泡，或者密封不严，油液中混入空气或者水。遇到这种情况要彻底更换ATF。

如果油样变质后，呈极深的暗红色或褐色，油标尺上有膏状物，可能是因为未按期换油，导致油面过低，油品过热变质。在这种情况下，变速器可能会受到部分损坏，建议将变速器拆卸下来做进一步检查。

如果油样呈黑色，并且含固体残渣，且有烧焦味，那是机械零件因润滑不良造成了烧灼，特别是制动带或摩擦片的烧灼。一般来说，出现这种情况的车主就要小心了，最好彻底检查一下变速器是否受到了损坏。

问题：

自动变速器有多少需要工作油的部件，不同部件可否采用同一种油品?

在一般液力传动装置中都采用油作为工作介质，个别场合也有采用特殊的工作液体来满足液力传动装置的使用要求的。由于在汽车上液力传动组件多于机械传动组合为液力机械自动变速器工作，所以液力传动的工作油也作为液力机械自动变速器的工作油。液力传动的工作油简称工作油，也称液力传动油或自动变速器油(Automatic Transmission Fluid, ATF)。液力传动用的油除了作为液力组件的工作介质外，还用来润滑液力组件的轴承，并作为液力组件的冷却剂，有时还同时作为变速器及驱动桥中轴承、齿轮、操纵件的润滑剂和液压控制系统的工作介质。

在自动变速器的工作过程中，液力传动油被变矩器中的泵轮带动旋转，并吸收由泵轮传递的机械能而变成液体动能，当油流经过涡轮时又将液体动能转换成机械能，由涡轮输出，实现能量的转换与传递。传递效率与传动油的黏度、抗泡沫性等有关，因此对油的黏度和其他性能有一定的要求。在液力传动系统内工作温度可达70～140℃，油的流速可达20m/s，并不断地与金属、空气接触，所以要求油的抗氧化性能要好。液力传动系统中的轴承、齿轮等摩擦副也要用液力传动油来润滑，故要求油有一定的润滑性。在自动变速器中的执行机构(制动器和离合器)，等多用湿式摩擦组件，所以要求液力传动油要有良好的摩擦特性。

综上所述，汽车自动变速器所用汽车液力传动油是一种多功能工作液，其主要功能有：

① 动力传递介质。在液力变矩器中作为流体动力能的传动介质，在液压控制系统中作为伺服机构和压力回路静压能的传递介质，在离合器中作为滑动摩擦能的传递

介质。

② 热能传递介质。由于摩擦片表面接触瞬间温度可达600℃，自动变速器用液力传动油也作为热传递介质，以控制摩擦副表面温度，防止烧结。

③ 润滑介质。作为齿轮、轴承等的润滑介质。

10.1 汽车液力传动油的特性

1. 黏度

液力传动油的使用温度范围一般为－25～＋170℃，因此要有较高的黏度指数和较低的倾点；在高温黏度方面，作为传递介质必须要求黏度低，而作为润滑介质又希望有一定的黏度，另外在高温时如油黏度过低，在液压系统中的阀门、活塞、密封处都会造成泄漏，引起自动变速器工作不良，所以需要一个合适的黏度范围。轿车用液力传动油，其合适的高温(100℃)，黏度为7.0～8.5mm^2/s；重负荷功率传递用油的高温(100℃)黏度可按SAEJ300分类，从3.8～16.3分为五个等级。

低温黏度是液力传动油的重要性能指针之一；低温黏度在考虑自动变速器低温起动性和泵送性能外、还考虑离合器摩擦片烧伤的危险；一般对液力传动油低温黏度的要求见表10-1。

由于液力传动油在高、低温条件下，都要求能正常工作，所以对液力传动油必须要求有适当的黏度、良好的低温流动性、好的粘温性能。

表10-1　液力传动油低温黏度的要求

汽车制造商	今后可能提出的要求	目前要求
GM汽车公司	－28.9℃不大于5000cP －40℃不大于30000cP	－23.3℃不大于4000cP －40℃不大于50000cP
Ford汽车公司	相同 －40℃不大于20000cP	－17.8℃不大于1700cP －40℃不大于50000cP
日本汽车制造商	相同或进一步提高	－30℃不大于3800cP －40℃不大于20000cP
Chrysler汽车公司	相同或增加－40℃要求	－28.9℃不大于4500cP
Daimler Benz汽车公司	相同或进一步提高	－23.3℃不大于4000cP －40℃不大于50000cP

注：1cP＝0.001Pa·s。

2. 热氧化安定性

汽车在行驶中，自动变速器中的液力传动油的温度，随汽车行驶的条件而变。其温度一般在 80～88℃之间，但在苛刻运行条件下，最高可达 150～170℃，这样柴油品氧化的影响虽然比内燃机油要低，但由于油品氧化产生油泥、漆膜，或产生腐蚀性酸，或造成黏度变化，会引起摩擦特性变化，使离合器打滑，氧化生成的酸腐蚀零件，甚至有损于塑性密封材料和离合器片表面的状态。黏度变化过大，会使传动操作变坏。油泥会堵塞液压控制系统和排油管路，漆状物形成会导致控制阀、调节杆失灵、氧化产物还会使油产生泡沫，造成气穴等。

因此，液力传动油的抗氧化性能要求仍然十分严格。近年来，汽车制造商要求自动变速器用液力传动油与变速器同寿命，至少也应在 16 万 km 的行驶期内保持性能不变。

3. 摩擦特性

液力传动油摩擦特性是一个复合的性能，是液力传动油全部性能中最重要，最难达到要求的性能。液力传动油要求有适当的油性，即要求有相匹配的静摩擦因数和动摩擦因数，一般动摩擦因数对起动力矩的影响较大，如动摩擦因数过小，换挡时间就会延长；如动摩擦因数过大，换挡的最后阶段就会引起力矩急剧增大，发生尖叫声、因此，液力传动油应具有如下的摩擦特性：

(1) 动摩擦因数尽可能高。

(2) 静态断裂摩擦因数尽可能比实际使用的要高。

(3) 静与动摩擦因数之比要小于 1。

(4) 希望在苛刻条件下经过 1000 次离合器接合后，其摩擦性能不变。

(5) 希望新的液力传动油在全部操作温度范围内摩擦特性不变。

摩擦特性可通过台架试验或实车试验进行评定。

4. 与密封材料的适应性

液力传动油与自动变速器中各部分的密封材料必须相适应，不应使它们有明显地膨胀、收缩、硬化等不良影响。

在密封材料适应性方面，基础油和添加剂都有明显的影响。一般石蜡基基础油对橡胶有收缩倾向，环烷基基础油对橡胶有膨胀的倾向，通常用这两种油进行调和，以适应橡胶膨胀的要求。

某些添加剂也能改善油品对橡胶的膨胀性能，此外，由于所用密封材的不同(丁腈胶、聚丙烯酸酯、硅橡胶等，可能会造成基础油与添加剂之间的矛盾，橡胶膨胀剂的加入与油品其他性能之间的矛盾，因而使配方复杂化。

5. 其他性能

1) 剪切稳定性

自动变速器中的液力变矩器在进行动力传递时，液力传动油会受到强大的剪切力，一般基础油的剪切是比较稳定的，但黏度指数改进剂等高分子化合物易受到切断、从而使油液的黏度降低，引起油压降低，于是离合器便产生打滑，国外汽车制造商对剪切稳定性的要求见表 10－2。

表 10-2 国外主要汽车制造商对剪切稳定性的要求

制造商	100℃最低黏度/(mm^2/s)	剪切试验方法
GM Dexron II	5.5	THOT
GM6137M	—	THCT
Ford Mercon	5.5	THCT
Ford ESP——M2C138J	6.0(新油 6.8)	汽车周期试验((FTM BJ12-4)
ChryslerMS7176	5.8	泵试验(LP481C-112)
Benz Shee1236.6/36.7	6.0(新油 7.0)	FZG 齿轮试验(CEC-L-37-T-85)
日本汽车制造商	最大损失 10%	超声波剪切 ASTM D2503

注：1. THOT 为热氧化安定性试验；
2. THCT 为传动耐久性试验。

2）抗泡沫性

液力传动油在工作中产生泡沫对自动变速器工作会带来严重影响：它不仅影响控制的准确性，还影响变矩器的性能和破坏正常润滑，是离合器烧蚀、打滑等故障产生的主要原因之一。

泡沫的形成主要是气体的渗入和吸油过程中把因油泵吸油道密封不好而漏入的空气吸入油中；还有因阀孔节流和液压系统在高速溢流时，周围产生低压涡流区，使空气卷入油中形成气泡；油泵吸油管周围的油被吸入油泵后，吸油管外围的油受黏度的影响，油的流速高，使油面不能保持水平状态，在油面上出现凹穴，当凹穴和油一同流动时，凹穴被油包围起来，形成气泡而进入油路中。机械搅拌油可能产生气泡，如低传动比时变矩器中泵轮与涡轮间的转速差，低挡或倒挡时控制执行组件之间的转速差、油液中旋转组件的运动对油液的搅动等，这些转速(差)都是机械搅拌产生泡沫的原因。

为了提高液力传动油的使用性能，往油中加入清净分散剂、油性剂、极压剂等添加剂，这些添加剂都是些表面活性剂，能促使泡沫的产生。

液力传动油的抗泡沫性对自动变速器的工作有很大的影响。油起泡后，可导致变矩器传递功率下降，因为泡沫的可压缩性会使液压系统油压波动或下降，油中混入空气而减少了供油量不仅影响供油量同时还促使油品老化，影响油品使用寿命，致使机件早期磨损。

为了防止油品起泡沫，广泛采用加入抗泡沫添加剂。抗泡沫性的检测可按国家标准 GB/T 12579—2002《润滑油泡沫特性测定法》的规定进行。

3）抗磨性能

在自动变速器中使用了很多齿轮传动，为保证润滑，液力传动油要有好的抗磨性能。抗磨性还与离合器的传动、变速器的寿命及变速特性有关。在液力传动油规格中，抗磨性是通过四球磨损试验机、梯姆肯磨损试验机进行台架试验来检测。

4）防腐性能

防腐性能在液力传动油中也是值得注意的问题。在液力传动装置中有许多铜接头、铜管道、有色金属轴瓦、止推轴承等，该类金属的氧化腐蚀应严加控制，否则，会影响整个传动系统的工作可靠性及寿命。

5）储存安定性

含有多种添加剂组分的液力传动油其各组分的兼容性是很重要的。保证在一定温度范围内和一定时间应该均相溶，没有分解、分层现象。

液力传动油是一种性能比较全面优良的油品，要求的各方面指标都比较严格，尤其希望在整个使用期间理化性能，使用性能均能保持较小的变化。因此，国外普遍认为液力传动油是全部润滑油产品中最复杂，最高级的产品之一，它的配方需要精心仔细地加以平衡，方可满足各方面的性能要求。

6）具有较高的闪点

液力传动中的工作油温度经常达 80～110℃，长时间在低效率区工作时，甚至达 150℃。工作油的闪点应比最高使用温度高 20～30℃。

7）为了增加液力组件传动的功率，油的重度应尽可能大。

10.2 汽车液力传动油的分类和典型规格

国内外液力传动所用油的品种繁多，除矿物油外，还广泛使用各种混合油及特制专用油。

1. 汽车液力传动油的类别

在 ISO 6743/1—2002 润滑剂、工业润滑油和有关产品分类的标准中，把液力传动油分为：HA 油（适用于自动传动）和 HN 油（适用于功率转换器）。美国材料试验学会（ASTM）和美国石油学会（API）把液力传动油按使用分类，曾分为 PTF－1、PTF－2 和 PTF－3，其中前两种与 ISO 相同，PTF－3 是增加了一种拖拉机用油，见表 10－3。

表 10－3 美国液力传动油的分类及国内对应品牌

分类	适用范围	规格举例	国内常用油名
PTF－1	适用于轿车，轻型载货汽车的自动传动装置	通用汽车公司(GM)；福特汽车公司(Ford) M2C33－F/或 G，M2C138－CJ，M2C166－H；克莱斯勒(Chrysler) MS－3256 或 4228；SAE J311b－71	8 号液力传动油，自动变速器油(液)
PTF－2	适用于重型载货汽车，履带车，越野车的功率转换器和液力偶合器等	通用汽车公司 Truck 和 Coach 艾里森(Allison) C－3 型 SAE J1285－80	6 号液力传动油，功率转换器油
PTF－3	适用于农业和野外建筑机械的液压，齿轮和制动等装置	约翰·狄尔(John－Deere) JDT303 或 J－14B或 J－20A 玛赛-费格森(Massey－Ferguson) M－1135 福特 M2C41A	拖拉机液压、齿轮两用油

注：PTF 为 power transmission fluid 的缩写。

PTF－1 类油主要用于轿车和轻型载货汽车的液力传动系统；其特点是低温起动性好，对油的低温黏度及黏温性有很高的要求；典型品种是美国通用汽车公司 GM－DEXRON 或 GM－DEXRONⅡ或Ⅲ。比较起来，后者较前者有更好的低温性能和氧化安定性能，耐久性试验条件也较前者苛刻。

PTF－2 类油主要用于重负荷的液力传动系统；如重型载货汽车、大型客车、越野车和工程机械的自动变速器。其特点是适合在重负荷下工作，对极压抗磨性的要求很高。

PTF-3类油是随着全液压拖拉机的发展而生产的，主要功能是作传动、差速器和最后驱动齿轮的润滑，以及液压转向、制动、分动箱和悬架装置的工作介质。典型的规格见表7-3。这类油的特点是适于中低速下运转的拖拉机及野外作业的工程机械液力传动系统和齿轮箱中使用，其极压性、抗磨性、油膜承载能力要求都较严格。

2. 汽车液力传动油的典型规格

汽车液力传动油分类规格比较复杂，在美国它主要由各大汽车或汽车齿轮变速器和液力传动装置制造厂制定本公司的专用规格，其主要系列有通用公司的DEXRON，福特公司的MERCON、艾里森公司的ALLISON和卡特皮勒公司的TO系列规格。

1）通用汽车公司的自动变速器用液力传动油

通用汽车公司是美国三大汽车公司中对液力传动油提出规格要求最早的一个汽车公司。自1949年出现汽车自动变速器，它就提出TYPE A规格。随着自动变速器的改进和汽车性能的提高，又不断更新和修订，出现了TYPE 、SUFFIX A、DEXRON、DEXRONIID、DEXRONIIE以及最新的DEXRONIII。规格的不断更新主要是提高对ATF的低温性能、抗氧化性能和摩擦特性要求，以及对评定设备的更新；当然，随着技术的发展，还将全有更新的规格出现。

2）福特汽车公司的自动变速器用液力传动油

福特公司自20世纪50年代至1974年的规格：如M2C33A/B、C/D、E/F、G都是不加摩擦改进剂的，与通用公司的ATF在规格与性能上有差别。1974年福特公司发表M2C33CJ规格，对产品要求做了较大修改，并且表示可以与GM公司的DEXRON规格的ATF通用。1987年福特公司公布了自己的ATF规格MERCON，后又修订为NEW MERCON规格，在低温、氧化性能方面有较大的提高。福特公司最新推出的MERCON V规格，对油品的低温性要求更加苛刻。

3）艾里森公司重负荷液力传动油

艾里森公司是GM公司的一个专门生产变速器的分公司，为了自己产品的可靠性，它对液力传动油制定了专门的规格，主要用于重负荷传动使用，1968年以前称作C规格，20世纪60年代末改为C-2规格，1973年改为C-3规格，1989年改为C-4规格；由于GM公司DEXRONIIE规格提出，艾里森公司将ALLISON C-4规格一些评定方法改为与DEXRON IIE通用。

4）卡特皮勒公司的分动箱传动油TO规格

该公司主要生产柴油机和使用柴油机的大型载货汽车、挖掘机和各类矿山机械(大多在重负荷下工作)。为了满足自己生产的自动变速器用油要求，制定了专用的分动箱传动有规格。1973年卡特皮勒公司公布了TO-1试验方法，用于评定油对青铜摩擦副的摩擦阻尼特性。1974年公布了TO-2试验方法，是将试验温度提高到113℃，同时公布TO-3与氟橡胶兼容性的评定方法。1991年推出TO-4新方法，是用一台LINK摩擦试验机代替TO-2规格采用的SAE No. 2摩擦试验机，在摩擦片尺寸、材料和形状等方面更接近公司的要求。

表10-4给出了各主要规格的理化性能要求，表10-5列出了美国通用汽车公司DEXRON规格台架评定的变化及指标。

表 10-4 汽车自动传动液各主要规格的理化性能要求

项目	DEXRON		NEW MERCON	ALLION C-4	CATERPILLAR TO-4	试验方法 (ASTM)
	IIE	III				
100 运动黏度/(mm²/s)	报告		>6.8	报告	报告	D445
闪点/℃ >	160	170	177	160	160	D92
燃点/℃ >	175	185	—	175	175	D92
布氏黏度(mPa·s) -20℃<	1500	1500	1500	报告达	按 SAE	D2983
-30℃<	5000	5000	报告	到 3500	J300 要求	
-40℃<	20000	20000	20000	时温度		
铜片腐蚀 ≤	无黑色剥落	1b	1b	无黑色剥落	La	D130
钢棒锈蚀	通过	通过	通过	通过	—	D665
泡沫性(95℃)	无泡沫	无泡沫	D-892 加	无泡沫	D-892 加	GB6137
135℃泡高/mm <	10	5	150℃	10	0.1 水	(M)
135℃消泡时间/s <	15	15	100/0	23	25/0	附录 A
元素含量	报告	报告	报告	报告	—	D4951
威克斯泵试验/mg <	15	15	10	15	90	D2882

表 10-5 美国通用汽车公司 DEXRON 规格台架评定的变化及指标

项目	DEXRON IIE 1990 年 10 月	DEXRON Ⅲ 1993 年 4 月
THOT 氧化试验		
试验条件		
变速器	4L-60	4L-60
试验油用量/L	5+5=10	9+1=10
试验温度/℃	163±1	163±1
试验时间/h	300	300
油流量/(L/s)	0.086±0.003	0.086±0.003
空气流量/(mL/60s)	90	90
试验压力/(kPa)	500	565
通过指标		
300h 试验	通过	通过
传动部件状态	清洁，等于或优于参考油	清洁，等于或优于参考油
总酸值增加/(mgKOH/g) <	4.5	3.25
羰基吸收峰增加	0.55	0.45
排气含氧量/% ≥	4	报告
试验后油的 100℃黏度/(mm²/s) >	5.0	5.0
试验后油的布氏黏度/mPa·s	<3000(-20℃)	<2000(-20℃)
冷却器青铜合金	无腐蚀	无腐蚀

3. 国内液力传动油

国内最初在一般使用条件下，经常采用22号汽轮机油。近年来还为液力自动变速器和液力组件生产了液力传动专用油。

8号液力传动油是以低黏度精制馏分油作基础油，然后加入增黏、降凝、抗磨、抗氧化、防锈、抗泡沫等添加剂制成。

6号液力传动油是以22号汽轮机油为基础油，再加入增黏、降凝、清净分散、抗氧化、抗磨、防锈、抗泡沫等添加剂制成。

22号汽轮机油是石油的润滑油馏分，经深度精制并加有抗氧化、防锈、抗泡沫等添加剂。

对于轿车等液力组件与换挡操纵件、液压控制系统共享同一种工作液体的传动装置，液力传动油除了作为液力组件的工作介质外，还用在液压自动换挡系统中。在润滑、抗磨性方面要求高一些，可以采用8号液力传动油。

对于履带车，工程机械、载货汽车、内燃机车及其他液力组件，可采用6号液力传动油。

这几种油的基本性能参数指针见表10-6。

表10-6 国产液力传动用油的基本性能参数指针

性 能	22号汽轮机油	8号液力传动油	6号液力传动油	20号液力传动油
比重/20℃	0.901	0.860	0.872	0.875
黏度 cSt	20～23(50℃)	7.5～9(100℃)	22～26(50℃)	—
运动黏度比(ν_{50}/ν_{100}) ≤	—	3.6	4.2	4
黏度指数	>90	—	—	—
闪点℃(开口≥)	180	150	180	>190
凝点° ≤	−15	−50(1) −25	−25	−23
氧化后酸值/(mgKOH/g)	0.02	—	—	—
铜片腐蚀(100℃X 3h)	—	合格	合格	—
抗泡沫性/ml	—	50/0 (93℃)	55/0 (120℃)	180/0 (120℃)
抗泡沫性/ml	—	25/0 (24℃)	10/0 (80℃)	20/0 (80℃)
抗乳化度时间/min ≤	—	80	84	80
临界载荷/N，≥	—	80	84	80
颜色	无色透明	红色透明	浅黄色透明	淡黄色透明

注：−50℃适用于长城以北地区，−25℃适用于长城以南地区。

10.3 汽车液力传动油的选用

1. 液力传动油的选择

液力传动油选用品种时可参考以下方法：

(1) 按照液力传动油的使用分类中各类油的适用范围来选择；

(2) 按照车辆使用说明书的规定来选择；

(3) 一般轿车和轻型货车自动变速器都选用符合通用公司 DEXRON 规格的液力传动油，常用的是 DEXRON IID，电控自动变速器可选低温性能优良的 DEXRON IIE 或选用最新规格 DEXRON III；

(4) 重负荷车辆的自动变速器可选用艾里森的 ALLLISON C－3 或 C－4 规格的油；

(5) 卡特皮勒公司生产的大型载货汽车，挖掘机和矿山机械的自动变速器要求使用 CATERPILLAR TO－4 规格的油品；

(6) 国产 8 号液力传动油可用于轿车和轻型货车的自动变速器，国产 6 号液力传动油可用于重型货车、工程机械的液力传动系统。

2. 液力传动油使用注意事项

1) 注意保持油温正常

长时间重载低速行驶，将使油温上升，加速油的氧化变质，形成沉积物和积炭，阻塞细小的通孔和油液循环管路，这又将使自动变速器进一步过热，最终导致变速器损坏。

2) 经常检查油位

车辆停放在水平地面上，发动机怠速运转，油温在正常范围内(80～85℃)，此时油位应在自动变速器油标尺上的热态油位。自动变速器油位不能过高或过低，否则自动变速器将出故障。

3) 更换传动油和过滤器

按照车辆使用说明书的规定更换液力传动油和滤清器(或清洗滤网，同时拆洗自动变速器油底壳)。

4) 检查油面和换油时，注意油液的状况

在手指上蘸少量油液，用手指互相摩擦看是否有渣粒存在，并从油标尺上嗅闻油液气味、观察颜色。

对于 DEXRON 中的红色油液，清澈带红为正常；暗红或褐色为离合器或制动器摩擦片磨损，油过热；乳白色则油内进水；颜色清淡且气泡多，则油内有空气；油内有渣粒则摩擦片、轴承等损坏；油标尺上有胶物则变速器油过热。

5) 加新油

换油时应将油底壳和油路清洗干净，按标准加入新油。

6) 不同牌号、不同品种的液力传动油不能混用，同牌号不同厂家的油品也不可混用。

案例分析10-1

一辆帕萨特轿车在每次制动后，都会突然没有挡位，发动机不熄火，但汽车不能行驶。过10～30s后又可以正常行驶。因故障出现在制动后，维修站的工作人员以为是ABS故障，但反复路试读取数据流，也找不到故障。最后发现自动变速器加油口的卡子松动，于是检查了自动变速器油(ATF)的液面高度，发现了加了不到1L ATF，于是按规定补充了自动变速器油，重新试车故障不再出现。

自动变速器仅仅缺了0.5～1L ATF，为什么会在紧急制动或急转弯制动减速时出现10～30s突然没有挡(发动机不熄火，但汽车不能行驶)，然后又可以正常行驶，原因在于这类变速器内装有变速器油温传感器。当变速器油液面低于标准时，会造成油泵油压过低，导致主油压过低，自动变速器内离合器和制动器打滑，引起油温过高，控制单元在收到变速器油温传感器油温过高的信号后，进入失效保护，变矩器进入锁止工况，然后过10～30s后如变速器油温没有降低的可能，控制单元就会让变速器解除锁止工况，并让变速器退出超速挡。如起步时变矩器处于锁止工况，就好像使用手动变速器的汽车，离合器处于完全接合状况，汽车会因为超载而无法起步。

案例分析10-2

很多驾驶员忽视换油的重要性，厂家规定车辆行驶48000km换一次油，有的车却跑了60000km以上也不换油。这是很危险的。油液氧化后会产生大量的积炭和油泥。油本身也会发黏，容易导致出现换挡冲击，或离合器、制动器工作油路密封不良。

一辆凯迪拉克轿车由于没有按期换油，出现了较严重的换挡冲击，到专修店检修，被告知需花费12000元钱才能修好车。最后驾驶员考虑价格因素，到了一家修理厂，他并没有说明自己车的故障，而只是要求为变速器做一次免拆清洗，然后换一次油。修理厂的维修人员在热机怠速状态下举升汽车，从加油口加注了一瓶自动变速器免拆清洗剂，发动机维修在2000r/min，运转了20min，逐一变换挡位，使清洗剂走过了所有应该到的地方。

清洗剂中的分散剂可以将油泥、漆膜和沉积物变成微小的颗粒漂浮起来，还可以改善变速器内油封和O形密封圈的密封性能，起到消除因控制阀内换挡阀，电磁阀轻微卡滞，蓄压器活塞卡滞带来的换挡冲击，降低了变速器内工作噪声，使换挡更平顺，还可以延长变速器的使用寿命。

完成了变速器清洗后，利用自动变速器清洗机，从自动变速器油加油口加注新的自动变速器油，同时打开冷却器回油管向外放旧油和清洗剂。利用清洗机的工作压力。可以将旧油排得比较干净。凯迪拉克轿车的变速器定额是12L油，最后用了14L油(部分由随旧油流出)。试车时发现不仅原来的换挡冲击没有了，而且所有挡位都变得平顺了，所发生的费用只有专修店的1/10。这就是化学的奇迹效果。

案例分析10-3

一辆奔驰722.6的5速自动变速器换油时，本应换奔驰专用油，而维修人员却按以往给4速奔驰自动变速器换油的经验，换了美孚自动变速器油。换油后“D”位起步时间明显高于换油前，行驶中也有了换挡的感觉，最高车速只有80km/h。经验测发现变速器进入失效保护，于是打开变速器油底壳将变速器内的油放出，然后加上奔驰专用液。试车，挂挡后汽车立即起步，在“D”位可以随车速和负荷自动换挡，最高车速也恢复正常。本以为故障已排完，但汽车停了一夜后起步慢、只有一个二挡的故障又重新出现。

原因在于自动变速器如从油底壳放油，只能将变速器油的3/5放出，余下的2/5依次残留在自动变速器内。所以放了一夜后两种不同品牌的自动变速器油混合后，变速器再次进入失效保护状态。后来拆下油底壳，卸下油液滤清器，放干净自动变速器内的变速器油，再分别打开变速器冷却系的进油管和回油管，用400kPa压缩空气向散热器回油管加压，将冷却器内自动变速器油连同杂质全部经进油管清除干净，按厂家规定量重新加注奔驰专用液，控制单元解除失效保护，自动变速器工作恢复正常。

许多维修站在自动变速器换油时，都是仅仅打开油底壳放油，而对残存在自动变速器、油泵和冷却系内油没有采取必要的措施，而这些部位的油往往又很脏。所以换油2～3天后重新打开泄油孔，发现油还是很脏。更为危险的是变速器内油液过脏会堵塞行星齿轮的润滑油道，造成行星齿轮早期磨损。变速器内过脏的油液还会经过变速器输入轴上的油道进入控制阀，造成缺挡或换挡冲击。油泵内油液过脏会造成油泵早期磨损。冷却器内油液过脏会造成内部堵塞，导致变速器油温过高。

本章小结

本章主要讲述了汽车传动油的特性中关于黏度，热氧化安定性，摩擦特性，与密封材料的适应性，以此来了解关于汽车运行材料中液力传动的性能。

汽车液力传动油的分类主要有HA油(适用于自动传动)和HN油(适用于功率转换器)。美国材料试验学会(ASTM)和美国石油学会(API)把液力传动油按使用分类。

本章还介绍了通用、福特、艾里森、卡特皮勒公司的自动变速器液力传动油相关规格的参考数据。

关于液力传动油的选择要严格按照规定进行选择，并且在选择的过程要注意到使用的相关注意事项。

【关键术语】

自动变速器用油　选择原则　清洁度

综合练习

一、填空题

1. 大众和法国的自动变速器用溢流检查液面高度。所不同的是大众 01N、01M、01P、01V 的自动变速器必须在变速器油温__________℃时检查液面高度，法国 AL－4 自动变速器必须在变速器油温__________℃时检查液面高度。

2. 自动变速器冷却系的清洗，基本放完油后，拆下冷却系的进油管和回油管。用__________的压缩空气吹，即从回油管一侧__________往进油管一侧吹，将冷却系管道彻底吹干净。

3. 自动变速器的润滑路线是：行星齿轮机构—散热器—__________－变矩器锁止离合器和变矩器壳体之间。

4. 正常情况下自动变速器冷却系统的进油管温度为 90℃左右，回油管的温度比进油管温度低__________℃左右。如进油管温度正常，回油管温度过低，说明冷却系统__________发生堵塞；回油管温度过高，说明冷却系统__________发生堵塞。

5. 自动变速器油液液面过低时控制阀浮出液面，空气侵入液压控制系统，如只是缺少 0.5～1L 油，会造成行驶正常，但制动后需要等__________左右才能继续行驶。

6. 自动变速器的冷却器装在发动机散热器的下方，变矩器锁止油压过低，变矩器进入锁止工况__________ min 就会使发动机冷却系统过热报警装置报警。

7. 自动变速器油变成褐色说明油液已经氧化，或离合器或制动器已经开始__________，但还没有发生剥落。

8. 自动变速器油变成黑色说明离合器或制动器__________严重，而且摩擦材料已经开始剥落。

9. 自动变速器采用单一的__________方式润滑。

10. 自动变速器在实际维修中规定换油间隔里程为 48000km 的，每隔__________ km 必须作一次油液检查。

11. 汽车在高速公路上行驶时变速器出油温度应小于__________℃，在复杂路面或路况下行驶时变速器出油管温度应小于__________℃，在复杂路面或路况下行驶时变速器出油管油温应小于__________℃。如变速器出油管温度高，则发动机水温过热报警装置报警的故障在变速器。

12. 自动变速器油液液面高度必须在__________上面，在所有__________件的下面。

二、简答题

分析同一自动变速器内不同部件是否应该采用不同牌号的油？为什么？

第11章 自动变速器的使用及注意事项

教学目标

通过本章的学习，要求读者能够了解自动变速器操纵手柄的使用，自动变速器控制开关的使用，以及在不同工况下自动变速器的使用和自动变速器使用的注意事项，让读者进一步了解到如何去使用自动变速器。

教学要求

知识要点	能力要求	相关知识
自动变速器操纵手柄的使用	了解自动变速器操纵手柄处在各个位置的含义，及其正确的使用方式	驻车挡，空挡，前进挡，前进低挡，倒挡的相关使用
自动变速器控制开关的使用	熟悉自动变速器各控制开关的正确使用方法，模式及其作用	了解超速挡选择开关，换挡模式选择开关，巡航控制开关，保持开关，S4挡控制开关的相关使用
不同工作状况下自动变速器的使用	自动变速器处在不同情况时，操纵手柄处在不同位置时，起到的相关作用	关于汽车起步，停车，倒车及不同路况的操纵手柄的使用
自动变速器使用注意事项	当操纵手柄处在不同挡位时，自动变速器应该注意的事项	操纵手柄在相关位置的使用的注意事项

导入案例

富康AL4型自动变速车装备的是计算机控制四挡自动变速器，它是由法国PSA（标致-雪铁龙）集团和雷诺公司共同研制的，该款自动变速车具有以下的一些特点。

(1) 与传统的直线式自动变速器换挡导轨不同，AL4型自动变速器采用了更科学的阶梯式换挡面板的设计，使手感更清晰，挂挡更准确，而且外表也有一种艺术美；AL4型自动变速器，可以自动学习并记忆驾驶习惯，自动识别平路、上坡和下坡，自动选择合适的换挡规律。另外，还有普通、运动、雪地三种模式可供选择，可以使驾驶员更加主动地操控车辆。

(2) 自动变速器的计算机与发动机的电喷计算机实时联机对话，联合控制发动机与变速器，比如，在换挡时自动地暂时减小发动机的转矩，减少换挡冲击，提高舒适性；另外，还可以使发动机始终保持在最佳状态，燃烧更充分，有利于降低废气污物的排放。

(3) 具有故障诊断和提醒功能，它能自动检测并在挡位显示器上报告故障，同时还能将故障信息存储自动变速器的计算机中，给维修提供方便。

(4) 在仪表板上设有挡位显示器，可以很清楚地把自动变速器的挡位、行驶方式、故障等情况显示给驾驶员，而不用低头去看面板，使驾驶更方便、更安全。

11.1 自动变速器操纵手柄的使用

自动变速器是由驾驶员通过操纵手柄操作的，目前操纵手柄有的布置在转向柱上，但多数布置在地板上。操纵手柄有6个位置(P、N、D、2、1、和R)或7个位置等多种形式，自动变速器操纵手柄位置的含义与手动变速器有很大不同。对于自动变速器，操纵手柄的位置与变速器所处的挡位是两个完全不同的概念。操纵手柄只改变自动变速器阀板总成中手动阀的位置，而自动变速器所处的挡位是由换挡执行机构(离合器、制动器和单向离合器等)的动作决定的。因此，它除了取决于手动阀的位置外，还取决于汽车的车速，节气门开度(发动机负荷)等因素，要正确操作自动变速器，首先应当了解自动变速器操纵手柄各个挡位的含义。图11.1为自动变速器操纵手柄和挡位指示器示意图。

1. 各挡位的使用

1) P位——驻车挡

通常位于操纵手柄的最前方，当操纵手柄位于该位置时，自动变速器中的停车锁定机构将变速器输出轴锁定，使驱动轮不能转动，防止汽车移动；同时换挡执行机构使自动变速器处于空挡状态，当操纵手柄离开驻车挡位置时，停车锁定机构即被释放。

2) R位——倒挡

通常位于操纵手柄驻车挡之后的位置，当操纵手柄位于该位置时，自动变速器中的换挡执行机构使自动变速器处于后退倒车状态，此时，发动机动力经输入轴传入自动变速器，但各齿轮转向使输出轴向车辆后退方向输出动力。

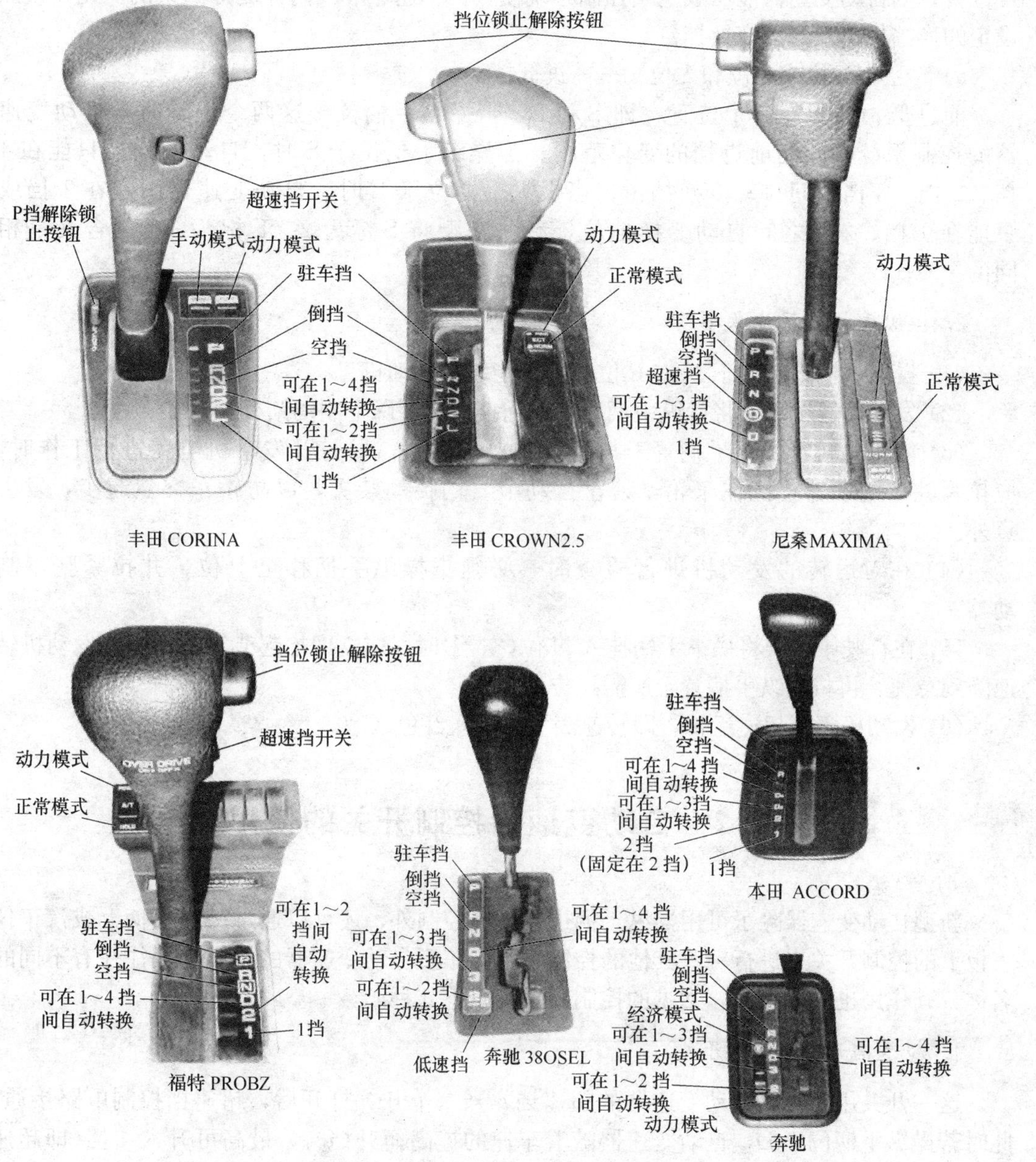

图 11.1　自动变速器操纵手柄和挡位指示器示意图

3) N 位——空挡

通常位于操纵手柄的中间位置，在倒挡和前进挡之间，当操纵手柄位于空挡位置时，换挡执行机构使自动变速器处于空挡状态，此时，发动机的动力虽经输入轴传入自动变速器，但只能使各齿轮空转，输出轴无动力输出。

4) D 位——前进挡

位于空挡之后，大部分轿车自动变速器在操纵手柄位于前进挡位置时可以实现 4 个不同传动比的挡位，即 1 挡、2 挡、3 挡和超速挡，其中 1 挡传动比最大，2 挡次之，3 挡为直接挡传动比为 1，超速挡的传动比小于 1；在汽车行驶过程中，如果操纵手柄位于前进挡位置，则自动变速器液压或电子控制系统便根据车速、节气门开度等因素的变化，按照设定的换挡规律，自动变换挡位。

5) S 位和 L 位或 2 位和 1 位——前进低挡

前进低挡通常有 2 个位置，即 S 和 L，当操纵手柄位于这两个位置时，自动变速器的控制系统将限制前进挡的变化范围。当操纵手柄位于 S 时，自动变速器只能在 1 挡、2 挡、3 挡之间自动变换挡位；当操纵手柄位于 L 时，自动变速器固定在 1 挡或只能在 1 挡、2 挡之间自动变换挡位，有些车型将 S 标为 2、L 标为 1，其含义是相同的。

2. 操纵手柄使用注意事项

(1) 操纵手柄只有处于 N 或 P 位时，才能起动发动机。

(2) 发动机运转时，将操纵手柄挂入任何挡位都要踩下制动踏板。

(3) 停止的轿车操纵手柄置于某一行驶挡，而又需要打开发动机舱盖进行工作时，应拉紧驻车制动器，掩住车轮，禁止拉动节气门传动装置，以防轿车突然起步，发生意外。

(4) 在对运转的发动机进行检查时，必须把操纵手柄移至 P 位，并拉紧驻车制动器。

(5) 在行驶中若误将操纵手柄挂入 N 位(空挡)时，应立即抬起节气踏板，使发动机转速降到怠速，再将操纵手柄置于所需挡位。

(6) 发动机不要超速运转，即转速表不能进入红色区域。

11.2 自动变速器控制开关的使用

新型自动变速器除了可用操纵手柄进行换挡控制外，还可以通过操纵手柄上或汽车仪表板上的控制开关来进行一些其他的控制，不同车型自动变速器的控制开关往往有不同的名称，其作用也不全相同，常见的控制开关有以下几种。

1. 超速挡开关(O/D 开关)

这一开关用来控制自动变速器的超速挡，当这个开关打开后，超速挡控制电路接通，此时若操纵手柄位于 D，自动变速器随着车速的提高而升挡时，最高可升入 4 挡(即超速挡)；当该开关关闭后，超速挡控制电路被切断，仪表盘上的“O/D OFF”指示灯随之亮起，表示限制超速挡的使用，自动变速器随着车速的提高而升挡时，最高只能进入 3 挡，不能进入超速挡。

2. 换挡模式选择开关(Module)

大部分电子控制自动变速器都有一个模式开关，用来选择自动变速器的控制模式，以满足不同的使用要求。所谓控制模式主要指自动变速器的换挡规律，常见的自动变速器的控制模式有以下几种。

1) 经济模式(ECONOMY)

这种控制模式是以汽车获得最佳的燃油经济性为目标来设计换挡规律的，当自动变速器在经济模式状态下工作时，其换挡规律使发动机在汽车行驶过程中经常运转经济转速范围内，从而提高了燃油经济性。

2）动力模式(POWER)

这种控制模式是以汽车获得最大的动力性为目标来设计换挡规律的，在这种控制模式下，自动变速器的换挡规律能使发动机在汽车行驶过程中经常运转于大功率范围内，从而提高了汽车的动力性能及爬坡能力。

3）标准模式(NORMAL)

标准模式的换挡规律介于经济模式和动力模式之间，它兼顾了动力性和经济性，使汽车既确保一定的动力性，又有较佳的燃油经济性。

另外有些车辆设定的模式分别是手动换挡模式(MANUAL)，经济模式(ECONOMY)，动力模式(POWER)或舒适模式(COMFORT)，自动模式(AUTO)，雪地模式(SNOW)等。其中手动换挡模式是在雨雪，泥泞路面或湿滑路面起步，并要求挡位固定的情况下使用手动换挡模式。当接通此模式时，自动变速器不再自动换挡。当汽车起步时，驾驶员如同操纵手动变速器一样，先把操纵手柄放在L位，根据车速高低换入2挡，最后手动换入D位。由于手动换挡模式下不能自动换挡，在低挡位时要防止负荷过大引起发动机转速过高而使发动机过热。舒适换挡模式，可使发动机获得较好的燃油经济性，这个模式相当于经济模式。一般情况下自动变速器采用舒适模式，控制装置以舒适模式控制换挡，但当节气门迅速打开时，换挡模式会自动转换到动力模式，以适应突然加大负荷对动力的需要。当节气门开度小于1/8时，又由动力模式自动转换为经济模式，自动模式，它是介于舒适和动力模式之间的模式。雪地模式，当车辆在冰雪路面行驶时，选择雪地模式以防驱动轮打滑。

富康988轿车的AL4型自动变速器设有专门的程序选择器，其中有“S”、“*”、“1”三个程序选择按键，分别对应“运动”、“雪地”、“强制1挡”三个程序。其中“运动”程序车辆动力性能优先，换挡时发动机的转速较高，燃油消耗大，适用于高速行驶。“雪地”程序为电子控制用2挡起步，以防驱动轮打滑，并且禁止行驶时换入第1挡位，制动时快速强制减挡，从而保证车辆运行平稳。

3. 保持开关(Holding)

有些电子控制自动变速器设有保持开关(如日本JATCO公司生产的R4A－EL自动变速器)，这种开关通常安装于操纵手柄上。按下这个开关后，自动变速器便不能自动换挡，其挡位完全取决于操作手柄的位置。当操纵手柄位于D、S、L时，自动变速器分别保持在3挡、2挡、1挡，汽车在雪地上行驶时，可以按下这个开关用操纵手柄选择挡位，以防止轮胎打滑。

4. 巡航控制开关(CC)

巡航控制开关一般安装在转向柱或仪表板上。行驶中，当加速到一定的车速时接通此开关；巡航控制系统自动控制汽车以稳定车速持续行驶，使驾驶操作简单，节省燃油。当驾驶员关闭巡航控制开关或使用制动时，巡航控制随即解除。

5. S4挡控制开关

在许多运动型跑车上都没有S位，自动变速器在S位工作时加速性能比D位好，但它只能使自动变速器在1～3挡之间自动变换。增加S4挡控制开关后，当自动变速器在S位行驶时，打开S4挡控制开关，自动变速器就能自动换到4挡。S4挡控制开关只在S位起作用，在其他位置时均自动解除S4挡控制。采用S4挡控制时，相当于其他车型的动力换挡模式。

11.3 不同工作状况下自动变速器的使用

由于自动变速器在结构和工作原理上与手动变速器有很大的不同，因此在使用操作上也有许多不同之处。

1. 起动发动机时

1）正常起动

起动发动机时，应踩住制动踏板，将自动变速器的操纵手柄置于P位或N位，此时将点火开关转至起动位置，才能使起动电动机转动，在操纵手柄位于P位或N位之外的其他任何位置上时，将点火开关转至起动位置，起动电动机都不会转动。

2）汽车中途熄火后起动

装有自动变速器的汽车在行驶途中突然熄火时，操纵手柄仍处于行驶挡位置，此时若转动点火开关起动，电动机将不会转动，必须先将操纵手柄移到P位或N位置后，才能起动发动机，在起动时也应踩住制动踏板，以防汽车在起动过程中滑行。

2. 汽车起步时

1）冬季发动机起动后

应等待发动机运行一段时间温度升高，转速降至正常怠速转速再挂挡起步。否则，会造成汽车起步时蹿动。

2）起步时

应先踩住制动踏板，然后再进行挂挡，并查看所挂挡位是否正确，最后松开驻车制动，放开制动踏板，缓慢踩下节气门踏板加速起步。

3）先挂挡后再踩节气门踏板

不允许边踩节气门踏板边挂挡，或先踩节气门踏板后挂挡，或挂挡后踩着制动踏板或还未松开驻车制动就踩节气门踏板。

4）发动机怠速要调好

怠速过高起步时汽车蹿动；怠速过低在坡道上起步时，松开驻车制动后没有及时加油，发动机可能熄火或车辆下滑，增加了坡道起步的难度。

5）D位起步

制动时间不要过长，否则自动变速器油温会迅速上升，易损坏其中橡胶件，使油液变质。

3. 一般道路行驶

（1）装有自动变速器的汽车在一般道路上向前行驶时，应将操纵手柄置于D位，并打开超速挡开关，这样自动变速器就能根据车速、行驶阻力、节气门开度等因素，在1挡、

2 挡、3 挡及超速挡间自动升挡或降挡，以选择最适合汽车行驶的挡位。

(2) 为了节省燃油，可将模式开关置于经济模式或标准模式位置上。加速时，应平稳缓慢地踩节气门踏板，并尽量使节气门开度保持在小于 1/2 开度的范围内，也可以采用“提前升挡”的操作方法，即汽车起步后，先以较大的节气门将汽车迅速加速至 20～30km/h，然后将节气门踏板很快地松开，并持续 2～3s，这时自动变速器就能立即从 1 挡升至 2 挡；当感觉到升挡后，再将节气门踏板踩下，继续加速，从 2 挡升至 3 挡也可用这种方法，这种操作方法能使自动变速器较早升入高速挡，从而提高了发动机的负荷率，降低了发动机的转速，在一定程度上节省了燃油，同时还能降低发动机的磨损程度、减小噪声。

再如，为了提高汽车的动力性，可将模式开关设置在动力模式位置上。在急加速超车时，还可以采用“强制低挡”的操作方法(将节气门踏板迅速踩到底，此时变速器会自动下降一个挡位，使汽车获得突然的节气效果)。但加速要求得到满足之后，应立即松开节气门踏板，以防止发动机转速超过极限转速，造成自动变速器中摩擦片磨损和自动变速器油温过高而造成其中橡胶件损坏。“强制低挡”一般是在高速超车时使用，在这种情况下换挡离合器和制动器交替工作，摩擦发热量大，摩擦片容易破裂或粘结。所以行驶中若非紧急超车等情况，尽量少用“强制低挡”。

(3) 为了提高汽车的功率，可将模式开关设置在动力模式位置上，在紧急加速时，还可以采用“强制降挡(kick down)”的操作方法，即将节气门踏板迅速踩到全开位置，此时，自动变速器会自动下降 1 个挡位，获得迅速的加速效果。当加速的要求得到了之后，应立即松开节气门踏板避免发动机转速超过极限，造成损坏。“强制降挡”旨在高速超车，在这种情况下，自动变速器中的摩擦片磨损、发热现象均较严重，很容易造成破裂或粘结，如非特殊需要，不宜经常使用。

(4) 汽车在一般道路上行驶时自动变速器的操作还应注意以下事项：

① 欲将自动变速器操纵手柄从高挡向低挡变换(如按 D 位→2 位→1 位)时，必须先使汽车减速至相应的车速后才能进行。如果将操纵手柄由高挡位换至低挡位时车速过高，尽管阀体在换挡位时能保证变速器顺次降挡，但这种降挡方式是人为地手动强制低挡，这时汽车会受到发动机的强烈制动作用，使低挡执行组件受到较剧烈的摩擦而损坏。在换入低挡后，不要猛踩节气门踏板，否则容易使发动机的转速过高，并造成自动变速器中的摩擦片磨损加剧和自动变速器油温过高。

② 在驾驶时，如无特殊需要，不要将操纵手柄在 D 位，S 位，L 位之间来回拨动。

4. 倒车时

(1) 在汽车完全停稳后，将操纵手柄移至 R 位。

(2) 在平路上倒车时，可完全放松节气门踏板，以怠速缓慢倒车。

(3) 如倒车中如要越过台阶或突起物时，应缓慢踩节气门踏板，在越过台阶之后要及时制动。

5. 坡道行驶

(1) 在一般坡道上行驶时，可按一般道路行驶的方法，将操纵手柄置于 D 位，用节气门踏板或制动踏板来控制上下坡车速。

(2) 如果汽车以超速挡在坡道上行驶，因坡道阻力大于驱动力，导致车速下降，到一定车速时自动变速器从超速挡降至3挡。到3挡后，又因驱动力大于坡道阻力，汽车被加速到一定车速时又升挡至超速挡，这样，若坡道较长，将重复上述过程，即在超速挡减速降挡，降挡后在3挡超速到一定车速又升至超速挡，形成“循环跳挡”，加剧了自动变速器中摩擦片的磨损。在这种情况下，可将超速挡开关关闭，限制超速挡的使用，汽车就能在3挡稳定地加速上坡，若坡道较陡，汽车上坡时在3挡、2挡之间“循环跳挡”，只要将操纵手柄置于2挡位置，即可使自动变速器在2挡稳定地行驶。

6. 发动机制动

在汽车下坡时，若完全松开节气门踏板后车速仍然太高，可将操纵手柄置于S位或L位，并把节气门踏板松到最小(注意：禁止熄火)，此时驱动轮经传动轴、变速器、液力变矩器反拖发动机运转，这样可利用发动机的运转阻力让汽车减速，这种情况称为“发动机制动”。要注意不能在车速较高时将操纵手柄从D移至S或L，这样会使自动变速器中的摩擦片因为急剧摩擦而受到损坏，当车速较高时，应先用制动将汽车减速至较低车速，再将操纵手柄从D位换至S位或L位。

7. 雪地或泥泞路面上行驶时

在雪地或泥泞路面上行驶时，若操纵手柄置于D位，当驱动轮打滑时，如果驾驶员立刻松开节气门踏板，由于打滑的驱动轮转速较快，自动变速器会出现前面所述的提前升挡的现象，从而加剧轮胎的打滑，此时可将操纵手柄置于S位或L位，限制自动变速器的最高挡位，即可利用节气门开度来控制车轮的转速，防止驱动轮打滑。装有保持开关的自动变速器也可以打开保持开关，然后就可以采用与操纵手动变速器一样的方法，用操纵手柄来选择适当的挡位行驶。

设有雪地过程控制开关的车辆，应及时按下雪地模式(SNOW)开关，以发挥其特殊的控制功能。设有保持开关的自动变速器在雪地或泥泞路面上行驶时可打开此开关，然后将操纵手柄置于合适的行驶挡位。使用保持开关时，将操纵手柄置入S位或L位，使自动变速器固定在低挡行驶，可有效地防止驱动轮打滑。

8. 临时停车

汽车在交叉路口等待交通信号或因堵车等原因而需要临时停车时，若停车时间较短，可让操纵手柄保持在D位，只用脚制动停车，这样一放松制动踏板，汽车就可以重新起步；若停车时间稍长，也可以让操纵手柄保持在D位，但最好同时用脚制动和驻车制动，以免不小心松开制动踏板时汽车向前冲而发生意外；若停车时间较长，最好把操纵手柄换到N位，并拉紧驻车制动，以免造成自动变速器液压油温度上升过高。

9. 停放

汽车停放好后，应踩住制动踏板，将操纵手柄移至驻车挡位置，并拉紧驻车制动，然后再熄火。

10. 自动变速器在几种特殊情况下的处置

1) 锁止离合器的使用

一般车速为60km/h以上即可锁止离合器，操纵手柄在D位时锁止离合器才能起作用。锁止离合器解除锁止的时机有三个：制动开关产生制动信号、节气门位置传感器怠速接触点 IDL 闭合、冷却液温度低于 60℃。美国克莱斯勒公司按照美国环保局规定的燃油经济性试验规范进行对比试验，液力变矩器设置锁止离合器后，在城市和公路上节油率分别为 4%和 6%。所以，在使用中应尽量发挥锁止离合器的功能。

2) 超过 100km/h 的速度一般不要强制降挡

若超过降挡车速强制降挡，发动机转速虽然降低，但自动变速器转速仍然很高，这一转速差将使自动变速器油温迅速上升，导致自动变速器性能降低，橡胶件损伤。

11.4 自动变速器使用注意事项

自动变速器结构紧凑、复杂、精密、性能优良，一般很少发生故障，但一旦发生故障，维修、诊断较之手动变速器而言要复杂得多。为充分发挥自动变速器性能，防止因使用操作不当而造成过早损坏，同时为减少故障发生，在驾驶装配自动变速器的汽车时，应遵循下列注意事项：

(1) 正常行驶时一般将操纵手柄置于 D 位或 R 位，超速挡开关按下，如无特殊需要，不要将操纵手柄在 D 位、S 位、L 位之间来回切换。特别要禁止在行驶中将操纵手柄置于 N 位(空挡)或在下坡时用空挡滑行，否则，由于发动机怠速运转，自动变速器内由发动机驱动的油泵出油量减少，而自动变速器内的齿轮等零件在汽车的带动下仍作高速旋转，这些零件会因润滑不良而损坏。在需发动机制动时可使用 S 位、L 位。

(2) 汽车没有完全停稳时，严禁将操纵手柄直接从前进挡换至 R 位或 P 位，也不允许倒挡换到前进挡，否则极易损坏变速器中的摩擦片和制动带。一定要在汽车完全停稳后才能将操纵手柄置入驻车挡位置，否则自动变速器会发出刺耳的金属撞击声，并损坏停车锁定机构。

(3) 车辆刚挂上挡行驶时，不可立即猛烈地一脚踩节气门踏板到底。行驶时，当自动变速器自动升挡或降挡的瞬间，不应再猛烈地加踩节气门踏板，否则变速器会因超负荷工作而提前并严重损坏自动变速器中的摩擦片、制动带等。

(4) 爬坡时，不要长时间使用 S 位和 L 位，否则自动变速器会因过热而损坏；因此，为防止这种情况发生也应使用 D 位。

(5) 被其他车辆拖曳时，速度不可超过 30km/h，距离不超过 80km，否则各转动零件上残余的润滑油膜会因油泵不工作而消失，引起变速器过热而磨损卡住；若变速器本身有故障或严重漏油，应将车轮离开地面，或拆下传动轴。

(6) 要严格按照标准调整好发动机怠速，怠速过高或过低都会影响自动变速器的使用效果。怠速过高，会使汽车在换挡起步时产生强烈的蹿动；怠速过低，在坡道上起步时，若松开制动踏板后没有及时踩节气门踏板，汽车会向后滑溜，增加了坡道起步的操作难度。

(7) 为了防止不正确的操作造成自动变速器的损坏，大部分车型的自动变速器操纵手柄上都有一个保持开关，在进行下列换挡操作时，必须按下(解除)保持开关，否则操纵手柄将被锁定不能移动：

① 由 P 位换至其他任何挡位或由其他任何挡位换至 P 位；

② 由任何挡位换至R挡。在汽车行驶中若要在D、2(或S)、1(或L)等前进挡中变换挡位时，若按1(或L)→2(或S)→D的顺序进行变换(即由低挡位换至高挡位)，可以不受任何车速条件的限制，即不论车速高低都可按此顺序改变操纵手柄的位置。但是如果要按D→2(或S)→1(或L)的顺序(即由高挡位换至低挡位)变换操纵手柄的位置，必须让汽车减速至车速低于相应的挡位车速后才能进行。例如，欲将操纵手柄从D换至2(或S)，必须在车速降至低于2～3挡的车速后才能进行。如果将操纵手柄由高挡位换至低挡位时车速过高就相当于人为地手动强制换挡，这样在车速过高时进行强制换挡，不但汽车会受到发动机的强烈制动作用，而且相应的低挡执行机构将因急剧摩擦而损坏。因此，有些车型在进行D→2(或S)→1(或L)的降挡操作时，也必须按下(解除)保持开关，否则操纵手柄将被锁住而无法由高挡位向低挡位移动。

案例分析11-1

自动变速器车辆长时间停车时，变速杆仍置于D位

装备自动变速器的车辆在等待通过信号或堵车时，一些驾驶员常将变速杆保持在D位，同时踩下制动踏板，若时间很短，这样做是允许的。但若停车时间长最好换入N位(空挡)，并拉紧驻车制动。因为变速杆在D位时，自动变速器汽车一般有微弱的前移，若长时间踩住制动踏板，等于强行制止这种前移，使得变速器油温升高，油液容易变质，尤其在空调系统工作时，发动机怠速较高的情况下更为不利。

案例分析11-2

自动变速器车辆高速行驶或下坡时，把变速杆拨在N位滑行

有些驾驶员为了节油，在高速行驶或下坡时，将变速杆拨到N位滑行，这很可能烧坏变速器。因为此时变速器输出轴转速很高，而发动机怠速运转，变速器油泵供油不足，润滑状况恶化，而且对变速器内部的多片离合器来说，虽然动力已经切断，但其被动片在车轮带动下高速运转，发动机驱动的主动片转速很低，两者间隙又很小，容易引起共振和打滑现象，产生不良后果。当下长坡确需滑行时，可将变速杆保持在D位滑行，但不可使发动机熄火。

案例分析11-3

在自动变速器P或N以外挡位起动发动机

有些驾驶员在P或N以外挡位起动发动机，虽然发动机不能运转(因为连锁机构保护，只能在P位和N位才能起动)，但有可能烧坏变速器的空挡起动开关。因为自动变速器上装有空挡起动开关。使得变速器只能在P位或N位才能起动发动机，避免在其他挡位误起动时使汽车立刻起步往前蹿。因此，起动发动机前一定要确认变速杆是否在P位或N位。

案例分析11-4

装备自动变速器或三元催化转换器的汽车用推动车辆法来起动发动机

装备自动变速器和三元催化转换器的汽车因蓄电池缺电不能起动，而采用人推或其他车辆拖动的方法起动，这是非常错误的。因为，采用上述方法是不能把动力传递到发动机上，反而会损坏三元催化转换器。

案例分析11-5

自动变速器车辆坡道停车时不使用驻车制动

装有自动变速器的汽车在坡上停车时，有些驾驶员只是使用P位，而不使用驻车制动，这样做极容易引发事故。因为虽然装有自动变速器的汽车在P位设有的停车锁止机构一般是很少失效的，但一旦失效就会造成意外事故。因此，在坡道停车时，还是应该使用驻车制动器。

案例分析11-6

自动变速器汽车只要D位起步，一直踩节气门踏板就可以换到高速挡

有些驾驶员认为只要D位起步，一直踩节气门踏板就可以换到高速挡，殊不知这种做法是错误的。因为换挡操作应是“松节气门踏板提前升挡，踩节气门踏板提前降挡”。也就是在D位起步后，保持节气门开度5%，加速到40km/h，快松节气门踏板，能提高到一个挡位，再加速到75km/h，松节气门踏板又能提高一个挡位。降低时按行车车速，稍踩节气门踏板，即回到低挡。但必须注意，节气门踏板不能踩到底。否则，会强行挂入低速挡，可能造成变速器损坏。

本章小结

本章主要讲述了自动变速器操纵手柄在驻车挡，空挡，前进挡，前进低挡，倒挡的使用，及其在使用过程中的注意事项。

关于超速挡选择开关，换挡模式选择开关，巡航控制开关，保持开关，S4挡控制开关等各控制开关的正确使用。

为了充分发挥自动变速器的性能，防止因使用操作不当而造成早期损坏，驾驶装有自动变速器的汽车时，应该了解相关的注意事项。

通过本章的了解，熟悉汽车自动变速器的操作。

【关键术语】

自动变速器使用　车辆操纵　挡位

综合练习

一、填空题

1. 换挡挡位于S(2)时，自动变速器只能在__________之间自动变换挡位。

2. 换挡挡位于L(2)时，自动变速器固定在__________挡或只能在1挡、2挡之间自动变换挡位。

3. 自动变速器常见的控制开关有__________、__________、__________。

4. 自动变速器的控制模式有__________、__________、__________。

5. 保持开关通常安装于__________，按下这个开关后，自动变速器便不能自动换挡。

6. 装有自动变速器的汽车在行驶途中突然熄火时，必须先将变速杆移到__________位置后，才能起动发动机。

7. 为了提高汽车的功率，可将模式开关设置在__________模式位置上，在急加速时，还可以采用__________的操作方法。

8. 爬坡时，不要长时间使用__________挡，否则自动变速器会因过热而损坏；因此，为防止这种情况发生也应使用__________挡位。

二、简答题

装备有自动变速器的车辆如何提高车辆的燃油经济性？

第12章 自动变速器维修概述

教学目标

通过本章的学习，要求读者能够了解有关自动变速器的维修的一般过程、检修过程的注意事项并以电控自动变速器为例，加以分析，说明检修的目的，检修的准备工作，相关的试验分析。本章的讲解对今后在自动变速器的检修的过程中有帮助。

教学要求

知识要点	能力要求	相关知识
自动变速器维修须知	了解自动变速器在维修过程中的注意事项	检修按照相关的《自动变速器维修手册》
自动变速器维修一般程序	熟悉自动变速器检修的程序	自动变速器检修的每个环节
电控自动变速器的检测	关于自动变速器的各种检查的要求，目的和分析	失速试验，时滞试验

导入案例

汽车自动变速器维修性能检测试验台，如图12.1所示。可以适应后桥驱动、全桥驱动、变速器横置、变速器纵置等结构形式。可模拟车辆的行驶工况，测试数据。

图12.1 汽车自动变速器维修性能检测试验台

自动变速器的试验项目：

(1) 失速试验：进行失速试验的目的，是为了检查发动机输出功率情况，以及液力变矩器性能和变速器内的换挡离合器和制动器是否打滑等。

(2) 液压试验：液压试验的目的是为了测量控制管路中的液压，用来判断各种泵、阀的工作是否正常，以便进行调整或换件。

(3) 时滞试验：进行时滞试验的目的是为了进一步检查前、后离合器的接合情况和控制油压是否正常。它是利用升挡和降挡时的时间差来判断工作状态的。

问题：

如何模拟车辆自动变速器的作业工况？

12.1 自动变速器维修须知

现代汽车所配装的自动变速器，设计精巧、使用方便，但维修复杂，维修过程中必须遵循一定的原则。按程序进行，很多长期从事自动变速器维修的工程师和维修技工都认为在实施维修的过程中，必须注意以下几点：

(1) 发动机、电子控制单元、汽车底盘或变速器本身都会影响变速器性能，尤其是发动机调整不当导致加速不良、制动迟滞等现象，都容易误诊为自动变速器故障。因此，在进行维修之前，首先必须确定故障到底发生在哪一部分。

(2) 拆装检查电器组件时，应先拆下电磁负极插头线。

(3) 更换熔丝，必须依据厂家规范更换标准规格熔丝，绝不能使用超过或低于标准值的熔丝，检查电器组件的万用表，最好使用数字式万用表。

(4) 顶高车辆一定要小心，若只是顶起汽车的前端或后端，注意用三角木将车轮抵住，以防止车辆滑动，确保安全。

(5) 确实检查软管和电线的插头，以确保其连接正确可靠。

(6) 拆卸和分解变速器时，应保持零件的原来顺序，以利组装。

(7) 对于组件进行分解、检查和装配时，应依序分组进行，避免同时放在工作台上，看起来相似而实际不同，从而混装。若因别的因素致使某一组件不能组装，应先将该组的所有零件置于安全处，然后再分解、检查和装配每一组件。

(8) 分解变速器之前应先将外部彻底清洗，以防外部脏物污染内部零件，因为液压系统对于细小的异物、污垢都很敏感，有时即使是小小的异物也可能引起新的故障。

(9) 所有零件必须彻底清洗干净，液压油道和小孔都要用压缩空气吹过，确保其没有堵塞。一般用自动变速器油或煤油清洗零件。

(10) 分解阀体总成时，每一阀门都应与其弹簧放在一起。

(11) 凡开口销、密封垫、O形圈、油封等零件，每次拆装后均应更换新品。

(12) 磨损的衬套要更换，必须将连同衬套的零件总成一起更换。

(13) 推力轴承和座圈轴套若已磨损或损坏时必须更换。

(14) 准备装配的新离合器片、制动器片在装配前必须放在ATF中浸泡至少15min。

(15) 所有密封环、离合器片、旋转组件和滑动表面，在装配时都应用ATF涂抹。

(16) 确定卡簧两端没有对准任一缺口后再装入定位槽中。

(17) 可用凡士林(润滑油脂)将小零件粘在它们的位置上，以利组装。

(18) 自动变速器是高精密度的零件总成，组装前要仔细检查，即使是一道小的刮痕也会引起漏油或影响性能。

(19) 在密封垫或类似零件上如无特殊规定最好不要用密封胶。

(20) 所有零件用吹风的办法干燥，绝不能用工作抹布，否则其纤维会影响变速器正常工作性能。

(21) 组装前，应再次确认所有组件都装配正确，若装配期间发现某些组件有些损坏，立即将这些组件分解进行检修。

(22) 所有拆装过程最好使用专用特殊工具。

(23) 凡滚针轴承和座圈轴套都应确保在正确的位置和方向。

(24) 所有螺栓依标准扭力锁紧，锁紧时一定要使用扭力扳手。

12.2 自动变速器维修一般程序

各公司自动变速器的产品不相同，各有其特色，但其基本原理都是雷同的，因此其维修工作程序也是有规律可循的。一般都由简到繁，由外而内一步一步地进行，即初步检查、电子控制系统检查、机械系统测试、机械维修等。自动变速器维修程序大致可归纳为如图12.2所示。

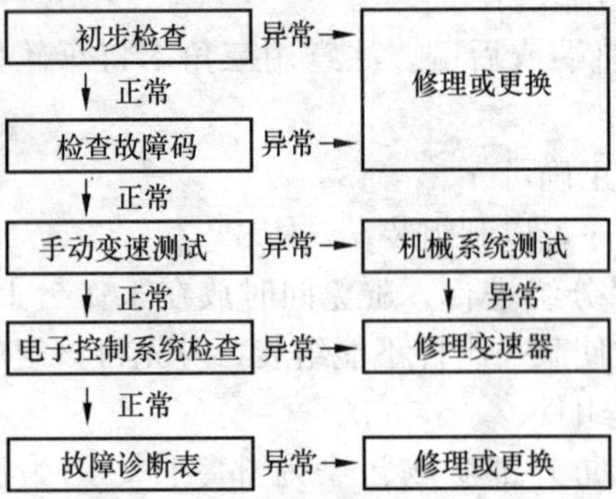

图 12.2 自动变速器维修程序

1. 初步检查

主要是用于检查自动变速器是否在正常情况下工作，即变速器是否具备正常的工作条件，主要包括以下几个方面。

1）检查发动机怠速

怠速过低，当操纵手柄从 N 或 P 位排到 R、D、2、L 等位时，会因怠速不稳而使车身振抖；怠速过高，则会产生过度的换挡冲击，并且当换至前进位(倒车或前进)时，除非用力踩住制动踏板，否则车辆会滑行起步。

2）检查节气门能否全开

此项主要是检查发动机动力输出是否正常，若将节气门踏板踩到底而节气门不能全开，则会引起发动机加速不良，全负荷时发动机动力输出不足而不能实现最高车速等。

3）检查节气门拉索

若拉索调整过松，则控制液压会低于正常值，引起换挡点过低从而导致功率消耗；若拉索调整过紧，则控制液压过高，引起换挡点过高而导致换挡冲击。

4）检查 ATF 的油面和油况

油面对自动变速器的性能影响极大，若油面过低，油泵吸入空气，使空气混入 ATF 内，会降低油压，从而导致各工作阀和其他液压组件作动不正常。而且，因为液压太低，离合器、制动器啮合时间延长并会发生打滑现象，因此无法平顺地传递动力，离合器片加速磨损，而打滑发热又导致产生沉淀物；离合器片磨损的金属屑也会污染 ATF。油面低还会加速 ATF 氧化、加速 ATF 质量的降低(劣化)、不能充分润滑和冷却传动组件，有可能因过热而使传动组件被卡住、产生噪声，直至严重损坏。

油面过高，则行星齿轮机构和其他旋转组件都被浸泡在 ATF 中，会强烈搅拌 ATF 产生气泡，若气泡进入液压控制装置，其液压会下降，导致上述油面过低时产生的相同问题。若阀体总成中各阀门被浸泡在 ATF 中，则离合器、制动器的出油口被堵住，致使施加于离合器、制动器的液压不会完全释放而且动作很慢，导致离合器、制动器堵塞。另外，油面过高，在车速很高时自动变速器内部压力将会过高，ATF 会从自动变速器内漏出而产生漏油现象。

影响油面变化的原因有两种，一种是温度影响，当温度高时，ATF 膨胀，故油面升高，自动变速器大多数时间是在 ATF 热状态下工作，所以一般在变速器达到工作温度时检查 ATF 油面；第二种是自动变速器工作的影响，变速器工作时，油泵将 ATF 打入行星齿轮系统执行机构和油道中，使油面降低；一旦发动机熄火后，扭力变矩器和液压控制装置内的部分 ATF 又回流到油底壳，油面又会回升。

5）检查空挡起动开关

若操纵手柄不在 P 或 N 位而发动机仍能起动，则必须检修空挡起动开关。

6）检查超速开关

主要是检查变速器能否进行 3～4 挡间的自动切换，并检查超速挡电器系统是否正常。

2. 检查故障码

计算机控制的电子控制单元在进行初步检查后仍存在故障，可透过计算机的自我诊断系统输出故障码，来检测出故障发生部位；故障排除后要记住消除故障码，故障码的读取方法各车种的维修手册都会有介绍说明。

3. 手动变速测试

主要是判断故障发生在变速器的电路部分还是在机械部分，拔下电磁阀的电线插头，或取下计算机的电子控制单元熔丝，透过操纵手柄检查变速器不受计算机控制的工作情况，若相对应的前进各挡很难区分或没有倒挡，则可判断故障存在于机械部分。

4. 电子控制系统检查

此项检查因车型而异，可以参考各车种的维修手册。

5. 机械系统测试

透过测试，可以准确判断变速器机械系统的故障发生部位；主要包括失速试验、时滞试验、液压试验和路试等。

1）失速试验

透过检测在D位和R位时发动机的最大转速来检查发动机与变速器的综合性能，包括发动机输出、液力变矩器叶轮、单向离合器功能、行星齿轮系统的离合器和制动器是否打滑等。

试验时，用三角木抵住前、后车轮，装上发动机转速表，拉起驻车制动，起动发动机，左脚用力踩住制动踏板，将操纵手柄排至D位，右脚迅速把节气踏板踩到底，此时读出失速时发动机转速。D位试验后，在R位进行同样测试，最后根据试验结果进行分析，以找出影响变速器性能的原因。

试验时，变速器内ATF应达到正常工作温度(50～80℃)；因测试期间ATF温度上升很快，故持续时间不应超过5s；为确保安全，应在宽敞、平整的地方进行测试，测试时最好有一人在车外观察车轮不能移动。

2）时滞试验

在发动机怠速运转时进行换挡，从开始换挡到感到振动时会有一个时间过程，这就是时间滞后，时间滞后的长短，可判断离合器、制动器是否过度磨损，并判断各离合器、制动器的工作液压是否正常。

试验时，拉起驻车制动，起动发动机，检查怠速是否符合标准；然后将变速杆从N位排到D位，用码表计算从换挡到感到振动的时间(应小于1.5s)；同样地将操纵手柄从N位排到R位，用码表计算滞后时间(应小于1.5s)，两项测试都要在ATF达到正常工作温度时进行三次，取平均值；且每测试一次都要间隔至少1min，以使离合器、制动器恢复至完全开启状态。试验后，根据结果进行分析，以找出故障原因。

3）液压试验

由于自动变速器以液压原理进行自动变速，所以液压试验特别重要。测试时，先使ATF达到正常工作温度，然后在自动变速器测试孔接上液压表，用三角木抵住四个车轮，拉起驻车制动，起动发动机，用力踩住制动踏板，分别测量D位和R位时怠速与失速状态的油压，将测量结果与标准数据对照，进行分析从而找出故障原因。

4）路试

路试即根据行驶状况，在所有挡位的所有传动比范围内进行道路试验，以用来检查换挡时机、换挡期间冲击、打滑、振动和噪声，它有助于确定故障的可能原因，并在试验后做出最后判断；路试也应在ATF达到正常工作温度时进行，并且所有初步检查都已完成。

5）故障诊断表

有些厂家提供了自动变速器的故障诊断表，维修时应充分利用这一资料，避免走弯路。

必须提醒注意的是：对自动变速器进行诊断维修时，正确的判断非常重要；一般诊断维修不轻易解体，不能盲目、轻率地下结论，盲目听信驾驶员或旁人的推测，以免错误地将完好的变速器解体造成越修越糟糕的结果。只要思路清晰、程序正确、方法得当、认真仔细、准确地判断故障，尽速而愉快地排除故障是可以做到的。

12.3 电控自动变速器的检验

电控自动变速器的检验，是自动变速器维修工作的重要环节。自动变速器的结构复杂，且不易拆装。为了避免在维修时走弯路，做到诊断准确，手到病除，当自动变速出现故障或工作不正常时，首先应进行性能检验，确认其故障范围，并利用各种检测工具和手段，按照合理的程序和步骤，诊断出故障原因，以便有针对性地进行维修。另外，自动变速器在修复后，也应进行全面的性能检验，以保证自动变速器的各项性能指标完全达到规定要求。

目前，自动变速器的检修，一般修理单位都采取换件修理和做一些常规调整，不对自动变速器分解修理，只要通过检验确定自动变速器内部某零件损坏，即将自动变速器总成拆下，换上一个良好的自动变速器和进行一些操纵方面的调整。从这点讲，只要能正确检验，确定故障部位，就等于完成自动变速器80%的维修任务。由此看出电控自动变速器的正确检验在其维修中是极其重要的。

12.3.1 基础检查

基础检查主要包括对自动变速器油液液面高度和品质的检查，发动机怠速的检查，节气门拉索的检查与调整，操纵手柄位置检查与调整，空挡起动开关的检查与调整和超速挡开关(O/D)的检验六项内容。

1. 自动变速器油液的检查

自动变速器油液的检查，包括油液液面高度，油液品质以及油液泄漏部位的检查。这是检修有故障变速器(不论是什么故障现象)要做的第一件事。

1）自动变速器油液液面高度的检查

(1) 油液液面高度标准。每台自动变速器油液的加油量都有明确的规定。总的原则是当把液力自动变速器及换挡执行组件各操纵油缸都充满之后，自动变速器油底壳里的油面高度应低于行星齿轮机构等自动变速器中的旋转件的最低位，以免油液在使用中剧烈地搅动产生泡沫。但必须高于阀体在变速器壳体安装的接合面，以免阀体在工作中渗入空气，影响液力自动操纵油路系统各阀体的正常工作。

（2）油液液面高度过高、过低的危害。

① 油液液面过低。将使油泵进油口进空气，即油液混入空气，导致油压降低，主压力建立缓慢；行星齿轮润滑不良；离合器和制动器打滑；加速性能变坏。油液面过低，多为外部泄漏而造成，应找出原因按规定加满。

② 油液液面过高。旋转的行星齿轮系统搅动油液，使空气进入而形成泡沫，且油液易过热氧化而形成胶质，影响各滑阀，离合器和制动器伺服油缸的正常工作；油液液面过高还可能使油液从加油口或通风管处喷油，致使发动机罩下起火。油液液面过高多为加注过多造成，应从加油管吸出或从放油螺塞处将多余的油液放出。

（3）油液液面高度的检查。由于自动变速器的结构特点不同，其油液液面高度的检查方法也不同，通常有油尺检查法和溢流孔检查法两种。

① 油尺检查方法。油尺有双刻度、三刻度和四刻度三种，如图 12.3 所示。

双刻度油尺检查步骤如下：

首先，检查自动变速器油液面高度之前，应起动发动机，怠速运转或行车使自动变速器油温达到正常温度(50～80℃)。

其次，将车辆停放在平坦的路面上，拉紧驻车制动器，保持发动机怠速运转。将操纵手柄分别置于各个挡位停留片刻，以便各控制阀油腔、油道充满自动变速器油。最后将操纵手柄置于 P 位或 N 位。

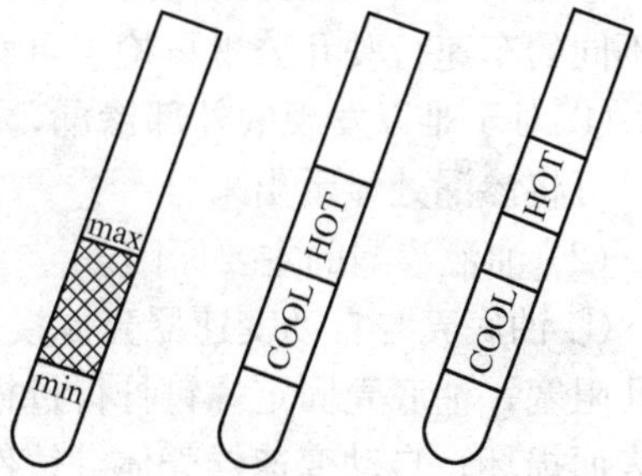

(a) 双刻度油尺　(b) 三刻度油尺　(c) 四刻度油尺

图 12.3　三种自动变速器油面高度检查油尺

最后，打开油尺锁定杆，拉出油尺，用干净的布擦拭后完全插入，拉出油尺检查油面高度，油面应在 max 和 min 之间。检查完后插回油尺，并将其锁定。

与双刻度油尺相比，三刻度和四刻度油尺的检查方法略有不同。三刻度油尺上对应两个区间，下方的 COOL 区间为油温低于 50℃时的冷态油液面范围，上方的 HOT 区间为油温 50～80℃时热态油液面范围；四刻度油尺上对应三个区间，最下方的 COOL 区间为冷态油液面范围，最上方 HOT 区间为热态油液面范围，中间为正常油温时的油液液面范围。

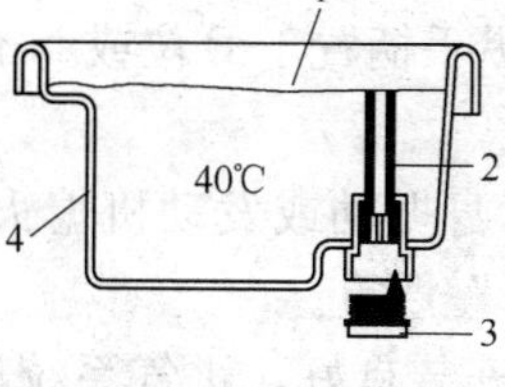

图 12.4　自动变速器油液面高度

1—正常油液液面位置；2—溢流管；3—螺塞；4—自动变速器油底壳

② 溢流孔检查方法。部分车型没有设计自动变速器油液液面高度检查尺，而是在自定变速器油底壳上设一溢流孔，溢流孔平时用螺塞拧紧，检查油液液面高度时将车辆水平停放，保持发动机怠速运转，将操纵手柄分别置于各个挡位停留片刻，然后将操纵手柄置于 P 位或 N 位，拧紧螺塞，如果有少量油液溢出即为合适。例如，大众系列 01N、001、01M 型自动变速器规定在 35～45℃时溢流孔刚好有 ATF 油液流出为正常，如图 12.4 所示。

2）自动变速器油液品质的检查

自动变速器随着运行时间的延长，内部相对运动件的磨损，不可避免地产生各种故障，同时伴有自动变速器油液变质、变色。因此，在诊断自动变速器故障时，可以通过油液颜色和品质的变化判断故障产生的原因。

正常油液的颜色。通常每年应检查一次自动变速器油液的品质。正常的油液颜色为红色和粉红色的透明液体，并有类似新机油的气味。使用半年以上的油液略带褐色的红色透明液体，是正常的自动变速器油液。

3）自动变速器油泄漏的检查

（1）油液泄漏部位的检查。大多数外部渗漏是可用眼睛发现的。对于难以发现的渗漏，可按照如下的方法进行检查：

① 将车辆停在大的硬纸板上，1～2min 后，根据滴在硬纸板上的油滴的位置确定大概的滴漏部位。

② 仔细检查可疑的渗漏组件和它周围的区域。要特别注意衬垫的配合面。在不易观察到的部位，可用一面小镜子协助检查。

③ 如果还不能发现渗漏，可用清洗剂或溶剂将可疑部位彻底清洗干净，然后让汽车以不同的车速行驶几公里再检查可疑渗漏部位。

④ 对于难以发现的外部渗漏，还可以向怀疑漏油的部位喷显像粉，再用紫外线灯照射，可将渗漏处显示出来。

（2）油液渗漏的主要原因。

① 油底壳与自动变速器壳体接合面漏油，可能的原因有：油液液面或油压过高；通风孔阻塞；油底壳固定螺钉拧得过松或过紧；油底壳密封凸缘变形；自动变速器壳体的密封表面损坏；自动变速器壳体等铸件有裂纹或气孔；密封衬垫损坏。

② 油封渗漏，可能的原因有：油液液面或油压过高；通气孔堵塞；密封孔损坏；油封安装不当或损坏；穿过油封的轴表面损伤；轴承松动使轴产生过大的位移。

③ 油液从通风管或加油管流出，可能的原因有：油液加注过多；冷却液进入油液；自动变速器壳体有气孔；油尺没有插到位；通风管堵塞；回油孔堵塞。

4）自动变速器油液的更换及其周期

换油周期。通常在我国道路条件和使用环境下，自动变速器轿车每正常行驶 4～8 万 km 应换一次变速器油液。如国内常见轿车自动变速器的换油周期是上海大众、一汽大众与一汽轿车、东风雪铁龙、广州本田系列轿车和福特等系列轿车均为 6 万 km 换一次油液，丰田系列轿车一般规定每 4 万 km 换一次油液。

2. 发动机怠速的检查

（1）检查目的：检查发动机怠速的目的是确定当自动变速器操纵手柄置于 P 位或 N 位时，汽车发动机的怠速转速是否在规定的范围内。

（2）怠速过高过低的危害：发动机怠速低时，换挡容易引起车身振动或发动机熄火；怠速高时，换挡容易产生冲击和振动，并且在 D 位或 R 位时“爬行”严重。

（3）怠速检查的条件：发动机达到正常工作温度，空气滤清器安装良好，进气系统所有的管路和软管均已接好，所有附件（包括空调在内的用电器）均已关掉。所有的真空管路，包括废气再循环（EGR）装置在内，均已正确连接，电控燃油喷射系统的配线插接器完全插好，点火正时正确，自动变速器操纵手柄位于空挡。

（4）检查：将转速表接至发动机，开始怠速检查，使发动机以 2500r/min 的转速高速空转 1.5s，然后再检查怠速转速的高低。装有自动变速器的汽车发动机怠速为 750r/min。若怠速不符合规定，则应检查怠速控制阀和进气装置，并予以调整。

分析专栏12-1

自动变速器转速传感器的故障诊断参数和测试方法如图 12.5、图 12.6 所示。

标准值

AIR GAP (mm)	输入轴速度传感器	1.3
	输出轴速度传感器	0.85
COIL 绝缘电阻	输入轴速度传感器	1MΩ以上
	输出轴速度传感器	1MΩ以上
Pick－Pick电压	HIGH侧	4.8V
	LOW侧	0.8V

输出波形

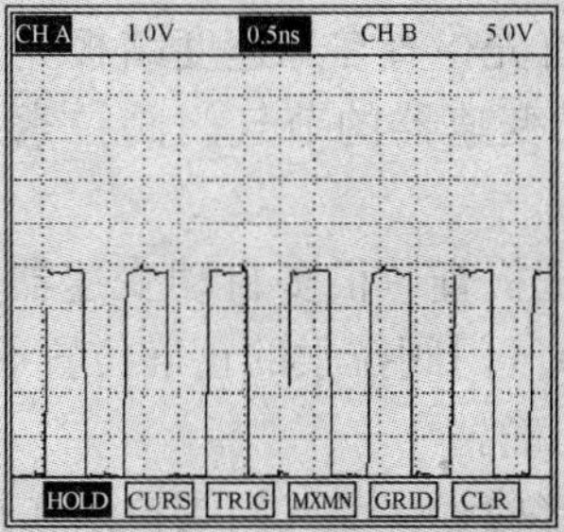

图 12.5 转速传感器参数

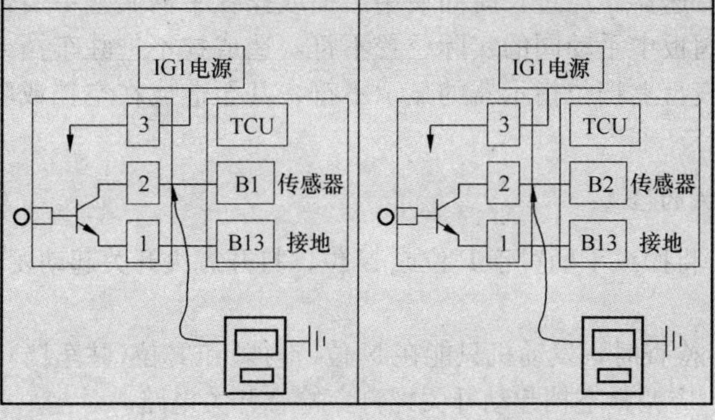

图 12.6 转速传感器诊断测试方法

3. 节气门阀拉索的检查

(1) 调整节气门阀拉索的目的：在带有节气门阀的自动变速器中，节气门阀拉索把发动机进气系统的节气门与自动变速器的节气门阀连接起来，通过节气门与节气门阀的联动，将发动机负荷信号转换成节气门油压信号，以此来控制主油路压力，使主油压随节气门开度的变化而变化，并将此油压送入各换挡阀，以控制自动变速器的升降挡。

调整节气门阀拉索的正确位置，其目的是使节气门阀控制的油压(油压信号)能正确地反映发动机的负荷，也就是使油压(油压信号)与节气门开度的变化相适应。

控制节气门阀的方式有机械式和真空式两种。使用真空调节器来控制节气门阀时，节气门阀拉索则用在强制降挡时，拉动强制降挡阀。

（2）调整节气门阀失调的危害：如果节气门阀位置不正确，节气门阀油压便不正常。如果节气门阀油压调整过低，不仅会影响主油压，还会出现换挡提前；如果节气门阀油压调整过高，会引起换挡滞后，造成严重的换挡冲击。

（3）节气门阀拉索的检查：

① 目视检查。目视检查拉索连接是否正常，拉索有无损坏，拉索的固定是否可靠，与车体上的固定部位是否弯曲，拉索金属丝是否有折断等现象。

② 手感检查。首先检查在加速度踏板完全放松时，节气门拉索是否过松。如果节气门拉索过松，而自动变速器的节气门阀拉索过紧，则会造成节气门阀油压过高，使换挡延迟。

③ 通过连接标记检查。很多自动变速器的节气门阀拉索是靠标记来定位，它表示节气门完全关闭时，节气门阀拉索的正确位置通过检查限位标记是否在设定的位置，以检查节气门阀拉索是否正确。

④ 断开拉索连接检查。节气门阀拉索在拉索套内应运动自如，如果拉索的伸缩不畅，必然影响节气门阀的动作与节气门的开度不匹配，造成节气门阀油压不正常，为此可断开拉索连接，用手拉动拉索，感觉拉索套内的运动情况，如不畅，应修复。

4. 操纵手柄位置的检查

检查目的：检查操纵手柄位置的目的是检验操纵手柄是否处于正确位置，以确保驾驶员正确操纵自动变速器。经过长时间使用磨损或操纵手柄调整不当，会使操纵手柄的位置与自动变速器阀板中手动阀的实际位置不符，造成挂不进驻车挡或前进低挡，或操纵手柄的位置与仪表盘上挡位指示器的显示不符，甚至造成在空挡或驻车挡时无法起动发动机。

5. 空挡起动开关的检查

（1）检查目的：将操纵手柄置于 P 位或 N 位，打开点火开关起动发动机，以检查确认发动机能否起动。

（2）检查方法：检查时，发动机只能在 N 位（空挡）和 P 位（驻车挡）起动，其他挡位不能起动。若有异常，应调整空挡起动开关螺钉，检查开关电路。

6. 超速挡控制开关的检查

（1）检查目的：确认自动变速器的超速挡电控系统是否工作正常。

（2）检查方法：检查时自动变速器油液温度应处于正常状态（50～80℃），然后将发动机熄火，点火开关置于 ON 位置，按下超速挡（O/D）控制开关，查听位于自动变速器内的相应电磁阀有误动作时发出的“咔嗒”声，如有“咔嗒”声，则表明被检超速挡电控系统正常工作。

若要验证自动变速器在按下超速挡（O/D）控制开关时，能否在发动机节气门开度和汽车行驶速度适宜的情况下，产生 3 挡与 4 挡（超速挡）的升降挡变换，则必须进行道路试验。

分析专栏12-2

挡位开关的故障诊断。换挡手柄接线线号和电路如图 12.7、图 12.8 所示。

项目	1	2	3	4	5	6	7	8	9	10
P			○	—	—	—	—	○	○	○
R							○	○		
N				○	—	—	—	○	○	○
D	○	—	—	—	—	—	—	○		
3					○	—	—	○		
2		○	—	—	—	—	—	○		
L						○	—	○		

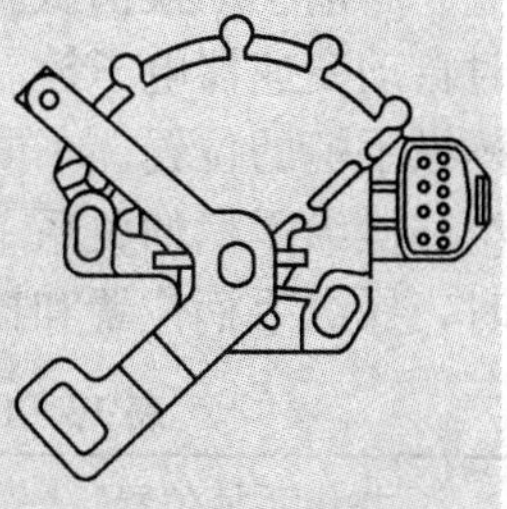

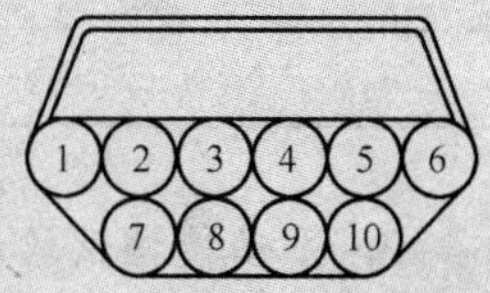

图 12.7　换挡手柄的接线线号

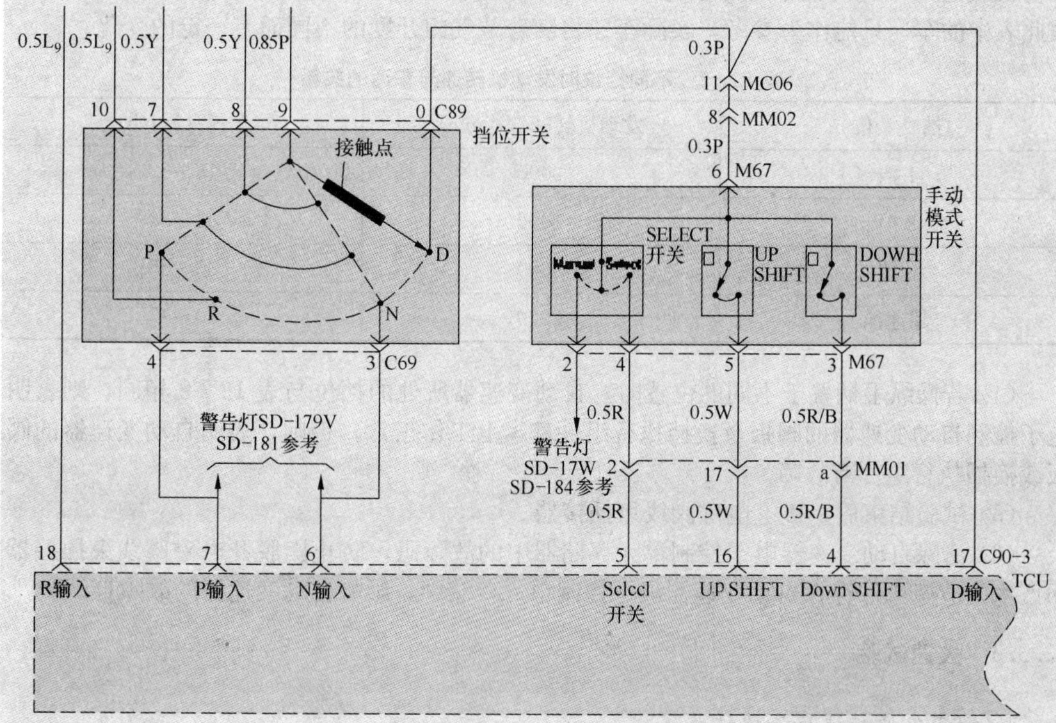

图 12.8　换挡手柄电路

12.3.2 手动换挡试验

1. 手动换挡试验的目的

所谓手动换挡试验就是将电控自动变速器所有换挡电磁阀的线束插接器全部脱开，此时自动变速器电子控制单元不能通过换挡电磁阀来控制换挡，自动变速器的挡位只取决于操纵手柄的位置。不同车型的电子控制自动变速器，在脱开换挡电磁阀线束插接器后的挡位和操纵手柄的关系不完全相同。丰田轿车的各种电子控制自动变速器在手动换挡试验时，操纵手柄位置和挡位的关系见表 12-1。

表 12-1 丰田自动变速器手动换挡试验时操纵手柄位置和挡位的关系

操纵手柄位置	挡　位	操纵手柄位置	挡　位
P	驻车挡	D	超车挡
R	倒挡	2	3 挡
N	空挡	L	1 挡

2. 手动换挡试验的步骤

(1) 脱开电子控制自动变速器的所有换挡电磁阀线束插接器。

(2) 起动发动机，将操纵手柄拨至不同位置，进行道路试验。

(3) 观察发动机转速和车速的对应关系，以判断自动变速器所处的挡位。不同挡位时发动机转速与车速的关系可以参考表 12-2。由于变矩器的减速作用与传递的转矩有关，因此表中的车速只能作为参考，实际车速将随着节气门开度的不同而有一定的变化。

表 12-2 不同挡位时发动机转速与车速的关系

挡　位	发动机转速/(r/min)	车速/(km/h)
1 挡	2000	18～22
2 挡	2000	34～38
3 挡	2000	50～55
超速挡	2000	70～75

(4) 若操纵手柄置于不同的位置时，自动变速器所处的挡位与表 12-2 相同，则表明电子控制自动变速器的阀板及换挡执行组件基本上工作正常。否则，表明自动变速器的阀板或换挡执行组件有故障。

(5) 试验结束后，接上电磁阀线束插接器。

(6) 清除自动变速器电子控制单元存储器中的故障码，防止因脱开电磁阀线束插接器而产生的故障码保存在自动变速器电子控制单元存储中，影响自动变速器的故障自诊断。

12.3.3 失速试验

1. 何谓失速转速及失速试验

操纵手柄位于 D 位或 R 位时，踩住制动踏板不动。完全踩下节气门踏板时，发动机处于最大转矩工况，而此时自动变速器的输出轴及输入轴均静止不动，即液力变矩器的涡轮不动，只有液力变矩器壳及泵轮随发动机一同转动，此工况称为发动机失速工况，此时的转速称为发动机的失速转速，此种试验称为失速试验。

2. 失速试验的目的

失速试验的目的是在不拆卸自动变速器的情况下，通过测量自动变速器操纵手柄在D位和R位时的离合器、制动器等换挡执行组件的工作是否正常。

另外，修复后的自动变速器，也要进行失速试验，以检查故障是否已经排除。

3. 测试方法

失速试验程序如图12.9所示。

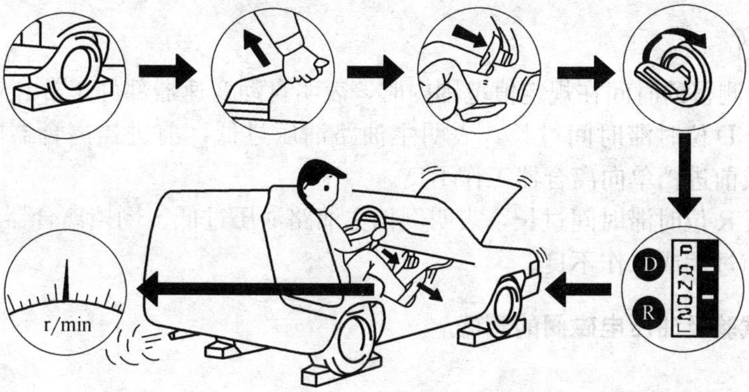

图12.9 失速试验程序

(1) 将自动变速器油液温度升至50～80℃。

(2) 用三角木固定前、后车轮，拉紧驻车制动器，将车辆制动。

(3) 保持发动机怠速运转，分别将操纵手柄置于D位和R位测试。

(4) 测试时，左脚踩紧制动踏板，右脚将节气门踏板踩到底，迅速读出发动机转速不再升高稳定时的转速值，该转速称为失速转速。

(5) 读取发动机转速后，立即松开节气门踏板。

(6) 将操纵手柄置于P位或N位，使发动机怠速转速运转1min，以防止油液温度过高而变质。

(7) 将操纵手柄拨入其他挡位(R位、L位或2位、1位)，做同样的试验。

12.3.4 时滞试验

1. 何谓时滞及时滞试验

在怠速状态将操纵手柄从N位换入D位或R位，从开始换挡直到感到汽车出现振动(或车辆运动)时存在一定的时差，称为时滞。时差大小取决于自动变速器油路油压高低、油路密封情况、离合器和制动器磨损情况。测量自动变速器时差大小的试验称为时滞试验。

2. 时滞试验的目的

时滞试验的目的是判断主油路油压和离合器、制动器等换挡执行组件的工作是否正常。

3. 试验方法

(1) 将自动变速器油液温度升至50～80℃。

(2) 拉紧驻车制动器。

(3) 使发动机保持标准怠速运转，将操纵手柄位置分别从N位换入D位和R位，用秒表测量从N位换入D位或R位后、直至有振动感时所经历的时间。每次试验间隔时间为1min，取三次试验时间的平均值。

标准值：N→D时滞不大于1.2s；N→R时滞不大于1.5s。

4. 试验分析

(1) 试验中测得的时间在规定值范围内时，表明自动变速器部件正常。

(2) N位至D位时滞时间过长，表明主油路油压过低，前进挡离合器摩擦片磨损过多、间隙过大或前进挡单向离合器工作不良。

(3) N位至R位时滞时间过长，表明倒挡主油路油压过低、倒挡离合器或倒挡制动器磨损过甚、间隙过大或工作不良。

12.3.5 油压试验及油压电磁阀的测试

1. 油压过高、过低的危害

油压过高，会造成自动变速器换挡时冲击过大，液压系统也容易损坏；油压过低，会使离合器、制动器等换挡执行组件打滑，影响自动变速器的正常工作，且加速离合器和制动摩擦片的磨损，严重时会导致摩擦片烧坏。

2. 试验目的

该试验的目的是检测液压控制系统的故障。通过测试油压可以判断油泵、主调压阀、节气门阀、速控阀工作是否正常。油压试验对诊断换挡时刻错误等故障有重要意义。

3. 试验准备

(1) 驾驶被检汽车，使发动机及自动变速器达到正常工作温度50～80℃。

(2) 检查发动机怠速和自动变速器油的液面高度，并使其达到规定标准。

(3) 准备一个量程为2MPa的压力表。

(4) 自动变速器各个油路测压孔位置的区分。

① 通过测压孔在自动变速器外壳上用几个方头螺塞堵住，在《自动变速器维修手册》上以图示的方法标有自动变速器测压孔的位置。

② 如果没有资料确定各油路的测压孔时，可用举升器将汽车升起，在发动机怠速转速时分别将各个测压孔螺塞松开少许，观察各测压孔在操纵手柄位于不同位置是否有压力油流出，以此区分和确定各油路测压孔的位置。

分析专栏12-3

自动变速器电磁阀的故障诊断参数和测试方法如图 12.10、图 12.11 所示。

标准值：

项目		标准值
驱动 Hz	LR,2ND,UD,OD,RED SV	61.3Hz
	DCCSV	30.6Hz
工作	SOL.V/V ON	100%
	SOL.V/V OFF	0%
SOL.V/V电阻		2.6Ω以上
冲击电压		56～58V

输出波形：

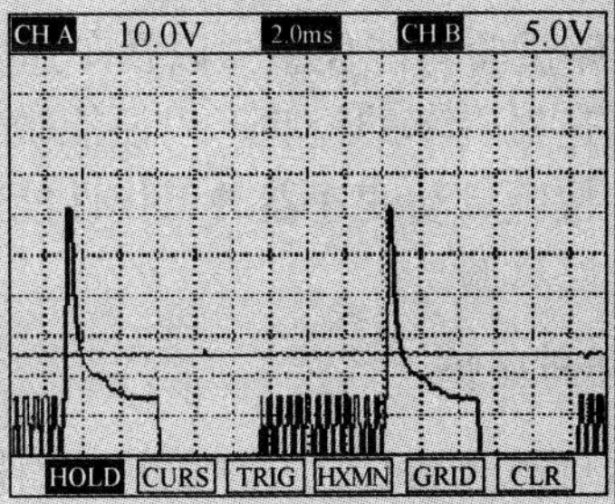

图 12.10　电磁阀的诊断

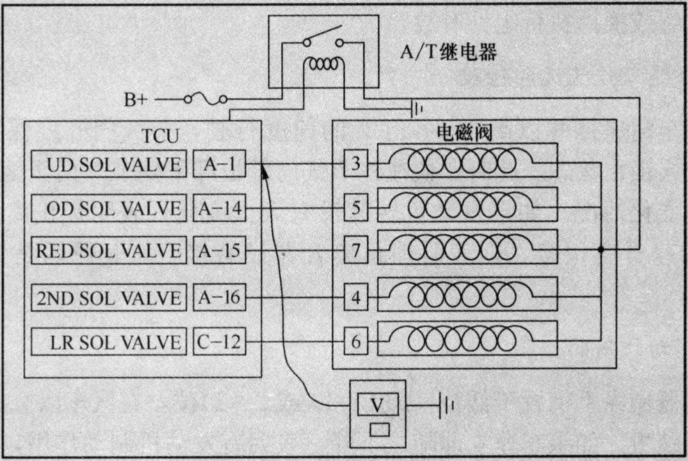

图 12.11　电磁阀的诊断测试方法

12.3.6　道路试验

1. 实验目的

自动变速器道路试验的目的是对自动变速器各项性能的综合性测试，以确定自动变速器工作是否正常及其故障部位，包括自动变速器内部的各离合器和制动器是否打滑，操纵手柄在各位置时换挡点的速度是否正确，换挡时车辆的平顺性，行驶时自动变速器内有无异常响声，各种行驶模式时车辆的形式性能，液力变矩器的锁止离合器工作状况和发动机制动作用等。

2. 试验准备

(1) 发动机、底盘等各总成或系统的技术状态完好，自动变速器已通过各种检查；车辆以中低速行驶约 10min，使发动机和自动变速器都达到正常工作温度(50～80℃)。

(2) 将超速挡开关置于 ON 位置(即“O/D OFF”指示灯熄灭)，并将模式开关置于常规模式。

(3) 准备被试车型《自动变速器维修手册》，以便对照检查。

(4) 因为道路试验只能凭感觉以及车速表、转速表检查其性能，所以试车人员应具有驾驶多种自动变速器汽车的经验，以便能敏锐地感觉换挡冲击。

道路试验是检验自动变速器的工作性能和诊断常见故障的有效手段，只要车辆还能行驶，应尽量做道路试验。

3. 连续升档的检验

自动变速器自动升挡时，发动机转速有瞬时地下降，同时车身有轻微冲动。试验者凭此现象可判定自动变速器是否升挡。试验时，将操纵手柄置于 D 位，打开 O/D 挡开关，踩下加节气门踏板使节气门开度保持在 50%左右，检验自动变速器由汽车起步加速连续升挡情况。自动变速器正常时，起步后随着车速的升高，检验应能感觉到自动变速器顺利地逐级由 1 挡升 2 挡、2 挡升 3 挡、3 挡升 4 挡。如果自动变速器不能升入 3 挡或超速挡，表明电液控制系统或换挡执行组件有故障。

4. 锁止离合器工作状况的检验

将汽车加速至超速挡并以高于 80km/h 的速度行驶，节气门开度保持低于 1/2 的位置，使变矩器进入锁止状态。此时，快速将节气门踏板踩下使节气门至 2/3 开度，同时检查发动机转速的变化情况。如果发动机转速没有太大变化，表明锁止离合器处于接合状态；若发动机转速升高很多，则表明锁止离合器没有接合。其原因是锁止控制系统有故障。

5. 发动机制动作用的检验

将自动变速器操纵手柄置于低挡，即 S、L(或 2、1)位，在汽车以 2 挡或 1 挡行驶时，突然松开节气门踏板。如果车速立即随之下降，表明有发动机制动作用，否则表明控制系统锁止电磁阀或锁止离合器或前进强制离合器有故障。

6. 强制降挡功能的检验

将自动变速器操纵手柄置于 D 位，保持节气门开度为 1/3 左右，在汽车以 2 挡、3 挡或超速挡行驶时，突然将节气门踏板踩到底，自动变速器应能立即强制降低一个挡位。若在强制降挡时，发动机转速会突然升高至 4000r/min 左右，并随着加速升挡，转速逐渐下降。如果没有出现强制降挡，表明强制降挡功能失效；如果强制降挡时发动机转速过高，并在升挡时出现换挡冲击，表明换挡执行机构打滑，应分解维修自动变速器。

7. 换挡点(升挡车速)的检验

(1) 何谓换挡点的检验：所谓换挡点的检验是指在汽车道路试验中，操纵手柄在 D 位，节气门在某一固定开度时，测定各挡位的升挡和降挡时的车速(即换挡点)是否正确。

换挡点的检验是道路试验的重要内容。

(2) 检验内容：换挡点的检验主要包括以下两方面的内容。

① 换挡点的车速是否正常，是否出现提前换挡(即升挡时车速低于和降挡车速高于规定值)或换挡滞后(即升挡车速高于和降挡车速低于规定值)。

② 换挡时是否平顺，是否出现冲击、打滑或异响。

(3) 检验方法与分析：将操纵手柄置于 D 位，打开 O/D 挡开关，踩下节气门踏板将节气门稳定在某一开度，使汽车起步加速。当觉察到自动变速器自动换挡时(车身有轻微地冲动感)，记录下各升挡时的车速，然后与被侧车《自动变速器维修手册》有关数据对照，看其是否在规定的范围之内。

① 一般 4 挡自动变速器在节气门开度保持 50%时，由 1 挡升 2 挡的升挡车速为 25～35km/h，由 2 挡升 3 挡的升挡车速为 55～70km/h，由 3 挡升 4 挡的升挡车速为 90～120km/h。只要升挡车速基本保持在上述范围内，而且汽车行驶中加速良好，无明显的换挡冲击，就可认为其升挡车速基本正常，则可初步判定节气门位置传感器、节气门阀拉索、车速传感器及控制系统基本正常。若升挡车速过低，一般是控制系统的故障所致；而升挡车速过高，则可能是控制系统或换挡执行机构的故障所致，则应重点检查节气门位置传感器、车速传感器、节气门阀拉索和控制阀中的节气门调压阀、速控阀和主油路调压阀。

② 电控自动变速器的换挡冲击十分微弱，如果感觉换挡冲击过大，表明自动变速器的控制系统或换挡执行机构有故障，其原因可能是主油路油压过高或换挡执行机构打滑。

③ 升、降挡点车速是不一样的，降挡的车速比升挡点的车速低。但自动变速器升挡时不易察觉，所以在道路试验中无法检验降挡车速，一般只通过升挡车速判断自动变速器有无故障。

12.4 电控自动变速器常见故障的诊断与排除

12.4.1 故障自诊断

电控自动变速器 ECU 具有故障自诊断功能，在汽车行驶过程中不断监测自动变速器控制系统各部分的工作情况，能检测出控制系统中大部分故障，并将故障以故障码的形式存储在自动变速器 ECU 存储器中。维修时，维修人员可通过读取故障码确定故障所在范围，以便快捷、准确地进行维修。

1. 人工读取故障码

目前大部分车型的自动变速器 ECU 存储器中故障码的人工读取方法，是用一根专用检查导线将故障检测插座内特定的两个插孔短接，然后通过观察仪表盘上“O/D OFF”指示灯所示的闪烁规律读取故障码，例如，日本丰田轿车、美国通用轿车、福特轿车等就是这样。本田汽车通过 D4 挡位灯来读取，马自达通过“HOLD”(保持)指示灯来读取，三菱和韩国现代汽车用电压表或发光二极管来读取故障码。不同车型的汽车自动变速器 ECU 故障检测插座形状及插孔分布也都不尽相同。

(1) 读取故障码：读取故障码应在汽车蓄电池存电正常的情况下进行，以防蓄电池电压过低而影响故障自诊断。具体方法如下：

① 接通点火开关，不起动发动机，按下超速挡开关使之置于 ON 位。该车以仪表板上的超速挡指示灯“O/D OFF”作为电控自动变速器的故障指示灯。若超速挡开关置于 ON 位时，接通点火开关或汽车行驶中“O/D OFF”指示灯不停地闪烁，表明自动变速器的控制系统有故障。

② 用导线将 TDCL 或检测插座的 TE1 和 E1 端子短接起来，如图 12.12 所示。

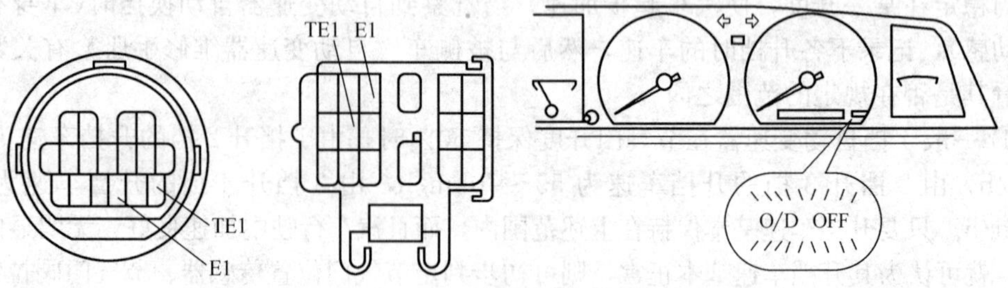

图 12.12 故障检测插座

③ 根据仪表盘上自动变速器 O/D OFF 故障指示灯的闪亮规律读出故障码，如图 12.13 所示。

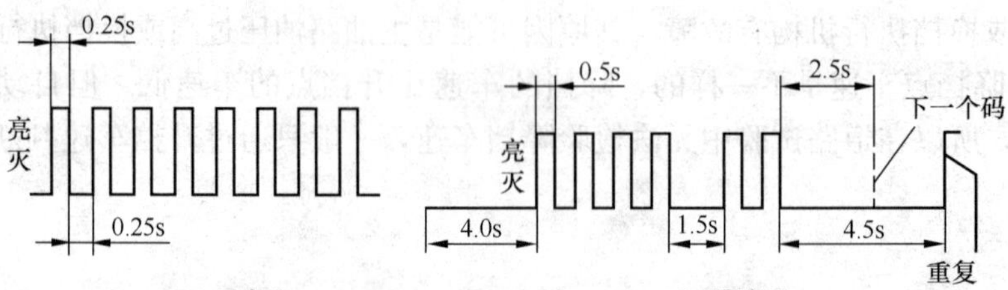

(a) 正常码　　(b) 故障码

图 12.13 故障码的闪烁方式

如果自动变速器控制系统工作正常，自动变速器 ECU 内没有故障码，则故障警告灯以每秒 2 次的频率连续闪亮，如图 12.13(a)所示。如果自动变速器 ECU 内存有故障码，故障警告灯以每秒 1 次的频率闪亮，并将两位数的故障码十位数和个位数先后以故障警告灯的闪亮次数表示出来。例如，故障码 42 的显示，故障警告灯先以每秒 1 次的频率闪亮 4 次，表示故障码的十位数为 4；然后停顿 1.5s 后，再以每秒 1 次的频率闪亮 2 次，表示故障码的个位数为 2，如图 12.13(b)所示。

当自动变速器 ECU 内存储有多个故障码时，则以由小到大的顺序将故障码依次显示出来，相邻 2 个故障码之间的停顿时间为 2.5s。当所有故障码全部显示完后，停顿 4.5s，再重新开始显示。

(2) 故障码的清除：故障排除后，关闭点火开关，同时取下 EFI 熔丝(15A)10s 以上或取下蓄电池负极电缆，即可清除自动变速器 ECU 中的故障码。

清除故障码后，应进行路试，检查“O/D OFF”指示灯是否已闪烁正常的代码。

2. 利用汽车电脑故障检测仪读取故障码

目前在电控汽车的控制电路上有一个专用的电脑故障检测插座，它通常位于发动机附近或驾驶室仪表盘下方如图 12.14 所示。诊断故障时，只要把适合该车型的电脑检测仪与汽车上的电脑故障检测插座连接，然后接通点火开关，就可方便地对汽车的发动机、自动变速器及其他部分电子控制系统的故障进行检测。

通过专用或通用的汽车电脑检测仪(有的称为电脑解码器)，可以对电子控制自动变速器的控制系统进行以下检测：

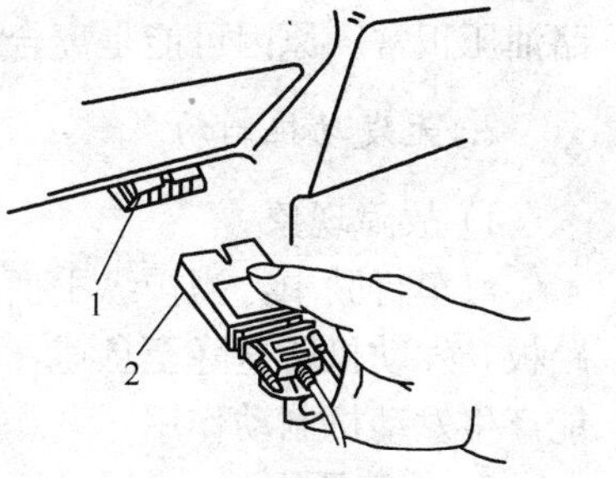

图 12.14 汽车电脑故障检测插座

1—汽车电脑故障检测插座；
2—电脑检测仪插头

① 读取故障码。汽车电脑检测仪或电脑解码器可以很方便地读出存储在汽车自动变速器 ECU 存储中的故障码及其故障码的含义，为快速检修自动变速器的控制系统提供可靠的依据。

② 进行数据传输。目前许多新车型的电脑运行中会将各种输入、输出信号的瞬时技术参数，以串行输送的方式，经故障检测插座内的某个插孔向外传送。即凡是电脑能检测到的技术参数都可以以数据流的方式在检测仪的屏幕上显示出来，使整个控制系统的工作一目了然。检修人员可以根据自动变速器工作过程中控制系统各种技术参数的变化来判断控制系统的工作是否正常，或将 ECU 的指令(电信号)与自动变速器的实际的技术参数和反应进行比较，以便快捷、准确地判断出故障是在电控系统，还是在自动变速器的机械系统。

③ 清除故障码。电控系统的故障一旦被检测出将以故障码的方式存储于 ECU 中，直至断开蓄电池负极电缆线的连接。目前新型轿车的电脑检测仪可以通过向汽车 ECU 发出指令的方法来清除汽车储存的故障码，这样就不必拆卸蓄电池电缆。

12.4.2 常见故障及排除

1. 离合器打滑

1) 故障现象

起步时踩下加速踏板，发动机转速上升到近 1000r/min，但汽车仍不能起步；或行驶中发动机转速上升很快但车速升高缓慢；上坡时无力，发动机转速上升很高。

2) 故障原因

液压油液面过低；离合器或制动器磨损严重；油泵磨损严重，主油路漏油造成主油路油压低；单向超越离合器打滑；离合器或制动器密封圈损坏导致漏油；减振器活塞油封损坏导致漏油。

3) 诊断与排除

检查液压油油面高度和油的品质；若液压油变色或有烧焦味，表明离合器或制动器的摩擦片烧坏，应拆检自动变速器。

路试检查，若所有挡都打滑，原因出在前进离合器。

若操纵手柄在 D 位的 2 挡打滑，而 S 位的 2 挡不打滑，说明 2 挡单向超越离合器打滑。若不论在 D 位、S 位的 2 挡时都打滑，则为低挡及倒挡制动器打滑。若在 3 挡时打滑，则是倒挡及高挡离合器故障。若在超速挡打滑，则为超速制动器故障。若在倒挡和高挡时打滑，则为倒挡和高挡离合器故障。如在倒挡和 1 挡打滑，则为低挡及倒挡制动器打滑。

在前进挡或倒挡都打滑，表明主油路油压低。此时应对油泵和阀体进行检修。若主油路油压正常，原因可能是离合器或制动器摩擦片磨损过甚或烧蚀，更换摩擦片即可。

2. 无发动机制动

1）故障现象

汽车行驶中，当操纵手柄位于由D位高挡移至2、1低挡或S位、L位时，松开加速踏板，发动机转速降至怠速，但汽车减速不明显；下坡时，自动变速器在前进低挡，但不能产生发动机制动作用。

2）故障原因

2挡强制制动器打滑或低挡及倒挡制动器打滑；控制发动机制动的超越离合器电磁阀故障。

3）诊断与排除

对电控自动变速器进行故障诊断。

路试检查自动变速器有无打滑现象。

如果操纵手柄在S位时没有发动机制动作用，而在L位时有发动机制动作用，表明2挡强制制动器打滑。如果操纵手柄在L位时没有发动机制动作用，而S位时有发动机制动作用，表明低挡及倒挡制动器打滑。

检查控制发动机作用的超越离合器电磁阀是否存在故障。拆检阀体，清洗所有控制阀。检查自动变速器ECU各接线端子电压，如果正常，再检查各个传感器电压。更换新的自动变速器ECU重新试验，如果故障消失，表明自动变速器ECU损坏。

3. 液力变矩器锁止离合器无锁止

1）故障现象

汽车行驶中，车速、挡位已经满足液力变矩器锁止离合器锁止条件，但锁止离合器仍没有锁止作用；油耗增大。

2）故障原因

锁止电磁阀故障；锁止控制阀故障；变矩器中锁止离合器损坏。

3）诊断与排除

检查锁止电磁阀；检查清洗锁止控制阀；若控制系统无故障，则应更换变矩器。

4. 汽车不能行驶

1）故障现象

① 无论操纵手柄位于前进挡、前进低挡或倒挡，汽车都不能行使。

② 汽车冷起动后行使一段时间，但液力传动油液温度升高后汽车就不能行驶。

2）故障原因

① 自动变速器油底壳破裂，油液已全部漏光。

② 变矩器涡轮花键毂严重磨损。

③ 操纵手柄和手动阀摇臂之间的连接松脱，操纵手柄不能有效地控制手动阀，选挡阀始终处于停车挡或空挡的位置。

④ 油泵进油滤网堵塞或主油路泄漏，造成主油路油压过低。

⑤ 油泵油封严重泄漏或损坏。

⑥ 超速挡离合器失效，使自动变速器的输入轴与前、后行星齿轮机构的动力联系中断。

3）诊断与排除

自动变速器汽车不能行驶的原因主要是油压控制系统和超速挡离合器有问题。

检查油液液面高度，过低则继续检查泄漏部位，修复泄漏部位并调整油液液面高度。

液面高度正常，检查冷车状况，能够行驶说明油泵磨损过大，应更换油泵；不能行驶，则对挡位操纵手柄与手动阀摇臂的连接进行检查，出现松脱现象，则重新连接和调整挡位操纵手柄，连接良好则对主油路油压进行检查。

主油路油压检查，油压正常，说明输入轴与输出轴或行星齿轮机构相连接的超速挡离合器损坏，应修复或更换有关零件；油压过低，对进油滤网进行检查。

检查进油滤网，出现堵塞现象，清洗或更换进油滤网；正常，对手动阀进行检查。

检查手动阀，正常，说明油泵损坏或主油路严重泄漏，应修复或更换有关零部件；不正常，修复或更换手动阀。

5. 异响

1）自动变速器异响综合诊断分析原则

当自动变速器有异响时，可用听诊法诊断。将变速器分别挂入各挡，并使发动机在各种转速下运转，倾听自动变速器的异响产生在何种情况下。

① 若变速系统在各挡均有异响，则异响多由发动机产生，或液力变矩器或油泵有异响。

② 如果异响只产生在某一个挡位，则可断定是自动变速器本身有故障，而且异响肯定产生在所在挡位机械传动部分，如参与该挡工作的离合器、制动器或单向离合器。

③ 如果响声在变速器操纵手柄在 N 位或 P 位时有异响，则此异响多由 N 位、P 时与涡轮相连的传动件产生(因空挡或驻车挡时与输出轴相连的各传动件已停止运动，所以空挡或驻车挡的响声与这些元件无关)。

2）空挡(N)或驻车挡(P)异响

(1) 原因：空挡或驻车挡异响，可能来自发动机、液力变矩器、油泵或空挡与涡轮相连接的元件。

(2) 诊断：为确认异响究竟产生在何处，可将自动变速器操纵手柄推入 D 位，将发动机转速提至 1200r/min 左右，倾听异响程度，然后踩下制动踏板，使车辆停止不动，即此时液力变矩器的涡轮至输出轴已被制动不转，如果此时异响消失，则为变矩器从涡轮至输出轴间的传动机构有故障。如果踩下制动踏板，响声仍然存在，则异响发生在发动机、液力变矩器或油泵。为确认响声究竟产生在什么地方，可按以下方法进一步诊断：

① 对起动机安装在发动机上的车辆，可将自动变速器拆下，将挡位开关短接，起动发动机看响声是否消失。如果响声依然存在，则异响是由发动机造成；如果异响消失，则为自动变速器本身不良，应着重检查液力变矩器油泵，以及检查空挡时参与自动变速器工作的离合器、制动器及单向离合器。

② 对起动机安装在自动变速器侧的车辆，因拆下自动变速器时起动机要一同被拆下，可将液力变矩器拆下，再将自动变速器装回，这样便可将发动机发动，发动后倾听异响是否消失，如消失，则为液力变矩器或油泵，或参与 N 位工作的传动元件有故障。

③ 为进一步确认空挡或驻车挡异响的出处，还可以将自动变速器挂入 D 位，然后踩

住制动，轻轻踩下加速踏板加油，听异响是否消失或有较大地变化。如异响消失，则为参与D位工作的传动元件有故障；如果异响依然存在，则为液力变矩器或油泵不良。

如果经检查是变矩器或油泵产生异响，应着重检查变矩器安装是否正确，液力变矩器与油泵配合的轴颈的摆差。如均无问题，则应着重检查油泵运动件是否有损伤，是否磨损严重，以及检查油泵衬套是否磨损等。如果通过以上检查均无问题，再更换液力变矩器，确认变矩器是否有故障。

3）汽车在低速行驶时变速器有异响

(1) 原因：汽车在1挡及2挡行驶时异响明显，高速时异响不明显或听不到。这类故障同样要判断是否由自动变速器以外的传动件产生异响。对后轮驱动的车辆，应检查传动轴、十字轴、后主减速器内部的轴承或齿轮是否有间隙过大及损坏之处，检查半轴球笼、轮毂轴承等是否损坏。

(2) 诊断：在确认不是上述原因引起的异响后，再对自动变速器进行检查。引起自动变速器低速行驶时异响明显的主要原因，有齿轮磨损严重或损坏、输出轴轴承损坏。如果异响是由齿轮或单向离合器故障引起，则异响必在参与响声明显的挡位的齿轮或单向离合器中，可通过各挡执行元件图表判断到底是哪一个齿轮或单向离合器损坏。如果响声产生在输出轴上，则响声在各挡均能听到，只是由于挡位不同，异响的轻重不同而已。

4）升挡或降挡瞬间异响并伴随撞击

(1) 原因：自动变速器升挡或降挡的瞬间异响并伴有瞬间的振动感，此故障多由传动件之间间隙过大引起。

(2) 诊断：判断自动变速器产生异响，千万不要把发动机或传动轴产生的异响传导给自动变速器而误认为是自动变速器产生异响。

对前轮驱动的汽车，应检查发动机和自动变速器缓冲胶垫是否损坏，半轴及半轴球笼是否磨损、松旷，悬架是否变形、松旷等。

对后轮驱动的车辆，主要应检查传动轴花键及十字轴是否因磨损而松旷，主减速器配合件是否磨损严重间隙过大，半轴及制动盘是否松旷等。在确认异响及振动不是由上述部件产生后，再诊断自动变速器部分。

因在所在挡位的升降挡过程中均有瞬间的冲击和异响，所以应通过执行机构传动图表中查找自动变速器内的离合器、制动器、单向离合器以及行星齿轮机构中的元件。这些元件在自动变速器各挡的升降过程中均参与工作，必有磨损过甚、间隙过大之处。

5）其他几种情况的异响

(1) 汽车加速时变速器有异响。当汽车加速时，特别是急加速时有明显的沉闷的金属撞击声时，在判断确实是自动变速器内部发出的声音时，应拆卸自动变速器进行检查排除。产生这种沉闷的敲击声主要原因有：齿轮机构中的相互干涉。轴承损坏造成旋转件撞击壳体等。

(2) 汽车行驶时自动变速器产生异响。汽车仅高速行驶时产生异响，主要是液力变矩器油泵内的液流共鸣产生。判断是否是液力变矩器内发出的声响，可通过失速试验，使变速系统的涡轮及其各传动件均停止转动，在失速的瞬间听响声是否消失。如响声消失，则异响是由变矩器产生。对油泵发出的异响，可用听诊器或旋具抵在自动变速器前端，采用踩、放加速度踏板，倾听异响随发动机转速变化而变化的情况。

(3) 油面过高或过低的异响。油液面过高使自动变速器的旋转件搅动变速器油液，使自动变速器油夹杂气泡参与了油泵泵油循环，产生异响。

案例分析12-1

故障现象：一辆2003款高尔夫，搭载了01M自动变速器，行驶里程为50000km，冷车正常，热车升挡延迟，当发动机转速升至2800r/min时，才勉强升入2挡；升至3600r/min时，方可升入3挡。故障诊断与分析此车出现该故障后曾被送到服务站检测，因无故障显示，且相关传感器也无异常，被诊断为变速器内部故障。但车主不太信服此诊断，故到我处进行检查。接车后笔者对故障现象进行了核实，情况与车主叙述完全吻合。进行常规检查，其结果是油压正常、变速器油无异味、油质透亮纯净无杂质、油位符合标准、自动变速器控制单元无故障码。但用VAG1552查看自动变速器动态数据流时，发现变速器油温上升过快，结合该车热车后才出现延迟升挡故障的现象。

(1) 会不会是油温传感器信号偏移，给控制单元一种假象？随后我们对油温传感器进行了测量，在各个特定的温度区间内，实测值与维修手册提供的数值吻合，说明假设不成立。用红外测温仪监控变速器散热器温度，在行驶一段时间后变速器油温就陡升至120℃，故障随之再次出现，这说明故障确系高温所致。

(2) 如果该故障是变速器高温引起，那么导致变速器高温的原因是什么呢？可能的原因有：离合器、制动器打滑；箱体内润滑不良；变矩器锁止离合器不能锁止；散热器散热不良等。因该车在升、降挡期间均未出现过跑空和发动机转速陡升而车速变化不正常的现象，可以排除离合器制动器打滑。若箱体内润滑不良，就会造成行星齿轮机构和轴承铜套的磨损，严重时会使太阳轮秃齿，但该车未发现这些症状，因此也可以排除润滑不良。若变矩器锁止离合器不能锁止，将会导致油温升高，经检测TCC锁止工作表现正常，观察变矩器完全锁止很长一段时间后油温还保持在120℃左右，并不下降，应该排除变矩器工作不良。若散热器散热不良，将直接导致变速器高温。为进一步证实，用红外测温仪测量变速器散热器进出口温度，发现进出口温差很小，遂怀疑是散热器的散热问题。将散热器卸下，用风枪疏通，吹出许多黄色的泥状沉积物，用清洗剂反复清理后装复，经长达2h的试车，变速器油温始终保持在96～97℃，升降挡时机恢复正常，故障排除。经询问，车主在一年多前添加了不同牌号的防冻液，使冷却系统遭受腐蚀而产生了大量的离子颗粒，导致散热器堵塞。

案例分析12-2

阀体滤油器滤网堵塞

一辆2000年产的别克GL8乘用车，行驶里程为29万km，配置自动变速器型号为4T65－E，该车在上坡行驶时突然失去动力，试图再次挂挡失败，同时变速杆处于任何挡位上都无法行驶。

将车拖回厂里，在举升机上架起，起动发动机，挂入各挡位运转未发现有异响，且在任何一个挡位时车轮都不转。检查ATF液面正常，挂任意挡位时用TECH2仪器检查电路工作正常。用听筒听，变速杆置于D位或4挡时，感觉变速器内离合器无动作。

打开油底壳，发现油底壳上有较多的铜屑，油色发黑，ATF 油有烧焦味。抬下变速器，拆下槽板阀体，拆下前进伺服带处的单向滚子离合器，均未发现异常。继续拆解时，发现驱动太阳轮轴处的铜套脱落，并且磨损开裂。另外，驱动总成太阳轮轴已经沿轴向开裂，并且两端已断裂。

驱动总成的太阳轮轴由于衬套脱落，摩擦受热且伴有杂质，使得太阳轮轴受热卡死而导致开裂，从而使驱动总成没有输入动力，挂入任何挡位都不能转动。继续检查，发现阀体滤油器滤网已被杂质污垢严重堵塞结成胶状，用气泵在正反方向吹都无法过气。此时，造成驱动轮总成动力无法输出的原因真相大白，而“罪魁祸首”就是自动变速器滤油器滤网严重堵塞，导致 ATF 油无法吸入阀体内，这个过程是一个渐进、缓慢的过程。将损坏的驱动轮总成和已经磨损的离合器片更换，同时将其他零件彻底清洗 1 遍，并更换新滤油器，重新装复试车，故障排除。

此车变速器损坏的原因是变速器油使用周期过长，长期不换而变质、沉淀并且挥发。同时，在使用中一些摩擦组件因润滑不良，出现打滑和发热现象，加速了相应摩擦组件的磨损。而离合器、制动器打滑和磨损，又加速了变速器油的变质与污染。变质和污染的 ATF 油垢最终将滤油器滤网严重堵塞，产生行驶中失去动力的故障。

本章小结

本章主要讲述了自动变速器在检修过程的注意事项，程序及电控自动变速器检验。

自动变速器在检修过程中要严格按照《自动变速器的维修手册》中的要求，防止在维修过程中不当而造成的自动变速器损坏或达不到预期的目标。自动变速器的检修有其自己严格的要求，要按照检修的一般的程序，逐步进行检查。

电控自动变速器的检验是自动变速器维修的工作的重要环节。自动变速器的结构复杂，且不易拆装。在检修的过程中，应首先进行性能检验。

对于自动变速器的基础检查包括对自动变速器油液液面高度和品质的检查，发动机怠速的检查，节气门阀拉索的检查与调整，操纵手柄位置检查与调整，空挡起动开关的检查与调整和超速挡开关(O/D)的检验六项内容。

【关键术语】

自动变速器维修　检测　试验　调整

综合练习

一、填空题

1. __________是以汽车获最大的动力性为目标来设计换挡程序的。
2. 拆装检查电器组件时，应先拆下蓄电池__________接线。
3. 顶高车辆一定要小心，如只是顶起汽车的前端或后端，注意用__________将车轮抵住，以防止车辆滑动，确保安全。

4. 所有零件必须彻底清洗干净，一般用__________或__________清洗零件。

5. 准备装配的新离合器片、制动片在装配前必须放在__________中浸泡至少__________分钟。

6. 所有密封圈、离合器片、旋转组件和滑动表面，在装配时都应用__________涂抹。

7. 所有螺栓依标准扭力锁紧，锁紧时一定要使用__________。

8. 自动变速器维修程序大致可归纳为________、________、________、________、__________、__________等。

9. 自动变速器维修初步检查包括检查________、________、________、________、______、______。

10. 影响油面变化的原因是__________、__________。

11. 自动变速器机械系统的测试主要包括__________、__________、__________和__________等。

12. 时间滞后试验可判断__________、__________是否过度磨损，并判断各离合器、制动器的工作液压是否正常。

13. 失速试验通过检测在__________挡位时发动机的最大转速来检查发动机与变速器的综合性能。

二、简答题

试设计一个自动变速器的性能的试验台方案及相关测试指标。

参考文献

[1] 朱经昌，魏宸官，郑慕桥. 车辆液力传动［M］. 北京：国防工业出版社，1983.
[2] 葛安林. 车辆自动变速理论与设计［M］. 北京：机械工业出版社，1991.
[3] 过学迅. 汽车自动变速器——结构·原理［M］. 北京：机械工业出版社，1999.
[4] 黄宗益. 现代轿车自动变速器原理和设计［M］. 上海：同济大学出版社，2006.